NCS의
정석

모든 공기업 필수 출제! 의사소통능력 ·
수리능력 · 문제해결능력 집중 공략서

NCS의 정석

초판 1쇄 인쇄 2019년 2월 25일
초판 1쇄 발행 2019년 3월 4일

지은이 이민용

발행인 백유미 조영석
발행처 (주)라온아시아
주소 서울시 서초구 효령로 34길 4, 프린스효령빌딩 5F

등록 2016년 7월 5일 제 2016-000141호
전화 070-7600-8230   **팩스** 070-4754-2473

값 18,800원
ISBN 979-11-89089-65-8 (13320)

라온북은 독자 여러분의 소중한 원고를 기다리고 있습니다. (raonbook@raonasia.co.kr)

모든 공기업 필수 출제! 의사소통능력·수리능력·문제해결능력 집중 공략서

NCS의 정석

National
Competency
Standards

· 이민용 지음 ·

공기업
취업준비생 맞춤
주요 능력 3가지
능력별 핵심만
콕콕!

RAON
BOOK

서문

　최근 대학생들이 가장 취업하고 싶은 기업 유형이 공기업 등 공공기관인 것으로 조사되었습니다. 고용에 대한 불안감이 적고 워라밸(work and life balance)의 중요성이 강조되고 있는 사회 분위기에 따라 공공기관을 선호하는 경향이 짙어진 것 같습니다. 하지만 나날이 위축되는 시장에서 '좋은' 기업에 취업하기 위한 경쟁률은 끝을 모르게 치솟고 있습니다. 또한 공공기관의 채용전형은 블라인드로 진행되기 때문에 아무래도 서류 전형의 문턱이 보다 낮아지고 그에 따라 필기시험의 경쟁률은 수십, 수백 대 일로 높아졌습니다. 하지만 필기시험을 통과하면 면접전형에서의 경쟁률은 2대 1, 3대 1 정도로 급격하게 줄어드는 데, 그만큼 채용에 있어서 필기시험의 중요도가 높아졌다고 할 수 있습니다.

　2015년 NCS가 공공기관 채용에 도입된 이후로, NCS직업기초능력검사는 공공기관 취업에 필수요소가 되었습니다. 공공기관의 채용은 대기업과는 달리 공개입찰을 통해 선정된 외부 대행업체가 진행하는데, 그렇게 선정된 수많은 채용 대행업체에서 제각각 NCS필기시험 문제를 출제하다 보니 공공기관마다 NCS필기시험의 유형이 다르고, 또 시기마다 달라질 수 있는 시스템입니다. 구직자와 취업준비생의 대부분이 직무별로 자신이 지원할 수 있는 여러 기업을 동시에 준비하고 있는 현실에서 NCS필기시험의 통일성이 없다는 것은 정말 큰 어려움입니다. 또한 하나의 기업만을 준비한다 하더라도 해당 공공기관의 채용 대행업체가 바뀌면 필기시험의 출제유형도 달라질 수 있습니다.

　이런 혼란 때문에 공공기관 취업을 준비하는 많은 사람은 적게는 3~4권에서 많게는 10권 이상의 문제집을 사서 학습하고 있습니다. 하지만 그렇게 수십 권의 문제를 풀어도 '실력'이 늘지 않는 경우가 많았습니다. 또한 시중의 여러 교재 역시 필기시험에서는 활용할 수 없는 원론적인 문제풀이 방법만을 제시하기 때문에 많은 수험생이 NCS필기시험을 준비하기가 어렵습니다. 그래서 저는 이러한 어려움을 조금이나마 덜고자 이 책을 집필하게 되었습니다. 《NCS의 정석》은 어느 기업을 준비하더라도, 내가 지원하는 기업의 채용 대행업체가 다르더라도 공통으로 볼 수 있는 책, 《수학의 정석》처럼 NCS필기시험을 준비하는 사람이라면 기본으로 볼 수 있는 책입니다.

NCS필기시험의 영역은 기업마다 다르지만 대부분의 기업에서 반드시 출제되는 의사소통능력, 수리능력, 문제해결능력 등 필기시험의 핵심영역을 위주로 구성했으며, 자원관리, 정보, 기술, 조직이해능력 등 직군에 따라 다르게 출제되는 영역은 자주 출제되는 유형의 문제들을 핵심영역의 세부 유형으로 포함하였습니다. 최신 출제 경향을 분석하여 어느 기업을 준비하더라도 반드시 학습해야 하는 영역별 빈출유형을 중심으로 해당 유형을 풀기 위해 알아야만 하는 필수 이론과 필기시험에서 활용할 수 있는 문제풀이 스킬과 시간관리 방법 등 저자의 노하우를 담으려 노력했습니다. 그리고 다른 교재에서 볼 수 없는 자세한 해설을 담았습니다.

NCS필기시험은 올바른 방법으로 꾸준히 학습한다면 누구든 합격을 위한 점수를 받을 수 있다고 생각합니다. 이 책이 여러분의 취업 성공에 도움이 되길 바랍니다. 끝으로 이 책을 집필하는 데 도움을 주신 많은 분에게 감사의 말씀을 드립니다.

이 민 용

I CONTENTS I

Part 3 문제해결력

NCS 직업기초능력 필기시험 개관

직업기초능력

NCS(National Competency Standards: 국가 직무 능력 표준)는 산업현장에서 직무를 수행하기 위해 요구되는 능력을 체계화한 것이다. 그중 직무에 관계없이 대부분의 직무를 수행하는 데 필요한 기초적 수준의 공통 능력을 직업기초능력이라 하고, 특정한 직무를 수행하는 데 필요한 능력을 직무수행능력이라 한다.

공공기관은 서류, 필기, 면접전형 등의 채용과정을 통해서 지원자의 직업기초능력과 직무수행능력을 파악하고 있다. 직업기초능력에는 10가지 능력이 있고 각 능력의 세부 요소는 아래와 같다.

의사소통능력	수리능력	문제해결능력	자기개발능력	자원관리능력
• 문서이해 • 문서작성 • 경청 • 의사표현 • 기초외국어	• 기초연산 • 기초통계 • 도표분석 • 도표작성	• 사고력 • 문제처리	• 자아인식 • 자기관리 • 경력개발	• 시간관리 • 예산관리 • 물적자원관리 • 인적자원관리

기술능력	정보능력	조직이해능력	대인관계	직업윤리
• 기술이해 • 기술선택 • 기술적용	• 컴퓨터활용 • 정보처리	• 국제감각 • 조직체제이해 • 경영이해 • 업무이해	• 팀워크 • 리더십 • 갈등관리 • 협상 • 고객서비스	• 근로윤리 • 공동체윤리

공공기관 필기시험

공공기관의 채용전형 중 필기전형은 크게 직업기초능력검사, 직무수행능력검사, 인성검사로 구성된다. 그중 이 책에서 다룰 직업기초능력검사에 대해 살펴보자. 직업기초능력의 모든 능력이 직업기초능력검사에 나오는 것은 아니다. 기업에 따라 다르지만 보통 직업기초능력 10가지 중 의사소통, 수리, 문제해결, 자원관리, 기술, 정보, 조직이해능력은 직업기초능력검사를 통해서 확인하고, 나머지 대인관계, 자기개발, 직업윤리는 인성검사를 통해서 확인한다.

다음은 몇몇 공기업의 채용공고에서 필기시험 관련 부분만 발췌한 것이다. 채용전형 예시를 보고 필기시험이 공공기관 채용에서 어떻게 진행되고 평가되는지 확인하자.

· 한국전력

주요 전형별 세부 평가 요소

구분	사무	배전 · 송변전	기타
직무능력검사	(공통)의사소통능력, 수리능력, 문제해결능력		
	자원관리능력 정보능력	자원관리능력 기술능력	정보능력 기술능력
인성검사	태도, 직업윤리, 대인관계능력 등 인성 전반		
직무면접	전공지식 등 직무수행능력 평가		
경영진면접	인성, 조직적합도 평가		

· 직군별, 전형별 경쟁률

서류전형

구분	선발배수
사무	100배수
배전 · 송변전	15배수
기타	20배수

→

필기전형

구분	선발배수
사무	2.5배수
배전 · 송변전	2.5배수
기타	4배수

평가기준

구분	선발배수
인성검사	적부
직업기초능력	100점
직무면접	직무면접 점수 100점 직업기초능력 50점

→

필기시험 가점

고급자격증 보유자 5% 가점	
변호사	변리사
공인노무사	공인회계사
세무사	AICPA
기술사	건축사

➡ 한국전력 필기시험 전형을 보면, 직군에 상관없이 의사소통능력, 수리능력, 문제해결능력을 공통으로 하고 직군에 따라 자원관리, 정보, 기술능력을 평가하고 있다. 서류전형을 통해 직군별로 적게는 15배수, 많게는 100배수를 뽑고, 필기전형으로 최종 합격자 수의 2.5~4배수를 뽑는다.

※ 한국전력의 경우, 직무면접 평가기준에 필기시험 점수가 반영되는 것을 알 수 있다.

· 건강보험공단

필기시험 평가 방법

구분	행정직	건강직	요양직
NCS기반 직업기초능력평가 (60문항/60분)	의사소통, 수리, 문제해결능력 각 영역별 20문항(NCS 기초 및 응용모듈)		
인성검사 (450문항/60분)	필기시험 당일 검사		

· 코레일

필기시험 평가 방법

구분	행정직	건강직	요양직
NCS기반 직업기초능력평가 (50문항/60분)	의사소통, 수리, 문제해결능력 각 영역 대략 17문항		
특이사항	서류전형 적부 2배수 채용		

➡ 건강보험공단과 코레일의 필기전형을 보면, NCS직업기초능력평가에서 직군에 상관없이 모두 의사소통능력, 수리능력, 문제해결능력의 세 가지 영역만 평가한다. 대부분의 기업이 이렇게 세 가지 능력을 위주로 필기시험을 진행하고, 한국전력 필기전형과 같이 직군에 따라 다른 능력을 추가로 평가한다.

종합적으로 보면, 공공기관은 블라인드 방식으로 서류전형을 진행하기 때문에 서류전형의 문턱이 이전보다 낮아졌다. 그만큼 필기시험을 보는 사람이 많아졌기 때문에 필기시험 경쟁률이 높고, 필기시험을 통과하면 경쟁률이 많이 낮아진다. 다시 말해 공공기관 채용에서 필기시험 중요도가 매우 높아졌다.

NCS직업기초능력검사의 영역

• 핵심 공통영역 : 의사소통능력, 수리능력, 문제해결능력
• 직무별 선택영역 : 자원관리능력, 기술능력, 정보능력, 조직이해능력

　NCS직업기초능력검사에서 대부분의 기업이 직무에 관계없이 의사소통, 수리, 문제해결능력을 공통으로 평가하는데 이를 핵심 공통영역이라 한다. 일부 기업에서는 직무별로 자원관리, 기술, 정보, 조직이해능력 중 두 가지 정도를 추가로 평가하는데 이를 직무별 선택영역이라 한다.

　하지만 몇몇 기업을 제외하고는 직무별 선택영역은 따로 구분하여 학습하는 것보다 핵심 공통영역 문제의 여러 유형 중 하나로 이해하는 것이 좋다. NCS직업기초능력검사는 대학수학능력시험처럼 주제에 따라 문제 유형이 확연히 구분되는 시험이 아니기 때문이다. 수능은 정규교육과정을 통해 국어, 수학, 영어 등을 학습하고 해당 내용의 수학 정도를 확인하는 시험이지만, 직업기초능력검사는 개인의 업무능력 중 기초적인 능력 10가지를 선정하여 그 기본적인 능력을 평가하는 것이다. 그래서 하나의 문제로 여러 가지 직업기초능력을 동시에 확인할 수도 있다.

　예를 들어 출장비 계산 문제는 표와 텍스트로 출장비 산정 방식 자료가 주어지고 어디로 어떻게 출장을 간다는 상황이 제시된다. 글을 읽고 표를 해석해서 상황에 적용시켜 수리적으로 계산하여 정답을 찾는 문제이므로 기본적인 문서이해능력, 도표분석능력, 사고력, 물적자원관리능력 등 여러 가지 직업기초능력의 세부 요소가 필요하다. 게다가 어떤 기업에서는 자원관리 영역에서, 또 어떤 기업에서는 문제해결능력에서 출제된다.

　그러므로 자원관리, 기술, 정보, 조직이해능력 등 직무별 선택영역은 특별히 구분하여 학습하기보다는 의사소통능력, 수리능력, 문제해결능력의 하나의 유형으로 이해하고 학습하는 것이 좋다. 다시 말해 NCS는 핵심 공통영역인 의사소통, 수리, 문제해결능력을 위주로 준비하고 자원관리, 기술, 정보 등의 선택영역은 핵심 공통영역의 문제 내용에 녹아 있는 형태로 생각하고 준비하면 된다.

· 핵심 공통영역

의사소통	수리	문제해결
독해	응용수리	언어추리
NCS 모듈 • 업무용 문서 • 법률, 규정 • 보도자료 등	자료해석	NCS 모듈(상황판단+문제해결) • 자원관리 • 기술 • 정보 • 조직이해

※ NCS 모듈은 NCS시험 특유의 문제 유형으로 산업인력공단에서 제공한 NCS직업기초능력검사 sample의 응용 업무능력모듈과 같은 유형이다. 업무 중 접하는 문서나 자료를 활용한 문제로 특정 문제 상황을 주고 이를 해결하는 방식으로 구성되어 있다.

NCS직업기초능력평가 대비 전략

직업기초능력 학습방법

자신이 무엇을 해야 하는지, 자신에게 무엇이 필요한지 분명히 알아야 체계적으로 공부할 수 있다. 연습과 학습이 필요하다면 그다음은 실천만 하면 된다. 사람마다 기간은 다르겠지만 결국 원하는 결과를 얻을 수 있을 것이다.

1. 목표기업 선정하기

필기시험 준비의 핵심은 출제 문제의 유형을 파악하고 그 유형에 맞게 준비하는 것이다. 따라서 자신이 목표로 하는 기업의 필기시험에서 어떤 유형의 문제가 얼마나 나오는지 알아야 제대로 된 준비를 할 수 있다. 하지만 특정 기업을 목표로 준비하는 사람보다는 자신이 지원할 직무가 있는 공공기관을 동시에 준비하는 사람이 많은 게 현실이다. 그렇다 하더라도 목표기업을 3~4개 정도는 분명히 정해두는 게 더 효과적이다.

2. 출제유형 파악하기

채용인원이 많고 지원자가 많은 기업은 그만큼 필기시험을 본 사람이 많기 때문에 비교적 정확하게 출제유형을 파악할 수 있다. 또 해당 기업의 기출유형 문제집을 훑어볼 수도 있다. 하지만 채용인원이 적고 지원자가 적은 기업은 출제유형 파악이 어렵다. 이 경우에는 다소 부정확하더라도 필기시험을 보고 온 사람의 후기를 살펴보는 게 좋다. 공공기관의 입찰정보에서 해당 기업의 필기시험 대행사를 알 수 있는데 이는 출제유형을 파악하는 데 도움이 된다. 어떤 유형의 문제가 지난 채용시험에 나왔는지, 그 비중은 어떠했는지, 난이도는 어떤지 등 출제유형은 최대한 자세하게 파악해둔다.

3. 핵심 공통영역 중심으로 학습하기

여러 공공기관을 동시에 준비해야 하므로 핵심 공통영역인 의사소통능력, 수리능력, 문제해결능력을 중심으로 준비하는 것을 기본으로 한다. 해당 기업의 필기시험이 다가오면 기출유형 문제집이나 봉투 모의고사 등을 활용하는 동시에 기술, 정보 등 직무별 선택영역을 집중적으로 학습한다.

4. 독해와 계산 연습은 꾸준히

NCS필기시험에 합격하려면 문제를 푸는 방법, 스킬, 시간관리 노하우도 중요하지만 기본적으로 일정 수준의 독해력과 계산능력이 필수이다. 독해력과 계산능력은 하루아침에 늘 수 없다. 꾸준한 연습이 필요하다. 이는 다른 사람이 해결해줄 수 없는 영역이다.

5. 유형별로 문제풀이 방식 파악하기

'이런 유형은 이렇게 푼다'라는 개념이 확실하게 잡혀야 한다. 같은 방법으로 같은 유형을 풀었을 때 높은 정답률을 기대할 수 있는지 생각해보자. 그렇지 않다면 문제 풀이 방법이 잘못된 것이다. 유형별로 하나하나 완성해간다는 생각으로 준비하자.

6. 맞은 문제 다시 확인하기

NCS직업기초능력검사는 제한된 시간 안에 많은 문제를 풀어 가능한 한 높은 점수를 받아야 하므로 정답률이 아주 중요한 시험이다. 다 풀어도 정답률이 떨어지면 탈락이고, 다 풀지 못하더라도 정답률이 높으면 합격이다. 문제를 풀면 정답이든 오답이든 시간을 소모하게 된다. 따라서 손을 댄 문제는 반드시 맞혀야 한다. 그러려면 자신이 풀 수 있는 문제는 틀리면 안 된다. 공부하면서 맞힌 문제는 더 빨리 풀 수는 없는지, 같은 유형의 다른 문제를 같은 방법으로 풀어서 정답이 나오는지 확인해보자.

7. 문제 분석에 시간 투자하기

한 문제에 한두 시간을 투자해도 괜찮다. 복습하면서 문제를 분석하고 이해한 후 넘어가자. 빨리 풀어야 한다는 강박에 문제를 제대로 이해하지 못하고 넘어가는 경우가 많다. NCS는 문제를 많이 푼다고 실력이 느는 시험이 아니다.

8. 타인과 노하우 공유하기

자신은 어려워서 못 푸는 문제를 다른 사람은 쉽게 잘 풀 수 있다. 반대로 다른 사람은 어려워하는 문제인데 자신은 쉽게 풀 수 있는 경우도 있다. 문제 푸는 방식이나 노하우를 서로 공유하면 좋다. 취업을 위한 시험이므로 오랫동안 마음놓고 공부할 수는 없는 노릇이다. 다른 사람과 노하우를 공유하면 그 만큼 공부 기간을 단축할 수 있다.

9. 적당한 휴식을 취하기

목표로 하는 곳에 취업하기까지 여러 차례 실패를 겪을 수 있다. 취업을 준비하는 기간이 길어질 수도 있다. 몸과 마음이 지치지 않도록 적당한 휴식과 여가생활을 즐기는 게 좋다. 목표가 확실하고, 어떻게 해야 하는지 안다면 언젠가 도달할 수 있다. 믿음을 갖고 긍정적으로 준비하자.

NCS의 정석

많은 학생들이, 취업준비생들이 여러 공공기관을 동시에 준비하고, 기관마다 다른 필기시험 유형에 어떻게 준비를 해야 하는지, 책을 선정하는 것부터 고민하고 혼란스러워 하는 모습을 자주 보았다. 그리고 문제를 수백, 수천문제를 풀어도 실력이 늘지 않는다는 학생을 보며 안타까웠다. 그래서 어느 기업을 준비하더라도 함께 볼 수 있는 책, 문제만 많이 담는 것이 아니라 문제마다 저자의 노하우를 담은 제대로 된 책을 만들고자 했다.

앞서 설명한 것과 같이 대부분의 공공기관 채용 필기시험은 의사소통, 수리, 문제해결능력 위주로 구성되어있고 자원관리, 정보, 기술 능력 등은 각 능력 특유의 색이 있는 문제를 제외한다면 어떤 형태로 구성되어 있냐에 따라 의사소통, 수리, 문제해결능력 문제라고 보아도 좋다. 따라서 필기시험을 준비하시는 분이라면 10가지 능력을 모두 준비하는 것이 아니라 핵심 공통영역인 의사소통, 수리, 문제해결능력 위주로 준비해야 하고, 그것에 맞게 책을 구성했다.

책의 구성

핵심 공통영역(의사소통, 수리, 문제해결)별로 각 영역의 최신 기출 경향을 소개하고, 각 능력에서 필요한 능력과 학습방법을 담았다. 그리고 각 영역별 문제유형을 세분화 하여 유형마다 접근방법, 문제풀이 스킬, 시간관리 노하우를 담고자 했다. 그리고 자원관리, 정보, 기술, 조직이해능력의 특색이 있는 특정 문제들은 주로 문제해결능력에 포함하였다.

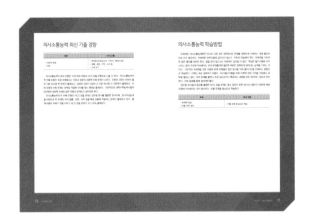

문제의 구성은 수학능력시험과 PSAT(공직적격성검사)의 문제 중 NCS직업기초능력검사를 학습하는 데에 도움이 될 만한 좋은 문제를 수록하였고, 그 외에 여러 공공기관에서 자주 출제된 유형의 문제들을 포함했다. 또한 오랜 강의 경험에 따라 학생들이 자주 실수하는 포인트, 어려워하는 포인트를 짚을 수 있도록 자체적으로 만든 문제도 포함하였다. 모든 영역의 출제가능한 모든 문제를 다 수록할 수는 없어 출제 빈도가 높은 문제 위주로 수록할 수밖에 없었지만 이 안의 내용을 충분히 이해한다면 필기시험 합격에는 충분한 만큼의 내용이라고 확신한다.

이 책에서 가장 중요한 부분인 해설은 많은 교재의 의미 없는 해설, 학습에 도움이 안 되는 해설이 아니라 학습자에게 친절한, 정말 필기시험에서 활용할 수 있는 노하우를 담은 해설을 쓰려고 노력했다. 필기시험을 보는 사람의 입장에서 문제의 유형을 구분하고, 적절한 순서에 따라 문제를 풀어 정답을 찾는 step을 적용했다.

PART 1
의사소통능력

의사소통능력 최신 기출 경향

독해	NCS 모듈
• 비문학 독해 • 어휘	• 업무용 문서(보고서, 기안서, 품의서 등) • 법률, 조항, 규칙, 사규 등 • 고쳐 쓰기

　　의사소통능력의 문제 유형은 크게 독해 유형과 NCS 모듈 유형으로 나눌 수 있다. 의사소통능력의 첫 번째 유형인 독해 유형에서는 단문과 장문의 비문학 독해 문제가 나온다. 단문은 2문단 이하의 짧은 지문 하나에 한 문제가 출제되고, 장문은 3문단 이상의 긴 지문 하나에 2~3문제가 출제된다. 독해 유형의 어휘 문제는 문맥상 적절한 단어를 찾는 형태로 출제된다. 기본적으로 대학수학능력시험의 언어영역 비문학 독해와 같은 유형의 문제라고 생각하면 된다.

　　의사소통능력의 두 번째 유형인 NCS 모듈 문제는 업무용 문서를 활용한 문서이해, 문서작성능력을 바탕으로 한 문제와 여러 법률, 조항, 규칙 등을 특정 상황에 적용하는 문제가 출제되고 있다. 출제 비중은 독해가 주를 이루고 NCS 모듈 문제가 20~30% 출제된다.

의사소통능력 학습방법

독해력은 의사소통능력뿐만 아니라 다른 모든 영역에서도 문제를 정확하게 이해하는 데에 필요하므로 아주 중요하다. 독해력은 하루아침에 길러지지 않는다. 꾸준히 연습해야 한다. 독해력을 기르려면 많은 활자를 읽어야 한다. 글을 읽지 않고서는 독해력이 길러질 리 없다. 핵심은 필기시험에 자주 나오는 글의 구조에 익숙해지는 것과 문제풀이에 필요한 부분만 정확하게 읽어내는 능력을 기르는 것이다. 기본적인 독해력을 갖춘 다음에 문제 유형별로 접근 방식을 익혀 풀이시간을 단축하는 방향으로 학습한다. 어휘는 따로 공부하기 어렵다. NCS필기시험을 위해 어휘력 관련 서적을 구입해서 공부할 필요는 없다. 여러 문제를 풀면서 조금 생소하거나 헷갈리는 내용을 따로 정리하는 정도로 준비한다. 이때 용례를 함께 정리하면 좋다.

업무용 문서들과 법규를 활용한 NCS 모듈 문제는 평소 접하지 못한 양식과 내용이기 때문에 해당 유형에 익숙해지는 것이 중요하다. 빈출 유형을 중심으로 학습한다.

독해	NCS 모듈
• 독해력 연습 • 빈출 어휘 정리	• 빈출 유형 중심으로 학습

I. 독해

    의사소통능력은 기본적인 독해력 그 자체를 향상시키지 않으면 절대로 고득점을 낼 수 없다. 수리영역이나 문제해결능력에서는 유형별로 문제풀이 방식을 적용하는 학습법이 효과적이지만, 의사소통능력에서는 글을 빠르고 정확하게 읽는 것이 더 중요하다.

01 │ 독해의 핵심

독해는 글을 읽고 이해하는 과정이다. 아무리 내용을 잘 이해했더라도 글 읽는 속도가 느리면 고득점을 받기 어렵다. 글 읽는 속도가 빠르더라도 내용을 정확하게 이해하지 못했다면 역시 고득점을 받기 어렵다. 필기시험에서의 독해는 '글의 내용을 정확하게 이해하며 빠르게 읽기'여야 한다.

지문을 빠르게 읽으면서 글쓴이가 전하려는 메시지는 정확하게 파악하려면 어떻게 해야 할까? 우선은 글의 구조를 이해해야 한다. 내용 전달 목적의 글은 논리적인 구조로 되어 있다. 특히 비문학 문제에 자주 나오는 지문은 그 종류가 한정적이기 때문에 글의 구조가 어느 정도 정해져 있다. 비문학 지문에 자주 나오는 글의 구조를 파악하여 중요 내용이 어디에, 어떻게 표현되는지 알아둔다. 그 후에는 독해 지문에서 자주 활용되는 서술 방식을 이해해야 한다. 그러면 긴 글을 읽으면서 중요 내용과 부연 내용을 구분할 수 있다. 중요 내용은 정확하게 읽고, 부연 내용은 빠르게 훑어 풀이시간을 단축하는 것이다.

1) 글의 구조
비문학 유형의 독해 문제는 논설문과 설명문으로 나오게 된다.

① 논설문
어떤 문제에 대한 자기의 주장을 논리적으로 증명하여 독자를 설득하는 글이다. 따라서 주장과 그 근거를 정확하게 이해해야 한다. 기본구성은 아래와 같다.

논설문의 구성	내용
서론	문제 상황을 알려주고, 자신의 주장을 언급한다. (도입, 주지)
본론	주장의 근거를 나열한다.
결론	본론을 요약, 주장을 다시 강조

서술 방식에 따라서는 아래와 같은 특징이 있다.

유형	특징
문제 제기	첫 문단에 글의 목적과 대상 등 주요 내용이 나옴
비교, 나열	㉠ 학자나 학파 등의 주장을 비교 : 대상이 무엇이고, 주장마다 무엇이 다른지를 정확하게 이해 ㉡ 특정 대상, 개념을 세부적으로 분석 : 대상에 대해서 특정 관점이나 기준으로 세분화 - 내용을 모두 기억할 필요는 없고 본문과 선택지를 대조하여 확인하는 경우가 많음
반박	글쓴이의 생각과 상반되는 주장을 먼저 배치하고 여러 논거로 반박하는 구조
연대기	주제나 대상을 시대에 따라 어떻게 변했는지 나열. 글의 목적을 염두에 두어 시대별로 공통점과 차이점을 구분해야함

② 설명문
사물, 개념, 사건, 지식 등 넓은 범위의 어떤 대상을 설명하는 글이다. 글의 기본적인 구조는 구성 방식에 따라 결정된다.

유형	특징
열거식 구성	대상의 속성, 기능, 구성요소 등을 설명. 연관성이 적은 것이나 범주들을 기준으로 나열하다보니 한 줄로 요약하기 어렵다.
포괄식 구성	보통 두괄식으로 구성한다. 포괄적이고 핵심적인 내용으로 글 전체를 포괄하게 된다. 대상을 설명하고 요약, 뒷받침을 하는 구성. 테마(대상, 소재)와 메시지(전달하려는 내용)에 집중한다.

③ 문단의 구조

하나의 문단 역시 글쓴이의 의도에 따라 어떤 구조로 서술되어있다. 문단의 핵심 문장을 찾고, 부연 서술하는 내용을 찾는 연습을 통해 하나의 문단이 어떤 방식으로 서술되는지 이해해보자. 그러면 한 문단에서 핵심 문장이 어디에 어떻게 서술되는지 이해할 수 있을 것이다.

> **예**
> 언어는 배우는 아이들이 있어야 지속된다. 그러므로 성인들만 사용하는 언어가 있다면 그 언어의 운명은 어느 정도 정해진 셈이다. 언어학자들은 이런 방식으로 추리하여 인류 역사에 드리워진 비극에 대해 경고한다. 한 언어학자는 현존하는 북미 인디언 언어의 약 80%인 150개 정도가 빈사 상태에 있다고 추정한다. 알래스카와 시베리아 북부에서는 기존 언어의 90%인 40개 언어, 중앙아메리카와 남아메리카에서는 23%인 160개 언어, 오스트레일리아에서는 90%인 225개 언어, 그리고 전 세계적으로는 기존 언어의 50%인 대략 3,000개의 언어들이 소멸해 가고 있다고 한다. 사용자 수가 10만 명을 넘는 약 600개의 언어들은 비교적 안전한 상태에 있지만, 세계 언어 수의 90%에 달하는 그 밖의 언어는 21세기가 끝나기 전에 소멸할지도 모른다.

파란색으로 표시한 부분이 문단의 핵심 문장이다. '많은 언어가 소멸할 위기에 있다'는 말을 앞부분에서 사례를 들어 부연하고 있다. 밑줄표시한 부분이 사례를 들어 부연한 곳으로 이해를 돕기 위해 들어가 있는 부분이지 문단의 핵심 내용을 이해하는 데에 꼭 필요한 내용은 아니다. 이렇게 문단의 구조와 서술 방식을 이해하고 있다면 부연하는 부분은 빠르게 읽어 넘어가고, 핵심 문장을 찾아 해당 문단에서 글쓴이가 하고 싶었던 말을 빠르고 정확하게 이해할 수 있다. '하지만'과 같은 접속부사에 대해 이해하고 있었다면, 그 후에 나오는 내용이 글쓴이가 하고자 하는 말이라는 것을 예상할 수 있을 것이다.

2) 유형별 접근방식

① 일치, 부합, 추론 [문제, 선택지 : 유형파악]―[본문 독해 : 키워드 중심]―[풀이 : 본문, 선택지 비교]

세부 내용을 묻는 문제로 중심 내용보다는 세부 내용의 사실관계를 묻는 문제가 많다. 선택지의 내용이 글 전체에 고루 나누어져 있다. 해당 유형은 선택지를 먼저 보고 키워드를 체크한 다음 독해를 시작한다. 독해를 하면서 키워드 관련 부분이 나오면 선택지의 정오를 판단한다. 글을 '한 번' 읽으면서 모든 선택지의 정오를 판단하는 것이 중요하다.

> **예** 위 글을 통해 알 수 있는 것은?
> 위 글의 내용과 일치하지 않는 것은?
> 윗 글의 내용과 부합하지 않는 것은?
> 윗 글의 내용으로 추론할 수 없는 것은?

② 빈칸 추론 [문제 : 유형파악]―[빈칸 앞부분 독해, 빈칸 다음 문장 독해]―[선택지 확인]

빈칸에 들어갈 적절한 내용을 추론하는 문제이다. 빈칸 앞부분의 내용을 빠르게 읽어 전반적인 내용을 이해한 다음에 빈칸 다음에 연결되는 문장의 의미를 이해하여 빈칸의 내용을 추론한다.

> **예** 위 글의 빈칸에 들어갈 내용으로 적절한 것은?
> 위 글의 ㉠에 들어갈 내용으로 적절한 것은?

③ 글의 핵심내용 도출 [문제 : 유형파악]―[본문 독해 : 중심내용, 세부내용 구분]―[선택지 확인]

본문의 내용 중에서 핵심적인 내용을 정확하게 인지하고 있는지 여부를 묻는 문제이다. 글의 유형에 따라 핵심내용이 어느 부분에 주로 서술되는지를 이해하고 있다면, 해당 부분만 읽어 정답을 쉽게 찾을 수 있는 경우가 많다.

> **예** 위 글의 주제로 가장 적절한 것은?
> 위 글은 어떤 질문에 대한 대답으로 적당하겠는가?
> 위 글의 취지로 가장 적절한 것은?
> 위 글의 제목으로 가장 적절한 것은?

④ 사례 찾기 [문제, 선택지 : 유형파악]–[본문 독해 : 핵심 개념만 정확하게 이해]–[문제 풀이]

특정 개념에 부합하거나 부합하지 않는 사례를 찾는 문제이다. 사례의 부합 여부를 판단할 수 있는 기준이 되는 주장이나 개념, 가설을 정확하게 이해하는 것이 중요하다.

> 예 문제로 구분하기보다는 선택지의 내용으로 유형을 파악하자.

Q. 다음 지문을 읽고 추론할 수 없는 것은?

> 대부분의 사람들은 근로 소득으로 생계를 유지한다. 직장은 개인에게 소득을 제공할 뿐만 아니라 성취감을 느낄 수 있도록 해주기 때문에, 직장을 잃으면 삶의 질이 저하될 수밖에 없다. 이는 실업문제가 매우 중요한 사회적 문제임을 나타낸다. 실업은 경제학적으로 일을 할 수 있는 능력이 있을 뿐만 아니라 일할 생각을 가지고 있지만 일자리를 구하지 못한 상태를 말한다. 그리고 실업률은 흔히 어떤 시점에서 경제활동인구 중 실업자가 차지하는 비율을 의미한다.
>
> 실업 중 심각한 사회 문제가 되는 것은 '구조적 실업'과 '경기적 실업'이다. 구조적 실업은 노동시장에 공급되는 일자리의 수가 일자리를 찾는 사람들의 수에 비해 부족하여 나타나며 장기적으로 지속되는 경우가 많다. 구조적 실업은 어떤 이유로 임금이 노동의 수요와 공급이 같아지는 균형 임금보다 높아 취업을 하지 못하는 것과 과거의 기술을 가진 사람이 다시 취직하려 하지만 새로운 기술을 습득하지 못해 취업을 하지 못하는 것을 일컫는다. 경기적 실업은 경기의 순환과정에서 재화나 서비스에 대한 수요의 부족으로 노동 수요가 감소되어 나타나는 실업이다.
>
> 실업을 줄이기 위해서 공공 취로 사업을 늘리고, 고용을 늘리는 기업에는 세금을 감면해주거나 보조금을 지급하는 등의 제도를 시행한다. 하지만 이러한 정부의 정책은 국가 전체적인 실업대책이라기보다는 특정 집단이나 산업 또는 계층과 관련 있는 미시적인 구제대책이라 할 수 있다. 이들 대책 외에 정부는 국가 전체적인 차원에서 거시 정책 수단을 사용하여 실업을 감축시키려는 노력도 기울여야 한다.

① 정부가 경기를 활성화시키는 것은 경기적 실업률을 낮추는 방법이다.
② 구조적 실업과 경기적 실업률이 낮아진다면 경제활동 인구는 증가할 것이다.
③ 경기가 침체될수록 구조적 실업보다 경기적 실업의 비율이 높다.
④ 난방 방식의 변화로 인해 석탄 회사에서 정리해고를 당한다면 경기적 실업이다.
⑤ 구조적 실업은 경기가 호황이라도 일어날 가능성이 있다.

➡ 선택지의 내용을 보면, 경기적 실업과 구조적 실업이라는 개념에 대한 내용임을 알 수 있다. 따라서 해당 개념에 포인트를 맞추고 독해를 시작한다. 두 번째 문단에 핵심 개념에 대한 설명이 나옴을 알 수 있다. 따라서 그런 내용이 나오지 않는 부분은 빠르게 훑어 내려올 수 있다.

⑤ 반론, 반박, 강화, 약화 [문제 : 유형파악]–[본문 독해 : 주장과 근거를 정확하게 이해]–[문제 풀이]

어떤 주장을 반박, 반론하거나, 글의 논지를 강화, 약화하는 선택지를 고르는 문제이다. 반박, 반론의 대상이 되는 주장을 우선 정확하게 이해하고, 해당 주장의 근거, 그리고 근거와 주장을 연결하는 전제를 파악해야 한다.

> 예 위 글의 글쓴이의 주장에 대한 반박/반론으로 가장 적절한 것은?
> 글쓴이의 입장을 강화하는 내용으로 옳은 것은?

※ [1~3] 다음 글을 읽고 독해 연습을 해보자.

[1] 언어는 배우는 아이들이 있어야 지속된다. 그러므로 성인들만 사용하는 언어가 있다면 그 언어의 운명은 어느 정도 정해진 셈이다. 언어학자들은 이런 방식으로 추리하여 인류 역사에 드리워진 비극에 대해 경고한다. 한 언어학자는 현존하는 북미 인디언 언어의 약 80%인 150개 정도가 빈사 상태에 있다고 추정한다. 알래스카와 시베리아 북부에서는 기존 언어의 90%인 40개 언어, 중앙아메리카와 남아메리카에서는 23%인 160개 언어, 오스트레일리아에서는 90%인 225개 언어, 그리고 전 세계적으로는 기존 언어의 50%인 대략 3,000개의 언어들이 소멸해 가고 있다고 한다. 사용자 수가 10만 명을 넘는 약 600개의 언어들은 비교적 안전한 상태에 있지만, 세계 언어 수의 90%에 달하는 그 밖의 언어는 21세기가 끝나기 전에 소멸할지도 모른다.

[2] 언어가 이처럼 대규모로 소멸하는 원인은 중첩적이다. 토착 언어 사용자들의 거주지가 파괴되고, 종족 말살과 동화(同化) 교육이 이루어지며, 사용 인구가 급격히 감소하는 것 외에 '문화적 신경가스'라고 불리는 전자 매체가 확산되는 것도 그 원인이 된다. 물론 우리는 소멸을 강요하는 사회적, 정치적 움직임들을 중단시키는 한편, 토착어로 된 교육 자료나 문학 작품, 텔레비전 프로그램 등을 개발함으로써 언어 소멸을 어느 정도 막을 수 있다. 나아가 소멸 위기에 처한 언어라도 20세기의 히브리 어처럼 지속적으로 공식어로 사용할 의지만 있다면 그 언어를 부활시킬 수도 있다.

[3] 합리적으로 보자면, 우리가 지구상의 모든 동물이나 식물 종들을 보존할 수 없는 것처럼 모든 언어를 보존할 수는 없으며, 어쩌면 그래서는 안 되는지도 모른다. 여기에는 도덕적이고 현실적인 문제들이 얽혀 있기 때문이다. 어떤 언어 공동체가 경제적 발전을 보장해주는 주류 언어로 돌아설 것을 선택할 때, 그 어떤 외부 집단이 이들에게 토착 언어를 유지하도록 강요할 수 있겠는가? 또한 한 공동체 내에서 이질적인 언어가 사용되면 사람들 사이에 심각한 분열을 초래할 수도 있다. 그러나 이러한 문제가 있더라도 전 세계 언어의 50% 이상이 빈사 상태에 있다면 이를 그저 바라볼 수만은 없다.

[4] 왜 우리는 위험에 처한 언어에 관심을 가져야 하나? 언어적 다양성은 인류가 지닌 언어 능력의 범위를 보여 준다. 언어는 인간의 역사와 지리를 담고 있으므로 한 언어가 소멸한다는 것은 역사적 문서를 소장한 도서관 하나가 통째로 불타 없어지는 것과 비슷하다. 또 언어는 한 문화에서 시, 이야기, 노래가 존재하는 기반이 되므로, 언어의 소멸이 계속되어 소수의 주류 언어만 살아남는다면 이는 인류의 문화적 다양성까지 해치는 셈이 된다.

1. 글을 한 번 읽은 후 글을 다시 보지 않고 내용을 정리해본다. (반드시 한 번만 읽는다.)

_____

_____

_____

_____

_____

_____

+ Point Plus +

글을 한 번 읽고 기억나는 대로 글의 내용을 정리한다. 글을 다시 보지 않아야 한다.

2. 글을 보면서 각 문단의 핵심내용 및 서술 방식의 특징을 정리한다.

   [1] :

   [2] :

   [3] :

   [4] :

+ Point Plus +

각 문단에서 중요 내용과 부연 내용을 구분하고 중요 내용이 문단의 어느 위치에 자주 나오는지 확인한다. 2번까지 정리했으면 2번 내용과 1번 내용을 비교해보자. 내용이 많이 다르다면 글의 구조 파악이 미흡한 것이다. 혹시 부연 내용에 더 집중한 것은 아닌지 점검해본다. 중심 내용이 아닌 부연 내용에 집중하면 핵심 내용을 정확하게 파악할 수 없을 뿐 아니라 너무 많은 텍스트를 읽게 되어 시간 분배에 도움이 되지 않는다.

3. 글의 구조에 집중하여 아래 항목을 정리해보자.

   1) 주제 :

   2) 각 문단의 관계 구조화(개요 정리)

   3) 위 글의 주된 서술 방식

+ Point Plus +

글의 개요와 서술 방식을 정리하면서 전체적인 글의 구조를 이해하자. 평소에 의사소통능력 학습을 할 때 독해 유형 문제는 지문을 1~3과 같은 방식으로 연습한다. 짜임새 있는 글이 어떻게 구성되는지를 알면, 어떤 지문이 나오더라도 전체적인 맥락을 이해하는 데에는 어려움이 없을 것이다.

다음 글을 근거로 판단할 때 옳지 않은 것은?

여러분이 컴퓨터 키보드의 @ 키를 하루에 몇 번이나 누르는지 한번 생각해보라. 아마도 이메일 덕분에 사용 빈도가 매우 높을 것이다. 이탈리아에서는 '달팽이', 네덜란드에서는 '원숭이 꼬리'라 부르고 한국에서는 '골뱅이'라 불리는 이 '앳(at)' 키는 한때 수동 타자기와 함께 영영 잊혀질 위기에 처하기도 하였다.

6세기에 @은 라틴어 전치사인 'ad'를 한 획에 쓰기 위한 합자(合字)였다. 그리고 시간이 흐르면서 @은 베니스, 스페인, 포르투갈 상인들 사이에 측정 단위를 나타내는 기호로 사용되었다. 베니스 상인들은 @을 부피의 단위인 암포라(amphora)를 나타내는 기호로 사용하였으며, 스페인과 포르투갈의 상인들은 질량의 단위인 아로바(arroba)를 나타내는 기호로 사용하였다. 스페인에서의 1아로바는 현재의 9.5kg에 해당하며, 포르투갈에서의 1아로바는 현재의 12kg에 해당한다. 이후에 @은 단가를 뜻하는 기호로 변화하였다. 예컨대 '복숭아 12개@1.5달러'로 표기한 경우 복숭아 12개의 가격이 18달러라는 것을 의미했다.

@ 키는 1885년 미국에서 언더우드 타자기에 등장하였고 20세기까지 자판에서 자리를 지키고 있었지만 사용 빈도는 점차 줄어들었다. 그런데 1971년 미국의 한 프로그래머가 잊혀지다시피 하였던 @ 키를 살려낸다. 연구개발 업체에서 인터넷상의 컴퓨터 간 메시지 송신기술 개발을 담당했던 그는 @ 키를 이메일 기호로 활용했던 것이다.

※ ad:현대 영어의 'at' 또는 'to'에 해당하는 전치사

① 1960년대 말 @ 키는 타자기 자판에서 사라지면서 사용빈도가 점차 줄어들었다.
② @이 사용되기 시작한 지 1,000년이 넘었다.
③ @이 단가를 뜻하는 기호로 쓰였을 때, '토마토 15개@3달러'라면 토마토 15개의 가격은 45달러였을 것이다.
④ @은 전치사, 측정 단위, 단가, 이메일 기호 등 다양한 의미로 활용되어 왔다.
⑤ 스페인 상인과 포르투갈 상인이 측정 단위로 사용했던 1@는 그 질량이 동일하지 않았을 것이다.

+ Point Plus +

일치불일치 문제는 지문을 두 번 읽지 않도록 신경 쓴다. 선택지의 키워드를 뽑고 지문을 읽는 것을 기본으로 한다. 단, 예제처럼 지문 길이가 짧은 경우에는 지문을 읽고 선택지를 보아도 상관없다. 두세 문제가 함께 있는 장문이 일치, 부합, 추론 문제인 경우, 모두 글 전체를 읽어야 풀이를 할 수 있는 경우가 많으므로, 해당 유형의 문제에 초점을 맞춰 독해하고, 다른 유형의 문제를 독해를 마칠 즈음 모두 풀이를 하는 것이 좋다.

How to solve?

STEP 1. 유형파악 세부 내용 일치불일치 문제
STEP 2. 문제풀이 선택지의 키워드를 체크하고 지문을 확인한다.

1) 키워드를 체크한다.
   ① 1960년대 말 @ 키는 타자기 자판에서 사라지면서 사용빈도가 점차 줄어들었다.
     → @키가 사라졌는지 아닌지, 사라졌으면 60년대인지 아닌지에 초점을 맞춤.

   ② @이 사용되기 시작한 지 1,000년이 넘었다.
     → 언제부터 사용했는지에 초점을 맞춤.

   ③ @이 단가를 뜻하는 기호로 쓰였을 때, '토마토 15개@3달러'라면 토마토 15개의 가격은 45달러였을 것이다.
     → 단가로 사용하는 예에 초점을 맞춤.
   ④ @은 전치사, 측정 단위, 단가, 이메일 기호 등 다양한 의미로 활용되어 왔다.
     → 선택지만 보아도 맞는 내용임을 알 수 있다. 배경지식이나 다른 선택지를 통해 어느 정도 감을 잡을 수 있는 선택지가 있다.

   ⑤ 스페인 상인과 포르투갈 상인이 측정 단위로 사용했던 1@는 그 질량이 동일하지 않았을 것이다.
     → 단위의 질량에 대한 이야기에 초점을 맞춤.

2) 지문을 읽어 내려오면서 키워드에 해당하는 부분이 나오면 선택지의 정오를 판단한다.

여러분이 컴퓨터 키보드의 @ 키를 하루에 몇 번이나 누르는지 한번 생각해보라. 아마도 이메일 덕분에 사용 빈도가 매우 높을 것이다. 이탈리아에서는 '달팽이', 네덜란드에서는 '원숭이 꼬리'라 부르고 한국에서는 '골뱅이'라 불리는 이 '앳(at)' 키는 한때 수동 타자기와 함께 영영 잊혀질 위기에 처하기도 하였다.

② 6세기에 @은 라틴어 전치사인 'ad'를 한 획에 쓰기 위한 합자(合字)였다. 그리고 시간이 흐르면서 @은 베니스, 스페인, 포르투갈 상인들 사이에 측정 단위를 나타내는 기호로 사용되었다. 베니스 상인들은 @을 부피의 단위인 암포라(amphora)를 나타내는 기호로 사용하였으며, 스페인과 포르투갈의 상인들은 질량의 단위인 아로바(arroba)를 나타내는 기호로 사용하였다. ⑤ 스페인에서의 1아로바는 현재의 9.5kg에 해당하며, 포르투갈에서의 1아로바는 현재의 12kg에 해당한다. 이후에 ③ @은 단가를 뜻하는 기호로 변화하였다. 예컨대 '복숭아 12개@1.5달러'로 표기한 경우 복숭아 12개의 가격이 18달러라는 것을 의미했다.

@ 키는 1885년 미국에서 언더우드 타자기에 등장하였고 ① 20세기까지 자판에서 자리를 지키고 있었지만 사용 빈도는 점차 줄어들었다. 그런데 1971년 미국의 한 프로그래머가 잊혀지다시피 하였던 @ 키를 살려낸다. 연구개발 업체에서 인터넷상의 컴퓨터 간 메시지 송신기술 개발을 담당했던 그는 @ 키를 이메일 기호로 활용했던 것이다.

---

   ④는 다른 내용을 체크하면서 확인 가능한 내용이다.

STEP 3. 정답
✓ ① 1960년대 말 @ 키는 타자기 자판에서 사라지면서 사용빈도가 점차 줄어들었다.

01 다음 글을 근거로 판단할 때 옳은 것은?

> 독일의 통계학자 A는 가계지출을 음식비, 피복비, 주거비, 광열비, 문화비(교육비, 공과금, 보건비, 기타 잡비)의 5개 항목으로 구분해 분석했다. 그 결과 소득의 증가에 따라 총 가계지출 중 음식비 지출 비중은 점차 감소하는 경향이 있지만, 피복비 지출은 소득의 증감에 비교적 영향을 받지 않는다는 사실을 발견했다. 또 주거비와 광열비에 대한 지출 비중은 소득수준에 관계없이 거의 일정하고, 문화비 지출 비중은 소득 증가에 따라 급속하게 증가한다는 것도 알아냈다. 이러한 사실을 모두 아울러 'A의 법칙'이라고 한다. 특히 이 가운데서 가계지출 중 음식비 지출 비중만을 따로 떼어 내어 'A계수'라고 한다. A계수는 총 가계지출에서 차지하는 음식비의 비중을 백분율로 표시한 것으로, 소득수준이 높을수록 낮아지고 소득수준이 낮을수록 높아지는 경향을 보인다.
>
> 가계지출 중 자녀 교육비의 비중을 나타낸 수치를 'B계수'라고 한다. 지난 1분기 가계소득 하위 20% 가구의 월평균 교육비 지출액은 12만 원으로 가계지출의 10%였다. 반면 가계소득 상위 20% 가구의 월평균 교육비 지출액은 72만 원으로 가계소득 하위 20% 가구의 6배에 달했고 가계지출에서 차지하는 비중도 20%였다.

① 가계소득이 증가할 때 A계수와 B계수는 모두 높아질 것이다.
② 소득이 높은 가계라도 가계구성원 모두가 값비싼 음식을 선호한다면 소득이 낮은 가계보다 A계수가 높을 수 있다.
③ A의 법칙에 의하면 소득이 증가할수록 음식비 지출액이 줄어든다고 할 수 있다.
④ 지난 1분기 가계소득 상위 20% 가구의 월평균 소득은 가계소득 하위 20% 가구의 월평균 소득의 3배이다.
⑤ 지난 1분기 가계소득 분위별 교육비 지출액 현황을 볼 때 가계소득이 낮을수록 교육열이 높다고 볼 수 있다.

02 다음 글을 근거로 판단할 때 옳은 것은?

北독일과 남독일의 맥주는 맛의 차이가 분명하다. 북독일 맥주는 한마디로 '강한 맛이 생명'이라고 표현할 수 있다. 맥주를 최대한 발효시켜 진액을 거의 남기지 않고 당분을 낮춘다. 반면 홉(hop) 첨가량은 비교적 많기 때문에 '담백하고 쌉쌀한', 즉 강렬한 맛의 맥주가 탄생한다. 이른바 쌉쌀한 맛의 맥주라고 할 수 있다. 이에 반해 19세기 말까지 남독일의 고전적인 뮌헨 맥주는 원래 색이 짙고 순하며 단맛이 감도는 특징이 있었다. 이 전통을 계승하여 만들어진 뮌헨 맥주는 홉의 쓴맛보다 맥아 본래의 순한 맛에 역점을 둔 '강하지 않고 진한' 맥주다.

옥토버페스트(Oktoberfest)는 맥주 축제의 대명사이다. 옥토버페스트의 기원은 1810년에 바이에른의 시골에서 열린 축제이다. 바이에른 황태자와 작센에서 온 공주의 결혼을 축하하기 위해 개최한 경마대회가 시초이다. 축제는 뮌헨 중앙역에서 서남서로 2km 떨어진 곳에 있는 테레지아 초원에서 열린다. 처음 이곳은 맥주와 무관했지만, 4년 후 놋쇠 뚜껑이 달린 도기제 맥주잔에 맥주를 담아 판매하는 노점상이 들어섰고, 다시 몇 년이 지나자 테레지아 왕비의 기념 경마대회는 완전히 맥주 축제로 변신했다. 축제가 열리는 동안 세계 각국의 관광객이 독일을 찾는다. 그래서 이 기간에 뮌헨에 숙박하려면 보통 어려운 게 아니다. 저렴하고 좋은 호텔은 봄에 이미 예약이 끝난다. 축제는 2주간 열리고 10월 첫째 주 일요일이 마지막 날로 정해져 있다.

뮌헨에 있는 오래된 6대 맥주 회사만이 옥토버페스트 축제장에 텐트를 설치할 수 있다. 각 회사는 축제장에 대형 텐트로 비어홀을 내는데, 두 곳을 내는 곳도 있어 텐트의 개수는 총 9~10개 정도이다. 텐트 하나에 5천 명 정도 들어갈 수 있고, 텐트 전체로는 5만 명을 수용할 수 있다. 이 축제의 통계를 살펴보면, 기간 14일, 전체 입장객 수 650만 명, 맥주 소비량 510만 리터 등이다.

① ○○년 10월 11일이 일요일이라면 ○○년의 옥토버페스트는 9월 28일에 시작되었을 것이다.
② 봄에 호텔 예약을 하지 않으면 옥토버페스트 기간에 뮌헨에서 호텔에 숙박할 수 없다.
③ 옥토버페스트는 처음부터 맥주 축제로 시작하여 약 200년의 역사를 지니게 되었다.
④ 북독일 맥주를 좋아하는 사람이 뮌헨 맥주를 '강한 맛이 없다'고 비판한다면, 뮌헨 맥주를 좋아하는 사람은 맥아가 가진 본래의 맛이야말로 뮌헨 맥주의 장점이라고 말할 것이다.
⑤ 옥토버페스트에서 총 10개의 텐트가 설치되고 각 텐트에서의 맥주 소비량이 비슷하다면, 2개의 텐트를 설치한 맥주 회사에서 만든 맥주는 하루에 평균적으로 약 7천 리터가 소비되었을 것이다.

03 다음 글의 결론을 지지하지 <u>않는</u> 것은?

지구와 태양 사이의 거리와 지구가 태양 주위를 도는 방식은 인간의 생존에 유리한 여러 특징을 지니고 있다. 인간을 비롯한 생명이 생존하려면 행성은 액체 상태의 물을 포함하면서 너무 뜨겁거나 차갑지 않아야 한다. 이를 위해 행성은 태양과 같은 별에서 적당히 떨어져 있어야 한다. 이 적당한 영역을 '골디락스 영역'이라고 한다. 또한 지구가 태양의 중력장 주위를 도는 타원 궤도는 충분히 원에 가깝다. 따라서 연중 태양에서 오는 열에너지가 비교적 일정하게 유지될 수 있다. 만약 태양과의 거리가 일정하지 않았다면 지구는 여름에는 바다가 모두 끓어 넘치고 겨울에는 거대한 얼음 덩어리가 되는 불모의 행성이었을 것이다.

우리 우주에 작용하는 근본적인 힘의 세기나 물리법칙도 인간을 비롯한 생명의 탄생에 유리하도록 미세하게 조정되어 있다. 예를 들어 근본적인 힘인 강한 핵력이나 전기력의 크기가 현재 값에서 조금만 달랐다면, 별의 내부에서 탄소처럼 무거운 원소는 만들어질 수 없었고 행성도 만들어질 수 없었을 것이다. 최근 들어 물리학자들은 이들 힘을 지배하는 법칙이 현재와 다르다면 우주는 구체적으로 어떤 모습이 될지 컴퓨터 모형으로 계산했다. 그 결과를 보면 강한 핵력의 강도가 겨우 0.5% 다르거나 전기력의 강도가 겨우 4% 다를 경우에도 탄소나 산소는 우주에서 합성되지 않는다. 따라서 생명 탄생의 가능성도 사라진다. 결국 강한 핵력이나 전기력을 지배하는 법칙들을 조금이라도 건드리면 우리가 존재할 가능성은 사라지는 것이다.

결론적으로 지구 주위 환경뿐만 아니라 보편적 자연법칙까지도 인류와 같은 생명이 진화해 살아가기에 알맞은 범위 안에 제한되어 있다고 할 수 있다. 만일 그러한 제한이 없었다면 태양계나 지구가 탄생할 수 없었을 뿐만 아니라 생명 또한 진화할 수 없었을 것이다. 우리가 아는 행성이나 생명이 탄생할 가능성을 열어 두면서 물리법칙을 변경할 수 있는 폭은 매우 좁다.

① 탄소가 없는 상황에서도 생명은 자연적으로 진화할 수 있다.
② 중력법칙이 현재와 조금만 달라도 지구는 태양으로 빨려 들어간다.
③ 원자핵의 질량이 현재보다 조금 더 크다면 우리 몸을 이루는 원소는 합성되지 않는다.
④ 별 주위의 '골디락스 영역'에 행성이 위치할 확률은 매우 낮지만 지구는 그 영역에 위치한다.
⑤ 핵력의 강도가 현재와 약간만 달라도 별의 내부에서 무거운 원소가 거의 전부 사라진다.

04 다음 글에서 알 수 있는 것은?

우리에게 입력된 감각 정보는 모두 저장되는 것이 아니라 극히 일부분만 특정한 메커니즘을 통해 단기간 또는 장기간 저장된다. 신경과학자들은 장기 또는 단기기억의 저장 장소가 뇌의 어디에 존재하는지 연구해 왔고, 그 결과 두 기억은 모두 대뇌피질에 저장된다는 것을 알아냈다.

여러 감각 기관을 통해 입력된 감각 정보는 대부분 대뇌피질에서 인식된다. 인식된 일부 정보는 해마와 대뇌피질 간에 이미 형성되어 있는 신경세포 간 연결이 일시적으로 변화하는 과정에서 단기기억으로 저장된다. 해마와 대뇌피질 간 연결의 일시적인 변화가 대뇌피질 내에서 새로운 연결로 교체되어 영구히 지속되면 그 단기기억은 장기기억으로 저장된다. 해마는 입력된 정보를 단기기억으로 유지하고 또 새로운 장기기억을 획득하는 데 필수적이지만, 기존의 장기기억을 유지하거나 변형하는 부위는 아니다.

걷기, 자전거 타기와 같은 운동 기술은 반복을 통해서 학습되고, 일단 학습되면 잊혀지기 어렵다. 자전거 타기와 같은 기술에 관한 기억은 뇌의 성장과 발달에서 보이는 신경세포들 간에 새로운 연결이 이루어지는 메커니즘을 통해서 장기기억이 된다. 반면에 전화번호, 사건, 장소를 단기 기억할 때는 새로운 연결이 생기는 대신 대뇌피질과 해마 간에 이미 존재하는 신경세포의 연결을 통한 신호 강도가 높아지고 그 상태가 수분에서 수개월까지 유지됨으로써 가능하다. 이처럼 신경세포 간 연결 신호의 강도가 상당 기간 동안 증가된 상태로 유지되는 '장기 상승 작용' 현상은 해마 조직에서 처음 밝혀졌으며, 이 현상에는 흥분성 신경 전달 물질인 글루탐산의 역할이 중요하다는 것이 추가로 밝혀졌다.

① 방금 들은 전화번호를 받아 적기 위한 기억에는 신경세포 간 연결의 장기 상승 작용이 중요하다.
② 해마가 손상되면 이미 습득한 자전거 타기와 같은 운동 기술을 실행할 수 없게 된다.
③ 장기기억은 대뇌피질에 저장되지만 단기기억은 해마에 저장된다.
④ 새로운 단기기억은 이전에 저장되었던 장기기억에 영향을 준다.
⑤ 글루탐산은 신경세포 간의 새로운 연결의 형성을 유도한다.

05 다음 중 ㉠의 사례로 보기 어려운 것은?

> 디지털 이미지는 사용자가 가장 손쉽게 정보를 전달할 수 있는 멀티미디어 객체이다. 일반적으로 디지털 이미지는 화소에 의해 정보가 표현되는데, M×N개의 화소로 이루어져 있다. 여기서 M과 N은 가로와 세로의 화소 수를 의미하며, M 곱하기 N을 한 값을 해상도라 한다.
>
> 무선 네트워크와 모바일 기기의 사용이 보편화되면서 다양한 스마트 기기의 보급이 진행되고 있다. 스마트 기기는 그 사용 목적이나 제조 방식, 가격 등의 요인에 의해 각각의 화면 표시 장치들이 서로 다른 해상도와 화면 비율을 가진다. 이에 대응하여 동일한 이미지를 다양한 화면 표시 장치 환경에 맞출 필요성이 발생했다. 하나의 멀티미디어의 객체를 텔레비전용, 영화용, 모바일 기기용 등 표준적인 화면 표시 장치에 맞추어 각기 독립적인 이미지 소스로 따로 제공하는 것이 아니라, 하나의 이미지 소스를 다양한 화면 표시 장치에 맞도록 적절히 변환하는 기술을 요구하고 있다.
>
> 이러한 변환 기술을 '이미지 리타겟팅'이라고 한다. 이는 A×B의 이미지를 C×D 화면에 맞추기 위해 해상도와 화면 비율을 조절하거나 이미지의 일부를 잘라 내는 방법 등으로 이미지를 수정하는 것이다. 이러한 수정에서 입력 이미지에 있는 콘텐츠 중 주요 콘텐츠는 그대로 유지되어야 한다. 즉 리타겟팅 처리 후에도 원래 이미지의 중요한 부분을 그대로 유지하면서 동시에 왜곡을 최소화하는 형태로 주어진 화면에 맞게 이미지를 변형하여야 한다. 이러한 조건을 만족하기 위해 ㉠ 다양한 접근이 일어나고 있는데, 이미지의 주요한 콘텐츠 및 구조를 분석하는 방법과 분석된 주요 사항을 바탕으로 어떤 식으로 이미지 해상도를 조절하느냐가 주요 연구 방향이다.

① 광고 사진에서 화면 전반에 걸쳐 흩어져 있는 콘텐츠를 무작위로 추출하여 화면을 재구성하는 방법
② 풍경 사진에서 전체 풍경에 대한 구도를 추출하고 구도가 그대로 유지될 수 있도록 해상도를 조절하는 방법
③ 인물 사진에서 얼굴 추출 기법을 사용하여 인물의 주요 부분을 왜곡하지 않고 필요 없는 부분을 잘라 내는 방법
④ 정물 사진에서 대상물의 영역은 그대로 두고 배경 영역에 대해서는 왜곡을 최소로 하며 이미지를 축소하는 방법
⑤ 상품 사진에서 상품을 충분히 인지할 수 있을 정도의 범위 내에서 가로와 세로의 비율을 화면에 맞게 조절하는 방법

06 다음 글의 입장을 강화하는 내용으로 가장 적절한 것은?

고대사회를 정의하는 기준 중의 하나로 '생계경제'가 사용되곤 한다. 생계경제 사회란 구성원들이 거우 먹고살 수 있는 정도의 식량만을 확보하고 있어서 식량 자원이 줄어들게 되면 자동적으로 구성원 전부를 먹여 살릴 수 없게 되고, 심하지 않은 가뭄이나 홍수 등의 자연재해에 의해서도 유지가 어렵게 될 수 있는 사회를 의미한다. 그러므로 고대사회에서의 삶은 근근이 버텨가는 것이고, 그 생활은 기아와의 끊임없는 투쟁이다. 왜냐하면 그 사회에서는 기술적인 결함과 그 이상의 문화적인 결함으로 인해 잉여 식량을 생산할 수 없기 때문이다.

고대사회에 대한 이러한 견해보다 더 뿌리 깊은 오해도 없다. 소위 생계경제의 성격을 지닌 것으로 간주되는 많은 고대사회들, 예를 들어 남아메리카에서는 종종 공동체의 연간 필요 소비량에 맞먹는 잉여 식량을 생산했다는 점에 주의를 기울일 필요가 있다. 기아와의 끊임없는 투쟁을 의미하는 생계경제가 고대사회를 특징짓는 개념이라면 오히려 프롤레타리아가 기아에 허덕이던 19세기 유럽 사회야말로 고대사회라고 할 수 있을 것이다. 사실상 생계경제라는 개념은 서구의 근대적인 이데올로기의 영역에 속하는 것으로 결코 과학적 개념도구가 아니다. 민족학을 위시한 근대 과학이 이토록 터무니없는 기만에 희생되어 왔다는 것은 역설적이며, 더군다나 산업 국가들이 이른바 저발전 세계에 대한 전략의 방향을 잡는 데 기여했다는 사실은 두렵기까지 하다.

① 고대사회가 경제적으로 풍요로웠던 것은 생계경제 체제 때문이었다.
② 산업사회로 이행하면서 경제적 잉여가 발생하였고 계급이 형성되었다.
③ 자연재해나 전쟁으로 인해 고대사회는 항상 불안정한 상황에 처해 있었다.
④ 고대사회에서 존재하였던 축제는 경제적인 잉여를 해소하는 기제로 작용했다.
⑤ 유럽의 산업 국가들에 의한 문명화 과정을 통해 저발전된 아프리카의 생활 여건이 개선되었다.

07 다음 글에 제시된 논리적 오류의 사례로 적절하지 <u>않은</u> 것은?

> 흔히 주변에서 암 검진 결과 암의 징후가 없다는 판정을 받은 후 암이 발견되면 검진이 엉터리였다고 비난하는 것을 본다. 우리 몸의 세포들을 모두 살펴보지 않은 이상 암세포가 없다고 결론지을 수 없다는 것은 논리적으로 명확한데 말이다. 우리는 1,000마리의 까마귀를 관찰하여 모두 까맣다고 해서 까맣지 않은 까마귀가 없다고 단정할 수는 없다고 학교에서 배웠다. 하지만 교실에서 범하지 않는 논리적 오류를 실생활에서는 흔히 범하곤 한다. 예를 들어, 1960년대에 의사들은 모유가 분유에 비해 이점이 있다는 증거를 찾지 못하였다. 그러자 당시 의사들은 모유가 특별한 이점이 없다고 결론지었다. 그 결과, 많은 사람들이 대가를 치러야만 했다. 수십 년이 지난 후에, 유아기에 모유를 먹지 않은 사람들은 특정 암을 비롯하여 여러 가지 질병에 걸릴 위험성이 높다는 사실이 밝혀진 것이다. 이와 같이 우리는 '증거의 없음'을 '없음의 증거'로 오인하곤 한다.

① 다양한 물질의 전기 저항을 조사한 결과 전기 저항이 0인 경우는 없었다. 따라서 전기 저항이 0인 물질은 없다.

② 어떤 사람이 술과 담배를 즐겼지만 몸에 어떤 이상도 발견되지 않았다. 따라서 그 사람에게는 술과 담배가 무해하다.

③ 경찰은 어떤 피의자가 확실한 알리바이가 있다는 것을 확인했다. 따라서 그 피의자는 해당 범죄 현장에 있지 않았다.

④ 주변에서 빛을 내는 것을 조사해보니 열 발생이 동반되지 않는 것이 없었다. 그러므로 열을 내지 않는 발광체는 없다.

⑤ 현재까지 수많은 노력에도 불구하고 외계 지적 생명체는 발견되지 않았다. 그러므로 외계 지적 생명체는 존재하지 않는다.

08 다음 글의 내용과 부합하는 것은?

'청렴(淸廉)'은 현대 사회에서 좁게는 반부패와 동의어로 사용되며 넓게는 투명성과 책임성 등을 포괄하는 통합적 개념으로 사용되고 있다. 유학자들은 청렴을 효제와 같은 인륜의 덕목보다는 하위에 두었지만 군자라면 마땅히 지켜야 할 일상의 덕목으로 중시하였다. 조선의 대표적 유학자였던 이황과 이이는 청렴을 사회 규율이자 개인 처세의 지침으로 강조하였다. 특히 공적 업무에 종사하는 사람이라면 사회 규율로서의 청렴이 개인의 처세와 직결된다는 점에 유념해야 한다고 보았다.

청렴에 대한 논의는 정약용의『목민심서』에서 본격적으로 나타난다. 정약용은 청렴이야말로 목민관이 지켜야 할 근본적인 덕목이며 목민관의 직무는 청렴이 없이는 불가능하다고 강조하였다. 정약용은 청렴을 당위의 차원에서 주장하는 기존의 학자들과 달리 행위자 자신에게 실질적 이익이 된다는 점을 들어 설득하고자 한다. 그는 청렴은 큰 이득이 남는 장사라고 말하면서, 지혜롭고 욕심이 큰 사람은 청렴을 택하지만 지혜가 짧고 욕심이 작은 사람은 탐욕을 택한다고 설명한다. 정약용은 "지자(知者)는 인(仁)을 이롭게 여긴다."라는 공자의 말을 빌려 "지혜로운 자는 청렴함을 이롭게 여긴다."라고 하였다. 비록 재물을 얻는 데 뜻이 있더라도 청렴함을 택하는 것이 결과적으로는 지혜로운 선택이라고 정약용은 말한다. 목민관의 작은 탐욕은 단기적으로 보면 눈 앞의 재물을 취하여 이익을 얻을 수 있겠지만 궁극에는 개인의 몰락과 가문의 불명예를 가져올 수 있기 때문이다.

정약용은 청렴을 지키는 것은 두 가지 효과가 있다고 보았다. 첫째, 청렴은 다른 사람에게 긍정적 효과를 미친다. 목민관이 청렴할 경우 백성을 비롯한 공동체 구성원에게 좋은 혜택이 돌아갈 것이다. 둘째, 청렴한 행위를 하는 것은 목민관 자신에게도 좋은 결과를 가져다준다. 청렴은 그 자신의 덕을 높이는 것일 뿐 아니라 자신의 가문에 빛나는 명성과 영광을 가져다줄 것이다.

① 정약용은 청렴이 목민관이 반드시 지켜야 할 덕목임을 당위론 차원에서 정당화하였다.
② 정약용은 탐욕을 택하는 것보다 청렴을 택하는 것이 이롭다는 공자의 뜻을 계승하였다.
③ 정약용은 청렴한 사람은 욕심이 작기 때문에 재물에 대한 탐욕에 빠지지 않는다고 보았다.
④ 정약용은 청렴이 백성에게 이로움을 줄 뿐 아니라 목민관 자신에게도 이로운 행위라고 보았다.
⑤ 이황과 이이는 청렴을 개인의 처세에 있어 주요 지침으로 여겼으나 사회 규율로는 보지 않았다.

다음 글에서 알 수 있는 것은?

중국에서는 기원전 8~7세기 이후 주나라에서부터 청동전이 유통되었다. 이후 진시황이 중국을 통일하면서 화폐를 통일해 가운데 네모난 구멍이 뚫린 원형 청동 엽전이 등장했고, 이후 중국 통화의 주축으로 자리 잡았다. 하지만 엽전은 가치가 낮고 금화와 은화는 아직 주조되지 않았기 때문에 고액 거래를 위해서는 지폐가 필요했다. 결국 11세기경 송나라에서 최초의 법정 지폐인 교자(交子)가 발행되었다. 13세기 원나라에서는 강력한 국가 권력을 통해 엽전을 억제하고 교초(交鈔)라는 지폐를 유일한 공식 통화로 삼아 재정 문제를 해결했다.

아시아와 유럽에서 지폐의 등장과 발달 과정은 달랐다. 우선 유럽에서는 금화가 비교적 자유롭게 사용되어 대중들 사이에서 널리 유통되었다. 반면에 아시아의 통치자들은 금의 아름다움과 금이 상징하는 권력을 즐겼다는 점에서는 서구인들과 같았지만, 비천한 사람들이 화폐로 사용하기에는 금이 너무 소중하다고 여겼다. 대중들 사이에서 유통되도록 금을 방출하면 권력이 약화된다고 본 것이다. 대신에 일찍부터 지폐가 널리 통용되었다.

마르코 폴로는 쿠빌라이 칸이 모든 거래를 지폐로 이루어지게 하는 것을 보고 깊은 인상을 받았다. 사실상 종잇조각에 불과한 지폐가 그렇게 널리 통용되었던 이유는 무엇 때문일까? 칸이 만든 지폐에 찍힌 그의 도장은 금이나 은과 같은 권위가 있었다. 이것은 지폐의 가치를 확립하고 유지하는 데 국가 권력이 핵심 요소라는 사실을 보여준다.

유럽의 지폐는 그 초기 형태가 민간에서 발행한 어음이었으나, 아시아의 지폐는 처음부터 국가가 발행권을 갖고 있었다. 금속 주화와는 달리 내재적 가치가 없는 지폐가 화폐로 받아들여지고 사용되기 위해서는 신뢰가 필수적이다. 중국은 강력한 왕권이 이 신뢰를 담보할 수 있었지만, 유럽에서 지폐가 사람들의 신뢰를 얻기까지는 그보다 오랜 시간과 성숙된 환경이 필요했다. 유럽의 왕들은 종이에 마음대로 숫자를 적어 놓고 화폐로 사용하라고 강제할 수 없었다. 그래서 서로 잘 아는 일부 동업자들끼리 신뢰를 바탕으로 자체 지폐를 만들어 사용해야 했다. 하지만 민간에서 발행한 지폐는 신뢰 확보가 쉽지 않아 주기적으로 금융 위기를 초래했다. 정부가 나서기까지는 오랜 시간이 걸렸고, 17~18세기에 지폐의 법정화와 중앙은행의 설립이 이루어졌다. 중앙은행은 금을 보관하고 이를 바탕으로 금 태환(兌換)을 보장하는 증서를 발행해 화폐로 사용하기 시작했고, 그것이 오늘날의 지폐로 이어졌다.

① 유럽에서 금화의 대중적 확산은 지폐가 널리 통용되는 결정적인 계기가 되었다.
② 유럽에서는 민간 거래의 신뢰를 기반으로 지폐가 중국에 비해 일찍부터 통용되었다.
③ 중국에서 청동으로 만든 최초의 화폐는 네모난 구멍이 뚫린 원형 엽전의 형태였다.
④ 중국에서 지폐 거래의 신뢰를 확보할 수 있었던 것은 강력한 국가 권력이 있었기 때문이다.
⑤ 아시아와 유럽에서는 금화의 사용을 권력의 상징으로 여겨 금화의 제한적인 유통이 이루어졌다.

10 다음 글에서 알 수 <u>없는</u> 것은?

광장의 기원은 고대 그리스의 아고라에서 찾을 수 있다. '아고라'는 사람들이 모이는 곳이란 뜻을 담고 있다. 호메로스의 작품에 처음 나오는 이 표현은 물리적 장소만이 아니라 사람들이 모여서 하는 각종 활동과 모임도 의미한다. 아고라는 사람들이 모이는 도심의 한복판에 자리 잡되 그 주변으로 사원, 가게, 공공시설, 사교장 등이 자연스럽게 둘러싸고 있는 형태를 갖는다. 물론 그 안에 분수도 있고 나무도 있어 휴식 공간이 되기는 하지만 그것은 부수적 기능일 뿐이다. 아고라 곧 광장의 주요 기능은 시민들이 모여 행하는 다양한 활동 그 자체에 있다.

르네상스 이후 광장은 유럽의 여러 제후들이 도시를 조성할 때 일차적으로 고려하는 사항이 된다. 광장은 제후들이 권력 의지를 실현하는 데 중요한 역할을 할 수 있었기 때문이다. 이 시기 유럽의 도시에서는 고대 그리스 이후 자연스럽게 발전해 온 광장이 의식적으로 조성되기 시작한다. 도시를 설계할 때 광장의 위치와 넓이, 기능이 제후들의 목적에 따라 결정된다.

『광장』을 쓴 프랑코 만쿠조는 유럽의 역사가 곧 광장의 역사라고 말한다. 그에 따르면, 유럽인들에게 광장은 일상생활의 통행과 회합, 교환의 장소이자 동시에 권력과 그 의지를 실현하는 장이고 프랑스 혁명 이후 근대 유럽에서는 저항하는 대중의 연대와 소통의 장이라는 의미도 갖게 된다. 우리나라의 역사적 경험에서도 광장은 그와 같은 공간이었다. 우리의 마당이나 장터는 유럽과 형태는 다를지라도 만쿠조가 말한 광장의 기능과 의미를 담당해왔기 때문이다.

이처럼 광장은 인류의 모든 활동이 수렴되고 확산되는 공간이며 문화 마당이고 예술이 구현되는 장이며 더 많은 자유를 향한 열정이 집결하는 곳이다. 특히 근대 이후 광장을 이런 용도로 사용하는 것은 시민의 정당한 권리가 된다. 광장은 권력의 의지가 발현되는 공간이면서 동시에 시민에게는 그것을 넘어서고자 하는 자유의 열망이 빚어지는 장이다.

① 근대 이후 광장은 시민의 자유에 대한 열망이 모이는 장이었다.
② 고대 그리스의 아고라는 사람들이 모이는 장소 이상의 의미를 갖는다.
③ 유럽의 여러 제후들이 광장을 중요시한 것은 거주민의 의견을 반영하기 위해서였다.
④ 프랑스 혁명 이후 유럽에서 광장은 저항하는 이들의 소통 공간이라는 의미도 갖는다.
⑤ 우리나라의 역사적 경험에서도 광장은 권력과 그 의지를 실현하는 장이자 저항하는 대중의 연대와 소통의 장이었다.

11 다음 글의 빈 칸에 들어갈 내용으로 가장 적절한 것은?

현상의 원인을 찾는 방법들 가운데 최선의 설명을 이용하는 방법이 있다. 우리는 주어진 현상을 일으키는 원인을 찾아 이 원인이 그 현상을 일으켰다고 말함으로써 현상을 설명하곤 한다. 우리는 여러 가지 가능한 설명들 중에서 가장 좋은 설명에 나오는 원인이 현상의 진정한 원인이라고 결론 내릴 수 있다.

지구에 조수 현상이 있는데 이 현상의 원인은 무엇일까? 우리는 조수 현상을 일으킬 수 있는 원인들을 일종의 가설로서 설정할 수 있다. 만일 지구의 물과 달 사이에 중력이나 자기력 같은 인력이 작용한다면, 이런 인력은 지구에 조수 현상을 일으키는 원인일 수 있다. 지구와 달 사이에 유동 물질이 있고 그 물질이 지구를 누른다면, 이런 누름은 지구에 조수 현상을 일으키는 원인일 수 있다. 지구가 등속도로 자전하지 않아 지구 전체가 흔들거린다면, 이런 지구의 흔들거림은 지구에 조수 현상을 일으키는 원인일 수 있다.

우리는 이런 설명들을 견주어 어떤 것이 다른 것보다 낫다는 것을 언제든 주장할 수 있으며, 나은 순으로 줄을 세워 가장 좋은 설명을 찾을 수 있다. 우리는 조수 현상에 대한 설명들로, 지구의 물과 달 사이에 인력 때문에 조수가 생긴다는 설명, 지구와 달 사이의 물질이 지구를 누르기 때문에 조수가 생긴다는 설명, 지구 전체의 흔들거림 때문에 조수가 생긴다는 설명을 갖고 있다. 이 설명들 가운데 지구 전체의 흔들거림 때문에 조수가 생긴다는 설명보다 지구와 달 사이의 물질이 지구를 누르기 때문에 조수가 생긴다는 설명이 더 낫다. ⬚⬚⬚⬚⬚⬚⬚⬚⬚⬚⬚. 따라서 우리는 조수 현상의 원인이 지구의 물과 달 사이에 작용하는 인력이라고 결론 내릴 수 있다.

① 지구 전체의 흔들거림 때문에 조수가 생긴다는 설명보다 지구와 달 사이에 인력 때문에 조수가 생긴다는 설명이 더 낫다.
② 지구의 물과 달 사이에 인력 때문에 조수가 생긴다는 설명보다 지구 전체의 흔들거림 때문에 조수가 생긴다는 설명이 더 낫다.
③ 지구와 달 사이의 물질이 지구를 누르기 때문에 조수가 생긴다는 설명보다 지구 전체의 흔들거림 때문에 조수가 생긴다는 설명이 더 낫다.
④ 지구의 물과 달 사이에 인력 때문에 조수가 생긴다는 설명보다 지구와 달 사이의 물질이 지구를 누르기 때문에 조수가 생긴다는 설명이 더 낫다.
⑤ 지구와 달 사이의 물질이 지구를 누르기 때문에 조수가 생긴다는 설명보다 지구의 물과 달 사이에 인력 때문에 조수가 생긴다는 설명이 더 낫다.

12 다음 글에서 추론할 수 있는 것은?

> 두뇌 연구는 지금까지 뉴런을 중심으로 진행되어 왔다. 뉴런 연구로 노벨상을 받은 카얄은 뉴런이 '생각의 전화선'이라는 이론을 확립하여 사고와 기억 등 두뇌에서 일어나는 모든 현상을 뉴런의 연결망과 뉴런 간의 전기 신호로 설명했다. 그러나 두뇌에는 뉴런 외에도 신경교 세포가 존재한다. 신경교 세포는 뉴런처럼 그 수가 많지만 전기 신호를 전달하지 못한다. 이 때문에 과학자들은 신경교 세포가 단지 두뇌 유지에 필요한 영양 공급과 두뇌 보호를 위한 전기 절연의 역할만을 가진다고 여겼다.
>
> 최근 과학자들은 신경교 세포에서 그 이상의 기능을 발견했다. 신경교 세포 중에도 '성상세포'라 불리는 별 모양의 세포는 자신만의 화학적 신호를 가진다는 것이 밝혀졌다. 성상세포는 뉴런처럼 전기를 이용하지는 않지만, '뉴런송신기'라고 불리는 화학물질을 방출하고 감지한다. 과학자들은 이러한 화학적 신호의 연쇄 반응을 통해 신경교 세포가 전체 뉴런을 조정한다고 추론했다.
>
> A 연구팀은 신경교 세포가 전체 뉴런을 조정하면서 기억력과 사고력을 향상시킨다고 예상하고서, 이를 확인하기 위해 인간의 신경교 세포를 갓 태어난 생쥐의 두뇌에 주입했다. 쥐가 자라면서 주입된 인간의 신경교 세포도 성장했다. 이 세포들은 쥐의 뉴런들과 완벽하게 결합되어 쥐의 두뇌 전체에 걸쳐 퍼지게 되었다. 심지어 어느 두뇌 영역에서는 쥐의 뉴런의 숫자를 능가하기도 했다. 뉴런과 달리 쥐와 인간의 신경교 세포는 비교적 쉽게 구별된다. 인간의 신경교 세포는 매우 길고 무성한 섬유질을 가지기 때문이다. 쥐에 주입된 인간의 신경교 세포는 그 기능을 그대로 간직한다. 그렇게 성장한 쥐들은 다른 쥐들과 잘 어울렸고, 다른 쥐들의 관심을 끄는 것에 흥미를 보였다. 이 쥐들은 미로를 통과해 치즈를 찾는 테스트에서 더 뛰어났다. 보통의 쥐들은 네다섯 번의 시도 끝에 올바른 길을 배웠지만, 인간의 신경교 세포를 주입받은 쥐들은 두 번 만에 학습했다.

① 인간의 신경교 세포를 쥐에게 주입하면, 쥐의 뉴런은 전기 신호를 전달하지 못할 것이다.
② 인간의 뉴런 세포를 쥐에게 주입하면, 쥐의 두뇌에는 화학적 신호의 연쇄 반응이 더 활발해질 것이다.
③ 인간의 뉴런 세포를 쥐에게 주입하면, 그 뉴런 세포는 쥐의 두뇌 유지에 필요한 영양을 공급할 것이다.
④ 인간의 신경교 세포를 쥐에게 주입하면, 그 신경교 세포는 쥐의 뉴런을 보다 효과적으로 조정할 것이다.
⑤ 인간의 신경교 세포를 쥐에게 주입하면, 그 신경교 세포는 쥐의 신경교 세포의 기능을 갖도록 변화할 것이다.

13 다음 글의 논지를 비판하는 진술로 가장 적절한 것은?

> 자신의 스마트폰 없이는 도무지 일과를 진행하지 못하는 K의 경우를 생각해보자. 그의 일과표는 전부 그의 스마트폰에 저장되어 있어서 그의 스마트폰은 적절한 때가 되면 그가 해야 할 일을 알려줄 뿐만 아니라 약속 장소로 가기 위해 무엇을 타고 어떻게 움직여야 할지까지 알려준다. K는 어릴 때 보통 사람보다 기억력이 매우 나쁘다는 진단을 받았지만 스마트폰 덕분에 어느 동료에게도 뒤지지 않는 업무 능력을 발휘하고 있다. 이와 같은 경우, K는 스마트폰 덕분에 인지 능력이 보강된 것으로 볼 수 있는데, 그 보강된 인지 능력을 K 자신의 것으로 볼 수 있는가? 이 물음에 대한 답은 긍정이다. 즉 우리는 K의 스마트폰이 그 자체로 K의 인지 능력 일부를 실현하고 있다고 보아야 한다. 그런 판단의 기준은 명료하다. 스마트폰의 메커니즘이 K의 손바닥 위나 책상 위가 아니라 그의 두뇌 속에서 작동하고 있다고 가정해보면 된다. 물론 사실과 다른 가정이지만 만일 그렇게 가정한다면 우리는 필경 K 자신이 모든 일과를 정확하게 기억하고 있고 또 약속 장소를 잘 찾아간다고 평가할 것이다. 이처럼 '만일 K의 두뇌 속에서 일어난다면'이라는 상황을 가정했을 때 그것을 K 자신의 기억이나 판단이라고 인정할 수 있다면, 그런 과정은 K 자신의 인지 능력이라고 평가해야 한다.

① K가 자신이 미리 적어 놓은 메모를 참조해서 기억력 시험 문제에 답한다면 누구도 K가 그 문제의 답을 기억한다고 인정하지 않는다.

② K가 종이 위에 연필로 써가며 253×87 같은 곱셈을 할 경우 종이와 연필의 도움을 받은 연산 능력 역시 K 자신의 인지 능력으로 인정해야 한다.

③ K가 집에 두고 나온 스마트폰에 원격으로 접속하여 거기 담긴 모든 정보를 알아낼 수 있다면 그는 그 스마트폰을 손에 가지고 있는 것과 다름없다.

④ 스마트폰의 모든 기능을 두뇌 속에서 작동하게 하는 것이 두뇌 밖에서 작동하게 하는 경우보다 우리의 기억력과 인지 능력을 향상시키지 않는다.

⑤ 전화번호를 찾으려는 사람의 이름조차 기억이 나지 않을 때에도 스마트폰에 저장된 전화번호 목록을 보면서 그 사람의 이름을 상기하고 전화번호를 알아낼 수 있다.

14 다음 글의 중심 주제로 가장 적절한 것은?

맹자는 다음과 같은 이야기를 전한다. 송나라의 한 농부가 밭에 나갔다 돌아오면서 처자에게 말한다. "오늘 일을 너무 많이 했다. 밭의 싹들이 빨리 자라도록 하나하나 잡아당겨줬더니 피곤하구나." 아내와 아이가 밭에 나가보았더니 싹들이 모두 말라 죽어 있었다. 이렇게 자라는 것을 억지로 돕는 일, 즉 조장(助長)을 하지 말라고 맹자는 말한다. 싹이 빨리 자라기를 바란다고 싹을 억지로 잡아 올려서는 안 된다. 목적을 이루기 위해 가장 빠른 효과를 얻고 싶겠지만 이는 도리어 효과를 놓치는 길이다. 억지로 효과를 내려고 했기 때문이다. 싹이 자라기를 바라 싹을 잡아당기는 것은 이미 시작된 과정을 거스르는 일이다. 효과가 자연스럽게 나타날 가능성을 방해하고 막는 일이기 때문이다. 당연히 싹의 성장 가능성은 땅속의 씨앗에 들어 있는 것이다. 개입하고 힘을 쏟고자 하는 대신에 이 잠재력을 발휘할 수 있도록 하는 것이 중요하다.

피해야 할 두 개의 암초가 있다. 첫째는 싹을 잡아당겨서 직접적으로 성장을 이루려는 것이다. 이는 목적성이 있는 적극적 행동주의로서 성장의 자연스러운 과정을 존중하지 않는 것이다. 달리 말하면 효과가 숙성되도록 놔두지 않는 것이다. 둘째는 밭의 가장자리에 서서 자라는 것을 지켜보는 것이다. 싹을 잡아당겨서도 안 되고 그렇다고 단지 싹이 자라는 것을 지켜만 봐서도 안 된다. 그렇다면 무엇을 해야 하는가? 싹 밑의 잡초를 뽑고 김을 매주는 일을 해야 하는 것이다. 경작이 용이한 땅을 조성하고 공기를 통하게 함으로써 성장을 보조해야 한다. 기다리지 못함도 삼가고 아무것도 안함도 삼가야 한다. 작동 중에 있는 자연스런 성향이 발휘되도록 기다리면서도 전력을 다할 수 있도록 돕는 노력도 멈추지 말아야 한다.

① 인류사회는 자연의 한계를 극복하려는 인위적 노력에 의해 발전해 왔다.
② 싹이 스스로 성장하도록 그대로 두는 것이 수확량을 극대화하는 방법이다.
③ 어떤 일을 진행할 때 가장 중요한 것은 명확한 목적성을 설정하는 것이다.
④ 자연의 순조로운 운행을 방해하는 인간의 개입은 예기치 못한 화를 초래할 것이다.
⑤ 잠재력을 발휘하도록 하려면 의도적 개입과 방관적 태도 모두를 경계해야 한다.

15 다음 글에서 알 수 있는 것은?

> 경제학자들은 환경자원을 보존하고 환경오염을 억제하는 방편으로 환경세 도입을 제안했다. 환경자원을 이용하거나 오염물질을 배출하는 제품에 환경세를 부과하면 제품 가격 상승으로 인해 그 제품의 소비가 감소함에 따라 환경자원을 아낄 수 있고 환경오염을 줄일 수 있다.
>
> 일부에서는 환경세가 소비자의 경제적 부담을 늘리고 소비와 생산의 위축을 가져올 수 있다고 우려한다. 그러나 많은 경제학자들은 환경세 세수만큼 근로소득세를 경감하는 경우 환경보존과 경제성장이 조화를 이룰 수 있다고 본다.
>
> 환경세는 환경오염을 유발하는 상품의 가격을 인상시킴으로써 가계의 경제적 부담을 늘려 실질소득을 떨어뜨리는 측면이 있다. 하지만 환경세 세수만큼 근로소득세를 경감하게 되면 근로자의 실질소득이 증대되고, 그 증대효과는 환경세 부과로 인한 상품가격 상승효과를 넘어설 정도로 크다. 왜냐하면 상품가격 상승으로 인한 경제적 부담은 연금생활자나 실업자처럼 고용된 근로자가 아닌 사람들 사이에도 분산되는 반면, 근로소득세 경감의 효과는 근로자에게 집중되기 때문이다. 근로자의 실질소득 증대는 사실상 근로자의 실질임금을 높이고, 이것은 대체로 노동공급을 증가시키는 경향이 있다.
>
> 또한 환경세가 부과되더라도 노동수요가 늘어날 수 있다. 근로소득세 경감은 기업의 입장에서 노동이 그만큼 저렴해지는 효과가 있다. 더욱이 환경세는 노동자원보다는 환경자원의 가격을 인상시켜 상대적으로 노동을 저렴하게 하는 효과가 있다. 이렇게 되면 기업의 노동수요가 늘어난다.
>
> 결국 환경세 세수를 근로소득세 경감으로 재순환시키는 조세구조 개편은 한편으로는 노동의 공급을 늘리고, 다른 한편으로는 노동에 대한 수요를 늘린다. 이것은 고용의 증대를 낳고, 결국 경제 활성화를 가져온다.

① 환경세의 환경오염 억제 효과는 근로소득세 경감에 의해 상쇄된다.
② 환경세를 부과하더라도 그만큼 근로소득세를 경감할 경우, 근로자의 실질소득은 늘어난다.
③ 환경세를 부과할 경우 근로소득세 경감이 기업의 고용 증대에 미치는 효과가 나타나지 않는다.
④ 환경세를 부과하더라도 노동집약적 상품의 상대가격이 낮아진다면 기업의 고용은 늘어나지 않는다.
⑤ 환경세 부과로 인한 상품가격 상승효과는 근로소득세 경감으로 인한 근로자의 실질소득 상승효과보다 크다.

16 다음 글의 ㉠과 ㉡에 들어갈 말을 가장 적절하게 나열한 것은?

아담 스미스의 '보이지 않는 손'이라는 가정은 시장에서 개인의 이익추구 활동을 제한하지 않는 것이 전체 이윤을 극대화하는 최선의 방책임을 보여주는 것으로 간주되었다. 그렇다면 다음의 경우는 어떠한가?

공동 소유의 목초지에 양을 치기에 알맞은 풀이 자라고 있다고 생각해보자. 일정 넓이의 목초지에 방목할 수 있는 가축 두수에는 일정한 한계가 있기 마련이다. 즉 '수용 한계'가 존재하는 것이다. 그 목초지에 한 마리를 더 방목시킨다고 해서 다른 가축들이 갑자기 죽거나 병에 걸리는 것은 아니다. 하지만 목초지의 수용 한계를 넘어 양을 키울 경우, 목초가 줄어들어 그 목초지에서 양을 키워 얻을 수 있는 전체 생산량이 줄어든다. 나아가 수용 한계를 과도하게 초과할 정도로 사육 두수가 늘어날 경우 목초지 자체가 거의 황폐화된다.

예를 들어 수용 한계가 양 20마리인 공동 목초지에서 4명의 농부가 각각 5마리의 양을 키우고 있다고 해보자. 그 목초지의 수용 한계에 이미 도달한 상태이지만, 그중 한 농부가 자신의 이익을 늘리고자 방목하는 양의 두수를 늘리려 한다. 그러면 5마리를 키우고 있는 농부들은 목초지의 수용 한계로 인하여 기존보다 이익이 줄어들지만, 두수를 늘린 농부의 경우 그의 이익이 기존보다 조금 늘어난다. 손실을 만회하기 위해 다른 농부들도 사육 두수를 늘리고자 할 것이다. 이러한 상황이 장기화될 경우, 　㉠　 이와 같이 아담 스미스의 '보이지 않는 손'에 시장을 맡겨 둘 경우 　㉡　 결과가 나타날 것이다.

① ㉠: 농부들의 총이익은 기존보다 증가할 것이다.
　㉡: 한 사회의 공공 영역이 확장되는
② ㉠: 농부들의 총이익은 기존보다 감소할 것이다.
　㉡: 한 사회의 전체 이윤이 감소하는
③ ㉠: 농부들의 총이익은 기존보다 감소할 것이다.
　㉡: 한 사회의 전체 이윤이 유지되는
④ ㉠: 농부들의 총이익은 기존과 동일하게 될 것이다.
　㉡: 한 사회의 전체 이윤이 유지되는
⑤ ㉠: 농부들의 총이익은 기존과 동일하게 될 것이다.
　㉡: 한 사회의 공공 영역이 보호되는

다음 글에서 알 수 있는 것은?

내가 어렸을 때만 하더라도 원래 북아메리카에는 100만 명 정도의 원주민밖에 없었다고 배웠다. 이렇게 적은 수라면 거의 빈 대륙이라고 할 수 있으므로 백인들의 아메리카 침략은 정당해 보였다. 그러나 고고학 발굴과 미국의 해안 지방을 처음 밟은 유럽 탐험가들의 기록을 자세히 검토한 결과 원주민들이 처음에는 수천 만 명에 달했다는 것을 알게 되었다. 아메리카 전체를 놓고 보았을 때 콜럼버스가 도착한 이후 한두 세기에 걸쳐 원주민 인구는 최대 95%가 감소한 것으로 추정된다.

그런데 유럽의 총칼에 의해 전쟁터에서 목숨을 잃은 아메리카 원주민보다 유럽에서 온 전염병에 의해 목숨을 잃은 원주민 수가 훨씬 많았다. 이 전염병은 대부분의 원주민들과 그 지도자들을 죽이고 생존자들의 사기를 떨어뜨림으로써 그들의 저항을 약화시켰다. 예를 들자면 1519년에 코르테스는 인구 수천만의 아스텍 제국을 침탈하기 위해 멕시코 해안에 상륙했다. 코르테스는 단 600명의 스페인 병사를 이끌고 아스텍의 수도인 테노치티틀란을 무모하게 공격했지만 병력의 3분의 2만 잃고 무사히 퇴각할 수 있었다. 여기에는 스페인의 군사적 강점과 아스텍족의 어리숙함이 함께 작용했다. 코르테스가 다시 쳐들어왔을 때 아스텍인들은 더이상 그렇게 어리숙하지 않았고 몹시 격렬한 싸움을 벌였다. 그런데도 스페인이 우위를 점할 수 있었던 것은 바로 천연두 때문이었다. 이 병은 1520년에 스페인령 쿠바에서 감염된 한 노예와 더불어 멕시코에 도착했다. 그때부터 시작된 유행병은 거의 절반에 가까운 아스텍족을 몰살시켰으며 거기에는 쿠이틀라우악 아스텍 황제도 포함되어 있었다. 이 수수께끼의 질병은 마치 스페인들이 무적임을 알리려는 듯 스페인인은 내버려두고 원주민만 골라 죽였다. 그리하여 처음에는 약 2,000만에 달했던 멕시코 원주민 인구가 1618년에는 약 160만으로 곤두박질치고 말았다.

① 전염병에 대한 유럽인의 면역력은 그들의 호전성을 높여주었다.
② 스페인의 군사력이 아스텍 제국의 저항을 무력화하는 원동력이 되었다.
③ 아메리카 원주민의 수가 급격히 감소한 주된 원인은 전염병 감염이다.
④ 유럽인과 아메리카 원주민의 면역력 차이가 스페인과 아스텍 제국의 1519년 전투 양상을 변화시켰다.
⑤ 코르테스가 다시 침입했을 때 아스텍인들이 격렬히 저항한 것은 아스텍 황제의 죽음에 분노했기 때문이다.

18 다음 글의 중심 내용으로 가장 적절한 것은?

2015년 한국직업능력개발원 보고서에 따르면 전체 대졸 취업자의 전공 불일치 비율이 6년 간 3.6%p 상승했다. 이는 우리 대학교육이 취업 환경의 급속한 변화를 따라가지 못하고 있음을 보여준다. 기존의 교육 패러다임으로는 오늘 같은 직업생태계의 빠른 변화에 대응하기 어려워 보인다. 중고등학교 때부터 직업을 염두에 둔 맞춤 교육을 하는 것이 어떨까? 그것은 두 가지 점에서 어리석은 방안이다. 한 사람의 타고난 재능과 역량이 가시화되는 데 훨씬 더 오랜 시간과 경험이 필요하다는 것이 첫 번째 이유이고, 사회가 필요로 하는 직업 자체가 빠르게 변하고 있다는 것이 두 번째 이유이다.

그렇다면 학교는 우리 아이들에게 무엇을 가르쳐야 할까? 교육이 아이들의 삶뿐만 아니라 한 나라의 미래를 결정한다는 사실을 고려하면 이것은 우리 모두의 운명을 좌우할 물음이다. 문제는 세계의 환경이 급속히 변하고 있다는 것이다. 2030년이면 현존하는 직종 가운데 80%가 사라질 것이고, 2011년에 초등학교에 입학한 어린이 중 65%는 아직 존재하지도 않는 직업에 종사하게 되리라는 예측이 있다. 이런 상황에서 교육이 가장 먼저 고려해야 할 것은 변화하는 직업 환경에 성공적으로 대응하는 능력에 초점을 맞추는 일이다.

이미 세계 여러 나라가 이런 관점에서 교육을 개혁하고 있다. 핀란드는 2020년까지 학교 수업을 소통, 창의성, 비판적 사고, 협동을 강조하는 내용으로 개편한다는 계획을 발표했다. 이와 같은 능력들은 빠르게 현실화되고 있는 '초연결 사회'에서의 삶에 필수적이기 때문이다. 말레이시아의 학교들은 문제해결 능력, 네트워크형 팀워크 등을 교과과정에 포함시키고 있고, 아르헨티나는 초등학교와 중학교에서 코딩을 가르치고 있다. 우리 교육도 개혁을 생각하지 않으면 안 된다.

① 한 국가의 교육은 당대의 직업구조의 영향을 받는다.
② 미래에는 현존하는 직업 중 대부분이 사라지는 큰 변화가 있을 것이다.
③ 세계 여러 국가는 변화하는 세상에 대응하여 전통적인 교육을 개편하고 있다.
④ 빠르게 변하는 불확실성의 세계에서는 미래의 유망 직업을 예측하는 일이 중요하다.
⑤ 교육은 다음 세대가 사회 환경의 변화에 대응하는 데 필요한 역량을 함양하는 방향으로 변해야 한다.

19 다음 글에서 알 수 <u>없는</u> 것은?

현대 심신의학의 기초를 수립한 연구는 1974년 심리학자 애더에 의해 이루어졌다. 애더는 쥐의 면역계에서 학습이 가능하다는 주장을 발표하였는데, 그것은 면역계에서는 학습이 이루어지지 않는다고 믿었던 당시의 과학적 견해를 뒤엎는 발표였다. 당시까지는 학습이란 뇌와 같은 중추신경계에서만 일어날 수 있을 뿐 면역계에서는 일어날 수 없다고 생각했다.

애더는 시클로포스파미드가 면역세포인 T세포의 수를 감소시켜 쥐의 면역계 기능을 억제한다는 사실을 알고 있었다. 어느 날 그는 구토를 야기하는 시클로포스파미드를 투여하기 전 사카린 용액을 먼저 쥐에게 투여했다. 그러자 그 쥐는 이후 사카린 용액을 회피하는 반응을 일으켰다. 그 원인을 찾던 애더는 쥐에게 시클로포스파미드는 투여하지 않고 단지 사카린 용액만 먹여도 쥐의 혈류 속에서 T세포의 수가 감소된다는 것을 알아내었다. 이것은 사카린 용액이라는 조건자극이 T세포 수의 감소라는 반응을 일으킨 것을 의미한다.

심리학자들은 자극 - 반응 관계 중 우리가 태어날 때부터 가지고 있는 것을 '무조건자극 - 반응'이라고 부른다. '음식물 - 침 분비'를 예로 들 수 있고, 애더의 실험에서는 '시클로포스파미드 - T세포 수의 감소'가 그 예이다. 반면에 무조건자극이 새로운 조건자극과 연결되어 반응이 일어나는 과정을 '파블로프의 조건형성'이라고 부른다. 애더의 실험에서 쥐는 조건형성 때문에 사카린 용액만 먹여도 시클로포스파미드를 투여 받았을 때처럼 T세포 수의 감소 반응을 일으킨 것이다. 이런 조건형성 과정은 경험을 통한 행동의 변화라는 의미에서 학습과정이라 할 수 있다.

이 연구 결과는 몇 가지 점에서 중요하다고 할 수 있다. 심리적 학습은 중추신경계의 작용으로 이루어진다. 그런데 면역계에서도 학습이 이루어진다는 것은 중추신경계와 면역계가 독립적이지 않으며 어떤 방식으로든 상호작용한다는 것을 말해준다. 이 발견으로 연구자들은 마음의 작용이나 정서 상태에 의해 중추신경계의 뇌세포에서 분비된 신경전달물질이나 호르몬이 우리의 신체 상태에 어떠한 영향을 끼치게 되는지를 더 면밀히 탐구하게 되었다.

① 쥐에게 시클로포스파미드를 투여하면 T세포 수가 감소한다.
② 애더의 실험에서 사카린 용액은 새로운 조건자극의 역할을 한다.
③ 애더의 실험은 면역계가 중추신경계와 상호작용할 수 있음을 보여준다.
④ 애더의 실험 이전에는 중추신경계에서 학습이 가능하다는 것이 알려지지 않았다.
⑤ 애더의 실험에서 사카린 용액을 먹은 쥐의 T세포 수가 감소하는 것은 면역계의 반응이다.

※ [20 ~ 22] 다음 글을 읽고 물음에 답하시오.

지구상에서는 매년 약 10만 명 중의 한 명이 목에 걸린 음식물 때문에 질식사하고 있다. 이러한 현상은 인간의 호흡 기관[기도]과 소화 기관[식도]이 목구멍 부위에서 교차하는 구조로 되어 있기 때문에 발생한다. 인간과 달리, 곤충이나 연체동물 같은 무척추동물은 교차 구조가 아니어서 음식물로 인한 질식의 위험이 없다. 인간의 호흡 기관이 이렇게 불합리한 구조를 갖게 된 원인은 무엇일까?

바닷속에 서식했던 척추동물의 조상형 동물들은 체와 같은 구조를 이용하여 물속의 미생물을 걸러 먹었다. 이들은 몸집이 아주 작아서 물속에 녹아 있는 산소가 몸 깊숙한 곳까지 자유로이 넘나들 수 있었기 때문에 별도의 호흡계가 필요하지 않았다. 그런데 몸집이 커지면서 먹이를 거르던 체와 같은 구조가 호흡 기능까지 갖게 되어 마침내 아가미 형태로 변형되었다. 즉, 소화계의 일부가 호흡 기능을 담당하게 된 것이다. 그 후 호흡계의 일부가 변형되어 허파로 발달하고, 그 허파는 위장으로 이어지는 식도 아래쪽으로 뻗어 나갔다. 한편, 공기가 드나드는 통로는 콧구멍에서 입천장을 뚫고 들어가 입과 아가미 사이에 자리 잡게 되었다. 이러한 진화 과정을 보여주는 것이 폐어(肺魚) 단계의 호흡계 구조이다.

이후 진화 과정이 거듭되면서 호흡계와 소화계가 접하는 지점이 콧구멍 바로 아래로부터 목 깊숙한 곳으로 이동하였다. 그 결과 머리와 목구멍의 구조가 변형되지 않는 범위 내에서 호흡계와 소화계가 점차 분리되었다. 즉, 처음에는 길게 이어져 있던 호흡계와 소화계의 겹친 부위가 점차 짧아졌고, 마침내 하나의 교차점으로만 남게 된 것이다. 이것이 인간을 포함한 고등 척추동물에서 볼 수 있는 호흡계의 기본 구조이다. 따라서 음식물로 인한 인간의 질식 현상은 척추동물 조상형 단계를 지나 자리 잡게 된 허파의 위치—당시에는 최선의 선택이었을—때문에 생겨난 진화의 결과라 할 수 있다.

이처럼 진화는 반드시 이상적이고 완벽한 구조를 창출해 내는 방향으로만 이루어지는 것은 아니다. 진화 과정에서는 새로운 환경에 적응하기 위한 최선의 구조가 선택되지만, 그 구조는 기존의 구조를 허물고 처음부터 다시 만들어 낸 최상의 구조와는 차이가 있다. 그래서 진화는 ⑦불가피하게 타협적인 구조를 선택하는 방향으로 이루어지며, 순간순간의 필요에 대응한 결과가 축적되는 과정이라고 할 수 있다. 질식의 원인이 되는 교차된 기도와 식도의 경우처럼, 진화의 산물이 우리가 보기에는 납득할 수 없는 불합리한 구조를 지니게 되는 이유가 바로 여기에 있다.

20 위 글에서 글쓴이가 다룬 핵심 문제로 알맞은 것은?

① 인간이 진화 과정을 통하여 얻은 이익과 손해는 무엇일까?
② 무척추동물과 척추동물의 호흡계 구조에는 어떤 차이가 있을까?
③ 인간의 호흡계와 소화계가 지니고 있는 근본적인 결함은 무엇일까?
④ 질식사에 대한 인간의 불안감을 해소시킬 방안에는 어떤 것이 있을까?
⑤ 진화 과정에서 인간의 호흡계와 같은 불합리한 구조가 발생하는 이유는 무엇일까?

21 ⑦과 같은 방식으로 설명하기에 가장 적절한 것은?

① 상충하는 이익을 고려하여 그때그때 법률을 개정해 나가는 것
② 초보 운동선수가 훈련을 통하여 숙련된 프로 선수가 되는 것
③ 두통약으로 개발된 아스피린이 혈전 용해제로도 쓰이는 것
④ 조금씩 조금씩 저축을 하여 나중에는 큰돈을 모으는 것
⑤ 단순한 기본 곡조를 가지고 복잡한 교향곡을 만드는 것

22 위 글의 내용을 잘못 이해한 것은?

① 곤충이나 연체동물은 음식물로 인한 질식은 없겠군.
② 인간은 진화 단계의 최정점에 있는 동물답게 호흡계 구조가 이상적이군.
③ 진화가 항상 완전한 구조를 만들어 내는 방향으로만 진행되는 것은 아니군.
④ 몸집이 점점 커지면서 체내의 원활한 산소 공급을 위해 호흡계의 발달이 필요했겠군.
⑤ 이미 만들어진 구조를 바탕으로 하여 진화한다는 것이 때로는 제약 조건이 되기도 하는군.

※ [23 ~ 25] 다음 글을 읽고 물음에 답하시오.

뉴욕 타임스와 워싱턴 포스트를 비롯한 미국의 많은 신문은 선거 과정에서 특정 후보에 대한 지지를 표명한다. 전통적으로 이 신문들은 후보의 정치적 신념, 소속 정당, 정책 을 분석하여 자신의 입장과 같거나 그것에 근접한 후보를 선택하여 지지해 왔다. 그러나 근래 들어 이 전통은 적잖은 논란거리가 되고 있다. 신문이 특정 후보를 지지하는 것이 실제로 영향력이 있는지, 또는 공정한 보도를 사명으로 하는 신문이 특정 후보를 지지하는 행위가 과연 바람직한지 등과 관련하여 근본적인 의문이 제기되고 있는 것이다.

신문의 특정 후보 지지가 유권자의 표심(票心)에 미치는 영향은 생각보다 강하지 않다는 것이 학계의 일반적인 시각이다. 1958년 뉴욕 주지사 선거에서 뉴욕 포스트가 록펠러 후보를 지지해 그의 당선에 기여한 유명한 일화가 있긴 하지만, 지지 선언의 영향력은 해가 갈수록 줄어들고 있다. 이 현상은 '선별 효과 이론'과 '보강 효과 이론'으로 설명할 수 있다.

[A][선별 효과 이론에 따르면, 개인은 미디어 메시지에 선택적으로 노출되고, 그것을 선택적으로 인지하며, 선택적으로 기억한다. 예를 들면, '가' 후보를 싫어하는 사람은 '가' 후보의 메시지에 노출되는 것을 꺼려할 뿐만 아니라, 그것을 부정적으로 인지하고, 그것의 부정적인 면만을 기억하는 경향이 있다. 한편 보강 효과 이론에 따르면, 미디어 메시지는 개인의 태도나 의견의 변화로 이어지지 못하고, 기존의 태도와 의견을 보강하는 차원에 머무른다. 가령 '가' 후보의 정치 메시지는 '가' 후보를 좋아하는 사람에게는 긍정적인 태도를 강화시키지만, 그를 싫어하는 사람에게는 부정적인 태도를 강화시킨다. 이 두 이론을 종합해보면, 신문의 후보 지지 선언이 유권자의 후보 선택에 크게 영향을 미치지 못한다는 것을 알 수 있다.]

신문의 후보 지지 선언이 과연 바람직한가에 대한 논쟁도 계속되고 있다. 후보 지지 선언이 언론의 공정성을 훼손할 수 있다는 것이 이 논쟁의 핵심 내용이다. 이런 논쟁이 일어나는 이유는 신문의 특정 후보 지지가 언론의 권력을 강화하는 도구로 이용될 뿐만 아니라, 수많은 쟁점들이 복잡하게 얽혀 있는 선거에서는 후보에 대한 독자의 판단을 선점하려는 비민주적인 행위가 될 수 있기 때문이다. 일부 정치 세력이 신문의 후보 지지 선언을 정치 선전에 이용하는 문제점 또한 이에 대한 비판의 근거로 제시되고 있다.

신문이 특정 후보를 공개적으로 지지하는 것은 사회적 가치에 대한 신문의 입장을 분명히 드러내는 행위이다. 하지만 그로 인해 보도의 공정성을 담보하는 데에 어려움이 따를 수도 있다. 따라서 신문은 지지 후보의 표명이 보도의 공정성을 해치지 않는지 신중하게 따져 보아야 하며, 독자 역시 지지 선언의 함의를 분별할 수 있는 혜안을 길러야 할 것이다.

23 위 글로부터 알 수 있는 사실이 <u>아닌</u> 것은?

① 보강 효과 이론은 개인의 태도와 관련이 있다.
② 선별 효과 이론은 개인의 인지 작용과 관련이 있다.
③ 신문의 특정 후보 지지 문제는 보도의 공정성 문제로 이어진다.
④ 신문의 후보 지지 선언이 선거 결과와 항상 관련 없는 것은 아니었다.
⑤ 신문은 후보의 정치적 성향과 유권자의 표심을 분석하여 지지 후보를 선택한다.

24 위 글의 논지 전개 방식을 바르게 묶은 것은?

─────────── 〈보 기〉 ───────────

ㄱ. 사례를 든 후 문제 제기를 하고 있다.
ㄴ. 이론을 활용하여 주장을 뒷받침하고 있다.
ㄷ. 상반된 두 주장을 비판하고 대안을 모색하고 있다.
ㄹ. 통념의 문제점을 지적하고 새로운 이론을 주장하고 있다.

① ㄱ, ㄴ   ② ㄱ, ㄷ   ③ ㄴ, ㄷ
④ ㄴ, ㄹ   ⑤ ㄷ, ㄹ

25 [A]에서 제시한 이론들을 적용할 수 있는 예로 적절하지 <u>않은</u> 것은?

① 조카가 원래 좀 거친 편인데 폭력 영화를 보더니 더 거칠어졌어.
② 언론이 야간 범죄의 위험성을 보도하니까 아무도 문밖으로 나오지 않더라.
③ 내가 좋아하는 연예인은 드라마에서 악역을 맡아도 역시 멋있기만 하더라.
④ 나는 '가' 후보를 지지하는데, 텔레비전 토론을 보니 역시 '가' 후보가 설득력 있게 잘 하더라.
⑤ 아내가 나한테 금연 광고를 보여주면서 담배를 끊으라고 하는데, 90세가 넘으신 우리 할머니는 하루에 두 갑을 피우면서도 아직 정정하셔.

※ [26 ~ 27] 다음 글을 읽고 물음에 답하시오.

문자는 사물이나 자연 현상을 그림으로 나타내는 그림 문자에서 시작되었다고 한다. 그림 문자를 추상화하고 모양을 간략하게 한 것이 한자와 같은 표의 문자이다. 표의 문자는 하나의 개념을 하나의 글자로 표시해야 했기 때문에 점점 수가 늘어나 기억하기가 불편하게 되었다. 그리하여 표의 문자보다 글자 수가 훨씬 적으며, 글자를 의미와 직접 관련되지 않는 발음 표시 기호로 사용하는 표음 문자가 만들어졌다. 이 표음 문자는 음절 전체를 하나의 글자로 나타낸 음절 문자와, 더 나아가 자음과 모음 각각을 글자로 나타낸 음운 문자로 다시 나뉜다. 우리에게 익숙한 문자 중에서 음절 문자에는 일본의 가나가, 음운 문자에는 영어 알파벳이 있다.

한글은 문자 발달사의 마지막 단계인 음운 문자에 속한다. 그런데 한글은 발음 기관을 본떠서 만든 점, 가획을 통해 소리를 자형(字形)과 관련시키고 있는 점 등 매우 독특한 특성들을 가지고 있다. 이런 특성들 중 특별히 자형이 음운 자질을 반영한다는 점에 주목하여, 음운 문자와는 별도로 '자질 문자'를 설정하고 한글을 여기에 귀속시키기도 한다. 즉, 발음 위치가 같은 쌍인 'ㄱ', 'ㅋ'과 'ㄷ', 'ㅌ'에서 추가된 획은 '거셈'이라는 자질을 나타내므로 한글을 자질 문자로 볼 수 있다는 것이다. 그런데 '자질 문자'란 명칭은 자질 자체를 글자로 만든 것에 붙여야 한다. 다시 말해, '거셈'이라는 자질이 자형에 반영되기만 해서는 안 되고, 이 자질이 하나의 독립된 글자로 나타나야 한다. 이런 점에서 볼 때, 한글을 완전한 의미의 자질 문자로 보기는 어렵다.

문자 발달사의 단계가 반드시 문자의 우수성의 정도와 일치하는 것은 아니므로 한글이 자질 문자가 아니라는 것에 대해 아쉬워할 필요는 없다. 사실 각 문자 부류는 서로 다른 장점을 가지고 있다. 표의 문자는 음성을 매개로 하지 않고 직접 생각을 전달하는 것이 쉽다는 장점을, 음절 문자는 실제 말소리의 단위인 음절을 반영하고 있다는 장점을 가진다. 음운 문자는 적은 수의 글자로 문자 생활을 하게 한다는 점에서 매우 효율적이며, 더욱이 한글처럼 자질 문자의 특성까지 가지고 있으면 자형끼리의 유사성에 의해 쉽게 배울 수 있다는 장점까지 추가로 가지게 된다. 우리가 주목해야 할 것은 한글이 몇 가지 문자 부류의 장점을 동시에 가지고 있다는 것이다.

하나의 문자가 서로 다른 문자 부류의 특성을 가지고 있는 예는 흔히 발견된다. 한자는 표의 문자이지만, '印度, 伊太利[나라 이름]'처럼 외국어 고유 명사를 표기할 때에는 주로 글자의 음을 이용하므로 문자 운용의 관점에서 보면 음절 문자의 특성도 가지고 있다. 한글은 음운 문자이면서 자질 문자의 특성을 가지고 있을 뿐 아니라, 자음과 모음을 한 글자로 모아 씀으로써 문자 운용의 관점에서 보면 음절 문자의 특성까지 가지고 있다. 이렇게 보면 한글은 문자 발달사의 각 단계 문자 부류들이 보여주는 장점들을 다른 문자보다 더 많이 가지고 있는 독특한 문자라는 것을 알 수 있다. 즉, 음운 문자이므로 효율적이고, 자질 문자의 특성을 가지고 있어 배우기가 쉬울 뿐 아니라, 모아쓰기를 함으로써 음절 문자의 장점도 취하고 있는 것이다.

26 위 글의 내용과 일치하지 <u>않는</u> 것은?

① 표음 문자는 그림 문자보다 발달된 문자다.
② 음절 문자는 음운 문자보다 글자 수가 적다.
③ 한글은 몇 가지 문자 부류의 장점을 가지고 있다.
④ 한자는 외국어 고유 명사를 표기할 때 주로 글자의 음을 이용한다.
⑤ 문자 발달사 단계와 문자의 우수성 정도가 반드시 일치하지는 않는다.

27 한자와 한글을 대비하기 위하여 위 글을 〈보기〉와 같이 정리할 때, ㄱ~ㄷ에 들어갈 말은?

───── 〈보 기〉 ─────

비교 항목	한자	한글
문자 분류	표의 문자	표음 문자 (음운 문자)
자형에 반영된 특성	언급 없음	(ㄱ)
문자 운용에 이용된 특성	(ㄴ)	(ㄷ)

	ㄱ	ㄴ	ㄷ
①	자질 문자	음운 문자	음절 문자
②	음절 문자	음운 문자	자질 문자
③	자질 문자	음절 문자	음절 문자
④	음운 문자	자질 문자	음절 문자
⑤	자질 문자	음운 문자	음운 문자

(가) 내 주변에는 나처럼 생기고 나와 비슷하게 행동하는 수많은 사람들이 있다. 나는 그들과 경험을 공유하며 살아간다. 그렇다면 그들도 나와 같은 느낌을 가지고 있을까? 가령, 나는 손가락을 베이면 아프다는 것을 다른 무엇으로부터도 추리하지 않고 직접 느낀다. 하지만 다른 사람의 경우에는 "아야!"라는 말과 움츠리는 행동을 통해 그가 아픔을 느꼈으리라고 추측할 수밖에 없다. 이때 그가 느낀 아픔은 내가 느낀 아픔과 같은 것일까?

(나) 물론 이 물음은 다른 사람이 실제로는 아프지 않은데 거짓으로 아픈 척했다거나, 그가 아픔을 느꼈을 것이라는 나의 추측이 잘못되었다는 것과는 관계가 없다. "아프냐? 나도 아프다."라는 말에서처럼, 나는 다른 사람이 아픔을 느낀다는 것을 그의 말이나 행동으로 알고, 그 아픔을 함께 나눌 수도 있다. 하지만 그의 아픔이 정말로 나의 아픔과 같은 것인지 묻는 것은 다른 문제다.

(다) 이 문제에 대한 고전적인 해결책은 유추의 방법을 사용하는 것이다. 나는 손가락을 베였을 때 느끼는 아픔을 "아야!"라는 말이나 움츠리는 행동을 통해 나타낸다. 그래서 다른 사람도 그러하리라 전제하고는, 다른 사람이 나와 같은 말이나 행동을 하면 '저 친구도 나와 같은 아픔을 느꼈겠군.' 하고 추론한다. 말이나 행동의 동일성이 느낌의 동일성을 보장한다는 것이다. 그러나 ㉠이 논증의 결정적인 단점은 내가 아는 단 하나의 사례, 곧 나의 경험에만 의지하여 다른 사람도 나와 같은 아픔을 느낀다고 판단한다는 것이다.

(라) 이런 문제는 우리가 다른 사람의 느낌을 직접 관찰할 수 없기 때문에 생긴다. 만일 다른 사람의 느낌 자체를 관찰할 방법이 있다면 이 문제는 해결될 수 있을 것이다. 기술이 놀랍게 발달하여 두뇌 속 뉴런의 발화(發火)*를 통해 인간의 모든 심리 변화를 관찰할 수 있다고 ㉡치자. 그러면 제삼자가 나와 다른 사람의 뉴런 발화를 비교하여 그것이 같은지 다른지 판단할 수 있다. 그러나 이때에도 나는 특정한 뉴런 발화가 나의 '이런' 느낌과 관련된다는 것은 분명히 알 수 있지만, 그 관련이 다른 사람의 경우에도 똑같이 적용되는가 하는 것까지는 알 수 없다.

(마) 일부 철학자와 심리학자는 아예 '느낌'을 '관찰할 수 있는 모습과 행동 바로 그것'이라고 정의하는 방식으로 해결책을 찾기도 한다. 그러나 이것은 분명히 행동 너머에 있는 것처럼 생각되는 느낌을 행동과 같다고 정의해 버렸다는 점에서 문제의 해결이라기보다는 단순한 해소인 것처럼 보인다. 그보다는 다양한 가설을 설정하고 그들 간의 경쟁을 통해 최선의 해결책으로 범위를 좁혀 가는 방법이 합리적일 것이다.

*발화(發火): 뉴런이 신호를 전달하기 위해 화학 물질을 방출하는 것.

28 (가) ~ (마)에 대한 설명으로 바르지 <u>않은</u> 것은?

① (가): 일상적인 경험으로부터 화제를 이끌어 내고 있다.
② (나): 화제에 대한 보충 설명을 통해 문제의식을 심화하고 있다.
③ (다): 제기된 의문에 대한 고전적인 해결책을 소개하고 그 문제점을 지적하고 있다.
④ (라): 제기된 의문이 과학적인 방법에 의해 해결될 수 있음을 보여주고 있다.
⑤ (마): 제기된 의문에 대한 새로운 접근 방법의 필요성을 주장하고 있다.

29 ㉠을 보충하여 설명하기에 적절한 것은?

① 이것은 똑같이 생긴 상자 더미에서 책이 든 상자 하나만을 열어 보고는 다른 상자에도 책이 있다고 추리하는 것과 다름없다.
② 이것은 우리 집 소가 이번에 수소를 낳았으니까 다음 번에는 암소를 낳을 거라고 추측하는 것과 다름없다.
③ 이것은 신랑과 신부가 훌륭한 인재들이므로 화목한 가정을 꾸려 나갈 것이라고 믿는 것과 다름없다.
④ 이것은 그 사람이 우리 편이 아니니까 그의 말은 무조건 틀렸다고 주장하는 것과 다름없다.
⑤ 이것은 피고가 무죄임을 입증하지 못했으므로 곧 유죄라고 생각하는 것과 다름없다.

30 ⓒ과 의미가 가장 가까운 것은?

① 너까지 치면 전부 열 명이다.
② 이 사과까지 전부 쳐서 얼마죠?
③ 그만하면 값을 잘 쳐서 판 것이다.
④ 내가 잘못했다고 치고 그만 화해하자.
⑤ 큰아버지는 촌수로 치면 나와 삼촌 간이다.

※ [31 ～ 33] 다음 글을 읽고 물음에 답하시오.

독일의 발명가 루돌프 디젤이 새로운 엔진에 대한 아이디어를 내고 특허를 얻은 것은 1892년의 일이었다. 1876년 오토가 발명한 가솔린 엔진의 효율은 당시에 무척 떨어졌으며, 널리 사용된 증기 기관의 효율 역시 10%에 불과했고, 가동 비용도 많이 드는 단점이 있었다. 디젤의 목표는 고효율의 엔진을 만드는 것이었고, 그의 아이디어는 훨씬 더 높은 압축 비율로 연료를 연소시키는 것이었다.

일반적으로 가솔린 엔진은 기화기에서 공기와 연료를 먼저 혼합하고, 그 혼합 기체를 실린더 안으로 흡입하여 압축한 후, 점화 플러그로 스파크를 일으켜 동력을 얻는다. 이러한 과정에서 문제는 압축 정도가 제한된다는 것이다. 만일 기화된 가솔린에 너무 큰 압력을 가하면 멋대로 점화되어 버리는데, 이것이 엔진의 노킹 현상*이다.

공기를 압축하면 뜨거워진다는 것은 알려져 있던 사실이다. 디젤 엔진의 기본 원리는 실린더 안으로 공기만을 흡입하여 피스톤으로 강하게 압축시킨 다음, 그 압축 공기에 연료를 분사하여 저절로 착화가 되도록 하는 것이다. 따라서 디젤 엔진에는 점화 플러그가 필요 없는 대신, 연료 분사기가 장착되어 있다. 또 압축 과정에서 공기와 연료가 혼합되지 않기 때문에 디젤 엔진은, 최대 12:1의 압축 비율을 갖는 가솔린 엔진보다 훨씬 더 높은 25:1 정도의 압축 비율을 갖는다. 압축 비율이 높다는 것은 그만큼 효율이 좋다는 것을 의미한다.

[A] [사용하는 연료의 특성도 다르다. 디젤 연료인 경유는 가솔린보다 훨씬 무겁고 점성이 강하며 증발하는 속도도 느리다. 왜냐하면 경유는 가솔린보다 훨씬 더 많은 탄소 원자가 길게 연결되어 있기 때문이다. 일반적으로 가솔린은 5~10개, 경유는 16~20개의 탄소를 가진 탄화수소들의 혼합물이다. 탄소가 많이 연결된 탄화수소물에 고온의 열을 가하면 탄소 수가 적은 탄화수소물로 분해된다. 한편, 경유는 가솔린보다 에너지 밀도가 높다. 1갤런의 경유는 약 1억 5,500만 줄(Joule)**의 에너지를 가지고 있지만, 가솔린은 1억 3,200만 줄을 가지고 있다. 이러한 연료의 특성들이 디젤 엔진의 높은 효율과 결합되면서, 디젤 엔진은 가솔린 엔진보다 좋은 연비를 내게 되는 것이다.]

발명가 디젤은 디젤 엔진이 작고 경제적인 엔진이 되어야 한다고 생각했지만, 그의 생전에는 크고 육중한 것만 들어졌다. 하지만 ⓒ 그 후 디젤의 기술적 유산은 이 발명가가 꿈꾼 대로 널리 보급되었다. 디젤 엔진은 원리상 가솔린 엔진보다 더 튼튼하고 고장도 덜 난다. 디젤 엔진은 연료의 품질에 민감하지 않고 연료의 소비 면에서도 경제성이 뛰어나 오늘날 자동차 엔진용으로 확고한 자리를 잡았다. 환경론자들이 걱정하는 디젤 엔진의 분진 배출 문제도 필터 기술이 나아지면서 점차 극복되고 있다.

* 노킹 현상: 실린더 안에서 일어나는 비정상적인 폭발.
** 줄: 에너지의 크기를 나타내는 물리량.

31   위 글의 내용과 일치하는 것은?

① 디젤 엔진은 가솔린 엔진보다 먼저 개발되었다.
② 디젤 엔진은 가솔린 엔진보다 내구성이 뛰어나다.
③ 가솔린 엔진은 디젤 엔진보다 분진을 많이 배출한다.
④ 디젤 엔진은 가솔린 엔진보다 연료의 품질에 민감하다.
⑤ 가솔린 엔진은 디젤 엔진보다 높은 압축 비율을 가진다.

32   [A]에서 추론한 내용으로 적절한 것은?

① 손으로 만지면 경유보다는 가솔린이 더 끈적끈적할 거야.
② 가솔린과 경유를 섞으면 가솔린이 경유 아래로 가라앉을 거야.
③ 특별한 공정을 거치면 경유를 가솔린으로 변화시킬 수 있을 거야.
④ 주유할 때 차체에 연료가 묻으면 경유가 가솔린보다 더 빨리 증발할 거야.
⑤ 같은 양의 연료를 태우면 가솔린이 경유보다 더 큰 에너지를 발생시킬 거야.

33   ㉠의 이유를 〈보기〉와 같이 정리할 때, 문맥상 (   )에 들어갈 말로 적절하지 <u>않은</u> 것은?

─────────────────── 〈 보 기 〉 ───────────────────

　　디젤 엔진 제작 기술이 (　　　　)되어 보다 작고 경제적인 것이 개발되었기 때문이다.

① 개조(改造)　　　　　② 개선(改善)　　　　　③ 진보(進步)
④ 향상(向上)　　　　　⑤ 발전(發展)

※ [34 ~ 35] 다음 글을 읽고 물음에 답하시오.

　　이누이트(에스키모) 하면 연상되는 것 중의 하나가 이글루이다. 그들의 주거 시설에는 빙설을 이용한 집 외에도 목재나 가죽으로 만든 천막 등이 있다. 이글루라는 말은 이러한 주거 시설의 총칭이었으나, 눈으로 만든 집이 외지인의 시선을 끌어 그것만 일컫는 말이 되었다. 이글루는 눈을 벽돌 모양으로 잘라서 반구 모양으로 쌓은 것이다. 눈 벽돌로 만든 집이 어떻게 얼음집으로 될까? 이글루에서는 어떻게 난방을 할까?

　　일단 눈 벽돌로 이글루를 만든 후에, 이글루 안에서 불을 피워 온도를 높인다. 온도가 올라가면 눈이 녹으면서 벽의 빈틈을 메워 준다. 어느 정도 눈이 녹으면 출입구를 열어 물이 얼도록 한다. 이 과정을 반복하면서 눈 벽돌집을 얼음집으로 변하게 한다. 이 과정에서 눈 사이에 들어 있던 공기는 빠져나가지 못하고 얼음 속에 갇히게 된다. 이글루가 뿌옇게 보이는 것도 미처 빠져나가지 못한 기체에 부딪힌 빛의 산란 때문이다.

　　이글루 안은 밖보다 온도가 높다. 그 이유 중 하나는 이글루가 단위 면적당 태양 에너지를 지면보다 많이 받기 때문이다. 이것은 적도 지방이 극지방보다 태양 빛을 더 많이 받는 것과 같은 이치이다. 다른 이유로 일부 과학자들은 온실 효과를 든다. 지구에 들어오는 태양 복사 에너지의 대부분은 자외선, 가시광선 영역의 단파이지만, 지구가 열을 외부로 방출하는 복사 에너지는 적외선 영역의 장파이다. 단파는 지구의 대기를 통과하지만, 복사파인 장파는 지구의 대기에 의해 흡수된다. 이 때문에 지구의 온도가 일정하게 유지된다. 이를 온실 효과라고 하는데, 온실 유리가 복사파를 차단하는 것과 같다는 데서 유래되었다. 이글루도 내부에서 외부로 나가는 장파인 복사파가 얼음에 의해 차단되어 이글루 안이 따뜻한 것이다.

　　이글루 안이 추울 때 이누이트는 바닥에 물을 뿌린다. 마당에 물을 뿌리면 시원해지는 것을 경험한 사람은 이에 대해 의문을 품을 것이다. 여름철 마당에 뿌린 물은 증발되면서 열을 흡수하기 때문에 시원해지는 것이지만, 이글루 바닥에 뿌린 물은 곧 얼면서 열을 방출하기 때문에 실내 온도가 올라간다. 물의 물리적 변화 과정에서는 열의 흡수와 방출이 일어나기 때문이다. 이때, 찬물보다 뜨거운 물을 뿌리는 것이 더 효과적이다. 바닥에 뿌려진 뜨거운 물은 온도가 높고 표면적이 넓어져서 증발이 빨리 일어나고 증발로 물의 양이 줄어들어 같은 양의 찬물보다 어는 온도까지 빨리 도달하기 때문이다.

　　이누이트가 융해와 응고, 복사, 기화 등의 과학적 원리를 이해하고 이글루를 짓지는 않았을 것이다. 그러나 그들은 접착제를 사용하지 않고도 눈으로 구조물을 만들었으며, 또한 물을 이용하여 난방을 하였다. 이글루에는 극한 지역에서 살아가는 사람들이 경험을 통해 터득한 삶의 지혜가 담겨 있다.

34 위 글의 내용과 일치하지 <u>않는</u> 것은?

① 오늘날 이글루라는 말은 의미가 축소되어 사용되고 있다.
② 태양 빛은 이글루의 실내 온도를 높이는 데 영향을 미친다.
③ 이누이트는 물의 화학적 변화를 난방에 이용하는 지혜를 지녔다.
④ 극지방의 지면과 이글루는 같은 면적에서 받는 태양 에너지의 양이 다르다.
⑤ 이글루의 얼음과 온실의 유리는 방출되는 복사파를 차단한다는 공통점이 있다.

35 위 글에 대한 설명으로 가장 적절한 것은?

① 상반된 관점을 절충적으로 종합하고 있다.
② 과학적 근거를 들어 통념의 오류를 비판하고 있다.
③ 다른 대상과의 비교를 통해 가설을 검증하고 있다.
④ 실험 결과로부터 특정한 원리를 이끌어 내고 있다.
⑤ 구체적 현상에 들어 있는 과학적 원리를 밝히고 있다.

최근에 새로운 경향의 공연 예술가들이 등장하기 시작하였다. 그들은 춤과 연극의 경계를 허무는 한편, 기승전결을 지닌 기존의 작품 구조를 해체한 새로운 형식을 창조하고자 하였다. 무엇보다도 논리와 이성이 투영되지 않은, 신체의 언어를 중요하게 사용함으로써, 춤에서는 연극처럼 배우들이 말을 하고, 연극에서는 춤처럼 배우들의 몸짓 표현을 강조하게 되었다. 연출가들은 극장의 무대에서 공연하기도 하고, 극장이 아닌 길거리나 들판 혹은 공장과 같은 일상 공간을 무대로 활용하기도 하였다. 이를 위해서 연출가들은 문자로 쓰인 대본에 의존하기보다는 배우들의 경험을 바탕으로 한 즉흥적인 연출을 시도하였다. 나아가 자신들의 공연을 영화로 옮기기도 하였다.

'춤연극'으로 잘 알려진 피나 바우쉬의 영화 「황후의 탄식」에는 각 장면들이 연극 무대처럼 펼쳐진다. 이 작품은 일정한 줄거리가 없는 대신, 상이한 연상을 불러일으키는 다양한 장면들로 구성된 몽타주*와 같다. 연출가는 배우들의 모습을 클로즈업하여 그들의 표정과 행동을 자세하게 관찰하고, 그들이 도시와 숲 속에서 돌아다니는 모습을 먼 거리에서 바라보고 있다. 도시와 자연 배경은 주위와의 연관 관계로부터 떨어져 나와 원래의 지리적 공간이 아닌 낯설고 새로운 추상적인 공간이 된다. 그 공간에 등장하는 배우들은 갈 곳을 잃고 헤매는 모습을 보여주고 있다. 낮과 밤의 구별이 없는 도시의 거리, 마른 나뭇가지들이 여기저기 흩어진 숲 속의 빈터, 너른 풀밭, 어두운 숲 등은 그 빛과 어둠으로 우리 존재의 슬픈 내면을 비춘다. 밝음 속에서 소외되는 것과 어둠 속에 갇히는 것은 본원적으로 같다. 이렇게 상징적인 이미지를 통해서 연출가는 작품을 고정되고 완성된 것이 아니라, 새롭게 생성되는 '과정 속의 작품'으로 만들게 된다.

위와 같이 현대 공연 예술의 연출가들은 극적 사건이라는 허구를 통해서가 아니라, 무대 위에서 배우의 몸이 겪는 고통과 상처의 느낌을 관객들에게 다양한 방법으로 직접 전달하려고 한다. 이것을 위해서 연출가들은 오브제**에 새로운 가치를 부여한다. 일상생활에서 고정된 기능을 가진 가구·가방·책·옷 등이 무대 위에서는 전혀 다른 상징적 의미를 갖게 되어 공연에 시적(詩的)인 특질을 부여하게 된다. 이런 것은 지금까지 오브제를 무대 장치에 필요한 소품(小品) 정도로 여겨 온 것과 크게 다르다. 상대적으로 공연에서 중요한 역할을 담당했던 인물들은 이제 마네킹처럼 오브제로 변형되어 존재한다. 기존의 공연 예술의 관습이었던 인간과 사물 사이의 위계질서가 사라져 버리는 것이다.

우리 주위에서 쉽게 찾을 수 있는 오브제를 사용하고, 장면들을 자유롭게 ㉠ 뒤얽어 놓음으로써 공연은 보다 다양한 해석이 가능한 제의적(祭儀的), 시적인 성격을 지니게 된다. 이렇게 해서 현대 공연 예술은 단순한 재현을 넘어 표현 주체의 행위와 상태를 상징적으로 보여주는 언어이자, 기승전결이라는 우회로를 거치지 않은 현존의 언어가 된다. ㉡ 미지의 표면이 이야기 그 자체가 되는 것이다.

* 몽타주: 둘 이상의 장면을 하나로 편집하는 영화나 사진 등의 기법.
** 오브제: 예술 작품에서 새로운 느낌을 일으키는 상징적 기능의 물체.

36 위 글에 나타난 '현대 공연 예술'의 특징으로 적절하지 <u>않은</u> 것은?

① 연출의 즉흥성을 중시한다.
② 전통적인 작품 구조를 해체한다.
③ 공연 예술 간의 경계를 허물어뜨린다.
④ 인물과 오브제 간의 위계가 사라진다.
⑤ 고정된 대본의 중요성이 커지고 있다.

37 ㉠의 '뒤'와 의미가 가장 가까운 것은?

① 주례사에 뒤이어 축가가 있겠습니다.
② 술래가 도망가는 아이들을 뒤쫓았다.
③ 배추에 갖은 양념을 뒤섞어 버무린다.
④ 시대의 변화에 뒤처지지 말아야 한다.
⑤ 고향을 자꾸 뒤돌아보며 산마루를 넘었다.

38 ㉡의 의미와 가장 가까운 것은?

① 신체의 언어
② 일정한 줄거리
③ 극적 사건
④ 공연 예술의 관습
⑤ 단순한 재현

※ [39 ∼ 41] 다음 글을 읽고 물음에 답하시오.

'옵션(option)'이라면 금융 상품을 떠올리기 쉽지만, 알고 보면 우리 주위에는 옵션의 성격을 갖는 현상이 참 많다. 옵션의 특성을 잘 이해하면 위험과 관련된 경제 현상을 이해하는 데 큰 도움이 된다. 옵션은 '미래의 일정한 시기(행사시기)에 미리 정해진 가격(행사 가격)으로 어떤 상품(기초 자산)을 사거나 팔 수 있는 권리'로 정의된다.

역사에 등장하는 최초의 옵션은 고대 그리스 시대로 거슬러 올라간다. 기하학의 아버지로 우리에게 친숙한 탈레스는 올리브유 압착기에 대한 옵션을 개발했다고 전해진다. 당시 사람들은 올리브에서 기름을 얻기 위해서 돈을 주고 압착기를 빌려야 했다. 탈레스는 파종기에 미리 조금의 돈을 주고 수확기에 일정한 임대료로 압착기를 빌릴 수 있는 권리를 사 두었다. 만약 올리브가 풍작이면 압착기를 빌리려는 사람이 많아져서 임대료가 상승할 것이다. 이렇게 되면 탈레스는 파종기에 계약한 임대료로 압착기를 빌려서, 수확기에 새로 형성된 임대료로 사람들에게 빌려줌으로써 큰 이윤을 남길 수 있다. 하지만 ㉠흉작이면 압착기를 빌릴 권리를 포기하면 된다. 탈레스가 파종기에 계약을 통해 사 둔 권리는 그 성격상 '살 권리'라는 옵션임을 알 수 있다.

이처럼 상황에 따라 유리하면 행사하고 불리하면 포기할 수 있는 선택권이라는 성격 때문에 옵션은 수익의 비대칭성을 낳는다. 즉, 미래에 기초 자산의 가격이 유리한 방향으로 변화하면 옵션을 구입한 사람의 수익이 늘어나게 해 주지만, 불리한 방향으로 변화해도 그의 손실이 일정한 수준을 넘지 않도록 보장해주는 것이다. 따라서 이 권리를 사기 위해 지급하는 돈, 즉 '옵션 프리미엄'은 이러한 보장을 제공 받기 위해 치르는 비용인 것이다.

옵션 가운데 주식을 기초 자산으로 하는 주식 옵션의 사례를 살펴보면 옵션의 성격을 이해하기가 한층 더 쉽다. 가령,

[A] [2년 후에 어떤 회사의 주식을 한 주당 1만 원에 살 수 있는 권리를 지금 1천 원에 샀다고 하자. 2년 후에 그 회사의 주식 가격이 1만 원을 넘으면 이 옵션을 가진 사람으로서는 옵션을 행사하는 것이 유리하다. 만약 1만 5천 원이라면 1만 원에 사서 5천 원의 차익을 얻게 되므로 옵션 구입 가격 1천 원을 제하면 수익은 주당 4천 원이 된다. 하지만 1만 원에 못 미칠 경우에는 옵션을 포기하면 되므로 손실은 1천 원에 그친다.]

여기서 주식 옵션을 가진 사람의 수익이 기초 자산인 주식의 가격 변화에 의존함을 확인할 수 있다. 회사가 경영자에게 주식 옵션을 유인책으로 지급하는 것은 바로 이 때문이다. 이 경우에는 옵션 프리미엄이 없다고 생각하기 쉽지만, 경영자가 옵션을 지급 받는 대신 포기한 현금을 옵션 프리미엄으로 볼 수 있다.

수익의 비대칭성으로 인해 옵션은 적은 돈으로 기초 자산의 가격 변동에 대응할 수 있게 해 준다. 이 때문에 옵션은 미래의 불확실성에 대처하게 해주는 위험 관리 수단이 될 수 있다. 하지만 옵션 보유자가 기초 자산의 가격에 영향을 미칠 수 있는 경우, 옵션은 보유자로 하여금 더 큰 위험을 선택하도록 부추기는 측면도 있다. 예컨대 주식을 살 권리를 가진 경영자의 경우에는 기초 자산의 가격을 많이 올릴 가능성이 큰 사업을 선택할 유인이 크지만, 그런 사업일수록 가격을 많이 하락시킬 확률도 높기 때문이다. 옵션의 이러한 특성을 이해하는 것은 주주와 경영자의 행동을 비롯하여 다양한 경제 현상을 이해하는 데 무척 중요하다.

39 위 글의 내용과 일치하는 것은?

① 주식 옵션은 매매될 수 없다.
② 옵션은 반드시 행사해야 하는 권리는 아니다.
③ 옵션의 행사 가격은 행사시기에 가서 정해진다.
④ 주식 이외의 자산을 기초 자산으로 하는 옵션은 없다.
⑤ 옵션 프리미엄은 옵션을 행사한 후에 얻게 되는 이득이다.

40 ㉠의 이유로 적절한 것은?

① 압착기의 기능이 떨어지기 때문에
② 압착기를 빌리기 힘들어지기 때문에
③ 압착기에 대한 수요가 늘어나기 때문에
④ 압착기 임대 계약금을 돌려받기 쉬워지기 때문에
⑤ 압착기의 임대료가 계약한 수준보다 낮아지기 때문에

41 [A]에서 2년 후의 상황을 〈보기〉의 그래프로 설명할 때, 적절하지 않은 것은?

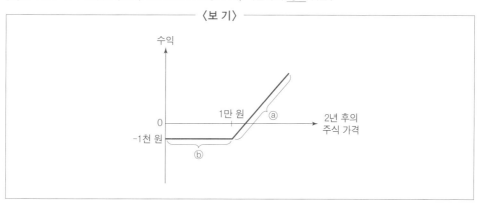

① ⓐ는 주식 가격이 1만 원을 넘으면 옵션을 행사하는 것이 유리함을 보여 준다.
② ⓑ는 주식 가격이 아무리 낮아져도 손실은 일정하다는 것을 보여 준다.
③ ⓑ의 모양이 수평인 것은 구입한 주식 옵션을 행사하였기 때문이다.
④ ⓑ가 세로축의 0보다 아래에 위치하는 것은 옵션 프리미엄이 있음을 나타내는 것이다.
⑤ ⓐ와 ⓑ의 모양이 다른 것은 수익의 비대칭성을 보여주는 것이다.

※ [42～43] 다음 글을 읽고 물음에 답하시오.

(가) 제2차 세계 대전 중, 태평양의 한 전투에서 일본군은 미군 혹인 병사들에게 자신들은 유색인과 전쟁할 의도가 없으니 투항하라고 선전하였다. 이 선전물을 본 백인 장교들은 그것이 혹인 병사들에게 미칠 영향을 우려하여 급하게 부대를 철수시켰다. 사회학자인 데이비슨은 이 사례에서 아이디어를 얻어서 대중 매체가 수용자에게 미치는 영향과 관련한 '제3자 효과(third-person effect)' 이론을 발표하였다.

(나) 이 이론의 핵심은 사람들이 대중 매체의 영향력을 차별적으로 인식한다는 데에 있다. 곧 사람들은 수용자의 의견과 행동에 미치는 대중 매체의 영향력이 자신보다 다른 사람들에게서 더 크게 나타나리라고 믿는 경향이 있다는 것이다. 예를 들어 선거 때 어떤 후보에게 탈세 의혹이 있다는 신문 보도를 보았다고 하자. 그때 사람들은 후보를 선택하는 데에 자신보다 다른 독자들이 더 크게 영향을 받을 것이라고 여긴다. 이러한 현상을 데이비슨은 '제3자 효과'라고 하였다.

(다) 제3자 효과는 대중 매체가 전달하는 내용에 따라 다르게 나타난다. 예컨대 대중 매체가 건강 캠페인과 같이 사회적으로 바람직한 내용을 전달할 때보다 폭력물이나 음란물처럼 유해한 내용을 전달할 때, 사람들은 자신보다 다른 사람들에게 미치는 영향력을 더욱 크게 인식한다는 것이다. 이러한 인식은 수용자의 구체적인 행동에도 영향을 미쳐, 제3자 효과가 크게 나타나는 사람일수록 내용물의 심의, 검열, 규제와 같은 법적·제도적 조치에 찬성하는 성향을 보인다.

(라) 전통적으로 대중 매체 연구는 매체에 노출된 수용자의 반응, 즉 그들이 보이는 태도나 행위의 변화를 조사하였다. 이에 비해 제3자 효과 이론은 매체의 영향 자체가 아니라 그것에 대한 사람들의 차별적 인식 및 그에 따른 행동 성향을 조사했다는 점에서 가치가 있다. 특히 사회적으로 유해한 내용의 영향력에 대한 우려가 실제보다 과장되었을 수 있음을 보여 준다. 또한 ㉠검열과 규제 정책을 지지하는 사람들의 사고가 어떠한 것인지도 짐작하게 해 준다.

(마) 제3자 효과 이론은 사람들이 다수의 의견처럼 보이는 것에 영향 받을 수 있다는 이론과 연결되면서, 여론의 형성 과정을 설명하는 데에도 이용되었다. 이 설명에 따르면, 사람들은 자신은 대중 매체의 전달 내용에 쉽게 영향 받지 않는다고 생각하면서도 다른 사람들이 영향 받을 것을 고려하여 자신의 태도와 행위를 결정한다. 즉 다른 사람들에게서 소외되어 고립되는 것을 염려한 나머지, 자신의 의견을 포기하고 다수의 의견이라고 생각하는 것을 따라가게 된다는 것이다.

42 (가)～(마)의 중심 화제로 적절하지 않은 것은?

① (가): 제3자 효과 이론의 등장 배경
② (나): 제3자 효과의 개념
③ (다): 제3자 효과 이론의 유형
④ (라): 제3자 효과 이론의 의의
⑤ (마): 제3자 효과 이론의 응용

43 ㉠의 입장을 뒷받침하는 진술로 보기 어려운 것은?

① 사회적으로 유해한 내용의 영향력이 실제보다 과장되어 있다.
② 대중 매체의 유해한 영향으로부터 사람들을 보호해야 한다.
③ 유해한 내용일수록 사람들에게 더 큰 영향을 미칠 것이다.
④ 검열과 규제가 사람들을 보호하는 수단이 될 수 있다.
⑤ 대중 매체에 쉽게 영향 받는 사람들이 있다.

※ [44 ~ 46] 다음 글을 읽고 물음에 답하시오.

일찍이 경제학자 클라크는 산업을 자연으로부터 원료를 채취하거나 생산하는가, 그 원료를 가공하는가, 가공된 원료를 유통하는가에 따라 1차, 2차, 3차 산업으로 분류했다. 그러나 이 방식으로는 설명할 수 없는 산업이 생겨나고 있다. 가령, 제조업과 서비스업을 모두 포함하는 정보 통신 산업은 어디에 속할까? 이처럼 기술이 진보하고 산업 구조가 변화함에 따라 새로운 분류 기준이 필요해졌고, 실제로 산업을 바라보는 관점과 목적에 따라 다양한 분류 기준이 존재한다.

먼저, 국가에서 제정한 표준산업분류가 있다. 이 분류는 소비자의 관점에서 재화 또는 서비스의 특성이 얼마나 유사한지, 생산자의 관점에서 투입물이나 산출물의 물리적 구성 및 가공 단계가 얼마나 유사한지를 모두 고려하여 작성된 것으로, 이 기준으로 분류된 제품이나 서비스의 집합을 동일한 산업으로 정의한다. 대분류, 중분류 등 모두 다섯 단계로 구성된 이 분류 방법은 주로 통계적 목적을 위하여 사용되고 있다. 그러나 각 산업의 기술 수준을 판단할 정보는 포함하지 않는다.

기술 수준에 따른 분류 체계의 대표적인 것으로 경제협력개발기구(OECD)의 기준이 있는데, 이 기준은 연구 개발 투자가 많은 산업을 첨단 기술 산업으로 본다. 기술 수준을 측정하는 지표로는 기업의 총 매출액 대비 연구 개발 투자액의 비율로 정의되는 '연구 개발 집약도'를 사용하며, 그 평균이 4% 이상이면 그 산업을 첨단 기술 산업으로 분류한다. 이 방법은 첨단 기술 산업을 객관적으로 규정해 준다는 점에서 유용하다. 그러나 산업의 평균을 토대로 하기 때문에 산업 전체로는 첨단 기술 산업이지만 그 안에 얼마든지 저급 기술 기업이 있을 수 있다.

한편, 기술이 진보한 결과 새로운 기술 영역이 출현하는 경우도 있다. 이렇게 등장한 기술 영역은 신속한 실용화의 요구 때문에 그대로 새로운 산업으로 형성되는 모습을 보이기도 한다. 예를 들어 정보 기술에서 비롯된 정보 기술 산업은 이미 핵심적인 산업으로 자리 잡았고, 바이오 기술, 나노 기술, 환경 기술 등도 미래의 유망 산업으로 부각되고 있다.

산업의 변화는 기술 이외에 시장 수요의 측면에서도 그 원인을 찾을 수 있다. 가령, 인구 구성과 소비 가치가 변화함에 따라서 과거의 고정관념에 얽매이지 않는 수많은 새로운 산업이 나타나고 있다. 패션 산업, 실버산업, 레저 산업 등은 표준산업분류에 나오지 않지만 현실적으로 이미 중요한 산업으로 인식되고 있다.

이러한 추세를 고려할 때 앞으로 산업을 정의하거나 분류할 때에는 고정된 기준이나 체계보다 신축적이고 실질적인 접근 방식을 많이 사용할 것으로 보인다. 또, 기술 혁신이 가속화되고 구매력을 가진 인구의 구성이 달라지면 새로운 산업이 ⓐ생겨나고 오래된 산업이 ⓑ사라지는 현상도 더 활발히 일어나게 될 것이다. 이제 ㉠산업의 정의나 분류도 유연하고 전략적인 관점에서 접근해야 할 시대가 도래한 것이다.

44 위 글의 내용과 일치하지 않는 것은?

① 클라크의 산업 분류는 기술 진보의 정도를 반영한다.
② 표준산업분류는 소비자와 생산자의 관점을 반영한다.
③ 연구 개발 집약도가 4% 이상인 산업이라도 그 안에 저급 기술 기업이 있을 수 있다.
④ 새로운 기술 영역이 새로운 산업을 형성하는 경우가 있다.
⑤ 시장 수요의 측면을 고려한 새로운 산업 분류가 가능하다.

45 ㉠의 이유로 가장 적절한 것은?

① 기존의 분류로 파악하기 힘든 산업의 실상을 반영하기 위하여
② 연구 개발 투자를 확대해야 할 산업을 선정하기 위하여
③ 다양한 산업에 대한 통계적 자료를 수집하기 위하여
④ 각 산업의 기술 수준을 판단할 정보를 찾기 위하여
⑤ 동일한 산업을 다양한 기준으로 분류하기 위하여

46 낱말 사이의 의미 관계가 ⓐ : ⓑ와 다른 하나는?

① 태어나다 : 자라다
② 들어가다 : 나오다
③ 올라오다 : 내려가다
④ 떠오르다 : 가라앉다
⑤ 나아가다 : 물러나다

※ [47 ~ 48] 다음 글을 읽고 물음에 답하시오.

1894년, 화성에 고도로 진화한 지적 생명체가 존재한다는 주장이 언론의 주목을 받았다. 이러한 주장은 당시 화성의 지도들에 나타난, '운하'라고 불리던 복잡하게 얽힌 선들에 근거를 두고 있었다. 화성의 '운하'는 1878년에 처음 보고된 뒤 거의 30년간 여러 화성 지도에 계속해서 나타났다. 존재하지도 않는 화성의 '운하'들이 어떻게 그렇게 오랫동안 천문학자들에게 받아들여질 수 있었을까?

19세기 후반에 망원경 관측을 바탕으로 한 화성의 지도가 많이 제작되었다. 특히 1877년 9월은 지구가 화성과 태양에 동시에 가까워지는 시기여서 화성의 표면이 그 어느 때보다도 밝게 보였다. 영국의 아마추어 천문학자 그린은 대기가 청명한 포르투갈의 마데이라 섬으로 가서 13인치 반사 망원경을 사용해서 화성을 보이는 대로 직접 스케치했다. 그린은 화성 관측 경험이 많았으므로 이전부터 이루어진 자신의 관측 결과를 참고하고, 다른 천문학자들의 관측 결과까지 반영하여 당시로서는 가장 정교한 화성 지도를 제작하였다.

그런데 이듬해 이탈리아의 천문학자인 스키아파렐리의 화성 지도가 나오면서 이 지도의 정확성이 도전받았다. 그린과 같은 시기에 수행한 관측을 토대로 제작한 스키아파렐리의 지도에는, 그린의 지도에서 흐릿하게 표현된 지역에 평행한 선들이 그물 모양으로 교차하는 지형이 나타나 있었기 때문이었다. 스키아파렐리는 이것을 '카날리(canali)'라고 불렀는데, 이것은 '해협'이나 '운하'로 번역될 수 있는 용어였다.

절차적 측면에서 보면 그린이 스키아파렐리보다 우위를 점하고 있었다. 우선 스키아파렐리는 전문 천문학자였지만 화성 관측은 이때가 처음이었다. 게다가 그는 마데이라 섬보다 대기의 청명도가 떨어지는 자신의 천문대에서 관측을 했고, 배율이 상대적으로 낮은 8인치 반사 망원경을 사용했다. 또한 그는 짧은 시간에 특징만을 스케치하고 나중에 기억에 의존해 그것을 정교화했으며, 자신만의 관측을 토대로 지도를 제작했던 것이다.

그런데도 승리는 스키아파렐리에게 돌아갔다. 그가 천문학계에서 널리 알려진 존경받는 천문학자였던 것이 결정적이었다. 대다수의 천문학자들은 그들이 존경하는 천문학자가 눈에 보이지도 않는 지형을 지도에 그려 넣었으리라고는 생각하기 어려웠다. 게다가 스키아파렐리의 지도는 지리학의 채색법을 그대로 사용하여 그린의 지도보다 호소력이 강했다. 그 후 스키아파렐리가 몇 번 더 '운하'의 관측을 보고하자 다른 천문학자들도 '운하'의 존재를 보고하기 시작했고, 이후 더 많은 '운하'들이 화성 지도에 나타나게 되었다.

일단 권위자가 무엇인가를 발견했다고 알려지면 그것이 존재하지 않는다는 것을 입증하기란 쉽지 않다. 더구나 관측의 신뢰도를 결정하는 척도로 망원경의 성능보다 다른 조건들이 더 중시되던 당시 분위기에서는 이러한 오류가 수정되기 어려웠다. 성능이 더 좋아진 대형 망원경으로는 종종 '운하'가 보이지 않았는데, 놀랍게도 '운하' 가설 옹호자들은 이것에 대해 대형 망원경이 높은 배율 때문에 어떤 대기 상태에서는 오히려 왜곡이 심해서 소형 망원경보다 해상도가 떨어질 수 있다고 '해명'하곤 했던 것이다.

47 위 글의 제목으로 가장 적절한 것은?

① 천문학과 지리학의 만남: 화성 지도
② 설명과 해명: 그린과 스키아파렐리
③ 과학의 신화: 화성 생명체 가설
④ 과학사의 그늘: 화성의 운하
⑤ 과학의 방법: 경험과 관찰

48 글을 읽은 독자의 반응으로 적절하지 않은 것은?

① 관측에서 사용하는 과학 장비의 우수성이 논쟁에서 승리를 보장하지 못하는 경우도 있군.
② 과학적 관찰 결과가 이론의 진위를 판단하는 기준 역할을 하지 못하는 경우도 있군.
③ 어떠한 표현 방식을 채택하는가에 따라 과학적 주장의 설득력이 달라지기도 하는군.
④ 과학자들과 일반 대중의 인식 차이로 인해 과학적 논쟁이 벌어지기도 하는군.
⑤ 지금 널리 받아들여지는 과학 이론도 미래에는 틀린 것으로 밝혀질 수 있겠군.

촉매는 마법의 돌이라고도 불린다. 화학 공정을 통하여 저렴하고 풍부한 원료로부터 원하는 물질을 제조하고자 할 때, 촉매는 활성화 에너지가 낮은 새로운 반응 경로를 제공하여 마치 마술처럼 원하는 반응이 쉽게 일어나도록 돕기 때문이다. 제1차 세계 대전 직전에 수소와 질소로부터 암모니아의 합성을 가능하게 하여 식량 증산에 크게 기여하였던 철 촉매에서부터 최근 배기가스를 정화하는 데 사용되는 백금 촉매에 이르기까지 다양한 촉매가 의식주, 에너지, 환경 등 여러 가지 문제 해결의 핵심 기술이 되고 있다. 그러나 전통적인 공업용 촉매 개발은 시행착오를 반복하다가 요행히 촉매를 발견하는 식이었기 때문에 '촉매가 보였다'고 말하기도 한다.

이러한 문제점을 해결하기 위해 촉매 설계 방법이 제안되었는데, 이는 표면 화학 기술과 촉매 공학의 발전으로 가능해졌다. 촉매 설계 방법은 ㉠ 회귀 경로를 통하여 오류를 최소 과정 내에서 통제할 수 있는 체계로서 크게 세 단계로 이루어진다. 첫 번째 단계에서는 대상이 되는 반응을 선정하고, 열역학적 검토와 경제성 평가를 거쳐 목표치를 설정한다. 이 단계에서 열역학적으로 불가능하거나 원하는 수준의 경제성에 도달하기 어렵다고 판단되면 설계의 처음으로 되돌아간다. 두 번째 단계에서는 반응물이 촉매 표면에 흡착되어 생성물로 전환되는 반응 경로 모델을 구상하며, 그 다음에 이 모델대로 반응의 진행을 쉽게 하는 활성 물질, 활성 물질의 기능을 증진시키는 증진제, 그리고 반응에 적합한 촉매 형태를 유지시키는 지지체를 선정한다. 마지막 단계에서는 앞에서 선정된 조합으로 촉매 시료를 제조한 후 실험하고, 그 결과를 토대로 촉매의 활성, 선택성, 내구성을 평가한다. 여기서 결과가 목표치에 미달하면 다시 촉매 조합을 선정하는 단계로 돌아가며, 목표치를 달성하는 경우에도 설정된 경로 모델대로 반응이 진행되지 않았다면, 다시 경로 모델을 설정하는 단계로 회귀한다. 설정된 경로 모델에 따라 목표치에 도달하면 촉매 설계는 완료된다.

미래 사회에서는 에너지 자원의 효율적 사용과 환경 보존을 최우선시하여, 기존 공정을 개선하거나 환경 규제를 충족하기 위해서 다양한 촉매의 개발이 필요하게 될 것이다. 특히 기존 공정을 개선하기 위해서 반응 단계는 줄이면서도 효과적으로 원하는 물질을 생산하고, 낮은 온도에서 선택적으로 빠르게 반응을 진행시킬 수 있는 새로운 촉매가 필요하게 된다. 촉매 설계 방법은 환경 및 에너지 문제를 해결하는 마법의 돌을 만드는 체계적 접근법이다.

49 위 글의 내용으로 알 수 있는 것은?

① 촉매 설계법의 회귀 경로를 따라가면 촉매를 재사용할 수 있다.
② 전통적인 촉매 개발 과정에서는 개발 완료 시점을 예측할 수 있다.
③ 전통적인 촉매 개발은 시각적 방법에 의존하기 때문에 비효율적이다.
④ 설계를 통한 촉매 개발은 에너지의 효율적 사용에 도움을 줄 수 있다.
⑤ 반응이 열역학적으로 가능하도록 돕는 촉매는 원하는 수준의 경제성에 도달하게 한다.

50 ㉠과 가장 가까운 사례는?

① 영수는 사물함의 비밀 번호를 잊어버려 고민하다가 여러 번호를 입력해보았다. 그 결과 운 좋게 세 번 만에 사물함을 열었다.
② 영희는 중학생 때 「데미안」을 반복해서 읽었으나 잘 이해되지 않았다. 그 후 고등학생이 되어 다시 읽어 보니 내용이 쉽게 이해되었다.
③ 민수는 좋은 시어를 찾기 위해 사전을 뒤졌으나 적절한 시어를 발견할 수 없었다. 그러던 어느 날 소설을 읽다가 멋진 시어가 떠올랐다.
④ 유진은 방송국 홈페이지에 열심히 글을 올리다가 우연히 경품 응모에 당첨되었다. 그 후 유진은 계속해서 글을 올렸고, 경품을 타는 횟수가 더욱 늘어났다.
⑤ 철수는 수영 실력이 늘지 않아 코치의 조언에 따라 기본자세를 고쳐 기록을 향상시켰다. 그 후 기록이 정체되어 다시 코치의 조언을 받아 턴하는 법을 고쳐 기록을 더욱 향상시켰다.

정부나 기업이 사업에 투자할 때에는 현재에 투입될 비용과 미래에 발생할 이익을 비교하여 사업의 타당성을 진단한다. 이 경우 물가 상승, 투자 기회, 불확실성을 포함하는 할인의 요인을 고려하여 미래의 가치를 현재의 가치로 환산한 후, 비용과 이익을 공정하게 비교해야 한다. 이러한 환산을 가능케 해주는 개념이 할인율이다. 할인율은 이자율과 유사하지만 역으로 적용되는 개념이라고 생각하면 된다. 현재의 이자율이 연 10%라면 올해의 10억 원은 내년에는 $(1 + 0.1)$을 곱한 11억 원이 되듯이, 할인율이 연 10%라면 내년의 11억 원의 현재 가치는 $(1 + 0.1)$로 나눈 10억 원이 된다.

공공사업의 타당성을 진단할 때에는 대개 미래 세대까지 고려하는 공적 차원의 할인율을 적용하는데, 이를 사회적 할인율이라고 한다. 사회적 할인율은 사회 구성원이 느끼는 할인의 요인을 정확하게 파악하여 결정하는 것이 바람직하나, 이것은 현실적으로 매우 어렵다. 그래서 시장 이자율이나 민간 자본의 수익률을 사회적 할인율로 적용하자는 주장이 제기된다.

시장 이자율은 저축과 대출을 통한 자본의 공급과 수요에 의해 결정되는 값이다. 저축을 하는 사람들은 원금을 시장 이자율에 의해 미래에 더 큰 금액으로 불릴 수 있고, 대출을 받는 사람들은 시장 이자율만큼 대출금에 대한 비용을 지불한다. 이때의 시장 이자율은 미래의 금액을 현재 가치로 환산할 때의 할인율로도 적용할 수 있으므로, 이를 사회적 할인율로 간주하자는 주장이 제기되는 것이다. 한편 민간 자본의 수익률을 사회적 할인율로 적용하자는 주장은, 사회 전체적인 차원에서 공공사업에 투입될 자본이 민간 부문에서 이용될 수도 있으므로, 공공사업에 대해서도 민간 부문에서만큼 높은 수익률을 요구해야 한다는 것이다.

그러나 시장 이자율이나 민간 자본의 수익률을 사회적 할인율로 적용하자는 주장은 수용하기 어려운 점이 있다. 우선 ㉠공공 부문의 수익률이 민간 부분만큼 높다면, 민간 투자가 가능한 부문에 군이 정부가 투자할 필요가 있는가 하는 문제가 제기될 수 있다. 더욱 중요한 것은 시장 이자율이나 민간 자본의 수익률이, 비교적 단기적으로 실현되는 사적 이익을 추구하는 자본 시장에서 결정된다는 점이다. 반면에 사회적 할인율이 적용되는 공공사업은 일반적으로 그 이익이 장기간에 걸쳐 서서히 나타난다. 이러한 점에서 공공사업은 미래 세대를 배려하는 지속 가능한 발전의 이념을 반영한다. 만일 사회적 할인율이 시장 이자율이나 민간 자본의 수익률처럼 높게 적용된다면, 미래 세대의 이익이 저평가되는 셈이다. 그러므로 사회적 할인율은 미래 세대를 배려하는 공익적 차원에서 결정되는 것이 바람직하다.

51 위 글의 글쓴이가 상정하고 있는 핵심적인 질문으로 가장 적절한 것은?

① 시장 이자율과 사회적 할인율은 어떻게 관련되는가?
② 자본 시장에서 미래 세대의 몫을 어떻게 고려해야 하는가?
③ 사회적 할인율이 민간 자본의 수익률에 어떤 영향을 미치는가?
④ 공공사업에 적용되는 사회적 할인율은 어떤 수준에서 결정되어야 하는가?
⑤ 공공 부문이 수익률을 높이기 위해서는 민간 부문과 어떻게 경쟁해야 하는가?

52 ㉠이 전제하고 있는 것은?

① 민간 투자도 공익성을 고려해서 이루어져야 한다.
② 정부는 공공 부문에서 민간 투자를 선도하는 역할을 해야 한다.
③ 공공 투자와 민간 투자는 동등한 투자 기회를 갖는 것이 바람직하다.
④ 정부는 공공 부문에서 민간 자본의 수익률을 제한하는 것이 바람직하다.
⑤ 정부는 민간 기업이 낮은 수익률로 인해 투자하기 어려운 공공 부문을 보완해야 한다.

53 위 글로 보아 〈보기〉의 ⓐ에 대한 판단으로 타당한 것은?

───── 〈보 기〉 ─────

　　한 개발 업체가 어느 지역의 자연 환경을 개발하여 놀이동산을 건설하려고 한다. 해당 지역 주민들은 자연 환경의 가치를 중시하여 놀이동산의 건설에 반대하는 사람들과 지역 경제 활성화를 중시하여 찬성하는 사람들로 갈리어 있다. 그래서 개발 업체와 지역 주민들은 ⓐ놀이동산으로부터 장기간 파급될 지역 경제 활성화의 이익을 추정하고, 이를 현재 가치로 환산한 값을 계산해보기로 하였다.

① 사업의 전망이 불확실하다고 판단하는 주민들은 낮은 할인율을 적용할 것이다.
② 후손을 위한 환경의 가치를 중시하는 주민들은 높은 할인율을 적용할 것이다.
③ 개발 업체는 놀이동산 개발의 당위성을 확보하기 위해 높은 할인율을 적용할 것이다.
④ 놀이동산이 소득 증진의 좋은 기회라고 생각하는 주민들은 높은 할인율을 적용할 것이다.
⑤ 지역 경제 활성화의 효과가 나타나는 데 걸리는 시간이 길다고 판단되면 낮은 할인율을 적용할 것이다.

※ [54 ~ 55] 다음 글을 읽고 물음에 답하시오.

어떤 장비의 '신뢰도'란 주어진 운용 조건하에서 의도하는 사용 기간 중에 의도한 목적에 맞게 작동할 확률을 말한다. 복잡한 장비의 신뢰도는 한 번에 분석하기가 힘든 경우가 많으므로, 장비를 분해하여 몇 개의 하부 시스템으로 나누어서 생각하는 것이 합리적인 접근 방법이다. 직렬과 병렬 구조는 하부 시스템에 자주 나타나는 구조로서, 그 결과를 통합한다면 복잡한 장비의 신뢰도를 구할 수 있다.

A와 같은 직렬 구조는 원인에서 결과에 이르는 경로가 하나인 가장 간단한 신뢰도 구조이다. 직렬 구조에서 시스템이 정상 가동하기 위해서는 모든 부품이 다 정상 작동해야 한다. 어떤 하나의 부품이 고장 나면 형성된 경로가 차단되므로 시스템이 고장 나게 된다. 만약 어떤 부품의 고장이 다른 부품의 수명에 영향을 주지 않는다면 A의 신뢰도는 부품1의 신뢰도(r=0.9)와 부품2의 신뢰도(r=0.8)를 곱한 0.72로 계산되며, 이것은 100번 가운데 72번은 고장 없이 작동한다는 것을 의미한다. 고장 없이 영원히 작동하는 부품은 없기 때문에 직렬 구조의 신뢰도는 항상 가장 약한 부품의 신뢰도보다도 낮을 수밖에 없다.

한편, B와 같은 병렬 구조는 원인에서 결과에 이르는 여러 개의 경로가 있고, 그 중에 몇 개가 차단되어도 나머지 경로를 통해 결과에 이를 수 있는 구조이다. 병렬 구조에서는 부품이 모두 고장이어야 시스템이 고장이므로 시스템이 작동한다는 의미의 값인 1에서 두 개의 부품이 모두 고장 날 확률(0.1*0.2=0.02)을 빼서 얻은 0.98이 B의 신뢰도가 된다. 한 부품의 고장이 다른 부품의 신뢰도에 영향을 준다면 이 값 역시 달라진다.

이러한 신뢰도 구조는 물리적 구조와 구분된다. 자동차의 네 바퀴는 물리적 구조상 병렬로 설치되어 있지만, 그중 하나라도 고장 나면 자동차가 정상적으로 운행될 수 없으므로 신뢰도 구조상으로 직렬 구조인 것이다.

종종 장비의 신뢰도를 높이기 위해 중복 설계(重複設計)를 활용하기도 한다. 가령, 순간적인 과전류로부터 섬세한 전자 기구를 보호하는 회로 차단기를 설치할 때에 그 안전도를 높이기 위해 2개를 물리적 구조상 직렬로 연결해야 하는데, 이때 차단기 2개 중 1개라도 정상 작동하면 전자 기구를 보호할 수 있다. 이것은 물리적으로 직렬 구조이지만 신뢰도 구조상으로 병렬 구조인 것이다.

신뢰도 문제에서 직렬이나 병렬의 구조로 분석할 수 없는 'n 중 k' 구조도 나타난다. 이 구조에서는 모두 개의 부품 중에 개만 작동하면 시스템이 정상 가동된다. 겹의 쇠줄로 움직이는 승강기에서 최대 하중을 견디는 데 겹이 필요한 경우가 그 예이다. 이 구조에서도 부품 간의 상호 작용에 따라 신뢰도가 달라진다.

실제로 대규모 장비에 대한 신뢰도 분석은 대단히 힘들기 때문에 많은 경우 적절한 판단과 근삿값 계산을 필요로 한다. 따라서 주어진 장비의 구조 및 운용 조건을 충분히 이해하는 것이 필수적이다.

* 어떤 부품이 고장 날 확률 = 1 - (그 부품의 신뢰도)

54 '신뢰도 구조'에 대해 추론한 내용으로 적절한 것은?

① 직렬 구조에서는 부품 수가 많아질수록 신뢰도가 높아진다.
② 부품 간의 상호 작용 유무에 관계없이 신뢰도는 동일하다.
③ $k=n$일 때, 'n 중 k' 구조의 신뢰도는 직렬 구조의 경우와 같아진다.
④ 2개의 부품이 만드는 경로의 수는 병렬 구조보다 직렬 구조에서 더 많다.
⑤ 신뢰도 0.98은 100번 작동에 98번 꼴로 고장날 수 있음을 의미한다.

55 원인과 결과가 하나뿐인 직렬 또는 병렬 구조를 적용한 사례 중, 신뢰도 구조가 다른 하나는?

① 도로에 줄지어 선 가로등에서 1개가 고장났지만 나머지 가로등은 그대로 켜져 있었다.
② 2개의 퓨즈가 모두 끊어져 작동을 멈춘 청소기에 새 퓨즈 1개를 교체해 넣으니 다시 작동하였다.
③ 교실 천장에 있는 4개의 형광등에서 깜빡거리는 형광등 1개를 빼내도 3개의 형광등은 켜져 있었다.
④ 4개의 건전지가 필요한 탁상 시계에 3개의 건전지를 넣어도 작동하지 않다가 4번째 건전지를 끼우니 작동하였다.
⑤ 이중 제동 장치가 장착된 승용차에서 제동 장치 하나가 고장났지만 다른 제동 장치가 작동해 차량이 정지하였다.

둘 이상의 기업이 자본과 조직 등을 합하여 경제적으로 단일한 지배 체제를 형성하는 것을 '기업결합'이라고 한다. 기업은 이를 통해 효율성 증대나 비용 절감, 국제 경쟁력 강화와 같은 긍정적 효과들을 기대할 수 있다. 하지만 기업이 속한 사회에는 간혹 역기능이 나타나기도 하는데, 시장의 경쟁을 제한하거나 소비자의 이익을 ⊙침해하는 경우가 그러하다. 가령, 시장 점유율이 각각 30%와 40%인 경쟁 기업들이 결합하여 70%의 점유율을 갖게 될 경우, 경쟁이 제한되어 지위를 ⓒ남용하거나 부당하게 가격을 인상할 수 있는 것이다. 이 때문에 정부는 기업결합의 취지와 순기능을 보호하는 한편, 시장과 소비자에게 끼칠 ⓒ폐해를 가려내어 이를 차단하기 위한 법적 조치들을 강구하고 있다. 하지만 기업 결합의 위법성을 섣불리 판단해서는 안 되므로 여러 단계의 심사과정을 거치도록 하고 있다.

이 심사는 기업결합의 성립 여부를 확인하는 것부터 시작한다. 여기서는 해당 기업 간에 단일 지배 관계가 형성되었는지가 ⓐ관건이다. 예컨대 주식취득을 통한 결합의 경우, 취득 기업이 피취득 기업을 경제적으로 지배할 정도의 지분을 확보하지 못하면, 결합의 성립이 인정되지 않고 심사도 종료된다.

반면에 결합이 성립된다면 정부는 그것이 영향을 줄 시장의 범위를 ⓜ획정함으로써 그 결합이 동일 시장 내 경쟁자 간의 수평 결합인지, 거래 단계를 달리하는 기업 간의 수직 결합인지, 이 두 결합 형태가 아니면서 특별한 관련이 없는 기업 간의 혼합 결합인지를 규명하게 된다. 문제는 어떻게 시장을 획정할 것인지인데, 대개는 한 상품의 가격이 오른다고 가정할 때 소비자들이 이에 얼마나 민감하게 반응하여 다른 상품으로 옮겨 가는지를 기준으로 한다. 그 민감도가 높을수록 그 상품들은 서로에 대해 대체재, 즉 소비자에게 같은 효용을 줄 수 있는 상품에 가까워진다. 이 경우 생산자들이 동일 시장 내의 경쟁자일 가능성도 커진다.

이런 분석에 따라 시장의 범위가 정해지면, 그 결합이 시장의 경쟁을 제한하는지를 판단하게 된다. 하지만 설령 그럴 우려가 있는 것으로 판명되더라도 곧바로 위법으로 보지는 않는다. 정부가 당사자들에게 결합의 장점이나 불가피성에 관해 항변할 기회를 부여하여 그 타당성을 검토한 후에, 비로소 시정 조치 부과 여부를 최종 결정하게 된다.

56 위 글의 취지로 가장 적절한 것은?

① 기업결합의 성립 여부는 기업 스스로의 판단에 맡겨야 한다.
② 기업결합으로 얻은 이익은 사회에 환원하는 것이 바람직하다.
③ 기업결합을 통한 기업의 확장은 경제발전에 도움이 되지 않는다.
④ 기업 활동에 대한 위법성 판단에는 소비자의 평가가 가장 중요하다.
⑤ 기업결합의 순기능을 살리되 그에 따른 부정적 측면을 신중히 가려내야 한다.

57 〈보기〉는 어느 지역의 4가지 음료수가 A~D에 대한 소비자의 구매 성향을 조사한 결과이다. 위 글에 비추어볼 때 적절한 반응은?

판매량 가격 인상	A의 판매량	B의 판매량	C의 판매량	D의 판매량
A 가격 10% 인상	20%↓	15%↑	5%↑	변화 없음
B 가격 10% 인상	15%↑	20%↓	3%↑	2%↑
C 가격 10% 인상	3%↑	2%↑	20%↓	15%↑

※ 이 지역에는 4개의 회사만이 각각 한 종류의 음료수를 생산하며 이들 회사는 다른 음료수를 생산할 수 없다. (↑ : 증가, ↓ : 감소)

① A의 소비자들은 B보다 C를 대체재에 가까운 것으로 인식하는군.
② B와 동일 시장으로 획정될 가능성이 가장 큰 상품은 A이군.
③ C의 가격인상에 대한 민감도가 가장 높은 상품은 B이군.
④ A 생산회사와 D 생산회사가 결합한다면 수평결합으로 볼 가능성이 크군.
⑤ C 생산회사와 D 생산회사가 결합한다면 혼합결합으로 볼 가능성이 크군.

58 ㉠ ~ ㉤의 사전적 뜻풀이가 <u>잘못된</u> 것은?

① ㉠ : 사라져 없어지게 함.
② ㉡ : 본래의 목적이나 범위를 함부로 행사함.
③ ㉢ : 폐단으로 생기는 해.
④ ㉣ : 어떤 사물이나 문제 해결의 가장 중요한 부분.
⑤ ㉤ : 경계 따위를 명확히 구별하여 정함.

채권은 사업에 필요한 자금을 조달하기 위해 발행하는 유가 증권으로 국채나 회사채 등 발행 주체에 따라 그 종류가 다양하다. 채권의 액면금액, 액면 이자율, 만기일 등의 지급 조건은 채권 발행 시 정해지며, 채권 소유자는 매입 후에 정기적으로 이자액을 받고, 만기일에는 마지막 이자액과 액면 금액을 지급받는다. 이때 이자액은 액면 이자율을 액면 금액에 곱한 것으로 대개 연 단위로 지급된다. 채권은 만기일 전에 거래되기도 하는데, 이때 채권 가격은 현재 가치, 만기, 지급 불능 위험 등 여러 요인에 따라 결정된다.

채권 투자자는 정기적으로 받게 될 이자액과 액면 금액을 각각 현재 시점에서 평가한 값들의 합계인 채권의 현재 가치에서 채권의 매입 가격을 뺀 순수익의 크기를 따진다. 채권 보유로 미래에 받을 수 있는 금액을 현재 가치로 환산하여 평가할 때는 금리를 반영한다. 가령 금리가 연 10%이고, 내년에 지급받게 될 금액이 110원이라면, 110원의 현재 가치는 100원이다. 즉 금리는 현재 가치에 반대 방향으로 영향을 준다. 따라서 금리가 상승하면 채권의 현재 가치가 하락하게 되고 이에 따라 채권의 가격도 하락하게 되는 결과로 이어진다. 이처럼 수시로 변동되는 시중 금리는 현재 가치의 평가 구조상 채권 가격의 변동에 영향을 주는 요인이 된다.

채권의 매입 시점부터 만기일까지의 기간인 만기도 채권의 가격에 영향을 준다. 일반적으로 다른 지급 조건이 동일하다면 만기가 긴 채권일수록 가격은 금리 변화에 더 민감하므로 가격 변동의 위험이 크다. 채권은 발행된 이후에는 만기가 점점 짧아지므로 만기일이 다가올수록 채권 가격은 금리 변화에 덜 민감해진다. 따라서 투자자들은 만기가 긴 채권일수록 높은 순수익을 기대하므로 액면 이자율이 더 높은 채권을 선호한다.

또 액면 금액과 이자액을 약정된 일자에 지급할 수 없는 지급 불능 위험도 채권 가격에 영향을 준다. 예를 들어 채권을 발행한 기업의 경영 환경이 악화될 경우, 그 기업은 지급 능력이 떨어질 수 있다. 이런 채권에 투자하는 사람들은 위험을 감수해야 하므로 이에 대한 보상을 요구하게 되고, 이에 따라 채권 가격은 상대적으로 낮게 형성된다.

한편 채권은 서로 대체가 가능한 금융 자산의 하나이기 때문에, 다른 자산 시장의 상황에 따라 가격에 영향을 받기도 한다. 가령 주식 시장이 호황이어서 주식 투자를 통한 수익이 커지면 상대적으로 채권에 대한 수요가 줄어 채권 가격이 하락할 수도 있다.

59 위 글의 설명 방식으로 적절하지 않은 것은?

① 채권 가격을 결정하는 데 영향을 미치는 요인을 몇 가지로 나누어 설명하고 있다.
② 채권의 지급 불능 위험과 채권 가격 간의 관계를 설명하기 위해 예를 들고 있다.
③ 유사한 원리를 보이는 현상에 빗대어 채권의 특성을 설명하고 있다.
④ 금리가 채권 가격에 미치는 영향을 인과적으로 설명하고 있다.
⑤ 채권의 의미를 밝히고 그 종류를 들고 있다.

60 위 글로 미루어 알 수 있는 것은?

① 채권이 발행될 때 정해지는 액면 금액은 채권의 현재 가치에서 이자액을 뺀 것이다.
② 채권의 순수익은 정기적으로 지급될 이자액을 합산하여 현재 가치로 환산한 값이다.
③ 다른 지급 조건이 같다면 채권의 액면 이자율이 높을수록 채권 가격은 하락한다.
④ 지급 불능 위험이 커진 채권을 매입하려는 투자자는 높은 순수익을 기대한다.
⑤ 일반적으로 지급 불능 위험이 낮으면 상대적으로 액면 이자율이 높다.

II. NCS 모듈

　모듈 문제는 업무용으로 자주 쓰이는 여러 양식의 문서를 활용한 문제이다. 그리고 법, 규칙 등의 조항을 활용한 문제가 출제된다. 문제 난이도는 제쳐두고 유형 자체가 익숙하지 않으면 어려울 수 있다. 그러므로 빈출 유형을 파악해두면 좋다. 예제를 보고 유형별로 포인트를 잡아보자.

결재서류, 보고서, 기안서, 품의서, 청구서 등 다양한 양식의 업무용 문서를 활용한 문제가 출제된다. 특히 전결과 관련된 결재서류 관련 문제는 여러 기업에서 종종 출제되고 있다.

유형 예제

영업팀 사원 K는 출장으로 유류비 6만 원과 식대비 27만 원을 지불하였다. 다음의 결재 규정에 따라 K가 작성한 결재 양식으로 옳은 것은?

- 결재를 받으려는 업무에 대해 최고결재권자(대표이사) 포함 이하 직책자의 결재를 받아야 한다.
- '전결'이라 함은 회사의 경영활동이나 관리활동을 수행함에 있어 의사결정이나 판단을 요하는 일에 대하여 최고결재권자의 결재를 생략하고, 자신의 책임 하에 최종적으로 의사결정이나 판단을 하는 행위를 말한다.
- 전결사항에 대해서도 위임받은 자를 포함한 이하 직책자의 결재를 받아야 한다.
- 표시내용 : 결재를 올리는 자는 최고결재권자로부터 전결사항을 위임받은 자가 있는 경우 결재란에 전결이라고 표시하고, 최종결재권자란에 위임받은 자를 표시한다.
- 최고결재권자의 결재사항 및 최고결재권자로부터 위임된 전결사항은 아래의 표에 따른다.

구분	출장비		교육비		접대비		경조사비	
내용	출장 유류비 출장 식대비		외부교육비 포함		영업처 식대비 문화접대비		직원 경조사비	
금액 기준	30만 원		50만 원		40만 원		20만 원	
	이하	초과	이하	초과	이하	초과	이하	초과
결재 서류	출장계획서 청구서		기안서 법인카드신청서		접대비지출품의서 지출결의서		기안서 지출결의서	
팀장	★		★◎		★	★		
본부장	◎	★		★◎	◎		★◎	★
		◎				◎		◎

※ ★: 기안서, 출장계획서, 접대비지출품의서, 경조사비지출품의서
※ ◎: 지출결의서, 발행요청서, 각종 신청서 및 청구서

①

출장계획서			
결재	담당	팀장	본부장	최종결재
	K	전결		팀장

②

출장계획서			
결재	담당	팀장	본부장	최종결재
	K		전결	본부장

③

출장계획서			
결재	담당	팀장	본부장	최종결재
	K	전결		본부장

④

출장계획서			
결재	담당	팀장	본부장	최종결재
	K			대표이사

How to solve?

STEP 1. 유형파악 결재규정에 맞는 양식 찾기
STEP 2. 문제풀이 결재규정에 문제의 상황이 어떤 항목에 해당하는지 찾는다.

1) K가 작성해야 하는 결재서류를 찾는다.
   → 출장 유류비 6만, 식대비 27만 원이다. 따라서 출장비에 해당하므로 출장계획서 또는 청구서를 써야 한다.

2) 결재서류 각각의 최종결재권자를 확인한다.
   → 출장계획서(★)의 경우 30만 원 초과 시 본부장이 최종결재권이 있다.(전결)
   → 청구서(◎)의 경우 30만 원 초과 시 대표이사가 최종결재권이 있다.

3) 선택지에서 정답을 찾는다.
   ①, ③의 경우 출장계획서이므로 최종결재권은 전결권을 받은 본부장이다. 따라서 최종결재권자는 보지 않더라도 팀장이 전결권이 있으므로 오답이다.

※ 전결권이 있는 사람이 최종결재권자이다. 따라서 전결이 쓰여 있는 직책이 최종결재자와 일치하는지 확인한다.

②는 청구서의 경우 최종결재권이 대표이사에게 있으므로 오답이다.

STEP 3. 정답
   ✓   ④

+ Point Plus +

　어려운 문제는 아니지만 해당 유형을 전혀 모르는 사람은 정답을 찾는 데 시간이 많이 소모되고 정답률도 떨어질 것이다. 반대로 유형을 아는 사람은 빠르게 정답을 골라낼 것이다.
　해당 유형의 문제는 결재양식에 대한 문제이다. 문제의 결재규정에 해당하는 부분은 모든 문제에서 거의 같은 내용이다. 해당 내용을 미리 숙지하고 있으면 풀이 시간을 단축할 수 있다. 해당 내용을 요약하면 다음과 같다.

✓ 기본적으로 최종결재권은 대표이사에게 있다.
✓ 결재는 아래 직급부터 최종결재권자까지 모두 결재한다.
✓ 몇몇 항목은 최종결재권을 다른 사람에게 위임한다. (전결)
✓ 해당 항목은 아래 직급부터 전결권자까지 결재한다.

02 | 회의록, 매뉴얼 등

회의록과 매뉴얼을 활용한 문제는 대부분 어떤 내용이 포함되어 있는지를 묻는 문제가 출제된다. 독해의 일치불일치 유형이라고 보면 된다. 단순 사실관계를 묻는 문제이므로 선택지의 내용을 빠르게 찾는 것이 중요하다.

유형 예제

유통업체 경영기획부에 근무하는 J는 부서 주간회의에 참석하여 회의록을 작성한 후, 금주 부서업무를 정리하려고 한다. J는 메일 발송 후에 바로 이번 주에 해야 할 부서업무를 정리했다. 회의록을 참고할 때, 다음 중 J가 금주에 완수해야 하는 부서업무는?

회의록	문서번호	경영 – A – 0420
	작성자	사원 J
일시	20××년 4월 21일(화) PM 13:00 ~ 15:00	
장소	B동 3회의실	
참석	경영기획부 부장 P, 차장 K, 과장 E, 대리 W, 대리 S, 사원 J	

내용	협력부서 및 기한
1. 경쟁업체 '△△아웃렛' 오픈 건 – 자사 동일상권 내 경쟁업체 매장 오픈(5/15)으로 인한 매출 영향력 을 최소화하기 위한 경영전략 수립 필요 – 경쟁사 판매 전략 및 입점 브랜드 분석(자사와 비교)	
– 총 3주에 걸쳐 추가 매장 프로모션 기획 : △△사 오픈 1주 전, 오픈 주, 오픈 1주 후 : 주요 할인 브랜드 및 품목 할인율 체크	영업팀 (다음달 1일)
– 미디어 대응 전략 수립: 대응 창구 및 메시지 통일	홍보팀(4/28)
– 광고 전략 수립: 옥외광고 및 온라인광고 추가 진행	마케팅팀(4/24)
2. 가정의 달 프로모션 건 – 5월 한 달 간 '가정의 달' 특별 프로모션 기간 지정 : 주요 할인 브랜드 및 할인율 체크	영업팀 (4/23)
– 주요 기념일 고객 참여 현장 이벤트 기획 : 어린이날(5/5), 어버이날(5/8), 스승의날(5/15), 부부의 날(5/21)	경영지원팀(4/27)
3. 윤리경영 캠페인 – 협력사를 비롯해 전사적 참여 독려 – 윤리경영 조직 별도 구성: 임직원, 협력업체 담당자 – 주요 활동: 청렴거래 협약서 작성, 정도경영 실천교육, 정기적 윤리 경영 평가 등	
비고	– 차주부터 부서 주간회의 시간 변경: 매주 월요일 AM 10:00 – 1/4분기 매출 보고 회의: 5월 1일(시간 미정) – 지난 달 실시한 포인트 제도 변경 관련 유관 매출 분석 보고(익월 1일) 지시

① 홍보팀과 미디어 대응 전략 수립
② 포인트 제도 변경 관련 매출 분석 보고
③ 5월 기념일 고객 참여 현장 이벤트 기획
④ 경쟁사 매장 오픈 관련 대응 광고 전략 수립

How to solve?

STEP 1. 유형파악 회의록 내용 파악 문제

STEP 2. 문제풀이 경영기획부 J가 금주에 해야 할 업무를 찾는다.

※ 독해와는 달리 회의록의 구성만 체크한 후 문제를 먼저 보고 해당 문제의 내용을 확인하는 방법으로 정답을 찾는다.

→ 금주에 해야 할 업무를 찾아야 하므로 업무의 내용과 그 기한이 나와 있는 부분을 찾는다.

→ 협력부서 및 기한과 비고의 내용을 확인하여 정답을 찾는다.

→ 메일 발송 일시가 4월 21일이며 회의록에 따르면 금주는 4월 20일부터 26일까지이다.

① 홍보팀과 미디어 대응 전략 수립
   미디어 대응 전략은 4월 28일

② 포인트 제도 변경 관련 매출 분석 보고
   포인트 제도 변경 관련 매출 분석 보고는 5월 1일에 진행한다.

③ 5월 기념일 고객 참여 현장 이벤트 기획
   5월 기념일 고객 참여 현장 이벤트 기획은 4월 27일이 기한이다.

④ 경쟁사 매장 오픈 관련 대응 광고 전략 수립
   광고 전략 수립은 4월 24일까지 해야 한다.

STEP 3. 정답

✓ ④ 경쟁사 매장 오픈 관련 대응 광고 전략 수립

금주라는 기한에 완수해야 하는 업무는 ④뿐이다.

03 | 보도 자료

보도 자료를 활용한 문제이다. 보도 자료는 어떤 현상과 사실에 대해 알려주는 내용이 주된 내용이므로 육하원칙에 따라 보도 내용의 핵심을 파악하는 것이 중요하다. 독해 문제와 유사하지만 문제의 형태만 다르다고 보아도 좋다.

유형 예제

다음은 사원들이 아래 신문을 읽고 나눈 대화이다. 대화의 결론으로 가장 적절한 것은?

○ ○ 일보

○ ○일보 제425203호 | 20○ ○년 ○ ○월 ○ ○일 화요일

드론의 출연과 정체

드론은 무선전파로 조종할 수 있는 무인 항공기다. 카메라, 센서, 통신시스템 등이 탑재돼 있으며 25g부터 1,200kg까지 무게와 크기도 다양하다. 드론은 군사 용도로 처음 생겨났지만 최근엔 고공 초라영과 배달 등으로 그 용도가 확대됐다. 농약을 살포하거나 공기의 질을 측정하는 등 다방면에 활용되고 있다.

'드론'이라는 영어 단어는 원래 벌이 내는 응응 소리를 뜻하는데 작은 항공기가 소리를 내며 날아다니는 모습을 보고 이러한 이름을 붙였다고 한다. 초창기 드론은 공군의 미사일 폭격 연습 대상으로 쓰였는데, 점차 정찰기와 공격기로 용도가 확장됐다.

이하 증략

H씨: 현재 드론은 군사용뿐 아니라 기업, 미디어, 개인을 위한 용도로도 활용되고 있다고 해.
E씨: 하지만 여전히 드론 시장에 나온 제품 가운데 90%는 군사용이라던데?
T씨: 아직 그렇기는 해도 드론이 가지는 가능성은 무궁무진하다고 봐.
U씨: 그래. 최근에는 구글, 페이스북, 아마존 같은 글로벌 기업들은 물론 방송 및 영화 업계에서도 주목하고 있다고 해.

① 효율적인 군사 전력으로서의 드론이 세계적으로 주목을 받고 있다.
② 드론의 사용이 다양화되고 개인화되어 군사적 기능은 사라질 것이다.
③ 드론은 현재 군사적 기능에 치중되어 있으나 앞으로 많은 가능성을 가지고 있다.
④ 드론은 여러모로 유용한 기구이나 그 활용에 있어서 많은 윤리적 문제를 가지고 있다.

How to solve?

STEP 1. 유형파악 보도자료를 활용한 문제
STEP 2. 문제풀이 보도자료와 대화 내용의 핵심을 찾는다.

1) 보도 내용
   무인 항공기 드론은 처음에는 군사용으로 만들어졌으며 점차 다양한 용도로 활용되고 있다.

2) 대화 내용
   드론은 다양한 용도로 활용되고 있지만 여전히 군사용으로 활용되는 경우가 많다. 하지만 앞으로 여러 업계에서의 활용 가능성은 무궁무진하다.

STEP 3. 정답
✓ ③ 드론은 현재 군사적 기능에 치중되어 있으나 앞으로 많은 가능성을 가지고 있다.
① 군사 전력 보다는 새로운 용도로서의 활용 가치가 주목받고 있다.
② 군사적 기능이 사라진다는 내용은 찾아볼 수 없다.
④ 윤리적 문제에 대한 언급은 없다.

04 | 법률, 규정

법률이나 규정의 조항을 주고 어떤 상황에 해당 조항을 적용할 수 있는지를 묻는 문제가 출제된다. 법률, 규정은 일반 문장보다 어렵게 적혀 있으므로 해당 유형을 자주 출제하는 기업을 준비한다면 많은 문제를 풀어보고 조항에서 사용하는 단어에 익숙해질 필요가 있다.

유형 예제   다음 글에 근거할 때, 〈보기〉의 A, B 각각의 부양가족 수가 바르게 연결된 것은? (단, 위 각 세대 모든 구성원은 주민등록표상 같은 주소에 등재되어 있고 현실적으로 생계를 같이하고 있다)

부양가족이란 주민등록표상 부양의무자와 세대를 같이하는 사람으로서 해당 부양의무자의 주소에서 현실적으로 생계를 같이하는 다음 중 어느 하나에 해당하는 사람을 말한다.

1. 배우자
2. 본인 및 배우자의 60세(여성인 경우에는 55세) 이상의 직계존속과 60세 미만의 직계존속 중 장애의 정도가 심한 사람
3. 본인 및 배우자의 20세 미만의 직계비속과 20세 이상의 직계비속 중 장애의 정도가 심한 사람
4. 본인 및 배우자의 형제자매 중 장애의 정도가 심한 사람

※ '장애의 정도가 심한 사람'이란 다음 중 어느 하나에 해당하는 사람을 말한다.

가. 장애등급 제1급부터 제6급까지
나. 상이등급 제1급부터 제7급까지
다. 장해등급 제1급부터 제6급까지

〈 보 기 〉

ㄱ. 부양의무자 A는 배우자, 75세 아버지, 15세 자녀 1명, 20세 자녀 1명, 장애 6급을 가진 39세 처제 1명과 함께 살고 있다.
ㄴ. 부양의무자 B는 배우자, 58세 장인과 56세 장모, 16세 조카 1명, 18세 동생 1명과 함께 살고 있다.

	A		B
①	4명		2명
②	4명		3명
③	5명		2명
④	5명		3명
⑤	5명		4명

How to solve?

STEP 1. 유형파악 **법률, 규정**
STEP 2. 문제풀이 주어진 상황에서 적용할 수 있는 항목을 찾는다.
※ 해당 예제는 지문의 내용이 짧기 때문에 지문을 먼저 읽어 어느 정도 내용을 숙지한다.

1) 보기의 내용을 체크한다.
    ㄱ. 부양의무자 A는 배우자, 75세 아버지, 15세 자녀 1명, 20세 자녀 1명, 장애 6급을 가진 39세 처제 1명과 함께 살고 있다.
    → 아래의 경우에 해당하는 네 명이 부양가족이다.
        1. 배우자
        2. 60세 이상 직계 존속 (75세 아버지)
        3. 20세 미만의 직계 비속 (15세 자녀)
        4. 배우자의 형제자매 중 장애의 정도가 심한 사람 (장애 6급 처제)

※ 부모, 자녀, 손자, 증손과 같이 곧바로 이어나가는 관계가 직계이고, 본인부터 위에 있는 계열에 있는 이들이 직계 존속이며, 자손의 계열에 있는 아들과 손자 등은 직계 비속이다.

    ㄴ. 부양의무자 B는 배우자, 58세 장인과 56세 장모, 16세 조카 1명, 18세 동생 1명과 함께 살고 있다.
    → ㄴ의 경우 두 명이다.
        1. 배우자
        2. 배우자의 60세(여성인 경우에는 55세) 이상 직계존속 (56세 장모)

STEP 3. 정답
✓ ① 4명   2명

+ Point Plus +

    문제의 지문에 조항을 여러 개 주어 지문의 내용이 길어지는 경우에는 지문에서는 어떤 항목이 들어 있는지만 확인하고 선택지나 보기의 내용을 확인한 후에 해당 내용을 적용할 수 있는 조항을 찾는 게 좋다.

연습문제

※ [1 ~ 5] **다음 결재규정을 보고 주어진 상황에 알맞게 작성된 양식을 고르시오.**

- 결재를 받으려는 업무에 대해 최고결재권자(대표이사) 포함 이하 직책자의 결재를 받아야 한다.
- '전결'이라 함은 회사의 경영활동이나 관리활동을 수행함에 있어 의사결정이나 판단을 요하는 일에 대하여 최고결재권자의 결재를 생략하고, 자신의 책임 하에 최종적으로 의사결정이나 판단을 하는 행위를 말한다.
- 전결사항에 대해서도 위임받은 자를 포함한 이하 직책자의 결재를 받아야 한다.
- 표시내용 : 결재를 올리는 자는 최고결재권자로부터 전결 사항을 위임받은 자가 있는 경우 결재란에 전결이라고 표시하고 최종결재권자란에 위임받은 자를 표시한다. 다만, 결재가 불필요한 직책자의 결재란은 상향대각선으로 표시한다.
- 최고결재권자의 결재사항 및 최고결재권자로부터 위임된 전결사항은 아래의 표에 따른다.

구분	내용	금액기준	결재서류	팀장	본부장	대표이사
접대비	거래처 식대, 경조사비 등	20만 원 이하	접대비지출품의서 지출결의서	★◎		
		30만 원 이하			★◎	
		30만 원 초과				★◎
교통비	국내 출장비	30만 원 이하	출장계획서 출장비신청서	★◎		
		50만 원 이하		★	◎	
		50만 원 초과		★		◎
	해외 출장비	–		★		◎
소모품비	사무용품	–	지출결의서	◎		
	문서, 전산소모품	–				◎
	기타 소모품	20만 원 이하		◎		
		30만 원 이하			◎	
		30만 원 초과				◎
교육훈련비	사내외 교육		기안서 지출결의서	★		◎
법인카드	법인카드사용	50만 원 이하	법인카드신청서	◎		
		100만 원 이하			◎	
		100만 원 초과				◎

※ ★ : 기안서, 출장계획서, 접대비지출품의서
※ ◎ : 지출결의서, 세금계산서, 발행요청서, 각종 신청서

1 인사팀 사원 G는 기획팀 H대리의 결혼 축의금 50만 원을 회사 명의로 지급하기로 했다. G씨가 작성한 결재 양식으로 옳은 것은?

① 접대비지출품의서

결재	담당	팀장	본부장	최종결재
	G			팀장

② 접대비지출품의서

결재	담당	팀장	본부장	최종결재
	G		전결	본부장

③ 지출결의서

결재	담당	팀장	본부장	최종결재
	G	전결		대표이사

④ 지출결의서

결재	담당	팀장	본부장	최종결재
	G			대표이사

2 구매팀 사원 I는 거래업체 J사의 직원들과 저녁 식사를 위해 250,000원을 지불하였다. I씨가 작성한 결재 양식으로 옳은 것은?

① 접대비지출품의서

결재	담당	팀장	본부장	최종결재
	I			전결

② 접대비지출품의서

결재	담당	팀장	본부장	최종결재
	I	전결		팀장

③ 지출결의서

결재	담당	팀장	본부장	최종결재
	I			본부장

④ 지출결의서

결재	담당	팀장	본부장	최종결재
	I		전결	본부장

3 마케팅팀 사원 A는 외부 교육업체 B사로부터 1회에 10만 원씩 총 8회 진행하는 〈모바일로 하는 마케팅〉 강의를 수강하기로 하였다. A씨가 작성한 결재 양식으로 옳은 것은?

①

기안서			
담당	팀장	본부장	최종결재
A			전결

결재

②

기안서			
담당	팀장	본부장	최종결재
A	전결		팀장

결재

③

지출결의서			
담당	팀장	본부장	최종결재
A	전결		대표이사

결재

④

지출결의서			
담당	팀장	본부장	최종결재
A	대표이사		전결

결재

4 영업팀 사원 C는 해외바이어 D와의 미팅을 위해 중국행 비행기 티켓 220,000원과 홍콩행 비행기 티켓 300,000원을 지불하였다. C씨가 작성한 결재 양식으로 옳은 것은?

①

출장계획서			
담당	팀장	본부장	최종결재
C		전결	본부장

결재

②

출장계획서			
담당	팀장	본부장	최종결재
C			대표이사

결재

③

출장비신청서			
담당	팀장	본부장	최종결재
C	전결		팀장

결재

④

출장비신청서			
담당	팀장	본부장	최종결재
C			대표이사

결재

5 인사팀 사원 E는 교육에 사용될 교재를 준비하던 도중 잉크 카트리지가 떨어진 것을 확인하고 개당 가격이 107,100원인 토너 2개를 법인카드로 구매하려고 한다. E씨가 작성한 결재 양식으로 옳은 것은?

①

지출결의서			
담당	팀장	본부장	최종결재
E		전결	본부장

결재

②

지출결의서			
담당	팀장	본부장	최종결재
E	전결		팀장

결재

③

법인카드신청서			
담당	팀장	본부장	최종결재
E	전결		팀장

결재

④

법인카드신청서			
담당	팀장	본부장	최종결재
E		전결	본부장

결재

※ [6 ~ 7] 자원 회사 인사팀에서 근무하는 N은 20X5년도에 새롭게 변경된 사내 복지 제도에 따라 경조사 지원 내역을 정리하고 공시하는 업무를 담당하게 되었다. 이어지는 질문에 답하시오.

〈20X5년도 변경된 사내 복지 제도〉

구분	세부사항
주택 지원	사택지원 (A~G 총 7동 175가구) 최소 1년 최장 3년 지원 대상: – 입사 3년 차 이하 1인 가구 사원 중 무주택자(A~C동 지원) – 입사 4년 차 이상 본인 포함 가구원이 3인 이상인 사원 중 무주택자(D~G동 지원)
경조사 지원	본인/가족 결혼, 회갑 등 각종 경조사 시 경조금, 화환 및 경조휴가 제공
학자금 지원	대학생 자녀의 학자금 지원
기타	상병 휴가, 휴직, 4대 보험 지원

〈20X5년도 1/4분기 지원 내역〉

이름	부서	직위	내역	변경 전	변경 후	금액(천 원)
김재식	인사팀	부장	자녀 대학진학	지원 불가	지원 가능	2,000
박가현	총무팀	차장	장모상	변경 내역 없음		100
정희진	연구 A	차장	병가	실비 지급	금액 지원 추가	50(실비제외)
윤병국	홍보팀	사원	사택 제공(A-102)	변경 내역 없음		–
유현영	연구 B	대리	결혼	변경 내역 없음		100
김희훈	영업 1팀	차장	부친상	변경 내역 없음		100
이민지	인사팀	사원	사택 제공(F-305)	변경 내역 없음		–
김도윤	보안팀	대리	모친 회갑	변경 내역 없음		100
하정열	기획팀	차장	결혼	변경 내역 없음		100
이동식	영업 3팀	과장	생일	상품권	기프트 카드	50
최제민	전략팀	사원	생일	상품권	기프트 카드	50

6 N은 상사의 지시를 받고 지원구분에 따라 20X5년도 1/4분기 복지제도 지원을 받은 사원을 정리했다. 다음 중 잘못 구분된 사원은?

〈20X5년도 변경된 사내 복지 제도〉

지원 구분	이름
주택 지원	윤병국, 이민지
경조사 지원	김도윤, 박가현, 유현영, 이동식, 최제민, 하정열
학자금 지원	김재식
기타	김희훈, 정희진

① 김희훈   ② 박가현   ③ 이민지   ④ 정희진

07 N은 20X5년도 1/4분기 지원 내역 중 변경 사례를 참고하여 새로운 사내 복지 제도를 정리해 추가로 공시하려 한다. 다음 중 N이 정리한 내용으로 옳지 <u>않은</u> 것은?

① 복지 제도 변경 전후 모두 생일에 현금을 지급하지 않습니다.
② 복지 제도 변경 후 대학생 자녀에 대한 학자금을 지원해드립니다.
③ 변경 전과 달리 미혼 사원의 경우 입주 가능한 사택 동 제한이 없어집니다.
④ 변경 전과 같이 경조사 지원금은 직위와 관계없이 동일한 금액으로 지원됩니다.

08 다음은 사원들이 아래 신문기사를 읽고 나눈 대화이다. 대화의 흐름상 빈 칸에 들어갈 말로 가장 적절한 것은?

○○일보

○○일보 제12333호 | 20◇◇년 ○○월 ○○일 화요일

콜레스테롤의 유래

콜레스테롤이 대중의 관심사로 등장한 것은 60년쯤 전이다. 1956년 미국심장협회(AHA)가 심장 건강을 위해 콜레스테롤과 총지방, 포화지방 섭취량을 줄이라고 촉구하고 나선 것이 계기가 됐다. AHA는 음식에 든 콜레스테롤이 체내 콜레스테롤 수치를 높이고, 이것이 심장병으로 연결된다고 했다. 5년 후 나온 프레밍엄 심장연구보고서는 '콜레스테롤은 나쁜 것'이란 대중의 인식에 쐐기를 박았다. 콜레스테롤 수치가 높은 50대 이하 남성의 경우 심장병을 앓을 확률이 커진다는 보고서였다. 여기에 흡연과 체중 과다까지 겹치면 가능성은 훨씬 커진다고 봤다.

보고서가 나오자 콜레스테롤 함량이 가장 높은 달걀 노른자는 한 개 평균 250ml의 콜레스테롤을 함유하고 있다. 하나만 먹어도 미국식생활지침자문위원회(DGAC)가 내놓은 하루 콜레스테롤 섭취 권장량인 300mg에 육박한다. 세계 보건기구도 콜레스테롤 섭취량을 하루 300ml 이하로 유지하도록 권장하고 있다.

이하 중략

S씨: 하지만 콜레스테롤이 '공공의 적'이라 생각하면 오산이야. 콜레스테롤은 세포막을 만드는 데 꼭 필요한 성분이라고 해.
T씨: 뇌나 척수, 말초신경 같은 신경계 막을 구성하는 필수 요소기도 하지.
V씨: 하지만 (?   )
G씨: 맞아. 콜레스테롤이 높은 음식을 먹으면 체내 콜레스테롤 수치가 높아질 가능성이 발생하기 때문이지

① 콜레스테롤은 칼로리가 높아서 되도록이면 피하는 것이 좋아.
② 콜레스테롤은 흡연과 체중 과다를 일으키는 직접적인 원인이야.
③ 콜레스테롤이 우리 몸의 구성성분을 만드는 역할만 하는 것은 아니야.
④ 콜레스테롤이 심장질환을 앓고 있는 사람들에게 해로운 것은 사실이야.

09 다음 보도자료의 내용을 읽고 판단한 것으로 가장 적절한 것은?

○○전력은 '17. 11. 27(월)부터 ARS 메뉴를 듣고 선택하여 상담하는 과거의 단방향식에서 벗어나 휴대폰 화면에 ARS 음성멘트를 문자로 보여주는 '보이는 ARS 서비스'와 버튼입력이 아닌 고객의 음성을 인식하여 필요한 서비스로 연결해주는 '말로 하는 ARS 서비스'를 전국적으로 시행하기로 했다.

○○전력은 ICT 기술발전과 인터넷, 모바일을 선호하는 고객의 다양한 Needs에 부응하는 상담서비스를 제공하기 위해『보이는 ARS와 말로 하는 ARS 시스템』을 구축하여 금년 11. 27부터 서울지역을 시작으로 단계적으로 전국 확대 시행 예정이다. (인천·충남·제주는 12. 5(화), 경기는 12. 7(목), 부산·경남은 12. 8(금), 대구·전북·전남은 12. 12(화), 충북·강원은 12. 14(목)부터 서비스 제공)

보이는 ARS 서비스와 말로 하는 ARS 서비스는 고객의 휴대폰에 자동으로 3가지 선택 메뉴(보이는ARS, 말로하는ARS, 버튼식ARS)가 표시되어 고객별로 취향에 맞게 선택하여 이용하며, 서비스 운영은 1년 365일 24시간 가능하다. 보이는 ARS 서비스는 고객의 스마트폰에 중계 앱 56개중 1개라도 설치된 경우에 이용이 가능하다. 말로 하는 ARS 서비스는 '말로 하는 ARS'와 '버튼식 ARS'를 구분하여 서비스한다. 고객이 한전에 전화할 경우 음성과 버튼식 중 선택하여 서비스를 제공받을 수 있다. 특히 위 두 가지 서비스는 고객이 안내를 끝까지 들을 필요가 없고 언제든지 원하는 서비스를 휴대폰 화면터치 또는 수화기를 통해 선택하여 제공받을 수 있기 때문에 고객이 훨씬 편리하게 이용할 수 있다.

본 서비스 시행으로 고객의 통화시간 단축은 물론 고령층 고객, 청각장애우 등 안내멘트 청취가 어려운 고객의 불편을 상당부분 해소하고 고객의 선호도 및 상황에 따라 다양한 상담방법을 선택해 고객이 언제 어디서나 불편 없이 ○○전력과 접촉할 수 있을 것으로 기대한다.

한편 ○○전력은 고령화시대에 따라 만 65세 이상 고객은 복잡한 ARS 메뉴를 거치지 않고 상담사와 바로 연결하는 서비스를 금년 1월부터 시행했으며, 전화실패 고객에 대하여 당일 상담사가 다시 전화를 드리는 콜백(Call Back) 서비스도 시행하고 있다.

(출처 : 한국전력 보도자료 2017-11-27)

① ARS 서비스가 버튼식 ARS에서 보이는 ARS로 대체되었다.
② 세 가지 방식의 ARS 서비스는 OO전력이 국내 최초로 제공하는 서비스이다.
③ 12월 25일 공휴일에는 말로 하는 ARS는 사용할 수 없다.
④ 청각장애우는 보이는 ARS를 통해 보다 편리하게 서비스를 이용할 수 있다.
⑤ 만 65세 이상의 고객은 2018년부터 바로 상담사와 연결하는 서비스를 이용할 수 있다.

10 갑, 을, 병, 정은 A국의 건강보험 가입자이다. 다음 글을 근거로 판단할 때, 〈보기〉에서 옳지 <u>않은</u> 것을 모두 고르면?

> A국의 건강보험공단(이하 '공단'이라 한다)이 제공하는 건강보험의 급여는 현물급여와 현금급여로 나눌 수 있다. 현물급여는 지정된 요양기관(병·의원)을 통하여 가입자 및 피부양자에게 직접 의료서비스를 제공하는 것으로, 요양급여와 건강검진이 있다. 요양급여는 가입자 및 피부양자의 질병·부상·출산 등에 대한 지정된 요양기관의 진찰, 처치·수술 기타의 치료, 재활, 입원, 간호 등을 말한다. 또한 공단은 질병의 조기 발견과 그에 따른 요양급여를 제공하기 위하여 가입자 및 피부양자에게 2년마다 1회 무료로 건강검진을 실시한다.
>
> 현금급여는 가입자 또는 피부양자가 긴급하거나 기타 부득이한 사유로 인하여 지정된 요양기관 이외의 의료기관에서 질병·부상·출산 등에 대하여 요양을 받은 경우와 요양기관 외의 장소에서 출산을 한 경우, 공단이 그 요양급여에 상당하는 금액을 가입자 또는 피부양자에게 요양비로 지급하는 것을 말한다. 이러한 요양비를 지급받기 위하여 요양을 제공받은 자는 요양기관이 발행한 요양비용명세서나 요양내역을 기재한 영수증 등을 공단에 제출하여야 한다. 또한 본인부담액보상금도 현금급여에 해당한다. 이는 전체 보험가입자의 보험료 수준별로 하위 50%는 연간 200만 원, 중위 30%는 연간 300만 원, 상위 20%는 연간 400만 원의 진료비를 초과하는 경우, 그 초과액을 공단이 부담하는 제도이다.

〈보 기〉

ㄱ. 갑의 피부양자는 작년에 이어 올해도 질병의 조기 발견을 위해 공단이 지정한 요양기관으로부터 건강검진을 무료로 받을 수 있다.
ㄴ. 을이 갑작스러운 진통으로 인해 자기 집에서 출산한 경우, 공단으로부터 요양비를 지급받을 수 있다.
ㄷ. 병이 혼자 섬으로 낚시를 갔다가 다리를 다쳐 낚시터에서 그 마을 주민으로부터 치료를 받은 경우, 공단으로부터 요양비를 지급받을 수 있다.
ㄹ. 상위 10% 수준의 보험료를 내고 있는 정이 진료비로 연간 400만 원을 지출한 경우, 진료비의 일부를 공단으로부터 지원받을 수 있다.

① ㄱ, ㄴ   ② ㄴ, ㄷ   ③ ㄷ, ㄹ
④ ㄱ, ㄴ, ㄹ   ⑤ ㄱ, ㄷ, ㄹ

11 다음 〈표〉는 인터넷 쇼핑몰 이용약관의 주요내용이다. 아래 〈보기〉에서 (가), (나), (다), (라)를 구입한 쇼핑몰을 올바르게 연결한 것은?

〈표〉 이용약관의 주요 내용

쇼핑몰	주문 취소	환불	배송비	이포인트 적립률
A	주문 후 7일 이내 취소 가능	10% 환불수수료＋송금수수료 차감	무료	구입금액의 3%
B	주문 후 10일 이내 취소 가능	환불수수료＋송금수수료 차감	20만 원 이상 무료	구입금액의 5%
C	주문 후 7일 이내 취소 가능	환불수수료＋송금수수료 차감	1회 이용시 1만 원	없음
D	주문 후 당일에만 취소 가능	환불수수료＋송금수수료 차감	5만 원 이상 무료	없음
E	취소 불가능	고객 귀책사유에 의한 환불시에만 10% 환불수수료	1만 원 이상 무료	구입금액의 10%
F	취소 불가능	원칙적으로 환불 불가능 (사업자 귀책사유일 때만 환불 가능)	100g당 2,500원	없음

〈보 기〉

ㄱ. 철수는 부모님의 선물로 (가)를 구입하였는데, 판매자의 업무착오로 배송이 지연되어 판매자에게 전화로 환불을 요구하였다. 판매자는 판매금액 그대로를 통장에 입금해주었고 구입시 발생한 포인트도 유지해주었다.

ㄴ. 영희는 (나)를 구매할 때 배송료를 고려하여 한 가지씩 여러 번에 나누어 구매하기보다는 가능한 한 한 꺼번에 주문하곤 하였다.

ㄷ. 인터넷 사이트에서 (다)를 20,000원에 주문한 민수는 다음날 같은 물건을 18,000원에 파는 가게를 발견하고 전날 주문한 물건을 취소하려 했지만 취소가 되지 않아 곤란을 겪은 적이 있다.

ㄹ. (라)를 10만 원에 구매한 철호는 도착한 물건의 디자인이 마음에 들지 않아 환불 및 송금수수료와 배송료를 감수하는 손해를 보면서도 환불할 수밖에 없었다.

	(가)	(나)	(다)	(라)
①	E	B	C	D
②	F	E	D	B
③	E	D	F	C
④	F	C	E	B
⑤	B	A	D	C

12 다음 〈쓰레기 분리배출 규정〉을 준수한 것은?

〈쓰레기 분리배출 규정〉

- 배출 시간: 수거 전날 저녁 7시~수거 당일 새벽 3시까지(월요일~토요일에만 수거함)
- 배출 장소: 내 집 앞, 내 점포 앞
- 쓰레기별 분리배출 방법
  - 일반 쓰레기: 쓰레기 종량제 봉투에 담아 배출
  - 음식물 쓰레기: 단독주택의 경우 수분 제거 후 음식물 쓰레기 종량제 봉투에 담아서, 공동주택의 경우 음식물 전용용기에 담아서 배출
  - 재활용 쓰레기: 종류별로 분리하여 투명 비닐봉투에 담아 묶어서 배출
    ① 1종(병류)
    ② 2종(캔, 플라스틱, 페트병 등)
    ③ 3종(폐비닐류, 과자 봉지, 1회용 봉투 등)
    ※ 1종과 2종의 경우 뚜껑을 제거하고 내용물을 비운 후 배출
    ※ 종이류 / 박스 / 스티로폼은 각각 별도로 묶어서 배출
  - 폐가전·폐가구: 폐기물 스티커를 부착하여 배출
- 종량제 봉투 및 폐기물 스티커 구입: 봉투판매소

---

① 甲은 토요일 저녁 8시에 일반 쓰레기를 쓰레기 종량제 봉투에 담아 자신의 집 앞에 배출하였다.
② 공동주택에 사는 乙은 먹다 남은 찌개를 그대로 음식물 쓰레기 종량제 봉투에 담아 주택 앞에 배출하였다.
③ 丙은 투명 비닐봉투에 캔과 스티로폼을 함께 담아 자신의 집 앞에 배출하였다.
④ 丁은 사이다가 남아 있는 페트병을 투명 비닐봉투에 담아서 집 앞에 배출하였다.
⑤ 戊는 집에서 쓰던 냉장고를 버리기 위해 폐기물 스티커를 구입 후 부착하여 월요일 저녁 9시에 자신의 집 앞에 배출하였다.

13 다음 규정에 근거할 때, 옳은 것을 〈보기〉에서 모두 고르면?

제○○조(공공기관의 구분)
① 기획재정부장관은 공공기관을 공기업·준정부기관과 기타공공기관으로 구분하여 지정한다. 직원 정원이 50인 이상인 공공기관은 공기업 또는 준정부기관으로, 그 외에는 기타공공기관으로 지정한다.
② 기획재정부장관은 제1항의 규정에 따라 공기업과 준정부기관을 지정하는 경우 자체수입액이 총수입액의 2분의 1 이상인 기관은 공기업으로, 그 외에는 준정부기관으로 지정한다.
③ 기획재정부장관은 제1항 및 제2항의 규정에 따른 공기업을 다음 각 호의 구분에 따라 세분하여 지정한다.
  1. 시장형 공기업: 자산규모가 2조 원 이상이고, 총 수입액 중 자체수입액이 100분의 85 이상인 공기업
  2. 준시장형 공기업: 시장형 공기업이 아닌 공기업

〈공공기관 현황〉

공공기관	직원 정원	자산규모	자체수입비율
A	80명	3조 원	85%
B	40명	1.5조 원	60%
C	60명	1조 원	45%
D	55명	2.5조 원	40%

※ 자체수입비율: 총 수입액 대비 자체수입액 비율

〈보 기〉

  ㄱ. 기관 A는 시장형 공기업이다.
  ㄴ. 기관 B는 준시장형 공기업이다.
  ㄷ. 기관 C는 기타공공기관이다.
  ㄹ. 기관 D는 준정부기관이다.

① ㄱ, ㄴ
② ㄱ, ㄹ
③ ㄴ, ㄷ
④ ㄱ, ㄷ, ㄹ
⑤ ㄴ, ㄷ, ㄹ

14 김갑돌 2등서기관은 다음과 같이 기안문을 작성하였다. 담당과장 이을순이 이 기안문에 대해 언급한 내용 중 〈공문서 작성 및 처리지침〉에 어긋나는 것을 〈보기〉에서 모두 고르면?

외교통상부

수신   주○○국 대사
경유
제목   초청장 발송 협조

　기획재정부가 『경제개발 경험공유 사업』의 일환으로 2012년 2월 1일 - 2012년 2월 4일 개발도상국 공무원을 초청하여 특별 연수프로그램을 실시할 예정이라고 알려오면서 협조를 요청한 바, 첨부된 초청서한 및 참가신청서(원본 외교행낭편 송부)를 ○○국 재무부에 전달 바랍니다.

첨부: 상기 초청서한 및 참가신청서 각 1부.

기안   전결
2등서기관 김갑돌

〈공문서 작성 및 처리지침〉

• 숫자는 아라비아 숫자로 쓴다.
• 날짜는 숫자로 표기하되 연·월·일의 글자는 생략하고 그 자리에 온점을 찍어 표시한다.
• 본문이 끝나면 1자(2타) 띄우고 '끝.' 표시를 한다. 단, 첨부물이 있는 경우, 첨부 표시문 끝에 1자(2타) 띄우고 '끝.' 표시를 한다.
• 기안문 및 시행문에는 행정기관의 로고·상징·마크 또는 홍보문구 등을 표시하여 행정기관의 이미지를 높일 수 있도록 하여야 한다.
• 행정기관의 장은 문서의 기안·검토·협조·결재·등록·시행·분류·편철·보관·이관·접수·배부·공람·검색·활용 등 문서의 모든 처리절차가 전자문서시스템 또는 업무관리시스템상에서 전자적으로 처리되도록 하여야 한다.

※ 온점: 가로쓰기에 쓰는 마침표

〈보 기〉

ㄱ. '끝.' 표시도 중요합니다. 본문 뒤에 '끝.'을 붙이세요.
ㄴ. 공문서에서 날짜 표기는 이렇게 하지 않아요. '2012년 2월 1일 - 2012년 2월 4일'을 '2012. 2. 1. - 2012. 2. 4.'로 고치세요.
ㄷ. 오류를 수정하여 기안문을 출력해 오면 그 문서에 서명하여 결재하겠습니다.
ㄹ. 어! 로고가 빠졌네. 우리 부의 로고를 넣어주세요.

① ㄱ, ㄷ   ② ㄱ, ㄹ   ③ ㄴ, ㄹ
④ ㄱ, ㄴ, ㄷ   ⑤ ㄴ, ㄷ, ㄹ

※ [15 ~ 16] 다음은 업무에 자주 사용되는 문서의 일부이다. 제시된 문서에서 잘못 쓰여 진 글자를 찾으시오.

15 다음은 회의 관련 규정의 일부이다. **잘못** 쓰여진 글자는 모두 몇 개인지 찾으시오

제22호(회의 등)
① 위원회 회의는 정기회이와 임시회의로 구분한다.
② 위원회의 회의는 공개한다. 다말, 공개하는 것이 적절하지 않은 상당한 이유가 있는 경우에는 위원회의 의결로 공개하지 않을 수 있다.
③ 위원회의 회의는 재적위원 과분수의 출석과 출석위원 과반수의 찬성으로 의결한다.
④ 위원회는 그 소관직무 중 일부를 분담하여 효율적으로 수행하기 위하여 소위원회를 두거나 특형한 분야에 대한 자문 등을 수행하기 위하여 특별위원회를 둘 지 있다.
⑤ 위원회의 회의 운영, 소위원회 또는 특별위원회의 구성 및 운영에 관하여 그 박에 필요한 사항은 대통영령으로 정한다.

① 5개   ② 6개   ③ 7개   ④ 8개

16 다음은 정보 공개 청구권자에 대한 자료이다. 잘못 쓰여진 글자는 모두 몇 개인지 찾으시오.

정보 공개 청구권자
• 모든 국민
 - 미성년자, 재외국민, 수형인 등 포함
• 법인
 - 사법상의 사단법인/재단법진, 공법상의 법인(자치단체 포함), 정투투자기관, 정부출연기관 등
• 외국인
 - 국내에 일정한 주소를 두고 거주하는 자
 - 학술 연구를 위하여 일시적으로 혜류하는 자
 - 국내에 사무무를 두고 있는 법인 또는 단체

① 3개   ② 4개   ③ 5개   ④ 6개

※ 다음 상황을 보고 물음에 답하시오.

유통업체 고객서비스센터에서 일하고 있는 A는 홈페이지 관리와 고객문의 응대 업무를 담당하고 있다.

자주 하시는 질문과 답
Q1. 주문한 상품을 취소하고 싶어요. 어떻게 하면 되나요?
Q2. 내 주문내역 확인은 어디에서 가능한가요?
Q3. 주문완료 후 배송지를 변경할 수 있나요?
Q4. 발송완료 상태인데 아직 상품을 받지 못했어요!
Q5. 현금영수증 발급 내역은 어디에서 확인 하나요?
Q6. 전자세금계산서는 신청 후 바로 발급이 가능한가요?
Q7. 이미 결제한 주문건의 결제 수단을 변경할 수 있나요?
Q8. 취소 요청한 상품의 취소 여부는 언제 어디를 통해 확인해 볼 수 있나요?
Q9. 반품하기로 한 상품을 아직도 회수해 가지 않았어요!
Q10. 발송완료 SMS를 받았는데 언제쯤 상품을 받을 수 있는 건가요?
Q11. 결제하는데 오류가 나는데 어떻게 하나요?
Q12. 당일날 주문하면 받을 수 있는 상품이 있나요?

17 A는 홈페이지 개편에 따라 기존 정보를 분류하여 정리하려고 한다. ㉠~㉣에 들어갈 수 있는 질문으로 적절한 것은?

BEST FAQ			
주문/결재	반품/교환	배송	영수증
㉠	㉡	㉢	㉣

① ㉠ : Q1, Q5
② ㉡ : Q3, Q9
③ ㉢ : Q4, Q10
④ ㉣ : Q5, Q7

※ [18 ～ 20] 아래의 제시 상황을 보고 이어지는 질문에 답하시오.

이사 전문 회사의 법무팀에서 근무하고 있는 K는 주요 약관을 요약하여 정리하고 고객에게 상세하게 고지하는 업무를 담당하게 되었다.

주요 약관

1. 위험품 등의 처분 (제16조)

사업자는 화물이 위험품 등 다른 화물에 손해를 끼칠 염려가 있는 것임을 운송 중 알았을 때에는 고객에게 연락해서 자기 책임하에 화물을 내리거나 기타 운송상의 손해를 방지하기 위한 처분을 할 수 있으며 이 처분에 요하는 비용은 고객의 부담으로 한다.

2. 운송거절화물 (제29조)

이사화물이 다음 각 호에 해당될 때에는 이사화물 운송이 불가하다. *현금, 유가증권, 귀금속, 예금통장, 신용카드, 인감 등 고객이 휴대할 수 있는 귀중품 *위험품, 불결한 물품 등 다른 화물에 손해를 끼칠 염려가 있는 물건 *동식물, 미술품, 골동품 등 운송에 특수한 관리를 요하기 때문에 다른 화물과 동시에 운송하기에 적합하지 않은 물건

3. 화물의 포장 (제31조)

고객은 화물의 성질, 중량, 용적 운송거리 등에 따라 운송에 적합하도록 포장하여야 하며 화물의 포장이 운송에 적합하지 아니할 경우 사업자는 화물의 성격, 중량, 용적, 운송거리 등을 고려하여 운송에 적합하도록 포장하여야 한다.

4. 운임 등의 수수 (제33조)

사업자는 이사화물을 인도하였을 때에 고객으로부터 계약서에 의하여 운임들을 수수한다. 사업자가 실제로 지출한 운임 등의 합계액이 계약서에 기재한 운임 등의 합계액과 다르게 될 경우에는 다음의 각 호에 의한다.
* 실제로 지출한 운임 등의 합계액이 계약서에 기재한 운임 등의 합계액보다 적은 경우는 실제로 소요된 운임 등의 합계액으로 본다.
* 실제로 지출한 운임 등의 합계액이 계약운임 등의 합계액을 넘는 경우에는 고객의 책임 있는 사유로 의해 계약운임 등의 산출의 기초에 변화가 생길 때에 한하여 실제 지출된 운임 등의 합계액으로 본다.

5. 해약수수료 (제34조, 제37조)

* 계약금은 총 운임요금의 10%로 한다.
* 고객이 사업자에게 약정 운송일의 전까지 취소통보 시 해약수수료율은 계약금의 100%, 약정운송일 당일에 취소통보 시 계약금의 200%로 정한다.
* 사업자의 고의 및 과실로 계약서에 약정한 운송일의 2일전까지 취소 통보 시 계약금 환급 및 계약금의 2배액, 1일전에 통보 시 계약금 환급 및 계약금의 3배액, 당일 통보 시 계약금의 4배액, 당일에 통보가 없는 경우 계약금 환급 및 계약금의 5배액을 배상할 책임이 있다.

18 K는 주요 약관을 바탕으로 다음과 같이 작성된 질의응답을 검토했다. 답변 내용 중 옳지 <u>않은</u> 것은?

Q. 우리집 고양이 나비도 이사할 때 같이 옮겨 주실 수 있나요?
A. ① 고양이와 같은 동물의 경우 특수한 관리를 요하기 때문에 운송이 불가합니다.
Q. 원래 내일 이사하기로 했는데 사정이 생겨서 못할 것 같아요. 계약금을 돌려받을 수 있나요?
A. ② 계약금은 돌려받으실 수 없으며 운송일의 1일 전에 통보하셨으므로 계약금의 3배액을 회사에 납입해 주셔야 합니다.
Q. 이사 하기 전에 제가 직접 다 포장을 해야 하나요?
A. ③ 우선 고객님께서 먼저 이사 거리 및 화물의 성질 등을 고려하여 포장을 해주셔야 하며 만약 적합하지 않게 포장되어 있을 경우 저희가 당일에 다시 포장할 수 있습니다.
Q. 총 운임요금이 50만 원 정도면, 계약금은 얼마나 내야 하나요?
A. ④ 총 운임요금이 50만 원일 경우 계약금은 5만 원입니다.

19 K는 다음과 같은 상황이 발생해 적용되는 약관을 찾아보려고 한다. 적용되는 약관의 조항과 실제고객이 지불해야 하는 비용으로 올바른 것은?

고객 윤씨는 서울 중구에서 경기도 수원으로 이사를 했다. 윤씨는 이사 당일 서울 중구에서 이삿짐을 실은 후 신촌에 위치한 본인의 학교로 가달라고 부탁했다. 그곳에서 윤씨는 잠시 친구에게 몇 가지 물건을 받아 실은 후 경기도 수원의 새 집으로 향했다. 이 과정에서 새로 실은 화물의 포장과 이동 등이 포함된 실제 운임 비용을 정산하였더니 계 약운임 78만 원보다 많은 80만 원이 발생한 것을 알 수 있었다.

	적용 약관	지불 비용
①	제29조	78만 원
②	제31조	78만 원
③	제33조	80만 원
④	제34조	80만 원

20 K는 회사에서 새로 시행하게 되는 서비스에 따라 약관을 수정하게 되었다. K가 수정할 내용으로 올바르지 <u>않은</u> 것은?

△△익스프레스

Premium Express Service

- 차별화된 포장 이사
- 명화, 귀금속, 동식물, 골동품 등
- 각 카테고리 전문가가 직접 특별 포장
- 철저한 보안 보장!
- 사측 실수로 손상 시 배상액 3배!

* 프리미엄 서비스의 계약금은 총 운임요금의 20%입니다.
* 프리미엄 서비스의 운임요금은 기본 운임요금 + 프리미엄 부가세 50%

① 화물 손상과 관련된 배상액이 명시되어 있는 조항을 추가한다.
② 제29조에서 미술품, 동식물, 귀금속, 골동품의 항목을 삭제한다.
③ 계약금의 경우 서비스에 따라 총 운임요금 대비 비율이 다르다고 수정한다.
④ 고객 책임 해약 시 해약수수료율이 서비스에 따라 달라질 수 있음을 명시한다.

PART 2
수리능력

I. 응용수리

II. 자료해석

수리능력 최신 기출 경향

　수리능력에 해당하는 문제는 크게 응용수리 유형과 자료해석 유형으로 나누어볼 수 있다. 수리능력은 사기업 직무적성검사의 수리영역과 매우 흡사하다. 사기업 직무적성검사 역시 응용수리 유형과 자료해석 유형으로 구성되어 있다.

응용수리	자료해석
• 방정식, 부등식 • 경우의 수, 확률	• 표 • 그래프

　응용수리 유형은 실제 출제 비중이 적은 편이고 NCS가 도입된 후 출제 비중이 점차 줄어들고 있는 추세이다. 다만 몇 문제씩은 계속 출제되고 있고 일부 기업에서는 수리능력 문제의 절반을 응용수리 유형으로 출제하기도 한다. 응용수리 유형은 수십 년간 중등교육과정에서 출제되었던 문제들이 그대로 출제되고 있다. 문제은행식이라고 생각하면 된다.

　자료해석 유형은 표와 그래프를 분석하고 해석하는 문제로 모든 기업에서 출제되며 수리능력에서 차지하는 비중이 크다. 자료해석 유형은 자료의 형태와 세부 수치가 바뀌는 것일 뿐 물어보는 내용은 반복되기 때문에 세부적으로 유형을 구분하기가 애매하다.

수리능력 학습방법

응용수리는 문제 유형을 구분하고 그에 따라 필요한 계산식을 세우는 것이 가장 중요하다. 계산식만 세운다면 쉽게 풀 수 있다. 각 유형별 기본이론과 문제풀이 스킬을 학습한다. 일부 유형은 문제풀이 스킬을 적용하면 빠르고 쉽게 정답을 찾을 수 있으니 수학에 약하다면 더욱 신경 써서 점수를 확보하자.

자료해석 문제를 푸는데 필요한 능력은 두 가지가 있다. 첫째는 자신에게 필요한 정보를 주어진 자료에서 빠르게 찾아내는 능력이다. 이를 위해서는 다양한 형태의 표와 그래프를 접해보고, 해당 자료의 어떤 항목이 어떤 방식으로 정리되어 있는지를 잘 알아야 한다. 둘째는 계산능력이다. 이를 위해서는 적당한 연산능력이 있어야 하며, 자료해석 문제에서 자주 묻는 내용인 증감률을 구하기, 분수 값 또는 곱셈식의 대소를 비교하기 등에 필요한 연산, 비교방법을 학습해야 한다.

자료해석 유형과 문제해결능력의 자원관리 유형 문제에는 기본적으로 계산과정이 들어간다. 수리능력의 절반은 계산능력이라고 생각해도 좋을 정도로 계산능력 정도가 해당 파트의 문제풀이 소요시간에 차이가 많이 난다. 계산연습을 꾸준히 하고 새로운 비교방법을 연구하고 학습하는 게 좋다. 계산연습 없이 수리능력에서 고득점을 바라는 것은 책을 읽지 않고 독해력이 좋아지기를 바라는 것과 같다. 기초연산능력이 부족한 수험생이라면 계산연습만 집중적으로 해도 좋다.

응용수리	자료해석
• 유형별 기본이론 정리 • 문제풀이 스킬 학습	• 다양한 형태의 자료 분석 • 기초연산 연습, 비교방법 학습

I. 응용수리

응용수리 유형은 방정식, 부등식, 경우의 수, 확률로 크게 구분되지만, 문제의 내용에 따라 농도, 속력, 비율, 가격, 순열, 조합으로 구분하여 학습한다. 철저하게 준비하면 쉽고 빠르게 정답을 찾을 수 있기 때문에 해당 유형을 잘하면 그만큼 유리하다. 하지만 출제 비중에 비해 학습할 내용이 많으므로 수학에 자신이 없거나 필기시험이 얼마 남지 않았다면 빈출 유형 위주로 학습하는 것이 효율적이다.

※ 응용수리 문제를 출제했던 회사도 적지만 있었으며 반대로 응용수리 문제가 전혀 출제되지 않은 회사도 있으므로 본인이 준비하는 기업이 어느 쪽인지 알아보고 학습계획을 세우자.

01 | 응용수리 기본이론

1) 방정식
 ① 방정식은 포함된 변수의 값에 따라서 참 또는 거짓이 되는 식이다. 미지수가 포함된 등식이라고 생각하자.
   방정식 예) $4x-2=18-x$
 ② 등식을 참이 되게 하는 미지수를 방정식의 해라고 한다. 방정식 문제는 지문을 읽고 방정식을 만들어 방정식의 해를 찾아 푼다. 방정식의 해는 등식의 성질을 이용하여 찾는다.

   • 등식의 양변에 같은 수를 더하거나 빼어도 등식은 성립한다.

   $$4x-2=18-x$$
   $$4x-2+2=18-x+2$$
   $$4x=20-x$$
   $$4x+x=20-x+x$$
   $$5x=20$$

   • 등식의 양변에 같은 수를 곱하거나 0이 아닌 수로 나누어도 등식은 성립한다.

   $$5x=20$$
   $$5x\div5=20\div5$$
   $$x=4$$

 ③ 미지수가 포함된 항은 한쪽 변으로 옮기고 나머지 항은 반대쪽으로 보내는 방법으로 해를 찾는다. 이를 이항하여 찾는다고 한다.

2) 연립방정식
 ① 연립방정식은 2개 이상의 미지수를 포함하는 방정식의 묶음이다.
   연립방정식 예) $\begin{cases} x+2=2y-1 \\ 3x+y=12 \end{cases}$
 ② 미지수의 개수를 줄여가는 방향으로 푼다.

   $$\begin{cases} x+2=2y-1 \\ 3x+y=12 \end{cases}$$
   $\begin{cases} x-2y=-3 & \cdots\cdots \text{A} \\ 3x+y=12 & \cdots\cdots \text{B} \end{cases}$ ※ 미지수를 한쪽으로 몰아준다.
   ※ 3A−B, 미지수 하나를 소거한다.
   $$(3x-6y)-(3x+y)=-9-12$$
   $$-7y=-21$$
   $$y=3 \qquad ※ 이를 대입하여 x를 구하면 풀이가 끝난다.$$
   $$x+2=2\times3-1$$
   $$x=3$$

3) 부등식
   부등식은 두 수 또는 두 식의 관계를 부등호로 나타낸 것
   $\Rightarrow a<b \qquad x+1>y-2 \qquad 2x\geq3y$

부등식의 풀이는 기본적으로 방정식의 풀이와 같다. 음수의 곱셈, 나눗셈의 경우 부등호의 방향이 바뀌는 것만 주의한다.

$-2x > 4$
$-2x \div (-2) < 4 (-2)$
$x < 2$

4) 비례식

비례식은 비의 값이 같은 두 비를 나타낸 등식을 말한다.

비례식 예) $6 : 8 = 3 : 4$

비례식에 미지수가 들어 있는 경우, 안쪽 항끼리 곱한 값과 바깥쪽 항끼리 곱한 값이 등식을 이룬다는 규칙을 이용해 방정식으로 풀면 된다.

$\Rightarrow 6 : 8 = x : 4$
$\rightarrow 8 \times x = 6 \times 4$
$\rightarrow x = 3$

기본 문제

1. 다음 방정식의 해를 구하시오.
   $6(x+2) = 8x+6$

2. 다음 연립방정식의 해를 구하시오.
   $\begin{cases} x+4y=24 \\ 2x+3y=28 \end{cases}$

3. 다음 부등식의 해를 구하시오.
   $3(x-2)+6 < x+2$

정답 : 1. $x=3$　　2. $x=8$, $y=4$　　3. $x<1$

02 | 농도

농도 문제는 사기업 직무적성검사의 단골 문제였고 NCS시험에서도 출제된 적이 있으나 최근에는 출제 빈도가 많이 낮아졌다. 하지만 여기에서 다룰 가중평균은 다른 유형의 문제에서도 활용되고, 자료해석 문제에서도 정확하게 이해하고 있는지를 물어보므로 반드시 체크하고 넘어가자.

1) 퍼센트 농도(질량 백분율)

용액 100g 속에 녹아 있는 용질의 그램(g) 수(단위 : %)

$$소금물의\ 농도 = \frac{소금(g)}{소금물(g)=소금(g)+물(g)} \times 100(\%)$$

① 물 80g과 소금 20g을 섞은 소금물의 농도

$$\frac{20(g)}{20(g)+80(g)} \times 100(\%) = 20\%$$

② 15%의 소금물 300g에 들어 있는 소금의 양

농도×소금물=소금

$$300 \times \frac{15}{100} = 45g$$

※ 농도와 소금물의 양에서 두 자릿수를 줄인 숫자와의 곱으로 소금의 양을 쉽게 구할 수 있다.

13%의 소금물 200g에 들어 있는 소금의 양=13×2=26g

12%의 소금물 150g에 들어 있는 소금의 양=12×1.5=18g

③ 5%의 소금물 200g과 10%의 소금물 300g을 섞었을 때 만들어지는 소금물의 농도

> 소금의 양=5×2+10×3=40g, 소금물의 양=200+300=500g
>
> $$소금물의\ 농도 = \frac{40}{500} \times 100 = 8\%$$

※ 소금 40g이 들어 있는 소금물 500g의 농도=$\frac{40}{5}$ (소금물의 양에서 두 자릿수를 줄여서 나눈다.)

2) 가중평균을 활용한 농도 계산

소금물 A와 소금물 B를 섞어서 소금물 C가 되었을 때 활용한다. A+B=C의 구조를 기억하자.

〈표〉

	소금물 A	소금물 B	소금물 C
농도	a%	b%	c%
소금물의 양	X	Y	X+Y

〈그림〉

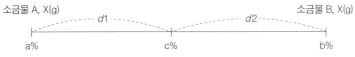

※ 〈표〉는 섞는 두 소금물 A, B와 만들어진 소금물 C의 농도와 질량을 나타낸 표이다.

※ 〈그림〉은 소금물 A, B, C의 농도를 수직선에 나타낸 것이다.

이때 a와 c, b와 c 사이의 거리를 d1, d2라고 하면 다음과 같은 비례식이 성립한다. (d1=c−a, d2=b−c)

$$d1 : d2 = Y : X \quad \rightarrow \quad \frac{d1}{d2} = \frac{Y}{X}$$

두 소금물을 섞었을 때 새로운 소금물의 농도는 처음에 섞은 두 소금물의 농도와 질량비에 따라 결정되는데 새로운 소금물의 농도 c% 와 a%, b% 사이의 차는 소금물 A, B의 질량 X, Y에 반비례한다.

① 5%의 소금물 200g과 10%의 소금물 300g을 섞었을 때 만들어지는 소금물은 8%의 소금물 500g

> $d1 : d2 = Y : X$
>
> 8−5 : 10−8=300g : 200g
>
> 3 : 2=300g : 200g

② 5%의 소금물 200g과 10%의 소금물 300g을 섞었을 때 만들어지는 소금물의 농도를 가중평균을 활용하여 구해 보자.

그림으로 표현하면 아래와 같다. x를 모를 때에는 $d1 : d2 = Y : X$를 이용하여 x를 구할 수 있다.

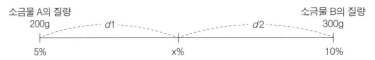

> $d1 : d2 = x−5 : 10−x$
>
> Y : X=300 : 200=3 : 2
>
> x−5 : 10−x=3 : 2
>
> 3×(10−x)=2×(x−5)
>
> 30−3x=2x−10
>
> 5x=40
>
> x=8
>
> 따라서 8%의 소금물 500g이 된다.

[예제] 20%의 소금물 240g을 증발시켜 농도 30%의 소금물이 되었다. 이때 증발시킨 물의 질량은?

물을 넣거나 소금물을 증발시키는 경우, 그리고 소금을 넣는 경우도 가중평균을 활용할 수 있다. 물은 농도 0%의 소금물로, 소금은 100%의 소금물로 생각하여 계산한다.

> 가중평균을 활용할 때에는 A+B=C의 구조를 잘 찾아야 한다.
>
> A : 20%의 소금물 240g
>
> B : 증발시킨 물 x(g)
>
> C : 30%의 소금물, 240−x(g)
>
> $d1 : d2 = Y : X$를 활용하여 계산하자.
>
> 30−20 : 30−0=x : 240
>
> 10 : 30=x : 240
>
> x=80g

1. 30g의 소금이 들어 있는 소금물의 농도가 12%일 때 소금물의 질량은?

2. 25%의 소금물 300g에 들어 있는 소금의 양은?

3. 20%의 소금물에 150g에 소금을 10g 더 넣었을 때 소금물의 농도는?

4. 15%의 소금물 A에 물을 100g 넣었더니 농도가 10%가 되었다. 처음 소금물 A의 질량은?

5. 4%의 소금물 150g에 12%의 소금물 250g을 섞었을 때 만들어지는 소금물의 농도는?

6. 10%의 소금물 A을 200g 증발시켰더니 15% 농도의 소금물이 되었다. 처음 소금물 A의 질량은?

정답 : 1. 250g   2. 75g   3. 25%   4. 200g   5. 9%   6. 600g

15%의 소금물 200g이 있는데, 여기에서 소금물 x(g)를 덜어내고, 덜어낸 만큼의 소금을 넣었다. 여기에 8%의 소금물 y(g)를 섞었더니 24%의 소금물 300g이 되었다. 이때 x+y의 값은?

① 120   ② 125   ③ 130   ④ 140   ⑤ 150

How to solve?

STEP 1. 유형파악 소금물의 농도
STEP 2. 문제풀이 방정식 또는 가중평균을 활용하여 계산한다.

1) 방정식 풀이
   소금물을 섞고 덜어내는 과정을 차례로 정리한다. 컵에 들어 있는 소금물을 오른쪽 그림과 같이 표현하면

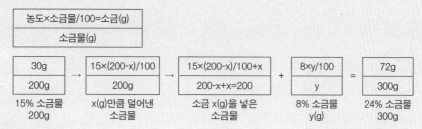

농도×소금물/100=소금(g)
소금물(g)

소금의 양에 대한 식 : $15×(200-x)/100+x+8×y/100=72$
소금물에 대한 식 : $200+y=300$
$y=100$
∴ $15×(200-x)/100+x+8×y/100=72$
$15×(200-x)/100+x+8=72$
$x=40$

2) 가중평균으로 푼다. 가중평균은 항상 A+B=C의 구조를 찾는 것에서 시작한다. 우선 y는 소금물의 양에 대한 식인 200+y=300에서 100g인 것을 알 수 있다.

(15% 소금물 200g에서 소금물 x(g)을 덜어내고 소금 x(g)을 넣은 소금물)+(8% 소금물 100g)=24% 소금물 300g

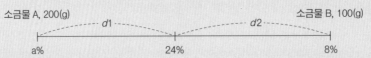

소금물 A, 200(g)   d1   소금물 B, 100(g)   d2

a%   24%   8%

d1 : d2=Y : X

a−24 : 24−8=100 : 200

16×1=(a−24)×2a=32

다시 A+B=C의 구조를 찾는다. 15% 소금물 200−x(g)+100% 소금물 x(g)=(32% 소금물 200g)

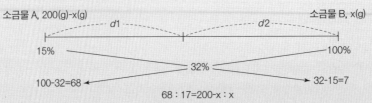

소금물 A, 200(g)-x(g)   d1   소금물 B, x(g)   d2

15%   100%

32%

100-32=68   32-15=7

68 : 17=200-x : x

위 비례식을 풀면 x=40이다. 농도의 차는 질량비의 반비례이므로, 농도 차를 대각선으로 엇갈려 쓰면 그 비율이 질량비와 같게 된다. 따라서 구하는 답 x+y는 40+100=140이다.

STEP 3. 정답

✓ ④ 140

+ Point Plus +

　문제를 정확하게 이해하고 방정식을 세울 수 있는 기본기가 있어야 방정식 문제를 풀 수 있다. 식을 세우는 연습을 한다고 생각하면 된다. 실제 시험에서는 본인에게 편한 방법으로 정답을 찾자.

03 | 가중평균

농도 문제에서 다룬 가중평균의 성질을 활용해 푸는 대표적인 문제유형을 살펴보겠다. 출제 빈도가 높으므로 확실히 정리하고 넘어가자.

유형 예제

어느 학교의 작년의 학생 수는 1,000명이었는데 올해는 남학생이 6% 줄고, 여학생이 4% 늘어서 995명이 되었다. 작년의 여학생 수는?

① 400명   ② 423명   ③ 450명
④ 550명   ⑤ 592명

How to solve?

STEP 1. 유형파악 증가, 감소 비율 활용 문제
STEP 2. 문제풀이 방정식 또는 가중평균을 활용하여 계산한다.

1) 방정식 풀이
작년의 여학생 수 : x, 작년의 남학생 수 : y
작년 전체 학생 수=x+y=1000

올해 전체 학생 수=$\frac{104}{100}+\frac{94}{100}$y=995

(또는 1.04x+0.94y=995, 0.04x−0.06y=−5를 바로 활용해도 좋다.)

연립방정식을 푼다.

$$\begin{cases} x+y=1000 & \cdots\cdots ⓐ \\ 0.04x-0.06y=-5 & \cdots\cdots ⓑ \end{cases}$$

6×ⓐ+100×ⓑ를 하여 y를 소거하면
6x+6y+4x−6y=6000−500
10x=5500
x=550

2) 가중평균으로 푼다. A+B=C의 구조로 여학생+남학생=전체 학생으로 풀어보자.

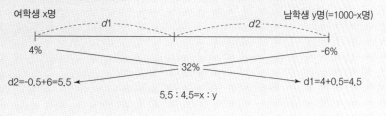

비례식을 풀면 마찬가지로 x=550이 나온다. 전체 학생이 5명 줄었으므로 비율로 따지면 0.5%가 준 것이다. 줄어든 비율은 마이너스 부호를 활용하고 비율의 차는 큰 수에서 작은 수를 뺀다고 생각하자.

STEP 3. 정답
✓ ④ 550명

유형 예제   ○○기업 신입사원 채용시험 응시자가 100명이다. 시험 점수의 전체 평균은 60점, 합격자 평균은 75점, 불합격자 평균은 55점일 때, 합격한 사람의 수를 구하시오.

① 15명   ② 20명   ③ 25명   ④ 30명   ⑤ 35명

How to solve?

STEP 1. 유형파악 평균을 활용한 방정식 문제.
STEP 2. 문제풀이 방정식 또는 가중평균을 활용하여 계산한다.

1) 방정식 풀이
   합격자 수 : x, 불합격자 수 : y=100-x
   전체 응시자 수=x+y=100
   총점=75x+55y=60×100
   75x+55(100-x)=6000
   20x+5500=6000
   x=25
2) 가중평균으로 푼다. A+B=C의 구조로 여학생+남학생=전체 학생으로 풀어보자.

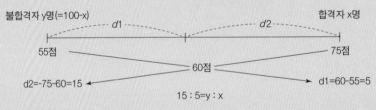

→ 15 : 5=3 : 1=y : x=75 : 25   ∴ x=25

STEP 3. 정답
✓ ③ 25명

04 | 거리·속력·시간

거리 속력 시간문제(이하 속력문제)는 단골 출제 유형이다. 거리, 속력, 시간의 관계에 대한 식은 매우 간단하지만 문제의 유형에 따라 고려해야 하는 포인트가 있다. 유형별로 포인트를 짚어가면서 학습하자.

1) 거리 속력 시간 기본 공식

속력 : 단위 시간 동안 이동한 거리로 일상생활에서 물체의 빠르기를 나타낼 때 사용하는 스칼라 양

$$속력 = \frac{거리}{시간} \qquad 속력 \times 시간 = 거리 \qquad 시간 = \frac{거리}{속력}$$

2) 유형별 체크 포인트

구분	체크 포인트
① 기차	총 거리=이동거리+기차의 길이
② 배	속도=배의 속도±물의 유속
③ 구간 왕복	두 사람의 이동거리의 합 또는 차=구간의 길이
④ 속력과 시간의 비	속력과 시간은 반비례 관계 속력의 비가 a : b일 때 시간의 비 b : a

① 기차의 길이를 고려해야 하는 문제 : 기차가 터널, 다리 등 어떤 지점을 완전히 통과하는(지나치는) 내용이 나올 땐 총 이동거리에 기차 자체의 길이를 고려해야 한다.

[예제] 길이가 150m인 열차가 길이가 600m인 다리를 건너는 데 30초가 걸렸다. 이때 기차의 속력은?

$$\rightarrow 속력 = \frac{거리}{시간}$$

$$x = \frac{다리의 길이 + 기차의 길이}{통과시간} \qquad x = \frac{600m + 150m}{30초} = 25\,m/s$$

$$\therefore 25m/s$$

※ 속력 문제는 항상 단위에 주의한다.

② 배와 강물의 유속을 고려해야 하는 문제 : 배가 강물을 거슬러 올라갈 때 배의 속력에서 강물의 유속을 빼야 하고, 반대인 경우는 더해야 한다.

[예제] 속력이 20km/h인 배가 강의 하류에서 상류로 올라간다. 하류에서 상류까지의 거리는 30km이고 상류에 도착하는 데 2시간이 걸렸다면 강물의 유속은?

$$\rightarrow 시간 = \frac{거리}{속력} \qquad 시간 = \frac{이동거리}{배의 속력 - 강물의 유속}$$

$$2시간 = \frac{30}{20-x}$$

$$40 - 2x = 30$$

$$x = 5$$

$$\therefore 강물의 유속은 5km/h$$

③ 구간왕복 : 주로 상대 속도를 활용하는 문제가 많이 출제되므로 상대 속도에 대해서 알아보자.

상대 속도 : 물체 A, B의 속도가 각각 $\vec{V_A}$, $\vec{V_B}$일 때, 아래 그림과 같이 물체가 움직인다고 하자.

왼쪽 그림에서는 서로 반대방향으로 마주보고 오고 있어 물체 A에서 본 물체 B의 속도는 실제 속도보다 빠르게 보인다. 오른쪽 그림은 같은 방향으로 가고 있어 물체 A에서 본 물체 B의 속도는 실제 속도보다 느리게 보인다.

※ V_A, V_B를 각각의 속력이라고 할 때, 마주보고 올 때 더 빠르게 느껴지므로 상대적으로 $V_A + V_B$의 속력으로 보이고, 같은 방향으로 갈 때에는 반대로 $V_A - V_B$의 속력으로 보인다.

[예제] A와 B는 100m 떨어진 곳에 있다. 두 사람이 동시에 서로를 향해 뛰어오는데 A는 2m/s, B는 3m/s의 속력으로 온다면 두 사람이 만나는 데 걸리는 시간은?

→ 두 사람이 만나는 데 걸린 시간 : t
A가 이동한 거리=2t
B가 이동한 거리=3t
두 사람의 이동 거리의 합은 100m이므로 2t+3t=100   ∴ t=20
A가 본 B의 속력은 (3+2)m/s이다. 시간=거리/속력 이므로 100/5=20
∴ 20초

④ 속력과 시간의 비를 활용하는 문제 : 속력에 대한 기본식을 보면 알 수 있지만, 속력과 시간은 서로 반비례 관계이다. 따라서 같은 구간을 지나는 두 물체의 속력이 A : B라면, 소요시간의 비는 B : A가 된다.

$$속력 = \frac{거리}{시간}$$

[예제] A와 B는 서울에서 출발하여 부산에 도착해야 한다. A의 평균속력은 100km/h, B의 평균 속력은 120km/s이다. A가 부산에 도착하는 데 6시간이 걸렸다면, B는 몇 시간이 걸렸는가?

→ A와 B의 속력의 비는 100 : 120=5 : 6 이다. 따라서 걸린 시간의 비는 반대로 6 : 5이다. 따라서 A가 부산에 도착하는 데 6시간이 걸렸으므로 B가 부산에 도착하는 데 걸린 시간은 5시간인 것을 알 수 있다.

1. 10m/s의 속력으로 2분간 이동했을 때 움직인 거리는?

　→

2. 차로 120km를 가는데 총 1시간 30분이 걸렸다. 차의 평균속력은?

　→

3. 길이가 100m인 기차가 길이가 200m인 터널에 들어가 완전히 통과하는 데 3초가 걸렸다면, 기차의 속력은?

　→

4. 강의 하류에서 50km 위에 있는 강의 상류에 배를 타고 가려 한다. 배의 속력이 30km/h이고 강물의 유속이 5km/h일 때 하류에서 출발하여 상류에 도착하는 데 걸리는 시간은 얼마인가?

　→

5. A와 B는 각각 자동차를 타고 같은 방향으로 가고 있다. A의 속력이 50km/h이고, A가 바라본 B의 속력은 20km/h일 때 B의 속력은? (B가 A보다 더 빠르다고 한다.)

　→

6. A와 B는 회사에서 출장지까지 자동차를 이용하여 가야 한다. 두 사람이 출장지까지 가는 데 걸린 시간이 각각 4시간, 5시간일 때 B의 속력은? (단, A는 80km/h의 속력으로 이동하였다.)

　→

정답 : 1. 1200m　2. 80km/h　3. 100m/s　4. 2시간　5. 70km/h　6. 64km/h

둘레가 6km인 호수공원 산책로가 있다. A와 B는 같은 곳에서 서로 반대방향으로 출발하였더니, 30분 후에 만났고, 만난 직후에는 A가 방향을 바꾸어 두 사람이 같은 방향으로 뛰어갔다. 그 후에 두 사람이 다시 만나기까지 1시간 30분이 걸렸다면, 이때 A의 속력은? (단, A의 속력이 B보다 빠르다고 한다.)

① 4km/h   ② 5km/h   ③ 6km/h

④ 7km/h   ⑤ 8km/h

How to solve?

STEP 1. 유형파악 일정 구간을 같은 방향, 반대 방향으로 움직이는 문제

STEP 2. 문제풀이 방정식 또는 상대속도를 활용하여 푼다.

1) 방정식 풀이(S_A, S_B : A, B가 이동한 거리, V_A, V_B : A, B의 속력)

두 사람이 이동하면 식을 두 개를 만든다.

ⓐ 두 사람이 서로 반대 방향으로 이동하여 30분 후에 만난 경우

$S_A = V_A \times 0.5$, $S_B = V_B \times 0.5$

두 사람이 이동한 거리의 합이 산책로의 길이와 같으므로

$S_A + S_B = V_A \times 0.5 + V_B \times 0.5 = 6km$

ⓑ 두 사람이 서로 같은 방향으로 이동하여 1시간 30분 후에 만난 경우

$S_A = V_A \times 1.5$, $S_B = V_B \times 1.5$

이때는 두 사람이 이동한 거리의 차가 산책로의 길이와 같다. (두 사람이 이동한 거리가 공원 한 바퀴 차이)

$S_A - S_B = V_A \times 1.5 - V_B \times 1.5 = 6km$

이제 식을 정리하면

$V_A \times 0.5 + V_B \times 0.5 = 6km$ $\Rightarrow V_A + V_B = 12$

$V_A \times 1.5 - V_B \times 1.5 = 6km$ $\Rightarrow V_A - V_B = 4$

두 식을 연립하여 계산하면 $V_A = 8km/h$, $V_B = 4km/h$가 나온다.

2) 상대속도를 활용한다.

두 사람의 상대속도를 활용하여, 한 사람은 가만히 있고, 나머지 한사람이 이동한 것으로 본다.

ⓐ 두 사람이 서로 반대 방향으로 이동하여 30분 후에 만난 경우

B가 볼 때 A의 속력은 $V_A + V_B$. 따라서 '속력=거리/시간'이므로

$V_A + V_B = 6/0.5 = 12$

ⓑ 두 사람이 서로 같은 방향으로 이동하여 1시간 30분 후에 만난 경우

B가 볼 때 A의 속력은 $V_A - V_B$. 마찬가지로 계산하면

$V_A - V_B = 6/1.5 = 4$

따라서 두 식을 연립하여 계산하면 1)의 결과와 같은 답이 나온다.

STEP 3. 정답

✓ ⑤ 8km/h

05 | 일률

일률과 작업량에 대한 문제로 크게 두 가지 유형이 주로 출제된다. 유형별로 어떻게 접근하는지 알아두어야 한다.

1) 일률에 대한 기본 공식

일률이란 단위 시간 동안 한 일의 양으로 일의 효율을 나타낸다.

$$일률 = \frac{한\ 일의\ 양}{걸린\ 시간} \qquad 일률 \times 시간 = 한\ 일의\ 양$$

2) 전체 일

어떤 일을 하는 데 필요한 작업량의 합으로 구체적인 수치로 정해져 있는 것이 아니다.

예 잔디를 깎는 일, 어떤 제품을 만드는 일 등

중학교 수준에서는 전체 일을 1(=100%)로 두고 계산하였지만, 1로 두었던 것은 약속일뿐 어떤 숫자로 두고 풀어도 사실 상관없다. 그래서 계산상의 편의를 위해서 최소 공배수나, 적당한 공배수를 활용하여 계산한다. (불필요한 분수계산을 피하기 위해서 공배수를 활용한다.)

3) 유형별 체크포인트

① 전체 일을 하는 데 얼마가 걸렸다는 구체적인 숫자가 나오는 문제

[예제] A가 혼자 작업하면 2시간이 걸리고, B가 혼자 작업하면 3시간이 걸리는 일이 있다. 이 작업을 두 사람이 함께 하면 걸리는 시간은?

→ 전체 일의 양을 각각이 일을 하는 데 걸린 시간의 (최소)공배수로 정한다. A는 2시간, B는 3시간이 걸렸으므로, 전체 일을 2와 3의 공배수인 6으로 두고 푼다.

$$일률 = \frac{한\ 일의\ 양}{걸린\ 시간}$$

A의 일률 $a = \frac{6}{2} = 3$, B의 일률 $b = \frac{6}{3} = 2$.

따라서 두 사람이 함께 일하면 시간당 2+3=5의 일을 하게 된다.

전체 6의 일을 하는데 걸리는 시간은 $\frac{전체일의양}{a+b} = \frac{6}{2+3} = \frac{6}{5}$ 시간이 된다.

② 전체 일을 하는 데 얼마가 걸렸다는 구체적인 숫자가 나오지 않는 문제

[예제] A가 4시간, B가 2시간 동안 작업을 하면 완성할 수 있는 일을 A가 2시간, B가 3시간 동안 작업하여 완성할 수 있었다고 한다. 이 일을 A 혼자서 할 경우 걸리는 시간은?

→ 전체 일 = 4×a+2×b = 2×a+3×b

$2a = b$

$$걸린\ 시간 = \frac{전체일의양}{일률}$$

따라서 A가 혼자서 할 경우 걸리는 시간 = $\frac{4a+2b}{a} = \frac{4a+2 \times 2a}{b} = 8$시간이 된다.

1. 어떤 일을 하는데 A는 20시간, B는 16시간이 걸렸다고 한다.
    ① 전체 일의 양은?
       →

    ② A, B 두 사람의 일률은?
       →

    ③ 전체 일을 두 사람이 함께 작업할 경우 걸리는 시간은?
       →

2. 어떤 일을 하는 데 A는 6시간, B는 9시간, C는 4시간이 걸렸다고 한다.
    ① 전체 일의 양은?
       →

    ② A, B, C 세 사람의 일률은?
       →

    ③ 전체 일을 두 사람이 함께 작업할 경우 걸리는 시간은?
       →

3. 어떤 제품을 만드는 데 A기계는 2일, B기계는 3일 걸린다고 한다.
    ① 이 제품을 100개 만드는데 A와 B기계를 함께 사용했을 때 걸리는 시간은?
       →

    ② 이 제품을 200개 만드는데 A, B기계를 각각 5개씩 사용한다고 하면 걸리는 시간은?
       →

정답 : 1. ① 80 ② a=4, b=5 ③ 80/9 2. ① 36 ② a=6, b=4, c=9 ③ 36/19
       3. ① 120일 ② 48일

유형 예제 축구장의 잔디를 관리하는 일을 A, B, C 세 사람이 한다. 잔디 관리 작업을 혼자 할 경우 각각 A는 45시간, B는 36시간, C는 20시간이 걸린다. 이 일을 처음에는 B가 혼자서 4시간 동안 하고, 뒤이어 A와 C가 함께 8시간 동안 하였다. 그 뒤에 나머지 작업량은 B와 C가 함께 하여 마무리했다면, 잔디를 관리하는 데에 총 걸린 시간은 얼마인가?

① 13시간   ② 14시간   ③ 15시간
④ 16시간   ⑤ 17시간

How to solve?

STEP 1. 유형파악 일과 작업량, 일률 관련 문제
STEP 2. 문제풀이 일률의 기본 공식을 활용하여 계산한다.

1) 최소 공배수를 활용하여 전체 일을 정한다.
 전체 일 : 45, 36, 20의 최소 공배수=180

2) 각각의 일률을 구한다. (A, B, C 각각의 일률을 a, b, c라 하자.)

$$일률 = \frac{180}{걸린 시간}$$

 $a=180/45=4$, $b=180/36=5$, $c=180/20=9$

3) 방정식을 만들어 계산한다.
 전체 일의 양=B가 4시간 동안 한 일+A와 C가 8시간 동안 한 일+B와 C가 T시간 동안 한 일

 $180=4b+8(a+c)+T×(b+c)=4×5+8×(4+9)+T×(5+9)=20+104+14T$
 $14T=56$
 ∴ $T=4$
 전체 일을 하는 데 걸린 시간은 4시간+8시간+4시간=16시간이다.

STEP 3. 정답
✓ ④ 16시간

경우의 수와 확률에서는 다양한 유형의 문제가 나오고 그 유형마다 접근 방법이 제각기 달라서 학습량이 많다. 출제될 수 있는 모든 유형의 문제를 전부 대비하기보다 자주 출제되는 유형만 학습하는 게 효율적이다.

1) 정의
   – 사건 : 시행, 실험에서 발생할 수 있는 결과
   – 경우의 수 : 일어날 수 있는 모든 사건의 가짓수
   – 확률 : 하나의 사건이 일어날 수 있는 가능성을 수로 나타낸 것

   $$사건\ A가\ 일어날\ 확률 = \frac{사건\ A가\ 일어나는\ 경우의\ 수}{모든\ 경우의\ 수}$$

   – 여사건 : 사건 A가 일어나지 않는 경우를 사건 A의 여사건이라고 한다.

2) 독립 종속 사건
   – 두 사건 A, B에 대하여 사건 A가 일어날 확률이 사건 B가 일어날 확률에 영향을 주지 않을 때 독립 사건이라고 한다.
   예) 동전을 던져 동전의 앞면, 뒷면이 나오는 사건에서 각각의 시행은 독립 사건.
   – 두 사건 A, B에 대하여 사건 A가 일어났을 경우와 일어나지 않았을 경우에 따라 사건 B가 일어날 확률이 다를 때, B는 A의 종속 사건이라고 한다.
   예) 종이가 든 상자에서 여러 번 추첨을 할 때, 당첨 종이를 다시 넣지 않는 추첨. 앞선 추첨 결과에 따라 다음 추첨에서 당첨 확률이 달라지므로 종속 사건.

3) 합 곱 법칙
   – 사건 A, B가 일어나는 경우의 수 : m, n, 확률 : p, q일 때
   – 합 법칙 : 두 사건 A, B가 동시에 일어나지 않을 때, A 또는 B의 어느 쪽이 일어나는 경우의 수 : m+n가지, 확률 : p+q
   [예제] 주사위를 던져 짝수 또는 3이 나올 경우의 수는?
   짝수가 나오는 경우의 수+3이 나오는 경우의 수=3+1

   – 곱 법칙 : A, B가 서로 독립일 때, A와 B가 동시에 일어나는 경우의 수 : m×n가지, 확률=p×q
   [예제] 두 주사위 A, B를 던져 A주사위는 짝수가, B주사위는 1 또는 2가 나올 확률은?

   A주사위가 짝수가 나올 확률×B주사위가 1 또는 2가 나올 확률$= \frac{1}{2} \times \frac{1}{3} = \frac{1}{6}$

+ Point Plus +

합 법칙과 곱 법칙은 셋 이상인 사건에 대하여도 성립한다.

4) 순열

서로 다른 n개 중에서 r개(n r)개를 취하여 순서대로 세우는 경우

$$_nP_r = \frac{n!}{(n-r)!} = n \times (n-1) \times \cdots \times (n-r+1)$$

$$(\, n! = n \times (n-1) \times (n-2) \times (n-3) \times \cdots \times 1)$$

① 6개의 자동차들을 일렬로 세울 때 그 경우의 수 : 6!=720가지

② 30명의 학생 중 반장, 부반장을 뽑을 때 : $_{30}P_2 = \frac{30!}{28!} = 30 \times 29 = 870$가지

5) 조합

서로 다른 n개 중에서 r개$(n \geq r)$ 취하여 조를 만들 때(※ 순서를 생각하지 않는다.)

$$_nC_r = \frac{_nP_r}{r!} = \frac{n!}{r!(n-r)!} = \frac{n \times (n-1) \times \cdots \times (n-r+1)}{r \times (r-1) \times \cdots \times 1}$$

$$_nC_r = {}_nC_{n-r}, \ _nC_0 = {}_nC_n = 1$$

① 6개의 자동차중, 3개를 고를 때 : $_6C_3 = \frac{6 \times 5 \times 4}{3 \times 2 \times 1} = 20$가지

② 30명의 학생 중 대표 2명을 뽑을 때 : $_{30}C_2 = \frac{30 \times 29}{2 \times 1} = 435$가지

6) 여러 가지 순열

① 중복순열 : n개의 서로 다른 원소 중에서 중복을 허용하여 r개를 뽑아 한 줄로 나열하는 경우의 수 : $_n\Pi_r = n^r$

② 원순열 : n개를 원형으로 나열하는 방법의 경우의 수 : $(n-1)!$

③ 염주 순열 : n개의 서로 다른 종류의 구슬로 목걸이를 만드는 방법의 수 : $\dfrac{(n-1)!}{2}$

1. 5명의 사람을 일렬로 줄을 세우는 경우의 수는?
   →

2. 6명 중에 세 명을 뽑아 일렬로 줄을 세우는 경우의 수는?
   →

3. 7명 중에 청소당번 2명을 뽑는 경우의 수는?
   →

4. 남학생 3명, 여학생 4명이 있다. 이 중 남자 대표 1명, 여자 대표 1명을 뽑는 경우의 수는?
   →

5. 6명이 원탁에 둘러앉는 경우의 수는?
   →

6. 주사위를 던져 1과 6이 나오지 않는 경우의 수는?
   →

정답 : 1. 5!=120가지   2. $_6P_3$=6×5×4=120가지   3. $_3C_2$=21가지
4. 3×4=12가지   5. (6−1)!=120가지   6. 4가지

원형의 회의실 탁자에 남자 사원 4명과 여자 사원 2명이 둘러앉을 때, 여자 사원끼리 인접하지 <u>않는</u> 경우의 수는?

① 24가지 　　　　　② 48가지 　③ 72가지

④ 96가지 　　　　　⑤ 120가지

How to solve?

STEP 1. 유형파악 원순열을 활용하는 문제
STEP 2. 문제풀이 다양한 접근 방법으로 경우의 수를 찾을 수 있다.

1) 남자 사원을 먼저 배치한 후 남자 사원 사이사이에 여자 사원을 배치하는 경우
　　남자 사원 4명을 원탁에 배치 : 3!=6가지
　　여자 사원 2명을 남자 사원 사이 공간 4곳에 배치하는 경우 : 4×3=12가지
　　∴ 6×12=72가지

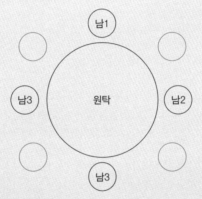

※ 그림과 같이 남자 사원 4명을 원순열로 배치한 다음, 그 사이사이 공간(별색 원) 4곳에 여자 사원을 배치하면 여자 사원은 서로 인접하지 않는다.

2) 여자 사원이 인접하여 앉는 경우의 여사건으로 생각
　　→ 여자 사원 둘은 항상 인접하므로 하나의 조로 생각하면
　　　　남자 4명과 1조를 원순열로 배열하는 경우 : 4!=24가지
　　　　여자 사원끼리 자리를 바꾸는 경우의 수 : 2!=2가지
　　　　∴ 여자 사원이 인접하여 앉는 경우의 수=24×2=48가지

　　→ 6명의 사람을 원탁에 배열하는 전체 경우의 수=5!=120가지

　　따라서 여자 사원이 인접하여 앉지 않는 경우의 수는 전체(120가지)에서 인접하여 앉는 경우의 수(48가지)를 뺀 72가지이다.

STEP 3. 정답
✓ ③ 72가지
경우의 수 문제는 이와 같이 여러 가지 방법으로 답을 도출할 수 있다. 다양한 방법을 학습하여 실제 시험에서는 편한 방법으로 정답을 찾는다.

01 농도 4%의 소금물에 농도 16%의 소금물을 섞어서 농도 9%의 소금물 600g이 되었다면 4%의 소금물의 양은?

① 150g ② 200g ③ 250g ④ 300g ⑤ 350g

02 농도가 각각 2%, 5%, 8%인 소금물 A, B, C가 있다. 소금물을 모두 섞으면 농도 4.4%의 소금물 1kg이 되고, 소금물 A와 C를 섞을 경우에는 농도가 4.25%가 된다고 한다. 이때 소금물 B의 양은 얼마인가?

① 100g ② 150g ③ 200g ④ 250g ⑤ 300g

03 농도가 3%인 소금물 400g과 농도 X%인 소금물 300g을 섞어 농도가 6%인 소금물이 되었다. 여기에 소금 18g을 더 넣은 후에, 마지막으로 물을 Y(g)를 더 추가하여 농도 5%의 소금물을 만들었다. 이때 X+Y의 값을 구하시오.

① 482 ② 492 ③ 500 ④ 510 ⑤ 512

04 농도가 3%인 소금물 300g에 농도가 10%인 소금물을 넣어 농도가 4%인 소금물을 만들려고 했지만 양을 잘못 조절하여 소금물의 농도가 5%가 되었다. 원래 넣으려고 했던 농도 10%의 소금물의 양과 잘못 넣은 농도 10%의 소금물의 양의 차는?

① 30g ② 40g ③ 50g ④ 60g ⑤ 70g

05 8% 농도의 소금물 A와 12% 농도의 소금물 B를 섞고 여기에 순수한 물을 소금물 B의 세 배를 넣었더니 6% 농도의 소금물 240g이 되었다. 추가한 순수한 물의 양은 얼마인가?

① 24g ② 36g ③ 48g ④ 60g ⑤ 72g

06 S반도체 회사는 D램과 S램을 생산한다. 전체 메모리 생산량은 지난달 4,000개였다. 이번 달은 지난달에 비하여 D램이 4% 증가하고, S램은 2% 증가하여 총 4,130개를 생산하였다. 지난달에 생산한 D램의 개수는?

① 2,500개 　　② 2,540개 　　③ 2,580개 　　④ 2,600개 　　⑤ 2,650개

07 A, B 두 제품을 생산하는 공장이 있다. 이 공장의 지난달 생산량은 모두 1,000개이고, 이번 달 생산량은 A 제품이 6% 늘고, B 제품이 4% 감소하여 지난달에 비하여 5개 줄었다. 이번 달에 생산된 A제품의 개수는?

① 350개 　　② 371개 　　③ 392개 　　④ 408개 　　⑤ 423개

08 합금을 만드는 공장에서 A, B 두 종류의 합금을 만든다. 합금 A는 구리와 주석이 각각 전체의 20% 30%가 포함되고, 합금 B는 구리와 주석이 각각 전체의 40%, 10%가 포함되어 있다. 두 종류의 합금을 녹여 새로 구리 2kg, 주석 1.5kg을 포함하는 합금을 만들려고 한다. 이때 필요한 합금 A의 양은?

① 3kg 　　② 3.5kg 　　③ 4kg 　　④ 4.5kg 　　⑤ 5kg

09 12,000원에 파는 달력을 5천 부 팔아 3,600만 원의 수익을 얻기 위해 현재 원가 6,000원인 달력의 원가를 절감해야 한다. 원가를 몇 % 절감하여야 하나?

① 10% 　　② 15% 　　③ 20% 　　④ 25% 　　⑤ 30%

10 ○○상사에서는 달력을 만들어 팔고 있다. 오프라인에서는 12,000원에 판매하고 있으며 온라인에서는 10% 할인된 가격에 팔고 있다. 그러나 과도한 원가절감으로 달력의 품질에 대한 소비자의 만족도가 좋지 못해 온오프라인 각각 판매 가격에 20%를 할인하여 판매하기로 하였다. 오프라인으로는 1,000부, 온라인으로는 2,000부 팔았을 때 총 매출액은?

① 2,688만 원 　　② 2,712만 원 　　③ 2,724만 원 　　④ 2,750만 원 　　⑤ 2,812만 원

11 A가 기숙사에서 회사까지 분속 50m로 걸어간 지 32분 후에 B가 기숙사에서 회사를 향해 자전거를 타고 분속 250m로 출발하여 회사 정문에 동시에 도착하였다. B가 기숙사에서 회사까지 가는 데 걸린 시간은?

① 8분   ② 12분   ③ 16분   ④ 20분   ⑤ 24분

12 둘레의 길이가 3.9km인 호수가 있다. 호수의 둘레를 따라서 A는 초속 1m로 걷고, B는 10분 후에 반대 방향으로 출발하여 분속 50m로 걸었다. B가 출발한 지 몇 분 후에 처음으로 A와 만나게 되는가?

① 24분   ② 26분   ③ 30분   ④ 32분   ⑤ 35분

13 길이가 250m인 화물 열차가 어느 다리를 건너는 데 40초가 걸린다. 이 다리를 화물 열차의 3배 속력으로 달리는 길이 200m의 고속 열차가 통과할 때는 12.5초가 걸린다고 한다. 이때 다리의 길이는 얼마인가?

① 350m   ② 400m   ③ 450m   ④ 500m   ⑤ 550m

14 강의 하류에 있는 선착장에서 상류에 있는 선착장까지 거리 40km인 강을 왕복하는 여객선이 있다. 이 여객선이 상 하류의 선착장을 왕복하는 데에 7시간 30분이 걸린다. 강물의 유속이 4km/h일 때 배의 속력은 얼마인가?

① 12km/h   ② 13km/h   ③ 14km/h   ④ 15km/h   ⑤ 16km/h

15 A가 자동차를 타고 시속 80km의 속력으로 출발하고, 30분 뒤에 B가 분속 2km로 A를 따라간다. B가 A를 따라 잡았을 때는 A가 출발하고 나서 몇 분 후인가?

① 40분   ② 60분   ③ 70분   ④ 80분   ⑤ 90분

16 A, B, C는 달력을 배달하는 일을 한다. A와 B가 같이 배달한다면 한 시간 반이면 배달을 할 수 있고, A와 C가 같이하면 1시간 12분이 걸리며, B와 C가 배달을 하면 2시간이 걸린다. A, B, C가 시간당 하는 일의 양이 일정하다면 A, B, C가 함께 배달한다면 모두 배달하는 데 얼마의 시간이 걸리는가?

① 30분　　　　② 45분　　　　③ 60분　　　　④ 70분　　　　⑤ 75분

17 물탱크를 물로 가득 채우려면 A관으로는 20분, B관으로는 30분이 걸린다. 그리고 가득찬 물탱크의 물을 빼는데 C관으로 40분이 걸린다고 한다. 이 물탱크에 A, B 두 개의 관으로 물을 채우고, 동시에 C관으로 물을 뺀다면 물탱크가 가득 차는데 걸리는 시간은?

① $\dfrac{120}{7}$분　　　② 20분　　　③ 15분　　　④ $\dfrac{40}{3}$분　　　⑤ 12분

18 A가 4시간 일을 하고 이어서 B가 6시간을 하면 끝나는 일이 있다. 이 일을 순서를 바꾸어 B가 먼저 3시간 일하고 A가 이어서 6시간을 하면 끝난다고 한다. A와 B가 처음부터 함께 일을 한다면 이 일을 끝내는 데 걸리는 시간은 총 얼마인가?

① 4시간 20분　　② 4시간 24분　　③ 4시간 30분　　④ 4시간 48분　　⑤ 5시간

19 A가 혼자서 작업하면 20일, B가 혼자서 하면 30일이 걸리는 프로젝트가 있다. 이 프로젝트를 A와 B가 함께 진행하다가 B가 다른 용무로 참여할 수 없게 되어 남은 일은 A가 혼자서 마무리하여 총 작업 기간이 14일이 걸렸다. A가 혼자서 작업한 날은 며칠인가?

① 3일　　　　② 4일　　　　③ 5일　　　　④ 6일　　　　⑤ 7일

20 어떤 일을 하는데 A기계로는 2일, B기계로는 3일이 걸린다. A기계 10대로 5일 동안 할 수 있는 일을 A기계 2대와 B기가 2개로 동시에 작업한다면 며칠 만에 끝낼 수 있는가?

① 12일　　　　② 13일　　　　③ 14일　　　　④ 15일　　　　⑤ 16일

21 화장실의 타일을 교체하려 한다. 교체해야 할 벽의 가로 길이는 3.6m, 세로 길이는 200cm이다. 타일은 정사각형이고, 구입해야 하는 타일의 수를 최소화하고 싶다면 총 몇 개의 타일을 구매해야 하는가?

① 25개   ② 30개   ③ 36개   ④ 40개   ⑤ 45개

22 1부터 100까지의 자연수를 차례로 곱하여 그 결과를 A라고 하면, A의 일의 자리에서 이어지는 0의 개수는? (예 : 2031000의 경우 3개)

① 24개   ② 25개   ③ 26개   ④ 27개   ⑤ 28개

23 1번부터 100번까지 번호가 붙어 있는 전구가 있다. 이 전구들의 스위치를 하루에 한 번씩 조작하면서 100일간 테스트하려고 한다. 처음에는 모든 전구가 꺼져 있고 스위치를 조작하면 꺼져 있는 전구는 켜지고, 켜 있던 전구는 꺼진다. 첫날은 1의 배수인 번호의 전구 스위치를 눌러 켜고, 둘째 날에는 2의 배수인 번호의 전구 스위치를 누른다. N번째 날에는 N의 배수인 번호의 전구 스위치를 조작하여 같은 방식으로 100일간 테스트를 했을 때, 마지막에 켜 있는 전구의 개수는?

① 5개   ② 8개   ③ 10개   ④ 12개   ⑤ 15개

24 A와 B는 가위바위보를 하여 이긴 사람은 3계단씩 올라가고, 진 사람은 2계단씩 내려가기로 하였다. 얼마 후 A는 처음보다 19계단 위에, B는 9계단 위에 있었다면, 이때 A가 이긴 횟수는?

① 13회   ② 14회   ③ 15회   ④ 16회   ⑤ 17회

25 2017년도 ○○공사의 여자 사원의 수는 남자 사원의 $\frac{6}{7}$이었다. 2018년도는 전년대비 여사원은 5% 늘고, 남사원은 10% 줄어 총 252명이다. 2017년도 ○○공사의 전체 사원은 몇 명이었는가?

① 255명   ② 257명   ③ 260명   ④ 267명   ⑤ 270명

26 그림과 같은 직사각형의 테이블에 6명의 사원이 둘러앉아 회의를 진행한다고 한다. 서로 다른 배열로 앉는 모든 방법의 수를 구하시오.

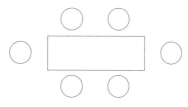

① 120가지　　　　② 240가지　　　　③ 360가지　　　　④ 480가지　　　　⑤ 720가지

27 다음 그림에서 크고 작은 사각형의 개수를 모두 구하시오.

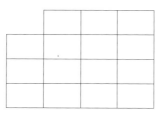

① 74개　　　　② 76개　　　　③ 78개　　　　④ 81개　　　　⑤ 84개

28 S사는 신입사원 6명에게 사무용품으로 펜을 주려고 한다. 펜은 모든 같은 종류로 11개가 있고, 각각의 신입사원은 적어도 하나의 펜을 받아야 한다. 펜을 나누어주는 모든 경우의 수는 몇 가지인가?

① 84가지　　　　② 126가지　　　　③ 210가지　　　　④ 252가지　　　　⑤ 324가지

29 A주머니에는 흰 공 4개, 검은 공 3개, B주머니에는 흰 공이 2개, 검은 공이 3개가 들어 있다. A, B주머니에서 임의로 각각 한 개씩 공을 꺼낼 때, 흰 공과 검은 공이 한 개씩 나올 확률은?

① $\frac{6}{35}$　　　② $\frac{12}{35}$　　　③ $\frac{3}{7}$　　　④ $\frac{18}{35}$　　　⑤ $\frac{3}{5}$

30 어느 회사는 2017년 하반기 공채로 신입, 경력 사원을 뽑았다. 이번에 채용한 사원 중 남자사원은 전체의 40%이고, 경력직은 36%이다. 또한 신규 채용한 여자 사원 중 신입사원의 비는 $\frac{7}{12}$이다. 그렇다면 신규 채용 남자 사원 중 경력직의 비율은 어떠한가?

① $\frac{6}{35}$　　　② $\frac{12}{35}$　　　③ $\frac{3}{7}$　　　④ $\frac{18}{35}$　　　⑤ $\frac{3}{5}$

31 계단을 한 번에 한 칸씩 또는 두 칸씩 오를 수 있다. 5칸의 계단을 오르는 서로 다른 방법의 수는?

① 6가지　　　　② 7가지　　　　③ 8가지　　　　④ 9가지　　　　⑤ 10가지

32 A~D 네 사람이 우산을 가지고 왔다. 일정이 끝나고 우산을 다시 가지고 돌아가는데, 네 사람 모두 처음에 자신이 가져온 우산이 아닌 다른 사람의 우산을 들고 가는 경우의 수는 모두 몇 가지인가?

① 6가지　　　　② 7가지　　　　③ 8가지　　　　④ 9가지　　　　⑤ 10가지

33 철수는 10원짜리 동전 3개, 50원짜리 동전 1개, 100원짜리 동전 2개, 500원 짜리 동전 1개를 가지고 있다. 철수가 지불 가능한 금액의 경우의 수는 모두 몇 가지인가?

① 43가지　　　　② 44가지　　　　③ 45가지　　　　④ 46가지　　　　⑤ 47가지

34 적성 시험에서 20문제 중에 17문제를 맞히면 합격한다고 한다. 15번까지는 모두 풀어 맞히고 남은 다섯 문제는 모두 찍었을 때, 적성 시험에서 합격할 확률을 구하시오. (단, 문제는 사지선다형이다.)

① $\dfrac{47}{128}$　　　② $\dfrac{49}{128}$　　　③ $\dfrac{25}{64}$　　　④ $\dfrac{13}{32}$　　　⑤ $\dfrac{53}{128}$

35 ABBBBCCC의 알파벳 순서를 바꾸어 다른 단어로 만들 때(예 : ACCBBBCBB), 모든 경우의 수를 구하시오.

① 120가지　　　　② 160가지　　　　③ 200가지　　　　④ 240가지　　　　⑤ 280가지

36 1인당 입장료가 800원인 어느 전시회에서 20명 이상의 단체는 10%, 40명 이상의 단체는 20%를 입장료에서 할인해준다고 한다. 20명 이상 40명 미만인 단체는 몇 명 이상이면 40명의 입장권을 사는 것이 유리한지 구하면?

① 35명 　　② 36명 　　③ 37명 　　④ 38명 　　⑤ 39명

37 손 세정액을 제조하기 위해 농도가 96%인 알코올 용액 6L를 구매하여, 용액의 일부를 덜어내고 같은 양의 순수한 물을 넣어 알코올 용액을 희석하였다. 희석한 용액의 농도가 생각보다 낮아 처음에 덜어냈던 농도가 96%인 알코올 용액을 다시 넣어 최종적으로 72%인 알코올 용액을 얻었다. 처음에 덜어냈던 농도가 96%인 알코올 용액의 양은 얼마인가?

① 1.5L 　　② 1.75L 　　③ 2L 　　④ 2.25L 　　⑤ 2.5L

38 A, B 두 사람이 가위바위보를 하는데 첫 번째에는 비기고, 두 번째에는 A가 이기고, 세 번째에는 B가 이길 확률은?

① $\dfrac{1}{81}$ 　　② $\dfrac{1}{27}$ 　　③ $\dfrac{2}{27}$ 　　④ $\dfrac{1}{9}$ 　　⑤ $\dfrac{2}{9}$

39 ○○공사는 신입사원 공채 필기전형인 NCS직업기초능력검사에서 80점 이상을 얻어야 최종 합격을 할 수 있다. 30명의 응시자 중 10명이 합격자일 때, 합격한 사람의 평균 점수는 불합격한 사람의 평균 점수의 2배보다 30점이 낮고 불합격한 사람의 평균 점수는 응시자 전체의 평균 점수보다 10점이 낮을 때, 응시자의 평균 점수는?

① 69점 　　② 70점 　　③ 73점 　　④ 75점 　　⑤ 77점

40 A와 B는 총 30km 길이의 공원 산책로를 따라 뛰기로 했다. 같은 지점에서 출발하여 같은 방향으로 뛰면 3시간 후에 둘은 만나게 되고, 반대 방향으로 뛰면 30분 만에 처음 만나게 된다. A의 속력이 B보다 더 빠르다고 할 때, A가 같은 속력으로 42km 마라톤을 할 때 걸리는 시간은?

① 1시간 10분 　　② 1시간 12분 　　③ 1시간 15분 　　④ 1시간 20분 　　⑤ 1시간 40분

II. 자료해석

  수리능력의 자료해석 유형은 시간만 충분하면 누구나 풀 수 있는 난이도로 출제된다. 몰라서 틀리는 문제보다 시간이 없어서 못 풀거나 실수로 틀리는 문제가 대부분이다. 항상 빠르고 정확하게 푸는 방법을 연습해야 한다. 계산연습을 꾸준히 하고 문제를 풀면서 자주 실수하는 포인트를 체크하는 게 좋다. 실수했던 부분에서 다시 실수할 확률이 높기 때문이다.

다음 예제를 보고 자료해석 문제의 구조와 문제풀이의 기본적인 접근 방식을 알아보자.

ⓐ 문제

> Q. 다음 표는 지출목적별, 연도별 소비자 물가지수에 대한 자료이다. 이에 대한 설명으로 옳은 것을 고르시오.

ⓑ 자료의 제목

> 〈표〉 지출목적별, 연도별 소비자 물가지수

ⓒ 자료

지출목적	2007년	2009년	2011년	2013년	2015년	2017년
총지수	82.235	88.452	94.717	98.048	100.00	102.93
식료품	72.005	81.294	93.550	98.090	100.00	105.78
주류&담배	62.810	63.859	64.618	66.678	100.00	102.20
의류	76.759	82.712	87.971	94.873	100.00	102.90
A	80.025	84.433	90.343	97.841	100.00	100.87
B	81.555	88.918	92.538	95.446	100.00	102.67
보건	89.805	93.527	96.837	98.074	100.00	101.88
교통	91.163	95.671	107.385	110.279	100.00	101.29
오락, 문화	107.424	105.693	103.036	100.254	100.00	100.38
교육	92.859	96.417	98.796	100.063	100.00	101.90
음식, 숙박	83.966	90.768	94.424	96.888	100.00	102.80
기타, 서비스	80.725	87.839	93.731	96.326	100.00	104.97

ⓓ 각주

> ※ 소비자 물가지수 : 도시가계가 일상생활을 영위하기 위해 구입하는 상품가격과 서비스 요금의 변동을 종합적으로 측정하기 위해 작성하는 지수, 2015년을 기준(=100)
> ※ A : 주택, 수도, 전기 및 연료 B : 가정용품 및 가사 서비스

ⓔ 선택지

> ① 오락, 문화에 대한 소비자 물가지수는 자료에서 지속적으로 감소하고 있다.
> ② 전년 대비 지출 목적별 소비자 물가지수가 가장 많이 증가한 것은 2015년 주류&담배이다.
> ③ 가정용품 및 가사 서비스에 대한 지출비용은 음식, 숙박 목적의 지출비용보다 매년 적다.
> ④ 2007년 대비 2017년의 소비자 물가지수가 두 번째로 큰 항목은 식료품이다.
> ⑤ 주택, 수도, 전기 및 연료 목적의 소비자 물가지수는 2007년에 비해 2015년 20% 이하로 증가하였다.

[문제의 구조]

ⓐ 문제 : 포함된 자료가 어떤 자료인지에 대해 소개하고, 문제에서 묻고자 하는 내용이 나온다. 보통 선택지의 정오를 묻거나 특정 수치를 묻는다. 이를 통해 어떤 자료인지 대략 파악하고 정오를 묻는다면 O/X 등으로 선택지 옆에 표시하자.

ⓑ 자료의 제목 : 문제에 나온 소개와 유사하다. 자료가 어떤 범주로 정리되어 있는지 파악할 수 있다. 표나 그래프가 여러 개 나오는 문제의 경우, 각 자료가 어떤 내용인지 제목을 반드시 파악하자.

ⓒ 자료 : 단위를 체크한다. 자료의 가로축과 세로축을 보고 자료의 구성을 확인할 수 있다.

ⓓ 각주 : 각주에는 문제풀이에 중요한 개념이나 자료에 대한 추가적인 설명이 들어 있다.

ⓔ 선택지 : 정오 문제의 경우 선택지 유형은 문제마다 반복되므로 일반적인 선택지 확인 순서로 풀이한다. 선택지는 항상 판단하기 쉬운 선택지를 먼저 확인한다. 정답이 아닌 선택지를 소거하는 방식으로 접근해야 하며 선택지를 보는 순서는 다음과 같다.

다음과 같은 순서로 필요한 내용을 파악한다.
1) 단순 사실관계를 파악하는 내용이나 변동 추이를 묻는 자료를 먼저 확인한다.
   ① 오락, 문화에 대한 소비자 물가지수는 자료에서 지속적으로 감소하고 있다.
2) 자료를 통해 알 수 없는 내용이 있다면 해당 내용은 옳지 않은 설명이다.
   ③ 가정용품 및 가사 서비스에 대한 지출비용은 음식, 숙박 목적의 지출비용보다 매년 적다.
     ※ 소비자 물가지수는 각각의 2015년도 값을 기준으로 설정된 것이므로 구체적인 지출비용은 확인할 수 없어 비교할 수 없다.
   ② 전년대비 지출 목적별 소비자 물가지수가 가장 많이 증가한 것은 2015년 주류&담배이다.
     ※ 2년 단위로 조사된 자료이므로 전년대비 소비자 물가지수는 확인할 수 없다.
3) 확인해야 할 항목이 적은 선택지를 확인한다.
   ⑤ 주택, 수도, 전기 및 연료 목적의 소비자 물가지수는 2007년에 비해 2015년 20% 이하로 증가하였다.
4) 여러 항목을 비교해야 하는 선택지를 확인한다.
   ④ 2007년 대비 2017년의 소비자 물가지수가 두 번째로 큰 항목은 식료품이다.
5) 정답을 중간에 확인할 경우 다른 선택지를 굳이 확인하지 않는다.

+ Point Plus +

2) 자료를 통해 알 수 없는 내용이 있다면 해당 내용은 옳지 않은 설명이다.
   ⇒ 해당 부분은 많은 수험생들이 자주 실수하는 부분이다. 알 수 없는 내용인데, 알 수 있다고 생각하여 계산하거나 옳고 그름을 판단하려 한다. 따라서 이 부분에서 오답을 선택하는 경우가 많기 때문에 주의하자.

02 | 자료의 종류

다양한 형태의 표와 그래프에 대해 이해하는 것이 문제풀이에 도움이 많이 된다. 문제를 분석하며 복습할 때에는 자료의 형태와 구성을 자세히 보고 익혀두자.

1) 여러 가지 표

① 비율 자료 : 다음 자료와 같이 전체에 대한 해당 항목의 비율로 구성된 자료이다. 전체 값을 알 수 없으면 각각의 항목에 해당하는 실제 값을 알 수 없고, 단순히 같은 해의 항목들 간의 대소비교만 가능하다. 연도가 달라지면 전체 값이 달라지므로 같은 항목이어도 연도별로 실제 값의 비교는 불가능하다.

$$비율(\%)=\frac{비교\ 대상}{비교\ 기준}\times100\% \qquad 구성비(\%)=\frac{부분}{전체}\times100\%$$

[자료] 청년층(15~29세)[1]의 첫 직장 이직 사유

(단위 : %)

연도	계	근로여건 불만족	개인·가족적 이유	전망이 없어서	전공, 지식, 기술, 적성 등이 맞지 않아서	계약기간 종료	직장휴업, 폐업, 파산 등	기타[2]
2010	100.0	42.5	16.9	10.2	7.5	8.5	2.8	11.4
2011	100.0	42.3	18.4	9.9	7.3	8.9	2.5	10.8
2012	100.0	44.0	18.0	8.6	8.8	8.6	1.8	10.2
2013	100.0	45.1	18.7	8.1	7.6	9.2	2.2	9.0
2014	100.0	47.0	17.6	7.7	7.0	10.1	1.8	8.7
2015	100.0	47.4	16.8	7.6	6.4	11.2	1.9	8.7
2016	100.0	48.6	13.5	7.9	6.3	10.7	2.8	10.2

자료 : 통계청,「경제활동인구조사 부가조사(청년층) 결과」,각년도 5월
주 : 1) 졸업 중퇴 후 취업 유경험자 중 이직경험자, 실업·비경제활동인구 포함
　　 2) 창업 또는 가족사업 참여, 일거리가 없거나 회사사정 어려움, 권고사직 등

[예제]
1. 2011년 청년층의 첫 직장 이직 사유 중 계약기간 종료로 인한 이직 건수는 전년대비 증가하였다.　(○ / ×)
2. 2016년 근로여건 불만족으로 인한 이직 건수가 5,000건이라면 2010년도의 근로여건 불만족으로 인한 이직 건수는 4,000건 이상이다.　(○ / ×)

정답. 1. ×　2. ×

② 지수 자료 : 문제 구조를 같이 살펴보았던 자료이다. 특정 시점이나 특정 대상의 값을 기준(100)으로 하여 나머지 값들의 상대적인 크기를 나타낸 자료이다. 비율 자료와 마찬가지로 기준이 되는 값의 실제 값을 알 수 없다면 다른 항목끼리의 비교는 불가능하다. (지수는 단위가 없다.)

$$지수 = \frac{비교\ 값}{기준\ 값} \times 100$$

〈표〉 지출목적별, 연도별 소비자 물가지수

지출목적	계2007	2009	2011	2013	2015	2017
총지수	82.235	88.452	94.717	98.048	100.00	102.93
의류	76.759	82.712	87.971	94.873	100.00	102.90
A	80.025	84.433	90.343	97.841	100.00	100.87
B	81.555	88.918	92.538	95.446	100.00	102.67
교육	92.859	96.417	98.796	100.063	100.00	101.90
음식, 숙박	83.966	90.768	94.424	96.888	100.00	102.80

※ 소비자 물가지수 : 도시가계가 일상생활을 영위하기 위해 구입하는 상품가격과 서비스 요금의 변동을 종합적으로 측정하기 위해 작성하는 지수, 2015년을 기준(=100)
※ A : 주택, 수도, 전기 및 연료   B : 가정용품 및 가사 서비스

[예제]
1. 2009년 교육 목적 지출비용은 음식, 숙박 목적 지출비용보다 많다.   (○ / ×)
2. 교육에 대한 소비자 물가지수는 2007년에 비하여 2017년 10% 이상 증가하였다.   (○ / ×)

정답 1. ×   2. ×

③ 실수 자료 : 어떤 항목의 실제 값으로 구성된 자료이다. 경우에 따라 근삿값이 나오기도 한다. 가장 일반적인 형태의 자료로 비교적 복잡한 숫자가 많이 나온다. 여러 항목의 수치를 직접적으로 비교하거나 증감률을 계산하고, 그 값을 다시 비교하는 등의 계산이 포함된 문제를 풀 때에는 적당한 어림계산이 필요하다.

〈표〉 산업 종류별, 연도별 지적재산권 보유 개수

(단위 : 개)

구분	2011	2012	2013	2014	2015	2016
제조업	564115	578075	511,438	527,630	538,736	557738
건설업	10075	12305	15,542	18,575	19,230	19375
도매 및 소매업	24622	28518	28,770	36,428	39,073	41942
운수업	1700	2370	1,501	1,618	1,784	1850
출판, 영상방송통신 및 정보서비스업	41088	37495	49,046	57,800	61,801	63053
전문 과학 및 기술 서비스업	20125	18955	22,063	26,159	26,441	25608
사업시설관리 및 사업지원서비스업	1529	2254	2,482	2,865	3,063	3377
기타	15529	17525	24,158	27,281	29,928	31954
전 산업 합계	678783	697497	655,000	698,356	720,056	744897

[예제] 2012년 건설업의 지적재산권 보유 개수는 2011년 사업시설관리 및 사업지원서비스업의 보유 개수의 10배가 넘는다.   (○ / ×)

정답 ○

④ 시계열자료 : 자료가 여러 시점에 따라 조사된 자료인 경우 시계열 자료라고 한다. 따라서 전년대비, 전월대비 등 특정 시점 대비 어떤 시점의 변화율을 묻는 경우가 많다. 그리고 연도별 증감추세를 묻기도 한다. 경우에 따라서 불연속 적으로 자료가 나오는 경우가 있다. 유의하자.

〈표〉 초혼 부부의 연령차별 혼인건수, 2007-2017

(단위 : 천 건, %)

		2009	2010	2011	2012	2013	2014	2015	2016	2017	전년대비 증감률*
	계	236.7	254.6	258.6	257.0	255.6	239.4	238.3	221.1	206.1	-6.8
남자 연상	소계	164.8	175.9	176.8	175.3	172.8	162.1	161.1	149.8	138.5	-7.5
	1-2세	62.4	66.4	67.9	67.6	66.7	62.6	61.3	56.3	52.2	-7.3
	3-5세	65.5	69.4	70.3	69.9	69.4	64.8	64.7	59.6	54.7	-8.2
	6-9세	24.6	25.7	25.9	25.9	25.9	25.1	25.4	24.2	22.2	-8.1
	10세 이상	12.3	14.4	12.7	11.8	10.7	9.6	9.7	9.6	9.3	-3.0
	동갑	38.1	40.8	42.3	41.7	41.4	38.5	38.2	35.2	32.8	-6.9
여자 연상	소계	33.8	37.9	39.5	40.0	41.3	38.9	38.9	36.2	34.8	-3.8
	1-2세	25.1	27.8	28.8	29.0	29.6	27.6	27.2	25.3	24.1	-4.8
	3-5세	7.0	8.0	8.5	8.8	9.4	8.9	9.2	8.5	8.3	-2.4
	6-9세	1.5	1.7	1.8	1.9	1.9	2.0	2.1	2.0	2.0	1.4
	10세 이상	0.3	0.3	0.3	0.3	0.3	0.3	0.4	0.4	0.4	2.3

* 연령미상 포함.
* 2016년 대비 2017년의 증감률.

[예제] 2017년의 초혼부부 중 남자가 연상인 부부는 전년 대비 7.5% 감소하였다.   (○ / ×)

정답 ×

2) 여러 가지 그래프

자료를 시각적으로 표현한 그래프 역시 2차원 평면에 표현되는 경우가 많으므로 항상 가로축과 세로축의 항목이 무엇인지 확인하여 그래프의 구성을 이해하자.

① 막대그래프 : 가장 기본적인 그래프로 각 항목의 크기를 비교할 때 쓰인다.

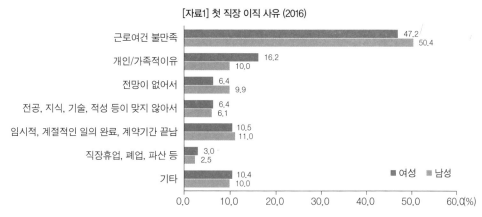

[자료1] 첫 직장 이직 사유 (2016)

■자료 : 통계청, 「경제활동인구조사부가조사(청년층) 결과」

➡ 수치로 비교할 수도 있지만 막대의 길이로 각 항목의 크기를 비교하기 쉽다.

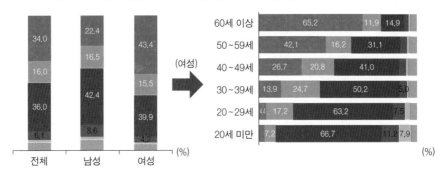

〈그림〉 성별, 연령별 거주 유형

■ 자기집　■ 전세(월세 없음)　■ 보증금 있는 월세　■ 보증금 없는 월세　■ 사글세　■ 무상

■ 자료 : 통계청, 「인구총조사」

➜ 누적막대그래프도 활용된다. 각 항목들의 전체 값에 대한 비율을 비교할 때 활용되는 그래프이다.

② 꺾은선 그래프 : 주로 항목의 시간에 따른 추이를 확인할 때 사용하는 그래프이다. 증감 추세를 파악하기 용이하다.

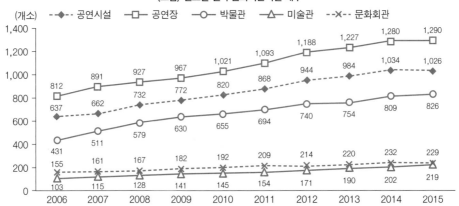

〈그림〉 연도별 전국 문화기반시설 개수

■ 자료 : 문화체육관광부, 「공연예술실태조사」, 「전국문화기반시설 총람」

➜ 수치를 직접 비교할 필요 없이 시각적으로 증감 추세를 표현하였다. 증감 추이가 잘 구분되지 않을 때 수치를 직접 비교하면 된다.

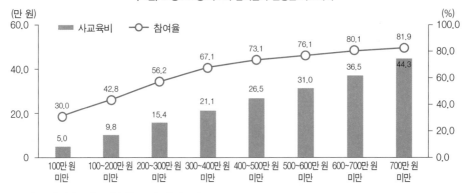

〈그림〉 초중고교생 사교육 참여율과 연평균 사교육비

■ 자료 : 통계청·교육부, 「초·중·고 사교육비조사」, 2016

➜ 막대그래프와 함께 자주 사용된다. 사교육 참여율과 사교육비의 변화를 한눈에 볼 수 있다.

③ 원 그래프 : 전체에 대한 항목들의 비율을 표현한 그래프이다. 다음은 막대그래프와 원 그래프를 사용한 예이다.

〈그림〉 초중고교생 사교육 참여율과 연평균 사교육비

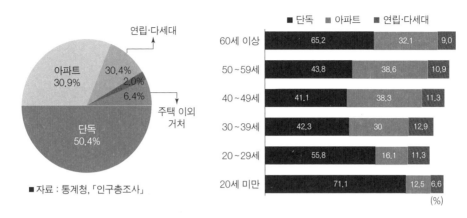

④ 방사형 그래프 : 여러 항목과 변수를 동시에 시각적으로 표현할 수 있다는 장점이 있다. 특정 값을 찾아 확인하기는 어려운 단점이 있다.

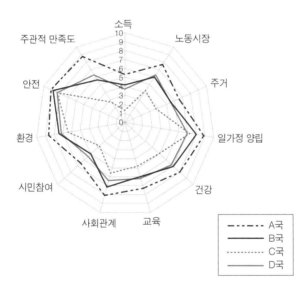

⑤ 버블 차트 : 세 개의 변수를 한 번에 표현할 때 주로 활용한다. 다음 그래프는 A~G 각 국의 에너지 사용량과 GDP 그리고 각국의 인구를 나타낸 자료로, 인구수를 원의 크기로 표현하였다. 원의 중심을 기준으로 가로축, 세로축 값을 확인하고, 인구수는 원의 상대적 크기로 비교한다.

〈도표〉 A~G 각국의 GDP, 에너지 사용량, 인구수

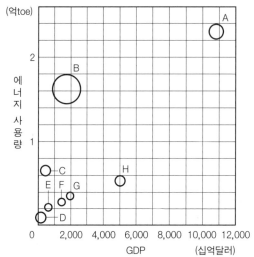

⑥ 점 그래프 : 두 변수의 관련성을 시각적으로 표현하는 데에 주로 활용한다.

〈그림〉 OECD 국가의 대학졸업자 취업률 및 경제활동인구 비중

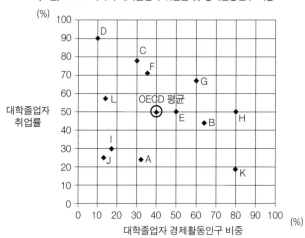

+ Point Plus +

다양한 형태의 그래프가 단독으로 나올 수도 있지만, 표나 다른 형태의 그래프와 함께 나오기도 한다. 어떤 그래프가 나와도 당황하지 않도록 다양한 그래프를 접해보는 것이 좋다. 학습을 하면서 문제풀이 외에 따로 표나 그래프를 분석하는 것도 좋은 방법이다.

03 | 여러 가지 계산법

자료해석은 필요한 정보를 찾는 것과 필요한 계산을 빠르게 하는 것이 핵심이다. 이제부터 자료해석 영역에서 활용할 수 있는 계산법을 몇 가지 소개하겠다.

1) 기초 연산 테스트

우선 본인의 현재 기초연산, 대소비교 실력을 테스트하자. 다음의 연산은 기본적인 사칙연산을 활용하여 값을 구하고, 두 분수와 두 식의 대소를 비교하는 문제이다. 검산은 하지 않는다. 최대한 정확하고 빠르게 풀어보고 전체 풀이 시간을 체크해보자.

연산 테스트

1. $10 \times 9 \times 8 \times 7 \div 4 \div 3 \div 2 \div 1 =$

2. $45 \times 4 + 36 \times 5 + 20 \times 9 =$

3. $(995 - 420 + 55) \div 7 =$

4. $40{,}000 \times 1.6 \times 0.8 =$

5. $1{,}115.8 + 1{,}178.9 =$

6. $85 \times 12 + 48 \times 18 =$

7. $22{,}489 - 19{,}471 =$

8. $200 \times 93 + 200 \times 187 + 50 \times 520 =$

10. $\dfrac{27}{512}$ $\dfrac{44}{861}$

9. $\dfrac{55}{36}$ $\dfrac{318}{90}$

11. $\dfrac{317}{215}$ $\dfrac{476}{317}$

12. $\dfrac{31}{622}$ $\dfrac{7}{128}$

13. $\dfrac{23}{10+23+61}$ $\dfrac{12}{8+12+27}$

14. $\dfrac{568}{472}$ $\dfrac{501}{424}$

15. 11×461 21×229

16. 252×271 381×182

17. 1834×32 3182×18

18. 76×67 51×94

19. $205 \times 8 + 641$ $190 \times 8 + 652$

20. 17062×0.8 12320×1.1

테스트 정답

1	210	2	540	3	90	4	51200
5	2294.7	6	1884	7	3018	8	82000
9	<	10	>	11	<	12	<
13	<	14	>	15	>	16	<
17	>	18	>	19	>	20	>

테스트 결과
풀이 시간 + 틀린 개수 20초

결과 분석

결과	분석
5:30 이하	충분히 필기시험에 필요한 계산능력을 가지고 있음.
5:30~8:00	빠른 계산력을 가지고 있음. 조금씩 감각을 유지하는 연습 필요.
8:00~10:00	평균 정도의 계산능력. 연습을 통해 향상가능.
10:00 초과	반드시 계산 연습을 꾸준히 하여 연산능력을 향상시켜야 함.

2) 기초 연산

필기시험에 맞는 연산 방법을 확인해보자. 계산 방법은 연산 종류에 따라, 계산해야 하는 숫자에 따라, 문자에 따라 달라질 수 있으며, 한 문제를 여러 가지 방법으로 계산할 수 있다. 따라서 일률적으로 암기하는 것이 아니다. 아래의 방법은 저자가 사용하는 여러 계산법 중 자주 사용하는 몇 가지를 소개하는 것이라고 생각하면 되겠다. 본인에게 편한 방법으로 계산하는 것이 맞고, 더 쉬운 방법이 있다면 연습하여 익히면 된다.

① 보수를 활용한 계산 : 보수란 각 자리의 숫자의 합이 어느 일정한 수가 되게 하는 수이다. 우리는 10진법을 사용하므로 더해서 10, 100, 1,000이 되는 두 수를 각각 서로에 대한 보수라고 한다. 서로 보수인 관계에 있는 두 수를 활용하여 복잡한 연산을 조금은 쉽게 접근할 수 있다.

[예제 1] 14+37+26+9+11=?
→ 14+37+26+9+11=40+37+20=60+37=97
14와 26, 9와 11은 더했을 때 각각 40, 20이 되어 일의자리 수가 0으로 떨어지기 때문에 이런 보수관계인 두 수를 먼저 계산하는 것이 연산에 도움이 된다.

[예제 2] (995−420+55) 7=
→ (995−420+55) 7=(1050−420) 7=630 7=90

[예제 3] 77−88+52+28−35=
→ 77−88+52+28−35=77−88+80−35=77−8−35=77−43=34
크기가 비슷한 숫자는 연산이 더 쉬우므로 먼저 계산한다.

② 근삿값의 계산 : 자료해석에서는 자릿수가 큰 수가 자주 나오는데, 이때 반올림, 올림, 버림 등의 방법으로 근삿값을 찾아 계산한다. 문제를 많이 풀다 보면 어느 정도 선에서 어림잡아 계산을 해야겠다는 생각을 쉽게 할 수 있지만 처음에는 짐작이 어렵다. 어떤 식으로 근삿값을 찾아 계산하는지 예시를 통해 알아보자.

예시	근삿값	방법
1,259,066	126	• 보통 앞의 세 자리까지만 근삿값으로 계산한다. 이럴 때 오차가 1‰p 이내에서 생긴다. 이 정도의 오차 때문에 오답이 되는 경우는 거의 없다. 자릿수는 나중에 생각하고 숫자만 생각한다. • 문제에 따라서 적당한 오차범위를 생각하여, 두 자리 또는 네 자리까지 계산해도 좋다.
$\begin{array}{r} 1115.8 \\ +\ 1178.9 \\ \hline =\ 2294.7 \end{array}$	$\begin{array}{r} 1,115.8 \\ +\ 1,178.9 \\ \hline \fallingdotseq\ 2,290.0 \end{array}$	• 정확한 값을 계산하는 문제가 아니라면, 이렇게 계산을 할 때 앞자리부터 계산하고 자릿수가 내려가면 더 이상 계산하지 않는다. (필요에 따라 적당히 계산한다.)
$\begin{array}{r} 317 \\ \times\ 286 \\ \hline =\ 90622 \end{array}$	$\begin{array}{r} 300 \\ \times\ 300 \\ \hline =\ 90622 \end{array}$	• 둘 다 일의 자리를 반올림하여 320×290=92800으로 계산할 수도 있지만, 그 경우 두 수 모두 실제 값보다 커지기 때문에 오차가 크게 생길 수 있다. 따라서 이런 경우 한쪽 값을 올리고 다른 쪽은 버림을 적당히 하면 오차를 줄일 수 있다.
$\dfrac{1547}{2462} \fallingdotseq 0.628$	$\dfrac{15}{24}=0.625$ $\dfrac{16}{25}=0.64$	• 십의 자리에서 반올림한다고 했을 경우 $\dfrac{15}{25}=0.60$이다. 이럴 경우 분모는 커지고, 분자는 작아지므로 오차가 커질 수 있다. 그래서 경우에 따라서는 분모분자를 둘 다 올리거나, 둘 다 버리는 것이 오차를 줄이는 방법이 될 수 있다.

③ 앞자리 계산 : 결과에 큰 영향을 주지 않는 작은 자릿수의 숫자는 근삿값으로 처리하고 결과에 영향을 주는 앞자리 두, 세자리만 정확하게 계산한다. 적당한 선에서 어림 계산한다고 생각하자.

덧셈 연산 • 순서대로 앞에서부터 계산한다. 한자리씩 더해도 좋고, 두 자리씩 더해도 좋다. 세, 네 자리까지 계산을 했다면, 더 이상 계산하지 않고 버리거나 올려서 근삿값으로 계산한다.

① $\begin{array}{r} 11158 \\ +\ 11789 \\ \hline 2 \end{array}$ ② $\begin{array}{r} 11158 \\ +\ 11789 \\ \hline 22 \end{array}$ ③ $\begin{array}{r} 11158 \\ +\ 11780 \\ \hline 22900 \end{array}$ ④ $\begin{array}{r} 11158 \\ +\ 11789 \\ \hline 22900 \end{array}$

곱셈 연산 • 앞에서부터 계산을 하며 두, 세 자리씩 해도 좋다. 자릿수가 올라가면 적당히 반영해주고, 세 자릿수 정도까지만 계산하고 나머지는 적당히 근삿값으로 처리한다.

① $\begin{array}{r} 12345 \\ \times\ 4 \\ \hline 48 \end{array}$ ② $\begin{array}{r} 12345 \\ \times\ 4 \\ \hline \fallingdotseq\ 49400 \end{array}$

3) 분수, 곱셈비교

분수, 곱셈식 간의 대소비교법을 알아보자. NCS시험에서 자주 활용되기 때문에 반드시 학습한다.

① 분수비교(나눗셈비교)

구분	예시	비교 방법	대소비교
증가율 비교법	$\dfrac{501}{424} < \dfrac{568}{472}$	• 분모 : 424 → 472 10% 정도 증가 • 분자 : 501 → 568 10% 보다 크게 증가	• 분모의 증가율보다 분자의 증가율이 더 크므로 오른쪽 분수가 더 크다.
증가량 비교법	$\dfrac{97}{88} < \dfrac{111}{95}$	$\dfrac{111}{95} = \dfrac{97+14}{88+7} \quad \dfrac{14}{7}$ $\dfrac{97}{88} < \dfrac{14}{7}$	• 분모, 분자량의 증가량으로 새로운 분수를 만들어 대신 비교한다. 부등호의 방향은 기존 분수든 새로운 분수든 같다.
증가량 비교 원리	$\dfrac{b}{a} \quad \dfrac{b+d}{a+c} \to b\times(a+c) \quad a\times(b+d)$ $\to ab+bc \quad ab+ad \to bc \quad ad \to \dfrac{b}{a} \quad \dfrac{d}{c}$ 이와 같은 원리로 증가량으로 만든 새로운 분수와 대소비교를 하여도 된다.		

② 곱셈비교

구분	예시	비교 방법	대소비교
증가율 비교법	$6\times563 > 11\times280$	• 6 → 11 : 100%보다 작게 증가 • 563 ← 280 : 100%보다 크게 증가	• 사이즈가 비슷한 수끼리 비교한다. 좌변 쪽의 증가율이 더 크므로 부등호의 방향은 > 이다.
증가량 비교법	$46\times671 > 53\times570$	$46\times671 \quad 53\times570$ $\to 46\times(570+101) \quad (46+7)\times570$ $\to 46\times101 \quad 7\times570$ $\to 4600 > 4200 \quad$ (근사치)	• 사이즈가 비슷한 수끼리 비교한다. 좌변, 우변 각각 증가량만으로 계산하여 비교한다.
증가량 비교 원리	$a\times(b+d) \quad (a+c)\times b \to ab+ad \quad ab+bc \to ad \quad bc$ 이와 같은 원리로 곱하는 수를 작게 만들어 보다 쉽게 비교할 수 있다.		

4) 비율계산

① 목표 값 계산법 : 자료해석 문제에서는 어떤 두 자료값의 비율이 특정 몇 % 이상인지, 이하인지를 묻는 경우가 많다. 따라서 이런 비율을 계산하는 연습을 충분히 해야 한다.

[예제]

연도	생산가능인구	경제활동인구
2014	540	159

※ 경제활동참가율(%) = $\dfrac{경제활동인구}{생산가능인구} \times 100(\%)$

Q. 2014년의 경제활동참가율은 30% 이상이다.　(○ / ×)

계산 방법	계산	결과
실제 값 계산	$\dfrac{159}{540} \times 100(\%) = 29.4\cdots\%$	$540\times29.4\cdots < 30 \quad \therefore$ 정답 : ×
목표 값 계산	$540\times0.3 = 162$	$159 < 162 \quad \therefore$ 정답 : ×

➡ 정확한 값을 묻는 것이 아닌 30%보다 큰지, 작은지를 묻는 내용이다. 같은 결과가 나오지만 목표 값인 30%를 구해서 비교하는 것이 보다 쉽다는 것을 알 수 있다.

② 특정 비율 찾기 : 위의 예시처럼 10%, 20%, 30% 등에 해당하는 값은 0.1, 0.2, 0.3 등을 곱하여 쉽게 찾을 수 있지만, 15%, 25%, 35% 등에 해당하는 값은 곱셈으로 구하기 어렵다. 이때 활용할 수 있는 근삿값 계산을 아래의 표를 통해 확인해보자.

기준 값 : 12,345

비율	10%	20%	30%	40%	50%
근삿값	$12345 \times 0.1 \fallingdotseq 1234$	$12345 \times 0.2 \fallingdotseq 2469$	$12345 \times 0.3 \fallingdotseq 3700$	$12345 \times 0.4 \fallingdotseq 4930$	$12345 \times 2 \fallingdotseq 6170$

비율	60%	70%	80% (=100−20)		90% (=100−10)	
근삿값	$12345 \times 0.6 \fallingdotseq 7380$	$12345 \times 0.7 \fallingdotseq 8600$	$12345 \times 0.8 \fallingdotseq 9900$ $12345 \times (1-0.2) = 12345 - 2469$ $\fallingdotseq 9990$		$12345 \times 0.9 \fallingdotseq 11000$ $12345 \times (1-0.1) = 12345 - 1234$ $\fallingdotseq 11111$	

비율	15%(=10+5)	25%	35%(33.33…%)	45% (=50−5)	55% (=50+5)
근삿값	$1234 + 1234 \div 2 \fallingdotseq 1800$	$12345 \div 4 \fallingdotseq 3080$	$12345 \div 3 = 4115$	$6170 - 617 \fallingdotseq 5550$	$6170 + 617 \fallingdotseq 6800$

비율	65%(≒66.666…%)	75%	85% (=100−15)	95% (=100−5)
근삿값	$12345 \times 2/3 \fallingdotseq 8230$	$12345 \times 3/4 \fallingdotseq 9240$	$12345 - 1800 \fallingdotseq 10500$	$12345 - 617 \fallingdotseq 11700$

※ 15%는 $\frac{1}{7}$로 근사하여 계산해도 된다. $\frac{1}{7} \fallingdotseq 14.3\%$ 이다.

→ 거의 모든 자료해석 문제는 계산기처럼 정확한 계산능력을 요구하는 것이 아니라 숫자에 대한 감각을 요구한다. 따라서 대부분의 문제는 어느 정도 선에서 근삿값으로 계산하여도 문제가 없다.

다음은 경제활동인구 변화에 대한 자료이다. 자료에 대한 설명으로 옳지 <u>않은</u> 것은?

〈표〉 경제활동인구 변화

(단위: 만 명)

연도	생산가능인구	경제활동인구	취업자	실업자	비경제활동인구
2004	340	101	99	2	239
2005	359	108	106	2	251
2006	378	116	115	1	262
2007	399	115	114	1	284
2008	419	125	124	1	294
2009	453	136	135	1	317
2010	474	145	144	1	329
2011	487	152	151	1	335
2012	504	154	152	2	350
2013	520	156	154	2	364
2014	540	159	155	4	381
2015	562	166	162	4	396
2016	593	182	177	5	411
2017	615	193	190	3	422
2018	641	205	200	5	436

※ 생산가능인구는 경제활동인구와 비경제활동인구로 구성되며, 경제활동인구는 취업자와 실업자로 구성됨

※ 경제활동참가율(%)$=\dfrac{경제활동인구}{생산가능인구}\times100(\%)$

※ 실업률(%)$=\dfrac{실업자}{경제활동인구}\times100(\%)$

① 2004년 이후 생산가능인구는 꾸준히 증가하였다.
② 2018년 실업률은 2008년의 3배 이상 증가하였다.
③ 2007년부터 2012년까지 생산가능인구에서 비경제활동인구가 차지하는 비중은 모두 65% 이상이다.
④ 2015년 이후 경제활동참가율은 30% 이상이다.
⑤ 2010년부터 2013년까지 경제활동참가율이 가장 높았던 해는 2011년이다.

How to solve?

STEP 1. 유형파악 〈표〉로 구성된 자료해석 문제
STEP 2. 문제풀이 문제풀이 표의 구조를 파악한 후 선택지를 적절한 순서대로 확인한다.

1) 표의 구성을 파악한다.
   → 연도별로 생산가능인구, 취업자, 실업자 등의 수가 나와 있는 자료이다.
   → 각주에 계산식이 있으므로 이를 활용한 내용이 나올 것이다.
2) 선택지를 확인하기 쉬운 내용부터 체크(특별히 복잡한 선택지가 없다면 그냥 순서대로 확인한다.)
   ① 한 가지 항목의 추세를 묻는 내용이므로 쉽게 체크할 수 있다. 생산가능인구의 열로 가서 04년부터 아래로 훑어 내려오면서 숫자가 작아지는 곳이 있는지 체크한다. 없으므로 맞는 내용이다.

② 실업률에 대한 이야기가 나오므로 각주의 실업률을 계산하는 식을 활용한다. 08년 실업률×3과 18년 실업률 간의 대소비교를 통해 확인한다.

08년 실업률(%)=$\frac{1}{125}$×100(%)

18년 실업률(%)=$\frac{5}{205}$×100(%)

$$\frac{3}{125} \qquad \frac{5}{205} \rightarrow \frac{3}{125} \qquad \frac{2}{80} \rightarrow \frac{3}{125} < \frac{3}{120} \quad \Rightarrow \quad \therefore \ \frac{3}{125} < \frac{5}{205}$$

※ '3배 이상 증가하였다.'는 '증가량이 3배 이상'이라는 것이 아니라 '3배 이상으로 증가하였다'고 이해한다.

③ 생산가능인구×$\frac{1}{3}$과 경제활동인구의 대소비교이다. '생산가능인구=경제활동인구+비경제활동인구'이므로 비경제활동인구가 65% 이상이라는 것은 경제활동인구가 35% 이하라는 말과 같다. 아래와 같이 경제활동인구는 모두 33.33..%보다 작으므로 35%이하인 것을 알 수 있다. 선택지는 옳은 내용이다.

연도	생산가능인구	×$\frac{1}{3}$(근삿값)	대소비교	경제활동인구
2007	399	133	>	115
2008	419	140	>	125
2009	453	151	>	136
2010	474	158	>	145
2011	487	162	>	152
2012	504	168	>	154
기타	24,158	27,281	>	31954

④ 경제활동참가율 식을 활용한다. 생산가능인구×0.3과 경제활동인구의 대소비교이다. 아래와 같이 2015년도에는 경제활동참가율이 30% 미만이다. 따라서 정답이다.

연도	생산가능인구	×0.3(근삿값)	대소비교	경제활동인구
2015	562	168	>	166

※ 이후, 이전 등의 표현은 해당년도를 포함한다.

⑤ 분수비교이다. 해당 분수를 비교하여 2011년도 값이 가장 큰지 확인한다. 2012년과 2013년은 전년도 대비 증가량 비교법으로 만든 분수가 전년도 값보다 훨씬 작다. 따라서 비율이 낮아졌다. 2011년은 증가량비교법으로 비교할 경우 7/13이 0.5보다 크므로, 2010년 값보다 크다. 따라서 참가율이 높아졌음을 알 수 있다.

	2010	2011	2012	2013
경제활동인구 생산가능인구	$\frac{145}{474}$	$\frac{152}{487}$	$\frac{154}{504}$	$\frac{156}{520}$
전년도 대비 증가량 비교법	–	$\frac{7}{13}$	$\frac{2}{17}$	$\frac{2}{16}$

STEP 3. 정답

✓ ④ 2015년 이후 경제활동참가율은 30% 이상이다.

다음 〈표〉는 IT 관련 국가별 자료이다. 이에 대한 〈보기〉의 설명 중 옳은 것을 모두 고르면?

〈표 1〉 2005년 IT 이용현황

(단위: %, 천명, 천대)

국가명 \ 이용현황	인터넷 이용률	인터넷 이용자수	PC 보급대수
호주	70.40	14,190	13,720
대한민국	68.35	33,010	26,201
미국	63.00	191,000	223,810
아이슬란드	87.76	258	142
일본	50.20	64,160	69,200
영국	62.88	37,600	35,890
네덜란드	61.63	10,000	11,110
프랑스	43.23	26,154	35,000

※ 인터넷 이용률(%)= $\dfrac{\text{인터넷 이용자수}}{\text{총 인구수}} \times 100$

〈표 2〉 연도별 백명당 초고속인터넷 가입자 수 추이

(단위: 명)

국가명 \ 연도	2001	2002	2003	2004	2005
호주	0.9	1.8	3.5	7.7	13.8
대한민국	17.2	21.8	24.2	24.8	25.4
미국	4.5	6.9	9.7	12.9	16.8
아이슬란드	3.7	8.4	14.3	18.2	26.7
일본	2.2	6.1	10.7	15.0	17.6
영국	0.6	2.3	5.4	10.5	15.9
네덜란드	3.8	7.0	11.8	19.0	25.4
프랑스	1.0	2.8	5.9	10.5	15.2

〈보 기〉

ㄱ. '인터넷 이용자수'와 'PC 보급대수'의 국가별 순위는 서로 일치한다.

ㄴ. 미국의 2005년 총 인구수는 3억 명이 넘는다.

ㄷ. 2001년 대비 2002년 '백명당 초고속인터넷 가입자수' 증가율은 아이슬란드가 호주보다 높다.

ㄹ. 대한민국과 네덜란드의 2005년 전체 초고속인터넷 가입자수는 같다.

ㅁ. '인터넷 이용률'이 높은 나라일수록 'PC 보급대수'도 많다.

① ㄱ, ㄷ   ② ㄴ, ㄷ   ③ ㄴ, ㄹ

④ ㄴ, ㄷ, ㄹ   ⑤ ㄷ, ㄹ, ㅁ

How to solve?

STEP 1. 유형파악 유형파악 2개의 표로 이루어진 문제, 보기 선택형
STEP 2. 문제풀이 문제풀이 표의 구조를 파악한 후 보기의 내용을 적절한 순서대로 확인한다.

1) 표의 구성을 파악한다.
   → 〈표1〉 국가별 인터넷 이용률, 이용자수, PC보급대수가 나온 자료
   → 〈표2〉 연도별, 국가별 백명당 초고속인터넷 가입자 수
2) 보기를 확인하기 쉬운 내용부터 체크(특별히 복잡한 선택지가 없다면 그냥 순서대로 확인한다.)
   ㄱ. '인터넷 이용자수'와 'PC 보급대수'의 국가별 순위를 눈으로 훑으며 체크한다. 대한민국과 프랑스를 비교하
      면, 대한민국이 인터넷 이용자수는 더 많지만 PC 보급대수는 프랑스가 더 많아 순위가 다름을 알 수 있다.
      ※ 국가의 경제수준이 어느 정도 비슷하다면, 인터넷 이용자수와 PC보급대수는 그 나라의 인구수에 비
         례할 것이다. 인구가 많은 중국의 사람들이 10%만 PC를 가지고 있어도 우리나라 인구보다 많은 PC를
         가지고 있다는 건 쉽게 추론할 수 있다. 따라서 PC 보급대수와 인터넷 이용자수와 같이 둘 다 모두 인
         구라는 공통의 변수에 어느 정도 비례하는 항목이고, 또한 두 항목이 전혀 연관이 없는 것이 아니어서
         PC 보급대수와 인터넷 이용자수의 순위는 어느 정도 유사할 것이다. 그리고 표에 나와 있는 숫자도
         한두 국가만 확인하여도 인터넷 이용자수와 PC보급대수가 큰 차이가 나지 않는 것을 알 수 있다. 따
         라서 두 항목의 순위가 다른 국가가 있다면 아마도 인터넷 이용자수와 PC 보급대수의 차이가 큰 국가
         일 것이라고 예상할 수 있다. 따라서 그런 국가를 찾아보면, 대한민국, 아이슬란드, 프랑스 정도인데,
         아이슬란드는 다른 국가에 비하여 유독 적은 수이므로 비교할 필요가 없고 대한민국과 프랑스를 콕
         집어 확인하여도 쉽게 보기의 내용이 틀린 것임을 알 수 있다.
      ⇒ 통계자료는 사실에 근거한 자료이므로 이런 예상을 할 수 있다. 생각하기에 따라서 보다 쉽게 접근할
         수 있는 것이다.
   ㄴ. 총인구수는 표에 바로 나와 있는 자료가 아니므로 나중에 확인하여도 좋은 보기이다. 각주를 활용하는 보
      기이다. 191/63 이 3보다 크므로 맞는 보기이다.

      $$인터넷\ 이용률(\%)=\frac{인터넷\ 이용자수}{총인구수}\times100(\%)$$

      $$총인구수=\frac{인터넷\ 이용자수}{인터넷\ 이용률}\times100(\%)=\frac{191,000,000}{63}\times100(\%)=303,174,603$$

      ※ 사실 $\frac{191}{63}$ 이 3보다 큰지만 확인하면 된다. 63×3=189 이므로 3보다 크다. 따라서 3억 명이 넘는 것을
         알 수 있다.
         이유는 문제를 내기 위해 조작된 터무니없는 자료를 주지 않기 때문에 미국의 인구는 몇 억 명이 나오
         는 자료일 것이다. 따라서 자릿수는 생각하지 않아도 좋다. 물론 미국의 인구가 대략 몇 명인지에 대한
         상식이 있어야 하는데, 몇몇 국가의 대략적인 인구를 안다면 더욱 쉽게 풀 수 있다.
   ㄷ. 2002년 아이슬란드와 호주의 전년대비 백명당 초고속인터넷 가입자 수 증가율 대소비교(맞는 보기)이다.
      아래와 같은 분수 비교이지만, 호주는 2로 떨어지고, 아이슬란드는 2보다는 크므로 바로 확인 가능하다.

      $$\frac{1.8}{0.9}=2 \qquad \frac{8.4}{3.7}\fallingdotseq2**$$

   ㄹ. 〈표2〉를 보면 대한민국과 네덜란드의 백명당 가입자수는 같지만 인구가 다르므로 초고속인터넷 가입자
      수는 같을 수 없다. 틀린 보기이다.
   ㅁ. '인터넷 이용률'은 인구와 상관없는 자료 항목이지만, 'PC 보급대수'는 인구수에 비례하는 자료이다. 따라
      서 틀린 내용일 것이라는 것은 쉽게 예상할 수 있다. (실제 확인해 보아도 틀린 내용이다.)

STEP 3. 정답
✓ ② ㄴ, ㄷ

01 다음 〈그림〉과 〈표〉는 H 공기업의 부채 및 통행료 수입 등에 관한 자료이다. 〈보기〉의 내용 중 옳은 것을 모두 고르면?

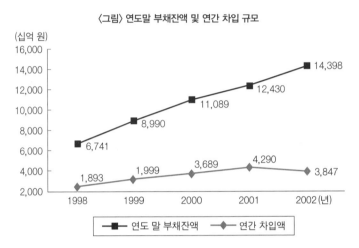

〈그림〉 연도말 부채잔액 및 연간 차입 규모

〈표〉 연간 부채 지급이자, 통행료 수입 및 유료도로 길이

(단위:십억 원, km)

연도 구분	1998	1999	2000	2001	2002
연간 부채 지급이자	603	748	932	926	953
통행료 수입	1,264	1,443	1,687	1,826	2,200
유료도로 길이	1,893	1,898	1,996	2,041	2,600

1) 통행료는 H 공기업의 유일한 수입원이라고 가정함.
2) 부채의 당해년도 원금상환액＝전년도말 부채잔액－당해년도말 부채잔액＋당해년도 연간 차입액

〈보 기〉

ㄱ. 1999년도부터 2002년도까지 유료도로 1km당 통행료 수입은 매년 증가하고 있다.
ㄴ. 2002년도 연도말 부채잔액 대비 당해년도 지급이자 비율은 전년도에 비하여 낮아졌다.
ㄷ. 통행료 수입의 전년대비 증가율은 2000년도에 가장 높다.
ㄹ. 2002년도 부채 원리금상환액(부채 원금상환액 ＋ 부채지급이자)은 당해년도 통행료 수입을 초과한다.

① ㄱ, ㄴ   ② ㄱ, ㄷ   ③ ㄴ, ㄷ
④ ㄴ, ㄹ   ⑤ ㄷ, ㄹ

02 다음 〈그림〉은 '갑'제품의 제조사별 매출액에 대한 자료이다. '갑' 제품의 제조사는 A, B, C만 존재한다고 할 때, 〈보기〉 중 옳은 것을 모두 고르면?

〈그림〉 제조사별 매출액

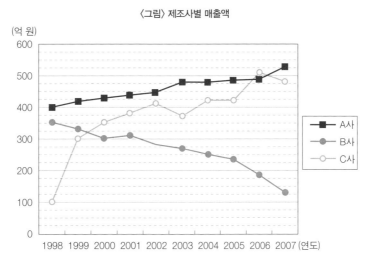

※ 시장규모와 시장점유율은 매출액 기준으로 산정함.

─〈보 기〉─

ㄱ. 1999~2007년 사이 '갑'제품의 시장규모는 매년 증가하였다.
ㄴ. 2004~2007년 사이 B사의 시장점유율은 매년 하락하였다.
ㄷ. 2003년 A사의 시장점유율은 2002년에 비해 상승하였다.
ㄹ. C사의 시장점유율은 1999~2002년 사이 매년 상승하였으나 2003년에는 하락하였다.

① ㄱ, ㄴ   ② ㄴ, ㄷ   ③ ㄷ, ㄹ
④ ㄱ, ㄴ, ㄹ   ⑤ ㄴ, ㄷ, ㄹ

다음 〈표〉는 A시의 교육여건을 나타낸 자료이다. 이에 대한 〈보기〉의 설명 중 옳은 것을 모두 고르면?

〈표〉 A시 교육여건 현황

교육여건 / 학교급	전체	학교 수	학교당	학급 수	학급당 주간	수업시수(시간)
초등학교	150	30	28	32	1.3	25
중학교	70	36	34	35	1.8	19
고등학교	60	33	35	32	2.1	15

〈보 기〉

ㄱ. 모든 초등학교와 중학교의 총 학생 수 차이는 모든 중학교와 고등학교의 총 학생 수 차이보다 크다.
ㄴ. 모든 초등학교의 총 교원 수는 모든 중학교와 고등학교의 총 교원 수의 합보다 크다.
ㄷ. 모든 초등학교의 주간 수업시수의 합은 모든 중학교의 주간 수업시수의 합보다 많다.
ㄹ. 고등학교의 교원당 주간 수업시수는 17시간 이하이다.

① ㄱ, ㄷ
② ㄴ, ㄹ
③ ㄱ, ㄴ, ㄷ
④ ㄱ, ㄷ, ㄹ
⑤ ㄴ, ㄷ, ㄹ

04 다음은 산업 및 가계별 온실가스 대기배출량에 대한 자료이다. 자료에 대한 설명으로 옳지 <u>않은</u> 것을 고르시오.

<표> 산업 및 가계별 온실가스 배출량

(단위 : 천 톤 CO_2eq)

구분	물질	2011	2012	2013
산업부문	CO_2	564,277	571,155	581,147
	N_2O	12,062	13,535	13,783
	CH_4	25,617	25,731	25,639
	HFCs	7,907	8,694	8,095
	PFCs	2,072	2,267	2,320
	SF_6	8,928	7,767	8,612
	합계	620,863	629,149	639,596
가계부문	CO_2	59238	54675	54447
	N_2O	108	100	101
	CH_4	435	373	390
	HFCs	0	0	0
	PFCs	0	0	0
	SF_6	0	0	0
	합계	59,781	55,148	54,938

① 2011년 대비 2012년의 SF6의 배출량의 감소율은 20% 이하이다.
② 전년 대비 배출량의 감소율이 가장 큰 것은 2012년도 가계부문의 CH_4이다.
③ 산업부문 전체 온실가스 배출량에서 CO2가 차지하는 비율은 매년 증가하였다.
④ 가정에서 배출되는 온실가스는 매년 줄어들었다.
⑤ 산업부문 HFCs 배출량의 증감 추이와 같은 항목은 하나뿐이다.

05 다음 자료는 기업 종사자규모별 기업수와 교역액에 대한 자료이다. 다음 자료를 보고 옳지 <u>않은</u> 것을 고르시오.

[표]종사자 규모별 수출입

(단위 : 개, 백만 달러)

유형	종사자규모	2014		2015		2016	
		기업 수	교역액	기업 수	교역액	기업 수	교역액
수출	계	89,938	571,771	90,761	525,664	93,045	494,281
	1~9인	56,469	27,828	56,950	25,501	58,660	24,768
	10~49인	23,178	32,283	23,640	29,095	24,051	28,673
	50~249인	8,313	58,902	8,251	53,551	8,366	52,380
	250인 이상	1,978	452,758	1,920	417,517	1,968	388,460
수입	계	161,928	520,009	169,045	431,394	172,083	399,762
	1~9인	115,974	32,852	122,037	32,830	124,052	32,040
	10~49인	33,286	44,237	34,420	42,427	35,195	42,446
	50~249인	10,334	69,126	10,280	69,247	10,500	64,351
	250인 이상	2,334	373,793	2,308	286,891	2,336	260,924

※ 무역수지 : 수출액 – 수입액

① 수입, 수출에 상관없이 전체 기업의 수는 해마다 증가하였다.
② 종사자 규모가 250인 이상인 기업들의 무역수지는 해마다 증가하였다.
③ 2014년 전체 수출 기업에서 1~9인 규모의 회사가 차지하는 비율은 60% 이상이다.
④ 종사자 규모가 50~249명인 기업의 수출액은 2014년에 비해 2016년에 10% 이상 감소하였다.
⑤ 1~9인 규모의 기업의 기업체 1개당 수입액은 꾸준히 감소하였다.

06 다음 자료는 연령대별 1인 가구에 대한 자료이다. 이를 보고 설명한 것으로 옳지 <u>않은</u> 것을 고르시오.

〈연령대별 1인 가구 (2015)〉

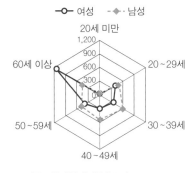

■ 자료 : 통계청, 「인구총조사」

〈연령대별 1인 가구 증감 (2015~2005)〉

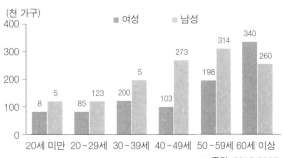

※ 증감=2015-2005

〈연령대별 1인 가구〉

(단위 : 세, 천 가구, %)

구분		계	연령대					
			~19	20~29	30~39	40~49	50~59	60~
여성	2000	1,304	22	225	149	144	159	605
	2005	1,753	22	317	219	205	202	788
	2010	2,218	24	355	282	249	297	1,012
	2015	2,610	30	402	343	308	400	1,128
	구성비	100.0	1.1	15.4	13.1	11.8	15.3	43.2
남성	2000	921	23	282	259	150	95	112
	2005	1,418	23	362	410	269	164	190
	2010	1,924	24	408	509	381	294	308
	2015	2,593	28	485	610	542	478	450
	구성비	100.0	1.1	18.7	23.5	20.9	18.4	17.4

자료 : 통계청, 「인구총조사」, 각년도
주 : 1) 증감=2015-2005

① 2000년부터 2015년까지 모든 연령대에서 그리고 성별에 상관없이 1인 가구의 수는 증가하는 추세이다.
② 2005년에 비하여 2015년에 1인 가구가 가장 많이 증가한 연령대는 60세 이상이다.
③ 남성의 경우 2005년 대비 2015년의 1인 가구 수의 증가율이 가장 큰 연령대는 50대이다.
④ 여성 1인 가구에서 60대 이상이 차지하는 비율은 2005년이 2015년보다 크다.
⑤ 2010년 남성 1인 가구에서 30, 40대가 차지하는 비율은 45% 이하이다.

07 다음 〈그림〉은 보육 관련 6대 과제별 성과 점수 및 추진 필요성 점수를 나타낸 것이다. 이에 대한 〈보기〉의 설명 중 옳은 것만을 모두 고르면?

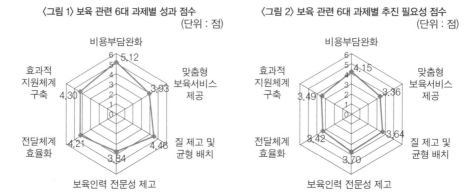

〈그림 1〉보육 관련 6대 과제별 성과 점수
(단위 : 점)

〈그림 2〉보육 관련 6대 과제별 추진 필요성 점수
(단위 : 점)

─────〈보 기〉─────

ㄱ. 성과 점수가 가장 높은 과제와 가장 낮은 과제의 점수 차이는 1.00점보다 크다.
ㄴ. 성과 점수와 추진 필요성 점수의 차이가 가장 작은 과제는 '보육인력 전문성 제고' 과제이다.
ㄷ. 6대 과제의 추진 필요성 점수 평균은 3.70점 이상이다.

① ㄴ   ② ㄱ, ㄴ   ③ ㄱ, ㄷ
④ ㄴ, ㄷ   ⑤ ㄱ, ㄴ, ㄷ

08 다음 [표]는 대한민국의 연도별 1인가구의 수에 대한 자료이다. 이를 보고 설명한 것으로 옳지 <u>않은</u> 것을 고르시오.

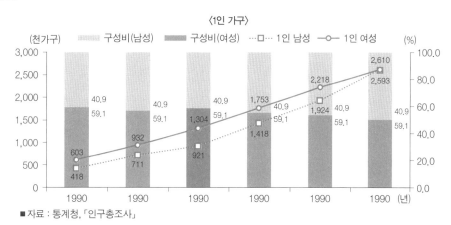

〈1인 가구〉

■ 자료 : 통계청, 「인구총조사」

① 2000년 이후 1인 가구 중 남성 가구가 차지하는 비율은 매년 증가하였다.

② 2010년의 1인 가구 중 여성 가구 대비 남성 가구의 비율은 2005년에 비하여 증가하였다.

③ 2000년의 여성 1인 가구 수는 1995년에 대비 약 40% 증가하였다.

④ 위 [표]에서 1인 가구 중 남녀 가구의 구성비의 차이가 10%p 이상인 때는 4번이다.

⑤ 2015년에 대한민국 사람 중 거주 유형이 1인 가구인 사람은 500만 명 이상이다.

09 다음 자료는 「경제활동인구조사 부가조사(청년층)」 설문 결과이다. 이에 대한 설명으로 옳은 것을 고르시오.

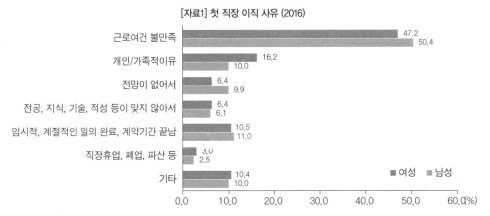

[자료1] 첫 직장 이직 사유 (2016)

■ 자료 : 통계청, 「경제활동인구조사부가조사(청년층) 결과」

[자료2] 청년층(15~29세)[1]의 첫 직장 이직 사유

(단위 : %)

연도	계	근로여건 불만족	개인 가족적 이유	전망이 없어서	전공, 지식, 기술, 적성 등이 맞지 않아서	계약기간 종료	직장휴업, 폐업, 파산 등	기타[2]
2010	100.0	42.5	16.9	10.2	7.5	8.5	2.8	11.4
2011	100.0	42.3	18.4	9.9	7.3	8.9	2.5	10.8
2012	100.0	44.0	18.0	8.6	8.8	8.6	1.8	10.2
2013	100.0	45.1	18.7	8.1	7.6	9.2	2.2	9.0
2014	100.0	47.0	17.6	7.7	7.0	10.1	1.8	8.7
2015	100.0	47.4	16.8	7.6	6.4	11.2	1.9	8.7
2016	100.0	48.6	13.5	7.9	6.3	10.7	2.8	10.2

자료 : 통계청, 「경제활동인구조사 부가조사(청년층) 결과」,각년도 5월
주 : 1) 졸업 중퇴 후 취업 유경험자 중 이직경험자, 실업 · 비경제활동인구 포함
　　2) 창업 또는 가족사업 참여, 일거리가 없거나 회사사정 어려움, 권고사직 등

① '개인 가족적 이유'로 첫 직장을 이직한 청년층의 수는 2013년에 가장 많다.
② 첫 직장 이직 사유 중 '근로여건불만족'의 비율은 매년 증가하였다.
③ 2016년 경제활동인구조사 부가조사에서 청년층 첫 직장 이직 사유에 대한 조사에 참여한 사람은 여성이 남성보다 많다.
④ 아버지가 운영하시는 가게에서 일하기 위해 첫 직장을 이직하는 경우 '개인 가족적 이유'에 해당한다.
⑤ '근로여건불만족'은 매년 기타를 제외한 나머지 항목들 중 절반 이상을 차지한다.

10 다음 〈그림〉은 2008년 스마트폰 시장 상황에 대한 자료이다. 이에 대한 설명으로 옳지 <u>않은</u> 것은?

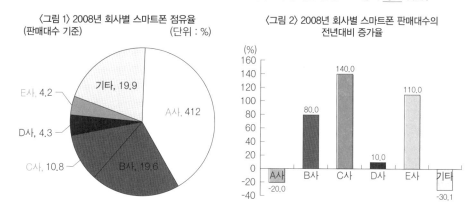

〈그림 1〉 2008년 회사별 스마트폰 점유율 (판매대수 기준)　(단위 : %)

〈그림 2〉 2008년 회사별 스마트폰 판매대수의 전년대비 증가율

① A~E사 중 2007년 스마트폰 판매대수가 가장 많은 회사는 A사이다.

② C사의 2007년 스마트폰 판매대수는 E사의 2007년 스마트폰 판매대수의 두 배 이상이다.

③ 2008년 E사의 전년대비 판매대수 증가량은 2008년 A사의 전년대비 판매대수 감소량보다 많다.

④ A~E사 중 2008년에 전년대비 판매대수가 가장 많이 증가한 회사는 B사이다.

⑤ 2007년과 2008년에 A~E사 간 판매대수 기준 스마트폰 점유율이 큰 순서는 동일하다.

11 다음 [표]는 주요국 통화의 대 원화 환율에 대한 자료이다. 다음 자료에 대한 설명으로 옳지 <u>않은</u> 것을 고르시오.

[표]종사자 규모별 수출입

(단위 : 개, 백만 달러)

구분	미국(USD)	중국(CNY)	일본 (JPY 100)*	유럽연합 (EUR)	캐나다 (CAP)	호주(AUD)
2010	1,115.80	163.49	1,178.99	1,472.47	1,103.77	1,033.90
2011	1,070.20	164.75	1,320.83	1,586.63	1,123.22	1,161.11
2012	1,130.00	179.22	1,408.19	1,486.18	1,143.26	1,160.17
2013	1,099.70	178.64	1,122.43	1,436.92	1,088.38	1,128.13
2014	1,032.20	164.91	1,008.94	1,431.56	941.27	956.85
2015	1,069.50	172.42	889.99	1,196.93	879.31	837.42
2016	1,137.10	175.34	1,065.05	1,308.01	894.86	852.43
2017	1,130.70	163.90	1,003.24	1,231.22	823.59	839.66
2018	1,076.50	169.07	986.30	1,290.35	837.55	810.55

※ 환율은 각 연도별 한국기준 5월 4일에 해당하는 환율이다.
*일본의 경우 100엔당 원화의 비율이다. 예: 2018년 200엔=986.3*2=1,972.6원

① 2010년부터 2018년까지 대 원화 환율의 증감 추이가 같은 통화는 없다.
② 캐나다의 환율이 2010년을 기준으로 처음으로 20% 이상 떨어진 해는 2015년이다.
③ 2015년 기준으로 200만 US달러를 유로화로 바꾸면 180만 유로 이상이다.
④ 2014년 이전 캐나다달러가 호주달러에 비하여 가치가 가장 높았던 해는 2010년이다.
⑤ 2012년 5만 위안(중국)은 원화로 약 900만 원이다.

12 다음 〈그림〉은 1998~2007년 동안 어느 시의 폐기물 처리 유형별 처리량 추이에 대한 자료이다. 이에 대한 〈보기〉의 설명 중 옳은 것을 모두 고르면?

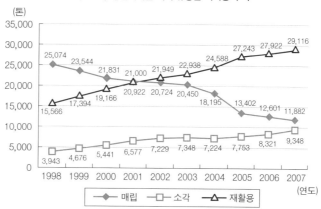

〈그림 1〉 생활폐기물 처리 유형별 처리량 추이

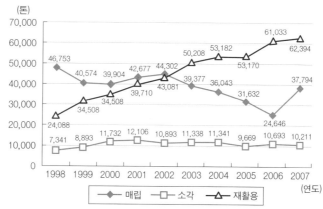

〈그림 2〉 사업장폐기물 처리 유형별 처리량 추이

1) 폐기물 처리 유형은 매립, 소각, 재활용으로만 구분됨.

2) 매립률(%) = $\dfrac{\text{매립량}}{\text{매립량+소각량+재활용량}} \times 100$

3) 재활용률(%) = $\dfrac{\text{재활용량}}{\text{매립량+소각량+재활용량}} \times 100$

───────── 〈보 기〉 ─────────

ㄱ. 생활폐기물과 사업장폐기물 각각의 재활용량은 매년 증가하고 매립량은 매년 감소하고 있다.

ㄴ. 생활폐기물 전체 처리량은 매년 증가하고 있다.

ㄷ. 2006년 생활폐기물과 사업장폐기물 각각 매립률이 25% 이상이다.

ㄹ. 사업장폐기물의 재활용률은 1998년에 40% 미만이나 2007년에는 60% 이상이다.

ㅁ. 2007년 생활폐기물과 사업장폐기물의 전체 처리량은 각각 전년대비 증가하였다.

① ㄱ, ㄷ   ② ㄴ, ㄹ   ③ ㄷ, ㅁ

④ ㄱ, ㄴ, ㄹ   ⑤ ㄷ, ㄹ, ㅁ

13 다음 〈표〉는 A시와 B시의 민원접수 및 처리 현황에 대한 자료이다. 이에 대한 설명으로 옳은 것은?

〈표〉 A, B시의 민원접수 및 처리 현황

(단위 : 건)

구분	민원접수	처리 상황		완료된 민원의 결과	
		미완료	완료	수용	기각
A시	19,699	( )	18,135	( )	3,773
B시	40,830	( )	32,049	23,637	( )

※ 1) 접수된 민원의 처리 상황은 '미완료'와 '완료'로만 구분되며, 완료된 민원의 결과는 '수용'과 '기각'으로만 구분됨.

2) 수용비율(%) = $\dfrac{수용건수}{완료건수} \times 100$

① A시는 B시에 비해 '민원접수' 건수가 적고, 시민 1인당 '민원접수' 건수도 B시에 비해 적다.
② '수용' 건수는 B시가 A시에 비해 많고, 수용비율도 B시가 A시에 비해 높다.
③ '미완료' 건수는 B시가 A시의 5배를 넘지 않는다.
④ B시의 '민원접수' 건수 대비 '수용' 건수의 비율은 50% 미만이다.
⑤ A시와 B시 각각의 '민원접수' 건수 대비 '미완료' 건수의 비율은 10%p 이상 차이가 난다.

14 다음은 국가별 34세 이하 노동자, 65세 이상 인구 비율, 65세 이상 경제활동률에 대한 자료이다. 프랑스의 2015년도 65세 이상 인구가 1,524만 명이었다면, 2015년도 34세 이하 노동자 수로 옳은 것은 무엇인가? (단, 소수점 아래 첫째 자리에서 반올림한다.)

[표] 국가별 34세 이하 노동자, 65세 이상 인구 비율, 65세 이상 경제활동률

(단위 : %,건)

국가, 지역	총 인구대비 34세 이하 노동자 수 비율		총 인구대비 65세 이상 인구 비율		65세 이상 인구 경제활동률
	1990년	2015년	1990년	2015년	1990년
세계	57.10%	51.70%	5.90%	6.80%	32.80%
OECD국가	46.90%	40.70%	11.20%	13.30%	9.00%
미국	50.4	39.5	12.3	12.9	10.3
일본	33.9	33.9	11.1	15.8	26.0
독일	45.7	37.4	14.2	16.0	3.2
영국	43.6	38.8	15.5	15.4	4.6
프랑스	47.0	41.5	13.6	15.6	3.0
이탈리아	48.0	44.6	14.0	16.7	3.9
스페인	49.9	49	9.1	11.5	3.8
캐나다	50.9	39.7	11.1	13.1	7.1
호주	50.7	44.4	10.7	11.6	5.1
스웨덴	38.7	36.3	16.9	17.2	5.4

① 41,904,157명
② 40,542,307명
③ 39,603,158명
④ 38,845,892명
⑤ 37,912,689명

다음 〈표〉는 2006~2009년 사업자 유형별 등록 현황에 대한 자료이다. 이에 대한 〈보기〉의 설명 중 옳은 것을 모두 고르면?

〈표〉 2006~2009년 사업자 유형별 등록 현황

(단위:천 명)

유형	연도	2006	2007	2008	2009
법인사업자	등록사업자	420	450	475	( )
	신규등록자	65	( )	75	80
	폐업신고자	35	45	( )	55
일반사업자	등록사업자	2,200	( )	2,405	2,455
	신규등록자	450	515	( )	450
	폐업신고자	350	410	400	( )
간이사업자	등록사업자	1,720	1,810	( )	1,950
	신규등록자	380	440	400	( )
	폐업신고자	310	( )	315	305
면세사업자	등록사업자	500	515	540	565
	신규등록자	105	100	105	105
	폐업신고자	95	85	80	80
전체 등록사업자		4,840	5,080	5,315	5,470

※ 1) 사업자 유형은 법인사업자, 일반사업자, 간이사업자, 면세사업자로만 구분됨.
　2) 수2) 각 유형의 사업자 수는 해당 유형의 등록사업자 수를 의미함.
　3) 당해년도등록사업자 수＝직전년도등록사업자 수＋당해연도 신규등록자 수－당해년도 폐업신고자 수

────── 〈보 기〉 ──────

ㄱ. 2007~2009년 동안 전체 등록사업자 수의 전년대비 증가율은 매년 감소하였다.
ㄴ. 2006~2009년 동안 일반사업자 중에서 폐업신고자 수가 가장 많았던 연도와 법인사업자 중에서 폐업신고자 수가 가장 많았던 연도는 일치한다.
ㄷ. 2006~2009년 동안 전체 등록사업자 수 중 간이사업자 수와 면세사업자 수가 차지하는 비중의 합은 매년 50% 이상이다.
ㄹ. 2005~2009년 동안 전체 등록사업자 수 중 면세사업자 수가 차지하는 비중은 매년 10% 이상이다.

① ㄱ　　　　　　　② ㄱ, ㄴ　　　　　　　③ ㄱ, ㄹ
④ ㄴ, ㄷ　　　　　　⑤ ㄷ, ㄹ

16 다음 〈그림〉은 2010년 세계 인구의 국가별 구성비와 OECD 국가별 인구를 나타낸 자료이다. 2010년 OECD 국가의 총 인구 중 미국 인구가 차지하는 비율이 25%일 때, 이에 대한 〈보기〉의 설명 중 옳은 것을 모두 고르면?

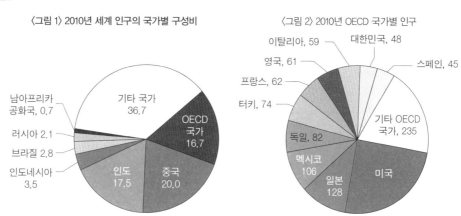

〈그림 1〉 2010년 세계 인구의 국가별 구성비

〈그림 2〉 2010년 OECD 국가별 인구

─── 〈보 기〉 ───

ㄱ. 2010년 세계 인구는 70억 명 이상이다.

ㄴ. 2010년 기준 독일 인구가 매년 전년대비 10% 증가한다면, 독일 인구가 최초로 1억 명 이상이 되는 해는 2014년이다.

ㄷ. 2010년 OECD 국가의 총 인구 중 터키 인구가 차지하는 비율은 5% 이상이다.

ㄹ. 2010년 남아프리카공화국 인구는 스페인 인구보다 적다.

① ㄱ, ㄴ   ② ㄱ, ㄷ   ③ ㄱ, ㄹ
④ ㄴ, ㄷ   ⑤ ㄷ, ㄹ

17 다음 〈그림〉은 2010년과 2011년의 갑 회사 5개 품목(A~E)별 매출액, 시장점유율 및 이익률을 나타내는 그래프이다. 이에 대한 〈보기〉의 설명 중 옳은 것을 모두 고르면?

〈그림 1〉 2010년 A~E의 매출액, 시장점유율, 이익률　　　〈그림 2〉 2011년 A~E의 매출액, 시장점유율, 이익률

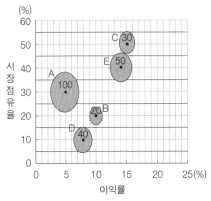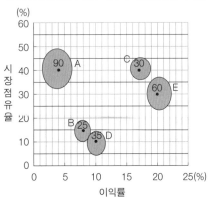

※ 1) 원의 중심좌표는 각각 이익률과 시장점유율을 나타내고, 원 내부값은 매출액(억원)을 의미하며, 원의 면적은 매출액에 비례함.

2) 이익률(%) = $\dfrac{\text{이익}}{\text{매출액}} \times 100$

3) 시장점유율(%) = $\dfrac{\text{매출액}}{\text{시장규모}} \times 100$

―〈보 기〉―

ㄱ. 2010년보다 2011년 매출액, 이익률, 시장점유율 3개 항목이 모두 큰 품목은 없다.
ㄴ. 2010년보다 2011년 이익이 큰 품목은 3개이다.
ㄷ. 2011년 A품목의 시장규모는 2010년보다 크다.
ㄹ. 2011년 시장규모가 가장 큰 품목은 전년보다 이익이 작다.

① ㄱ, ㄴ　　　　　　② ㄱ, ㄷ　　　　　　③ ㄴ, ㄹ
④ ㄷ, ㄹ　　　　　　⑤ ㄱ, ㄴ, ㄷ

18   다음 〈그림〉은 OECD 국가의 대학졸업자 취업에 관한 자료이다. A~L 국가 중 '전체 대학졸업자' 대비 '대학졸업자 중 취업자' 비율이 OECD 평균보다 높은 국가만으로 바르게 짝지어진 것은?

〈그림〉 OECD 국가의 대학졸업자 취업률 및 경제활동인구 비중

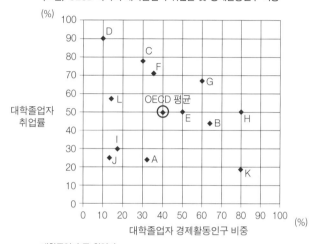

※ 1) 대학졸업자 취업률(%)= $\dfrac{\text{대학졸업자 중 취업자}}{\text{대학졸업자 중 경제활동인구}}$ ×100

   2) 대학졸업자의 경제활동인구 비중(%)= $\dfrac{\text{대학졸업자 중 경제활동인구}}{\text{전체 대학졸업자}}$ ×100

① A, D   ② B, C   ③ D, H
④ G, K   ⑤ H, L

19 다음 〈그림〉과 〈표〉는 창업보육센터의 현황에 대한 자료이다. 이에 대한 〈보기〉의 설명 중 옳지 <u>않은</u> 것을 모두 고르면?

〈그림〉 연도별 창업보육센터 수 및 지원금액

〈표〉 연도별 창업보육센터당 입주업체 수 및 매출액

(단위 : 개, 억 원)

구분 \ 연도	2008	2009	2010
창업보육센터당 입주업체 수	16.6	17.1	16.8
창업보육센터당 입주업체 매출액	85.0	91.0	86.7

※ 한 업체는 1개의 창업보육센터에만 입주함.

─〈 보 기 〉─

ㄱ. 2010년 전년대비 창업보육센터 지원금액 증가율은 2010년 전년대비 창업보육센터 수 증가율의 5배 이상이다.

ㄴ. 2010년 창업보육센터의 전체 입주업체 수는 전년보다 적다.

ㄷ. 창업보육센터당 지원금액이 가장 적은 해는 2005년이며 가장 많은 해는 2010년이다.

ㄹ. 창업보육센터 입주업체의 전체 매출액은 2008년 이후 매년 증가하였다.

① ㄱ, ㄴ　　　　　　② ㄱ, ㄷ　　　　　　③ ㄴ, ㄷ
④ ㄴ, ㄹ　　　　　　⑤ ㄷ, ㄹ

20 다음 〈표〉는 2011년과 2012년 친환경인증 농산물의 생산 현황에 관한 자료이다. 이에 대한 설명으로 옳지 않은 것은?

〈표〉 종류별, 지역별 친환경인증 농산물 생산 현황

(단위 : 톤)

구분		2012년				2011년
		합	인증형태			
			유기 농산물	무농약 농산물	저농약 농산물	
종류	곡류	343,380	54,025	269,280	20,075	371,055
	과실류	341,054	9,116	26,850	305,088	457,794
	채소류	585,004	74,750	351,340	158,914	753,524
	서류	41,782	9,023	30,157	2,602	59,407
	특용작물	163,762	6,782	155,434	1,546	190,069
	기타	23,253	14,560	8,452	241	20,392
	계	1,498,235	168,256	841,513	488,466	1,852,241
곡류	서울	1,746	106	1,544	96	1,938
	부산	4,040	48	1,501	2,491	6,913
	대구	13,835	749	3,285	9,801	13,852
	인천	7,663	1,093	6,488	82	7,282
	광주	5,946	144	3,947	1,855	7,474
	대전	1,521	195	855	471	1,550
	울산	10,859	408	5,142	5,309	13,792
	세종	1,377	198	826	353	0
	경기도	109,294	13,891	71,521	23,882	126,209
	강원도	83,584	17,097	52,810	13,677	68,300
	충청도	159,495	29,506	64,327	65,662	207,753
	전라도	611,468	43,330	443,921	124,217	922,641
	경상도	467,259	52,567	176,491	238,201	457,598
	제주도	20,148	8,924	8,855	2,369	16,939
	계	1,498,235	168,256	841,513	488,466	1,852,241

① 2012년 친환경인증 농산물 종류 중 전년대비 생산 감소량이 세 번째로 큰 농산물은 곡류이다.
② 2012년 친환경인증 농산물의 종류별 생산량에서 무농약 농산물 생산량이 차지하는 비중은 서류가 곡류보다 크다.
③ 2012년 전라도와 경상도에서 생산된 친환경인증 채소류 생산량의 합은 적어도 16만 톤 이상이다.
④ 2012년 각 지역내에서 인증형태별 생산량 순위가 서울과 같은 지역은 인천과 강원도뿐이다.
⑤ 2012년 친환경인증 농산물의 생산량이 전년대비 30% 이상 감소한 지역은 총 2곳이다.

다음 [표]는 연령대별 문화행사(대중음악, 연예) 직접 관람 횟수와 그 비율에 대해 설문 조사한 자료이다. 이에 대한 한국대학 학생들의 대화를 보고 자료에 대해 옳은 설명을 한 사람을 고르면?

[표] 문화행사 직접 관람 횟수 비율 (대중음악, 연예)

(단위 : 회 , %)

분류 (1)	분류 (2)	2016년					
		사례 수	1회	2회	3회	4회 이상	경험 없음
전체	소계	10,716	7.2	2.9	1.1	3.3	85.4
소계	남성	5,211	6.8	2.6	1.2	3.2	86.3
	여성	5,505	7.7	3.2	1.1	3.5	84.5
연령	15~19세	843	10.7	3.8	2.4	4.6	78.5
	20대	1,531	12	5.4	1.9	3	77.7
	30대	1,757	7.4	2.8	1.1	3.7	85.1
	40대	1,988	6	2	0.8	3.4	87.8
	50대	1,969	5.3	2.6	1.1	3.3	87.7
	60대	1,315	5.7	2.5	0.6	2.9	88.4
	70대이상	1,313	4.8	1.5	0.6	3	90.2

① 찬솔 : 10대부터 40대 사이의 응답자중 82% 이상이 문화행사를 직접 관람한 경험이 없어.
② 민용 : 문화행사를 직접 관람한 경험이 있는 사람들 중에는 50% 이상이 1회 관람했어.
③ 세진 : 그리고 문화행사 직접 관람 경험이 1~3회인 사람의 비율은 연령대가 증가할수록 감소하고 있어.
④ 승리 : 40대 이상의 응답자 중 여성은 적어도 1274명이야.
⑤ 영황 : 50대 응답자 중 4회 이상 관람했다고 응답한 사람은 60명 이하야.

22 다음 〈그림〉은 2013년 A~D국의 항목별 웰빙지수에 관한 자료이다. 이에 대한 설명으로 옳지 <u>않은</u> 것은?

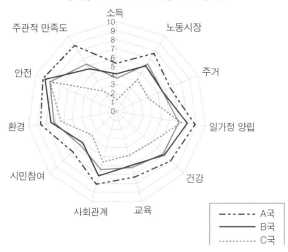

〈그림〉 2013년 A~D국의 항목별 웰빙지수

※ 1) 웰빙지수는 항목별로 0~10으로 표시되고, 숫자가 클수록 지수가 높으며, 그래프의 0~10 사이 간격은 균등함.

2) 종합웰빙지수 = $\dfrac{\text{각 항목 웰빙지수의 합}}{\text{전체 항목 수}}$

① A국의 종합웰빙지수는 7 이상이다.
② B국과 D국의 종합웰빙지수 차이는 1 미만이다.
③ D국의 웰빙지수가 B국보다 높은 항목의 수는 전체 항목 수의 50% 미만이다.
④ A국과 C국에서 웰빙지수가 가장 낮은 항목은 동일하다.
⑤ A국과 C국의 웰빙지수 차이가 가장 작은 항목과 B국과 D국의 웰빙지수 차이가 가장 작은 항목은 동일하다.

23 다음 자료는 '1차 에너지 소비량'에 대한 에너지 경제연구원의 자료이다. 다음 자료에 대한 설명으로 옳은 것을 모두 고르시오.

〈1차 에너지 소비량, 에너지경제연구원〉

분류(1)	분류(2)	2000년	2005년	2010년	2015년
석탄(천 ton)	소계	66,525	84,822	121,029	134,837
	무연탄	6,196	9,034	10,104	10,657
	유연탄	60,329	75,788	110,926	124,180
석유(천 bbl)	소계	742,557	761,080	794,278	856,206
	에너지유	409,673	367,053	326,416	321,834
	LPG	84,688	91,668	105,175	89,866
	비에너지유	248,196	302,359	362,688	444,506
천연가스(천 ton)	천연가스(천 ton)	14,557	23,350	33,083	33,446
수력(GWh)	수력(GWh)	5,610	5,189	6,472	5,796
원자력(GWh)	원자력(GWh)	108,964	146,779	148,596	164,762
신재생(천 toe)	신재생(천 toe)	2,130	3,961	6,064	12,839

〈보 기〉

ㄱ. 2005년의 LPG 소비량은 유연탄 소비량보다 20% 이상 더 많다.
ㄴ. 석유 소비량에서 에너지유가 차지하는 비율은 감소하는 추세이다.
ㄷ. 신재생 에너지 소비량은 매년 50% 이상 증가하였다.
ㄹ. 석탄과 석유, 원자력에너지 소비량 중에서 2000년 대비 2010년 에너지 소비량의 증가율이 가장 큰 것은 유연탄이다.
ㅁ. 전체 석탄 소비량에서 유연탄이 차지하는 비율은 90%이상을 유지하고 있다.

① ㄱ, ㄹ   ② ㄱ, ㄴ, ㅁ   ③ ㄴ, ㄷ
④ ㄴ, ㄹ   ⑤ ㄷ, ㄹ, ㅁ

24 다음 〈표〉는 '갑'국의 주택보급률 및 주거공간 현황에 대한 자료이다. 이에 대한 〈보기〉의 설명 중 옳은 것만을 모두 고르면?

〈표〉 '갑'국의 주택보급률 및 주거공간 현황

연도	가구수 (천가구)	주택보급률 (%)	주거공간	
			가구당(m²/가구)	1인당(m²/인)
2000	10,167	72.4	58.5	13.8
2001	11,133	86.0	69.4	17.2
2002	11,928	96.2	78.6	20.2
2003	12,491	105.9	88.2	22.9
2004	12,995	112.9	94.2	24.9

※ 1) 주택보급률(%) = $\dfrac{주택수}{가구수} \times 100$

2) 가구당 주거공간(m²/가구) = $\dfrac{주거공간\ 총면적}{가구수}$

3) 1인당 주거공간(m²/인) = $\dfrac{주거공간\ 총면적}{인구수}$

─────〈보 기〉─────

ㄱ. 주택수는 매년 증가하였다.
ㄴ. 2003년 주택을 두 채 이상 소유한 가구수는 2002년보다 증가하였다.
ㄷ. 2001~2004년 동안 1인당 주거공간의 전년대비 증가율이 가장 큰 해는 2001년이다.
ㄹ. 2004년 주거공간 총면적은 2000년 주거공간 총면적의 2배 이상이다.

① ㄱ, ㄴ   ② ㄱ, ㄷ   ③ ㄴ, ㄹ
④ ㄱ, ㄷ, ㄹ   ⑤ ㄴ, ㄷ, ㄹ

25 다음은 [표]는 국가별 경제활동 인구에 대한 자료이다. 이에 대한 설명으로 옳지 <u>않은</u> 것을 고르시오.

[표] 연도, 국가별 경제활동인구

(단위 : 천 명)

국가	2014		2015		2016	
	여성	남성	여성	남성	여성	남성
캐나다	9,052.7	10,071.8	9,095.6	10,182.4	9,198.9	10,241.7
덴마크	1,375.4	1,530.2	1,379.9	1,553.1	1,431.6	1,595.2
프랑스	14,131.0	15,298.0	14,165.7	15,311.8	14,224.1	15,332.1
독일	19,471.7	22,489.6	19,583.3	22,577.2	19,949.0	23,092.4
일본	28,317.5	37,765.0	28,515.8	37,728.3	28,919.2	37,810.8
대한민국	11,149.4	15,386.5	11,370.1	15,542.5	11,529.4	15,717.8
영국	15,233.2	17,434.2	15,369.7	17,569.7	15,512.3	17,714.7
미국	73,039.4	82,882.3	73,509.5	83,620.4	74,432.1	84,754.8
2004	12,995	112.9	112.9	112.9	94.2	24.9

[표2] 2016년 국가별 인구

(단위 : 천 명)

국가	캐나다	덴마크	프랑스	독일	일본	대한민국	영국	미국
인구	36,954	5,754	65,233	82,293	127,185	51,784	66,574	326,767

① 자료에 있는 모든 국가에서 해당 국가별 전체 경제활동인구는 2014년부터 매년 증가하였다.
② 2016년 전체인구 대비 경제활동인구의 비율이 50%가 되지 않는 국가의 수는 3개이다.
③ 대한민국 여성 경제활동인구의 전년대비 증가율이 대한민국 남성 경제활동인구의 전년대비 증가율보다 매년 크다.
④ 2014년 국가별 전체 경제활동인구에서 남녀의 비율이 가장 비슷한 국가는 캐나다이다.
⑤ 2015년 여성 경제활동인구 대비 남성 경제활동인구의 비율이 가장 큰 국가는 대한민국이다.

26 다음 〈표〉는 2010~2014년 A시의회의 발의 주체별 조례발의 현황에 관한 자료이다. 이에 대한 설명으로 옳지 않은 것은?

〈표〉 A시의회 발의 주체별 조례발의 현황

(단위 : 건)

연도＼발의 주체	단체장	의원	주민	합
2010	527	( )	23	924
2011	( )	486	35	1,149
2012	751	626	39	( )
2013	828	804	51	1,683
2014	905	865	( )	1,824
전체	3,639	3,155	202	( )

※ 조례발의 주체는 단체장, 의원, 주민으로만 구성됨.

① 2012년 조례발의 건수 중 단체장발의 건수가 50% 이상이다.
② 2011년 단체장발의 건수는 2013년 의원발의 건수보다 적다.
③ 주민발의 건수는 매년 증가하였다.
④ 2014년 의원발의 건수는 2010년과 2011년 의원발의 건수의 합보다 많다.
⑤ 2014년 조례발의 건수는 2012년 조례발의 건수의 1.5배 이상이다.

27 다음 〈표〉는 2013년 A시 가~다 지역의 아파트실거래가격지수를 나타낸 자료이다. 이에 대한 설명으로 옳은 것은?

〈표〉 2013년 A시 가~다 지역의 아파트실거래가격지수

월 \ 지역	가	나	다
1	100.0	100.0	100.0
2	101.1	101.6	99.9
3	101.9	103.2	100.0
4	102.6	104.5	99.8
5	103.0	105.5	99.6
6	103.8	106.1	100.6
7	104.0	106.6	100.4
8	105.1	108.3	101.3
9	106.3	110.7	101.9
10	110.0	116.9	102.4
11	113.7	123.2	103.0
12	114.8	126.3	102.6

※ N월 아파트실거래가격지수 = $\dfrac{\text{해당 지역의 N월 아파트 실거래 가격}}{\text{해당 지역의 1월 아파트 실거래 가격}} \times 100$

① '가' 지역의 12월 아파트 실거래 가격은 '다' 지역의 12월 아파트 실거래 가격보다 높다.
② '나' 지역의 아파트 실거래 가격은 다른 두 지역의 아파트 실거래 가격보다 매월 높다.
③ '다' 지역의 1월 아파트 실거래 가격과 3월 아파트 실거래 가격은 같다.
④ '가' 지역의 1월 아파트 실거래 가격이 1억 원이면 '가' 지역의 7월 아파트 실거래 가격은 1억 4천만 원이다.
⑤ 2013년 7~12월 동안 아파트 실거래 가격이 각 지역에서 매월 상승하였다.

28 다음 [표]는 산업별 지적재산권 보유 개수에 대한 내용이다. 다음 자료에 대한 설명으로 옳지 <u>않은</u> 것은 무엇인가?

[표] 산업 종류별, 연도별 지적재산권 보유 개수

(단위 : 개)

구분	2011	2012	2013	2014	2015	2016
제조업	564115	578075	511,438	527,630	538,736	557738
건설업	10075	12305	15,542	18,575	19,230	19375
도매 및 소매업	24622	28518	28,770	36,428	39,073	41942
운수업	1700	2370	1,501	1,618	1,784	1850
출판, 영상방송통신 및 정보서비스업	41088	37495	49,046	57,800	61,801	63053
전문 과학 및 기술 서비스업	20125	18955	22,063	26,159	26,441	25608
사업시설관리 및 사업지원서비스업	1529	2254	2,482	2,865	3,063	3377
기타	15529	17525	24,158	27,281	29,928	31954
전 산업 합계	678783	697497	655,000	698,356	720,056	744897

① 도매 및 소매업의 지적재산권 보유 개수는 2011년 이후 해마다 증가하는 추세이다.
② 도매 및 소매업의 지적재산권 보유 개수의 전체 산업에서의 비중은 2013년 전년대비 증가했다.
③ 전문 과학 및 기술 서비스업의 지적재산권 보유개수에서 전년대비 증가율이 가장 높았던 해는 2013년이다.
④ 산업 전체의 지적재산권 보유개수의 변화 추이와 동일한 산업은 두 종류 이상이다.
⑤ 위의 자료에 있는 기타를 제외한 산업들이 전체 산업에서 지적재산권 보유 개수가 많은 상위 7개 산업이라면, 2011년을 기준으로 기타 산업에 해당하는 산업은 최소 10개 이상이다.

29 다음 〈표〉와 〈그림〉은 A~E국의 국민부담률, 재정적자 비율 및 잠재적부담률과 공채의존도를 나타낸 자료이다. 이에 대한 〈보기〉의 설명 중 옳은 것만을 모두 고르면?

〈표〉 국민부담률, 재정적자 비율 및 잠재적부담률

(단위 : %)

구분 \ 국가	A	B	C	D	E
국민부담률	38.9	34.7	49.3	( )	62.4
사회보장부담률	( )	8.6	10.8	22.9	24.6
조세부담률	23.0	26.1	( )	29.1	37.8
재정적자 비율	8.8	9.9	6.7	1.1	5.1
잠재적부담률	47.7	( )	56.0	53.1	( )

※ 1) 국민부담률(%)=사회보장부담률+조세부담률
2) 잠재적부담률(%)=국민부담률+재정적자 비율

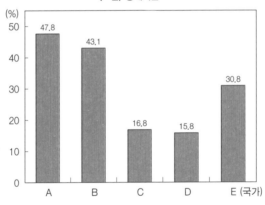

〈그림〉 공채의존도

─── 〈보 기〉 ───
ㄱ. 잠재적부담률이 가장 높은 국가의 조세부담률이 가장 높다.
ㄴ. 공채의존도가 가장 낮은 국가의 국민부담률이 두 번째로 높다.
ㄷ. 사회보장부담률이 가장 높은 국가의 공채의존도가 가장 높다.
ㄹ. 잠재적부담률이 가장 낮은 국가는 B이다.

① ㄱ, ㄴ   ② ㄱ, ㄷ   ③ ㄴ, ㄷ
④ ㄴ, ㄹ   ⑤ ㄷ, ㄹ

30 다음 〈표〉는 '갑'국의 2013년 복지종합지원센터, 노인복지관, 자원봉사자, 등록노인 현황에 관한 자료이다. 이에 대한 〈보기〉의 설명 중 옳은 것만을 모두 고르면?

〈표〉 복지종합지원센터, 노인복지관, 자원봉사자, 등록노인 현황

(단위 : 개소, 명)

구분 지역	복지종합 지원센터	노인복지관	자원봉사자	등록노인
A	20	1,336	8,252	397,656
B	2	126	878	45,113
C	1	121	970	51,476
D	2	208	1,388	69,395
E	1	164	1,188	59,050
F	1	122	1,032	56,334
G	2	227	1,501	73,825
H	3	362	2,185	106,745
I	1	60	529	27,256
전국	69	4,377	30,171	1,486,980

〈보 기〉

ㄱ. 전국의 노인복지관, 자원봉사자 중 A지역의 노인복지관, 자원봉사자의 비중은 각각 25% 이상이다.

ㄴ. A~I지역 중 복지종합지원센터 1개소당 노인복지관 수가 100개소 이하인 지역은 A, B, D, I이다.

ㄷ. A~I지역 중 복지종합지원센터 1개소당 자원봉사자 수가 가장 많은 지역과 복지종합지원센터 1개소당 등록노인 수가 가장 많은 지역은 동일하다.

ㄹ. 노인복지관 1개소당 자원봉사자 수는 H지역이 C지역보다 많다.

① ㄱ, ㄴ   ② ㄱ, ㄷ   ③ ㄱ, ㄹ

④ ㄴ, ㄷ   ⑤ ㄴ, ㄹ

31 다음 〈표〉는 2005~2012년 A기업의 콘텐츠 유형별 매출액에 관한 자료이다. 이에 대한 설명으로 옳지 <u>않은</u> 것은?

〈표〉 2005~2012년 A기업의 콘텐츠 유형별 매출액

(단위 : 백만 원)

콘텐츠 유형 연도	게임	음원	영화	SNS	전체
2005	235	108	371	30	744
2006	144	175	355	45	719
2007	178	186	391	42	797
2008	269	184	508	59	1,020
2009	485	199	758	58	1,500
2010	470	302	1,031	308	2,111
2011	603	411	1,148	104	2,266
2012	689	419	1,510	341	2,959

① 2007년 이후 매출액이 매년 증가한 콘텐츠 유형은 영화뿐이다.

② 2012년에 전년대비 매출액 증가율이 가장 큰 콘텐츠 유형은 SNS이다.

③ 영화 매출액은 매년 전체 매출액의 40% 이상이다.

④ 2006~2012년 동안 콘텐츠 유형별 매출액이 각각 전년보다 모두 증가한 해는 2012년뿐이다.

⑤ 2009~2012년 동안 매년 게임 매출액은 음원 매출액의 2배 이상이다.

32 다음 〈표〉는 행정심판위원회 연도별 사건처리현황에 관한 자료이다. 이에 대한 〈보기〉의 설명 중 옳은 것만을 모두 고르면?

〈표〉 행정심판위원회 연도별 사건처리현황

(단위 : 건)

연도 \ 구분	접수	심리 · 의결				취하 · 이송
		인용	기각	각하	소계	
2010	31,473	4,990	24,320	1,162	30,472	1,001
2011	29,986	4,640	23,284	( )	28,923	1,063
2012	26,002	3,983	19,974	1,030	24,987	1,015
2013	26,255	4,713	18,334	1,358	24,405	1,850
2014	26,014	4,131	19,164	( )	25,270	744

※ 1) 당해연도에 접수된 사건은 당해연도에 심리 · 의결 또는 취하 · 이송됨.

2) 인용률(%) = $\dfrac{\text{인용 건수}}{\text{심리 · 의결 건수}} \times 100$

〈보 기〉

ㄱ. 인용률이 가장 높은 해는 2013년이다.
ㄴ. 취하·이송 건수는 매년 감소하였다.
ㄷ. 각하 건수가 가장 적은 해는 2011년이다.
ㄹ. 접수 건수와 심리·의결 건수의 연도별 증감방향은 동일하다.

① ㄱ, ㄴ   ② ㄱ, ㄷ   ③ ㄷ, ㄹ
④ ㄱ, ㄷ, ㄹ   ⑤ ㄴ, ㄷ, ㄹ

33 다음 〈그림〉은 2011년 어느 회사에서 판매한 전체 10가지 제품유형(A~J)의 수요예측치와 실제수요의 관계를 나타낸 자료이다. 이에 대한 설명 중 옳은 것은?

〈그림〉 제품유형별 수요예측치와 실제수요

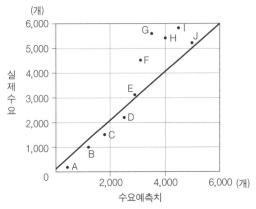

※ 수요예측 오차=|수요예측치−실제수요|

① 수요예측 오차가 가장 작은 제품유형은 G이다.
② 실제수요가 큰 제품유형일수록 수요예측 오차가 작다.
③ 수요예측치가 가장 큰 제품유형은 실제수요도 가장 크다.
④ 실제수요가 3,000개를 초과한 제품유형 수는 전체 제품유형수의 50% 이하이다.
⑤ 실제수요가 3,000개 이하인 제품유형은 각각 수요예측치가 실제수요보다 크다.

34 다음 〈표〉와 〈그림〉은 어느 지역의 교통사고 발생건수에 대한 자료이다. 이에 대한 〈보기〉의 설명 중 옳은 것을 모두 고르면?

〈표〉 연도별 교통사고 발생건수 현황

(단위 : 천 건)

연도 구분	2006	2007	2008	2009	2010
전체교통사고	231	240	220	214	213
음주교통사고	25	31	25	26	30

〈그림〉 2010년 교통사고 발생건수의 월별 구성비

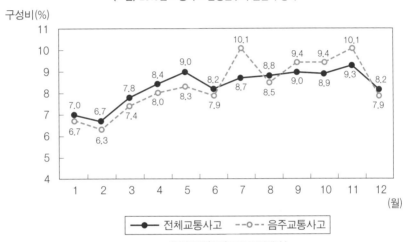

※ 수전체(음주)교통사고 발생건수의 월별 구성비(%)= $\dfrac{해당월전체(음주)교통사고발생건수}{해당연도\ 전체(음주)교통사고발생건수}$ ×100

〈보 기〉

ㄱ. 2008년 이후 전체교통사고 발생건수는 매년 감소하였다.

ㄴ. 2010년 음주교통사고 발생건수는 2006년 대비 30% 이상 증가하였다.

ㄷ. 전체교통사고 발생건수 중 음주교통사고 발생건수의 비중은 2010년에 가장 높았다.

ㄹ. 2010년 음주교통사고의 분기별 발생건수는 3사분기(7, 8, 9월)에 가장 많았다.

---

① ㄱ, ㄹ   ② ㄴ, ㄷ   ③ ㄴ, ㄹ

④ ㄱ, ㄴ, ㄷ   ⑤ ㄱ, ㄷ, ㄹ

35 다음 〈표〉는 2006년부터 2010년까지 정부지원 직업훈련 현황에 대한 자료이다. 이에 대한 〈보기〉의 설명 중 옳은 것을 모두 고르면?

〈표〉 연도별 정부지원 직업훈련 현황

(단위 : 천명, 억 원)

구분	연도	2006	2007	2008	2009	2010
훈련 인원	실업자	102	117	113	153	304
	재직자	2,914	3,576	4,007	4,949	4,243
	계	3,016	3,693	4,120	5,102	4,547
훈련지원금	실업자	3,236	3,638	3,402	4,659	4,362
	재직자	3,361	4,075	4,741	5,597	4,669
	계	6,597	7,713	8,143	10,256	9,031

〈보 기〉

ㄱ. 실업자 훈련인원과 실업자 훈련지원금의 연도별 증감방향은 서로 일치한다.

ㄴ. 훈련지원금 총액은 2009년에 1조원을 넘어 최고치를 기록하였다.

ㄷ. 2006년 대비 2010년 실업자 훈련인원의 증가율은 실업자 훈련지원금 증가율의 7배 이상이다.

ㄹ. 훈련인원은 매년 실업자가 재직자보다 적었다.

ㅁ. 1인당 훈련지원금은 매년 실업자가 재직자보다 많았다.

① ㄱ, ㄴ, ㄷ   ② ㄱ, ㄷ, ㄹ   ③ ㄱ, ㄹ, ㅁ

④ ㄴ, ㄷ, ㅁ   ⑤ ㄴ, ㄹ, ㅁ

36 다음 〈그림〉은 A국 에너지소비에 대한 자료이다. 이에 대한 〈보기〉의 설명 중 옳은 것을 모두 고르면?

〈그림 1〉 A국의 총 에너지소비 추이

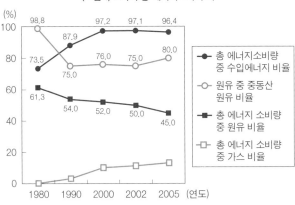

※ 원유는 100% 수입함.

〈그림 2〉 A국의 총 에너지소비량 및 용도별 소비량

(단위 : 천명, 억 원)

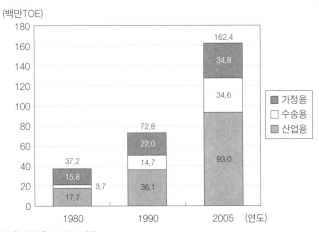

※ 에너지는 가정용, 수송용, 산업용으로만 소비됨.

〈보 기〉

ㄱ. 2005년에 1980년보다 '수입에너지'가 4배 이상 소비되었다.

ㄴ. 2002년에 비해 2005년에 '총 에너지소비량' 중 '중동산 원유' 비율이 감소하였다.

ㄷ. 만약 2002년 대비 2005년 '총 에너지소비량' 증가율이 10%라면, 같은 기간 동안 '원유' 소비량은 증가하였다.

ㄹ. 1990년에 비해 2005년에 '총 에너지소비량' 중 '산업용' 비율은 증가하였으나, '총 에너지소비량' 중 '가정용' 비율은 감소하였다.

① ㄱ, ㄷ   ② ㄴ, ㄹ   ③ ㄱ, ㄴ, ㄷ

④ ㄱ, ㄴ, ㄹ   ⑤ ㄴ, ㄷ, ㄹ

37 다음 〈표〉는 정부지원 과제의 연구책임자 현황에 대한 자료이다. 이에 대한 설명으로 옳지 <u>않은</u> 것은?

〈표 1〉 연령대 및 성별 연구책임자 분포

(단위 : 명, %)

연령대	2003년			2004년			2005년		
	연구책임자 수	남성	여성	연구책임자 수	남성	여성	연구책임자 수	여성	남성
21~30세	88 (0.4)	64 (0.4)	24 (1.3)	187 (0.9)	97 (0.5)	90 (4.1)	415 (1.9)	164 (0.9)	251 (10.7)
31~40세	3,708 (18.9)	3,107 (17.5)	601 (32.0)	4,016 (18.9)	3,372 (17.7)	644 (29.1)	4,541 (21.1)	3,762 (19.7)	779 (33.3)
41~50세	10,679 (54.4)	9,770 (55.0)	909 (48.4)	11,074 (52.2)	10,012 (52.7)	1,062 (48.0)	10,791 (50.3)	9,813 (51.3)	978 (41.8)
51~60세	4,334 (22.1)	4,046 (22.8)	288 (15.4)	5,075 (23.9)	4,711 (24.8)	364 (16.4)	4,958 (23.1)	4,659 (24.3)	299 (12.8)
61세 이상	824 (4.2)	770 (4.3)	54 (2.9)	875 (4.1)	821 (4.3)	54 (2.4)	768 (3.6)	736 (3.8)	32 (1.4)
계	19,633 (100.0)	17,757 (100.0)	1,876 (100.0)	21,227 (100.0)	19,013 (100.0)	2,214 (100.0)	21,473 (100.0)	19,134 (100.0)	2,339 (100.0)

〈표 2〉 2005년 전공별 연구책임자 현황

(단위: 명, %)

연구책임자 전공	합		남자		여자	
	연구 책임자 수	비율	연구 책임자수	비율	연구 책임자 수	비율
이학	3,534	16.5	2,833	14.8	701	30.0
공학	12,143	56.5	11,680	61.0	463	19.8
농학	1,453	6.8	1,300	6.8	153	6.5
의학	1,548	7.2	1,148	6.0	400	17.1
인문사회	2,413	11.2	1,869	9.8	544	23.3
기타	382	1.8	304	1.6	78	3.3
계	21,473	100.0	19,134	100.0	2,339	100.0

① 31~40세의 연구책임자 수와 51~60세의 연구책임자수의 차이는 2003년이 2005년보다 크다.
② 2005년 41~60세의 여자 연구책임자 중 적어도 193명 이상이 이학 또는 인문사회 전공이다.
③ 2003~2005년 사이 전체 연구책임자 수는 지속적으로 증가하였다.
④ 2004~2005년 사이 21~30세의 연구책임자 수는 여자가 남자보다 더 많이 증가하였다.
⑤ 2005년 공학 전공인 남자 연구책임자의 경우, 41~50세의 남자가 적어도 2,359명 이상이다.

38 다음 〈그림〉은 약품 A~C 투입량에 따른 오염물질 제거량을 측정한 자료이다. 이에 대한 〈보기〉의 설명 중 옳은 것만을 모두 고르면?

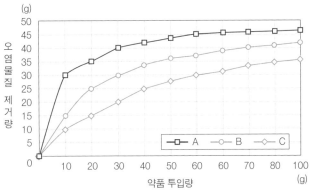

〈그림〉 약품 A~C 투입량에 따른 오염물질 제거량

※ 약품은 혼합하여 투입하지 않으며, 측정은 모든 조건이 동일한 가운데 이루어짐.

─ 〈보 기〉 ─

ㄱ. 각 약품의 투입량이 30g일 때와 60g일 때를 비교하면, A의 오염물질 제거량 차이가 가장 작다.
ㄴ. 약품 A와 B의 경우 약품 투입량이 늘어남에 따라 두 약품의 오염물질 제거량 차이는 계속해서 줄어든다.
ㄷ. 각 약품의 투입량이 20g일 때, 오염물질 제거량은 A가 C의 2배 이상이다.
ㄹ. 약품 투입량이 같으면 B와 C의 오염물질 제거량 차이는 8g 미만이다.

① ㄱ, ㄴ   ② ㄴ, ㄹ   ③ ㄱ, ㄷ
④ ㄴ, ㄷ, ㄹ   ⑤ ㄱ, ㄷ, ㄹ

39 다음 〈그림〉은 국가 A~H의 GDP와 에너지사용량에 관한 자료이다. 이에 대한 설명으로 옳지 <u>않은</u> 것은?

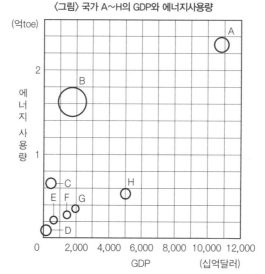

〈그림〉 국가 A~H의 GDP와 에너지사용량

1) 원의 면적은 각 국가 인구수에 정비례함.
2) 각 원의 중심좌표는 각 국가의 GDP와 에너지사용량을 나타냄.

① B국의 인구는 D~G국 인구의 총합 보다 많다.
② 1인당 GDP는 E국이 B국보다 높다.
③ GDP가 가장 낮은 국가는 D국이고 가장 높은 국가는 A국이다.
④ 1인당 에너지사용량은 B국이 C국보다 많다.
⑤ 에너지사용량 대비 GDP는 A국이 B국보다 높다.

40 다음 〈표〉는 '가'국의 PC와 스마트폰 기반 웹 브라우저 이용에 대한 설문조사를 바탕으로, 2013년 10월~2014년 1월 동안 매월 이용률 상위 5종 웹 브라우저의 이용률 현황을 정리한 자료이다. 이에 대한 설명으로 옳은 것은?

〈표 1〉 PC 기반 웹 브라우저

(단위 : %)

조사 시기 웹 브라우저 종류	2013년			2014년
	10월	11월	12월	1월
인터넷 익스플로러	58.22	58.36	57.91	58.21
파이어폭스	17.70	17.54	17.22	17.35
크롬	16.42	16.44	17.35	17.02
사파리	5.84	5.90	5.82	5.78
오페라	1.42	1.39	1.33	1.28
상위 5종 전체	99.60	99.63	99.63	99.64

※ 무응답자는 없으며, 응답자는 1종의 웹 브라우저만을 이용한 것으로 응답함.

〈표 2〉 스마트폰 기반 웹 브라우저

(단위 : %)

조사 시기 웹 브라우저 종류	2013년			2014년
	10월	11월	12월	1월
사파리	55.88	55.61	54.82	54.97
안드로이드 기본 브라우저	23.45	25.22	25.43	23.49
크롬	6.85	8.33	9.70	10.87
오페라	6.91	4.81	4.15	4.51
인터넷 익스플로러	1.30	1.56	1.58	1.63
상위 5종 전체	94.39	95.53	95.68	95.47

※ 무응답자는 없으며, 응답자는 1종의 웹 브라우저만을 이용한 것으로 응답함.

① 2013년 10월 전체 설문조사 대상 스마트폰 기반 웹 브라우저는 10종 이상이다.
② 2014년 1월 이용률 상위 5종 웹 브라우저 중 PC 기반 이용률 순위와 스마트폰 기반 이용률 순위가 일치하는 웹 브라우저는 없다.
③ PC 기반 이용률 상위 5종 웹 브라우저의 이용률 순위는 매월 동일하다.
④ 스마트폰 기반 이용률 상위 5종 웹 브라우저 중 2013년 10월과 2014년 1월 이용률의 차이가 2%p 이상인 것은 크롬뿐이다.
⑤ 스마트폰 기반 이용률 상위 3종 웹 브라우저 이용률의 합은 매월 90% 이상이다.

41 다음은 한 제약회사의 항목별 투자비용에 대한 자료이다. 다음 중 자료에 대한 설명으로 옳지 <u>않은</u> 것을 고르시오.

[표] A 제약의 연도별 투자비용

(단위 : 년, 억 원)

구분	교육훈련비	설비투자비	임상연구	연구개발비
2010	327	855	1324	2856
2011	361	932	1382	2579
2012	354	1024	1636	3664
2013	302	1297	1823	5573
2014	167	1081	1713	3211
2015	140	902	1535	3344
2016	199	1386	1725	4092
2017	226	1874	2431	6199

※ 연구비=임상연구비+연구개발비

① 연구비에서 임상연구비가 차지하는 비중은 2012년도 보다 2015년이 더 크다.
② 설비투자비와 임상연구비는 연도별 투자비용의 증감추세가 일치한다.
③ 2013년은 설비투자비가 전체 투자비용의 20% 이하이다.
④ A 제약은 2011년 전체 투자비용의 절반이상을 연구개발비에 활용한다.
⑤ 임상연구비가 전년대비 가장 많이 증가한 해는 2017년이다.

42 다음 [표]는 상품군별 온라인쇼핑 거래액에 대한 자료이다. 이를 보고 자료에 대한 설명으로 옳지 <u>않은</u> 것을 고르시오.

〈상품군별 온라인쇼핑 거래액〉

(억 원, %)

구분	2016년		2017년				증감률*			
	12월		11월		12월		전월비		전년동월비	
	온라인	모바일	온라인	모바일	온라인	모바일	온라인	모바일	온라인	모바일
합계	62,096	35,707	75,850	47,595	75,311	47,698	-0.7	0.2	21.3	33.6
컴퓨터 및 주변기기	3,905	1,175	4,159	1,480	4,418	1,522	6.2	2.8	13.1	29.5
가전 · 전자 · 통신기기	6,543	3,101	9,343	4,857	8,046	4,202	-13.9	-13.5	23.0	35.5
소프트웨어	56	14	61	16	60	14	-1.8	-11.7	7.4	4.2
서적	1,357	443	1,143	421	1,434	540	25.5	28.2	5.7	21.9
사무 · 문구	538	180	519	233	576	266	11.1	14.5	7.2	48.3
음반 · 비디오 · 악기	235	97	249	122	260	128	4.6	4.4	10.6	31.5
의복	7,198	4,785	9,963	7,087	8,224	5,903	-17.5	-16.7	14.2	23.3
신발	974	663	1,352	1,026	1,220	933	-9.7	-9.0	25.3	40.8
가방	1,099	759	1,401	1,032	1,456	1,064	3.9	3.2	32.5	40.2
패션용품 및 액세서리	1,217	785	1,434	1,058	1,589	1,162	10.8	9.9	30.6	48.0
스포츠 · 레저용품	2,143	1,158	3,047	1,771	2,473	1,442	-18.8	-18.5	15.4	24.5
화장품	5,196	3,495	6,227	4,169	5,720	3,882	-8.1	-6.9	10.1	11.1
아동 · 유아용품	3,061	2,143	2,698	2,064	3,438	2,618	27.4	26.8	12.3	22.2
음 · 식료품	6,345	4,235	9,098	6,874	9,701	7,377	6.6	7.3	52.9	74.2
농축수산물	1,566	927	1,844	1,210	1,861	1,273	0.9	5.2	18.8	37.3
생활 · 자동차용품	6,419	4,087	6,995	4,658	6,561	4,356	-6.2	-6.5	2.2	6.6
가구	1,613	791	2,105	1,355	1,897	1,226	-9.9	-9.5	17.6	55.0
애완용품	311	202	572	424	493	358	-13.8	-15.5	58.7	77.1
여행 및 예약서비스	9,427	4,658	10,271	5,441	11,395	6,418	10.9	17.9	20.9	37.8
각종서비스 및 기타	2,894	2,009	3,371	2,297	4,490	3,014	33.2	31.2	55.1	50.0

*2017년 12월이 기준

① 2017년 12월의 모바일 매체를 통한 온라인쇼핑 거래액은 전년 동월 대비 33.6% 증가했다.
② 상품군 중에서 2016년 12월 온라인쇼핑 거래액에서 모바일이 차지하는 비율이 절반 이하인 것은 8개이다.
③ 2016년 12월 대비 2017년 11월 온라인쇼핑 거래액의 증가율이 가장 큰 상품군은 음 식료품이다.
④ 2017년 12월에 전월 대비 온라인 쇼핑 거래액이 감소한 상품군은 8개 이상이다.
⑤ 2017년 11월 전체 온라인 쇼핑 중 거래액이 가장 많은 상품군은 여행 및 예약서비스이다.

43 다음 [표]는 통계청에서 발표한 연도별, 월별 전력거래량에 관한 자료이다. (A)에 들어갈 수로 가장 적절한 것은? (단, 소수점 첫째 자리에서 반올림한다.)

[표] 연도별, 월별 전력거래량

(단위 : GWh)

구분	2010	2011	2012	2013	2014	평균
1월	40,472	44,480	42,478	44,874	44,260	43,313
2월	34,539	36,394	40,714	38,345	39,454	37,889
3월	37,712	39,912	40,575	40,466	41,947	40,122
4월	34,568	35,915	36,204	37,869	38,382	36,588
5월	33,559	35,779	36,450	37,374	38,742	(A)
6월	34,464	36,468	37,290	37,800	38,808	36,966
7월	37,692	39,786	40,307	41,390	42,902	40,415
8월	39,612	39,791	41,172	42,120	41,038	40,747
9월	34,545	36,279	36,542	36,434	38,186	36,397
10월	35,414	37,141	36,833	38,428	39,767	37,517
11월	37,249	37,775	39,146	40,106	40,080	38,871
12월	42,042	42,669	44,085	44,335	46,833	43,993

① 36,397GWh   ② 36,481GWh   ③ 36,588GWh
④ 36,966GWh   ⑤ 37,517GWh

44 아래 표는 어떤 나라의 인구총계를 나타낸 자료이다. 이 나라의 2015년 남성인구는 총 몇 명인가?

연도	총인구	인구성장률	성비
2010	47,615,132	0.55	101.5
2011	47,849,227	0.49	101.5
2012	48,082,163	0.49	101.6
2013	48,294,143	0.44	101.6
2014	48,497,166	0.42	101.6
2015	48,692,062	0.40	101.6

※ 성비는 여성 100명당 남성인구이고, 총인구성장률은 전년대비 증가율이다.

① 24,638,721명   ② 24,539,253명   ③ 24,489,147명
④ 24,338,864명   ⑤ 24,256,535명

45 다음 〈그림〉은 국가 A~J의 1인당 GDP와 1인당 의료비지출액을 나타낸 것이다. 이에 대한 〈보기〉의 설명 중 옳은 것만을 모두 고르면?

〈그림〉 1인당 GDP와 1인당 의료비지출액

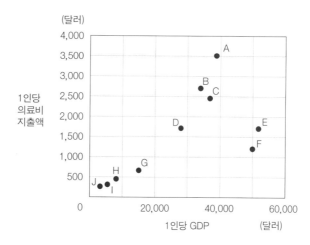

〈보 기〉

ㄱ. 1인당 의료비 지출액 순으로 상위 3개 국가의 1인당 GDP 평균은 그 다음 3개 국가의 1인당 GDP 평균보다 크다.
ㄴ. 1인당 GDP 대비 1인당 의료비 지출액이 가장 큰 나라는 A국이다.
ㄷ. 1인당 GDP가 가장 높은 국가와 가장 낮은 국가의 1인당 의료비지출액 차이는 2천달러 이상이다.
ㄹ. 1인당 GDP 상위 5개 국가의 1인당 의료비지출액 합은 1인당 GDP 하위 5개 국가의 1인당 의료비지출액 합의 5배 이상이다.

① ㄱ, ㄴ　　　　　　　　② ㄱ, ㄷ　　　　　　　　③ ㄴ
④ ㄴ, ㄷ　　　　　　　　⑤ ㄴ, ㄹ

PART 3
문제해결능력

문제해결능력 최신 기출 경향

문제해결능력에 해당하는 문제는 다음과 같이 크게 두 가지로 볼 수 있다.

언어추리	NCS 모듈
• 논리 • 퍼즐(추리게임, 순서, 배치)	• 문제해결능력 모듈 문제 • 자원관리, 기술, 정보, 조직이해능력 등 능력별 대표 모듈 문제

언어추리는 사기업 직무적성검사의 추리영역과 매우 유사한 유형으로, 논리의 기본 개념을 활용한 문제와 여러 가지 주어진 조건을 활용하여 추리하는 퍼즐문제를 말한다. 유형마다 필요한 이론을 공부하고, 문제풀이에 필요한 접근방식을 학습한다면 충분히 대비 가능한 유형으로 높은 정답률을 목표로 준비해야 한다.

NCS 모듈형은 문제해결, 자원관리, 기술, 정보능력의 NCS 응용업무능력 모듈형 문제를 말하는 것으로, 출제 비중은 문제해결능력과 자원관리 능력 유형의 문제가 많이 출제되고 있다. 기존의 직무적성검사와는 다른 NCS직업기초능력만의 유형들로 다양한 문제들을 접해보는 것이 중요하다. 기업마다 차이는 있지만 언어추리와 NCS 모듈형 문제는 출제 비중이 비슷하게 나오고 있다.

문제해결능력 학습방법

문제 해결능력은 유형별로 하나하나 정리해나간다는 생각으로 학습한다. 체계적인 유형 정리 없이 단순히 문제를 많이 풀어보는 것은 어떤 문제를 그때그때 새롭게 풀어보는 것에 그쳐, 실력이 제대로 향상되지 않을 뿐 아니라 실제 시험에서도 그냥 새로운 문제를 다시 푸는 것과 같아 고득점으로 연결하기 어렵다.

언어추리 유형은 높은 정답률을 목표로 해야 하기 때문에 각 유형별 풀이방법을 정리한다. 언어추리 유형은 대게 유형들마다 기본적인 풀이방식, 접근 방식이 있으므로 이를 학습해야 한다. 우선 논리의 기본적인 개념에 대해서 정확하게 이해하고 있어야 한다. 많은 수험생이 논리의 개념을 정확하게 알지 못한 채로 문제풀이를 바로 시작하는 경우가 있는데, 부정확한 개념을 활용해서 문제풀이를 하게 되면 결국 알고 있던 개념조차 혼란이 오게 된다. 따라서 정확한 개념을 이해하는 것이 우선이고, 그다음에는 유형별로 접근 방법을 학습하자.

NCS 모듈형은 쉬운 문제풀이 스킬보다는 기본적으로 독해력과 계산능력이 필요한 경우가 많아 최대한 다양한 유형을 우선 접해보고, 적용 가능한 계산스킬 등을 꾸준히 연습해야 한다.

언어추리	NCS 모듈
• 논리 : 기본 개념을 정확하게 이해, 유형별 접근법 학습 • 퍼즐 : 유형별 정리 방법 학습	• 자원관리 : 계산연습 • 정보, 기술 : 각종 매뉴얼, 공정처리 • 조직이해 : SWOT 등 대표유형 학습

I. 언어추리

언어추리 유형은 기본적인 논리학의 개념을 활용한 문제와 퍼즐문제로 구분한다. 사기업 직무적성 검사와 PSAT, LEET 등의 다른 시험에서도 비슷한 유형이 많이 출제되고 있다. 언어추리 유형의 정답률을 높이기 위해서는 논리의 기본 개념을 정확하게 이해하고, 유형별 접근 방법을 구분하여 학습하는 것이 좋다. 충분히 연습하게 된다면 높은 정답률을 기대할 수 있는 유형이다.

01 | 논리

'논리'유형은 논리의 기본개념을 활용한 문제로 출제된다. 어떤 전제로부터 결론을 이끌어 내는 것에서, 진술의 진위 여부를 판단하고, 여러 조건을 만족하는 경우의 수를 찾는 것까지 언어추리의 모든 문제는 논리의 개념을 정확하게 이 해하고 있으면 쉽게 접근할 수 있다. 특히 진위문제는 거의 모든 공공기관 채용시험에 출제된다고 볼 수 있으므로 반드 시 학습하자.

물론 논리학이라는 학문의 수준으로 학습할 필요는 없고, 고등학교 수준에서 배웠던 명제에 대한 개념 등 필기시험에 필요한 개념은 확실하게 정리해두자. 그렇게만 된다면 높은 정답률을 기대할 수 있는 유형이다.

[필요이론]

1) 명제

참, 거짓을 명확하게 판별할 수 있는 문장. 문제에 나오는 전제, 조건, 진술, 조건은 평서문의 형태로 참, 거짓의 판단 하는 대상이 될 수 있는 문장으로 나오게 된다.
문장은 주어와 서술어로 구성된다.

주어	서술어	예시
무엇이	어찌한다.	강아지가 달려간다.
	어떠하다.	강아지가 귀엽다.
	무엇이다.	강아지는 동물이다.

+ Point Plus +

• 문장은 다양하게 표현될 수 있으므로, '어떤 표현이 나오면 어떻게 한다.'라는 공식으로 생각하면 안 되고, 그 문장의 의 미를 정확하게 이해해야 한다.
　예 ① 어떤 새는 하늘을 날지 못한다.
　　② 어떤 새도 하늘을 날지 못한다.
• 두 문장은 단 하나의 글자 때문에 그 의미가 달라진다. 문장이 어떤 의미를 내포하는지 정확하게 이해할 수 있어야 한다.
　예 a와 b가 결혼한다.
• a와 b 두 사람이 서로 결혼을 한 것인지, a와 b가 각각 다른 사람과 결혼한 것인지를 문맥에 따라 구분해야 한다.
　예 a는 b나 c이다.
　　① a는 1반 학생이거나 2반 학생이다.
　　② a는 축구를 좋아하거나 농구를 좋아한다.
　　①은 배타적 선언으로 a는 1반 학생이면 2반 학생은 아니고, 2반 학생이면 1반 학생은 아니다. ②은 포괄적 선언으로 축구만 좋아하는 경우, 농구만 좋아하는 경우도 있지만 축구와 농구를 모두 좋아하는 경우에도 참이다. 이 역시 '또 는'이라는 단어에 초점을 맞추는 것이 아닌 문장 자체의 의미를 이해해야 한다.

2) 함축

함축이라는 것은 타당한 추론을 하는 데 필요한 개념이라고 생각할 수 있는데, '문장 A가 문장 B를 함축한다.'는 의미는 'A가 참이면 B가 참'이라는 의미이고, 같은 의미로 'A가 참이면서 B가 거짓인 경우는 없다'는 의미이다. 이를 아래와 같이 표현한다.

$$A \rightarrow B$$

예 강아지는 날지 못한다. ⇒ 강아지이다. 그러면 날지 못한다.
　　A : 강아지이다.　　　B : 날지 못한다.

※ $A \rightarrow B \equiv \sim A \lor B$: 'A이면 B이다.'는 'A가 아니거나 B이다.'와 논리적으로 동치이다.

+ Point Plus +

논리를 전개해나가는 방식으로 삼단논법을 활용하는 경우가 있는데, 이는 함축의 이행으로 이해하자.
A가 B를 함축하고, B가 C를 함축하면, A는 C를 함축한다.
전제 : ① $A \rightarrow B$
　　　② $B \rightarrow C$
결론 : $A \rightarrow C$이다.

3) 논리 기호

기호	의미	문장 예시	표현 예시
→	함축	강아지는 날지 못한다. ⇒ 강아지이다. 그러면 날지 못한다.	$A \rightarrow B$ A : 강아지이다. B : 날지 못한다.
∼	not, 부정	강아지는 고양이가 아니다.	$A \rightarrow \sim B$ B : 고양이이다. $\sim$B : 고양이가 아니다.
≡	동치(↔)	① 서울은 한국의 수도이다. ② 한국의 수도는 서울이다.	$A \equiv B$ A : 서울 B : 한국의 수도
∨	or, 또는	a과 학생은 경제학을 수강하거나 경영학을 수강한다.	$A \lor B$ A : a과 학생은 경제학을 수강한다. B : a과 학생은 경영학을 수강한다.
∧	and, 그리고	비가 오고 바람이 불었다.	$A \land B$ A : 비가 왔다. B : 바람이 불었다.

4) 명제의 종류

가언명제와 정언명제, 두 가지만 정확하게 이해하자.

① 가언명제(조건명제)

어떤 조건을 승인하는 경우에만 의미를 갖는, 보편타당성이 없는 명제이다.

기본형태	예시	표현
P이면 Q이다.	재석이가 반장이 되면, 명수가 부반장이 된다. 조건 P : 재석이가 반장이 된다. 결론 Q : 명수가 부반장이 된다.	$P \rightarrow Q$

② 정언명제

정언명제는 주어와 술어 두 개념의 포함과 배제관계를 서술하는 명제로써 특칭명제와 전칭명제(혹은 보편명제)가 있다. 특칭명제는 익명의 개체에 관한 명제이고, 전칭명제는 모든 개체에 관한 명제이다.

기본형태	예시	표현
모든 p는 q이다.	1반의 모든 남학생은 축구를 좋아한다.	$\forall p \rightarrow q$
모든 p는 q가 아니다.	1반의 모든 남학생은 축구를 좋아하지 않는다.	$\forall p \rightarrow \sim q$
어떤 p는 q이다.	1반의 어떤 학생은 축구를 좋아한다.	$\exists p \rightarrow q$
어떤 p는 q가 아니다.	1반의 어떤 학생은 축구를 좋아하지 않는다.	$\exists p \rightarrow \sim q$

+ Point Plus +

정언명제는 포함, 배제관계를 서술하기 때문에 이런 관계를 도식화하여 표현하는 경우가 있다. 집합의 개념과도 비슷하여 아래와 같이 표현한다.

① '모든'은 포함관계를 나타낸다. : '$\forall p \rightarrow q$' = '$p \subset q$'

　예 모든 청소년은 정직하다. : '$\forall$청소년 → 정직' = '청소년 $\subset$ 정직'② '어떤'은 두 집합 사이에 교집합이 존재한다는 말이다. : '$\exists p \rightarrow q$' = $\exists(p \cap q)$

　예 어떤 청소년은 정직하다. : '$\exists$청소년 → 정직' = '$\exists$(청소년 $\cap$ 정직)'

⇒ 청소년 중에 정직한 사람이 존재한다.

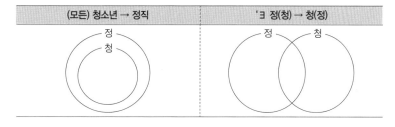

(모든) 청소년 → 정직	$\exists$ 정(청) → 청(정)
정 청	정　청

5) 주어의 존재 여부

'모든'이라는 표현은 주어가 복수이거나, 주어의 존재를 뜻하는 것이 아니다. 즉 '1반의 모든 남학생은 축구를 좋아한다.'라는 문장이 1반에 남학생이 여럿 있다는 것을 담보하는 것이 아니라, 남학생이 단 1명이어도 '모든'이라는 표현이 논리적으로 문제가 없다. 또한 1반에 남학생이 단 한 명도 없을 수도 있다. 1반에 남학생이 없고 모두 여학생일지라도, 해당 명제는 참이라고 말하는 데 문제가 없다는 말이다.

'어떤'이라는 표현은 주어의 존재를 보장한다. '1반의 어떤 학생은 축구를 좋아한다.'라는 문장은 1반 학생 중 축구를 좋아하는 학생이 적어도 1명 존재한다는 의미이다.

1반 학생이면서 축구를 좋아하는 누군가가 존재한다. ⇒ 1반 학생 ∧ 축구인 누군가 존재

1반 학생이면서 축구를 좋아하는 그 누군가를 k라고 하면, k는 1반 학생이고 축구를 좋아한다. 또한 k는 축구를 좋아하고 학생이다. '그리고'라는 표현은 교환법칙이 성립하는데, A∧B≡B∧A이다. 이를 여기에 적용해보면,

1반의 어떤 학생은 축구를 좋아한다. ≡ 축구를 좋아하는 어떤 사람은 1반 학생이다.

즉 ∃p → q ≡ ∃q → p

6) 명제의 참, 거짓

명제는 참과 거짓이 분명해야 의미가 있고, 또 그것이 중요하기 때문에 명제의 진위에 대한 개념과 명제 간의 논리적인 관계를 잘 이해해야 한다.

① '참'인 명제는 반드시, 항상 옳은 명제를 말한다.
② '거짓'인 명제는 반례가 존재하는 명제를 말한다. 즉 하나라도 명제의 내용과 다른 예시가 있으면 거짓인 명제이다.
⇒ '모든 청소년은 정직하다.'
참 : 한명의 예외도 없이 모든 청소년이 정직할 경우
거짓 : 정직하지 못한 청소년이 한 명이라도 존재할 경우

+ Point Plus +

'P이면 Q이다.'라는 가언(조건)명제의 진위
이 명제는 P라는 조건이 성립할 때에만 보편타당성을 갖는데, P가 성립하지 않을 경우 해당 명제는 항상 참이다.
진리표

P	Q	P → Q ≡ ~P∨Q
T	T	T
T	F	F
F	T	T
F	F	T

7) 명제의 부정

※ 배중률 : 명제는 참 또는 거짓 중 하나이다.

어떤 명제가 참이라면, 그 명제를 부정하면 거짓이 된다. 반대로 어떤 명제가 거짓이라면, 그 명제를 부정하면 참인 명제가 된다.

예 '10은 5의 배수이다.'라는 참인 명제를 부정하면 '10은 5의 배수가 아니다.'가 되고 거짓이 된다.

어떤 문장 A를 부정하면 ~A가 된다. 가언인지 정언인지에 따라 아래와 같이 부정한다.

가언명제	기호	부정	비고
p이면 q이다.	p → q	p → ~q	
p이면 q 또는 r이다.	p → q or r	p → ~q and ~r	후건 부정
p 또는 q이면 r이다.	p or q → r	p or q → ~r	

정언명제	기호	부정	비고
모든 p는 q이다.	∀p → q	∃p → ~q	후건 부정/모든 ↔ 어떤
어떤 p는 q이다.	∃p → q	∀p → ~q	

8) 논리의 동치

① 가언명제

대우명제 : 하나의 가언 명제에 대하여 전건과 후건을 모두 부정하고 그 순서를 뒤바꾼 명제를 말한다. 전건과 후건을 부정하지 않고 순서만 뒤바꾸면 역(逆)이라고 하고, 전건과 후건을 모두 부정하되 순서는 바꾸지 않으면 이(裏)라고 한다. 또한, 어떤 명제의 역과 그 명제의 이도 서로 대우인 관계가 성립된다. 대우명제는 기준 명제와 참, 거짓 진리 값이 항상 일치하기 때문에 중요한 개념이다.

기준 명제 : p → q
대우 명제 : ~q → ~p

※ 명제는 p와 q의 위치를 바꾸거나 부정표현을 넣어 다양한 명제를 만들 수 있다. '역', '이', '대우' 등 다양한 이름이 있지만, NCS에서는 '대우'만은 반드시 정확하게 알고 있어야 한다.

② 정언명제(검은색으로 음영처리 한 명제만, 기본 명제와 논리적으로 동치이다.)

정언명제	환위	환질(이중부정)	이환(대우와 유사)
A : 모든 p는 q이다.	모든 q는 p이다.	모든 p는 ~q가 아니다.	모든 ~q는 ~p이다.
E : 모든 p는 q가 아니다.	모든 q는 p가 아니다.	모든 p는 ~q이다.	모든 ~q는 ~q가 아니다.
I : 어떤 p는 q이다.	어떤 q는 p이다.	어떤 p는 ~q가 아니다.	어떤 ~q는 ~p이다.
O : 어떤 p는 q가 아니다.	어떤 q는 p가 아니다.	어떤 p는 ~q이다.	어떤 ~q는 ~p가 아니다.

※ 회색으로 음영 처리한 명제만 기본 명제와 논리적으로 동치이다. 환위니 환질이니 하는 용어는 큰 의미는 없다. 외우려고 하지 말자.

9) 논리적 관계

논리적 관계 중 모순과 반대라는 개념은 필기시험에서 자주 활용되는 중요한 개념이다.

① 모순 관계 : 두 진술이 모순관계라 하면, 두 진술이 동시에 성립할 수 없는 경우. 그리고 두 진술을 동시에 부정할 수 없는 경우를 말한다. 즉 A와 B 두 진술이 모순이라면, A가 참인 경우 B는 거짓이고, A가 거짓이면 B는 참이 되는 관계이다.

② 반대 관계 : 동시에 참일 수 없는 관계이다. 즉 A가 참인 경우 B가 거짓이고, B가 참인 경우 A가 거짓이면서 A와 B가 둘 다 거짓인 경우도 존재하는 관계를 말한다.

+ Point Plus +

귀납적 추론 : '가정'을 하여 풀이를 할 때에 '가정'한 사실이나, 이미 참인 사실과 맞지 않는, 서로 동시에 성립할 수 없는 경우 '가정'에 모순, 사실에 모순이라고 한다. 모순이 생기면 '가정'이 잘못된 것으로 그 가정의 반대 상황이 참이 된다.

소반대 관계 : 동시에 거짓일 수 없는 관계.

10) 기호 & 도식화

많은 문제가 문장을 기호화 하여 풀면 쉽게 풀리는 경우가 있다. 또한 어떤 문제는 포함관계를 도식화하여 접근하면 쉽게 이해되는 경우가 있다. 이를 적절히 문제풀이에 활용하자. 각각 장단점이 있으므로 본인에게 편한 방법으로 접근하자. NCS에서는 4~5개의 개념이 한번에 등장하는 경우는 거의 없으므로 도식화하여도 쉽게 풀 수 있는 경우가 대부분이다.

11) 여러 가지 문장의 기호화

문장	기호
P하기 위해서 Q한다.	$P \rightarrow Q$
모든 P는 Q이다.	$P \rightarrow Q$
P일 때만 Q이다.	$Q \rightarrow P$
P일 때, 그리고 오직 그 경우에만 Q이다.	$P \leftrightarrow Q, P \equiv Q$
어떤 P는 Q이다. (여기에 해당하는 사람을 k라고 특정하면 기호로 쉽게 표현이 가능하다.)	$\exists P \rightarrow Q, \quad Pk \rightarrow Qk$
어떤 P도 Q가 아니다.(=모든 P는 Q가 아니다.)	$P \rightarrow \sim Q$
P 중에 Q가 있다.	$\exists P \rightarrow Q$
P 또는 Q는 R이다. (가언)	$P \rightarrow R$ $Q \rightarrow R$
P는 Q 그리고 R이다. (가언)	$P \rightarrow Q$ $P \rightarrow R$

| 유형 예제 1 | 다음 명제가 모두 참이라고 할 때, 반드시 참인 명제는? |

> • 뮤지컬을 좋아하지 않는 사람은 연극을 좋아하지 않는다.
> • 뮤지컬을 좋아하지 않는 사람은 오페라를 좋아하지 않는다.
> • 음악을 좋아하는 사람은 노래를 좋아한다.
> • 노래를 좋아하는 사람은 오페라를 좋아한다.

① 오페라를 좋아하는 어떤 사람은 음악을 좋아하지 않는다.
② 뮤지컬을 좋아하는 사람은 음악을 좋아하지 않는다.
③ 음악을 좋아하는 어떤 사람은 오페라를 좋아하지 않는다.
④ 노래를 좋아하는 사람은 뮤지컬을 좋아한다.
⑤ 연극을 좋아하지 않는 사람은 오페라를 좋아하는 사람이 아니다.

How to solve?

STEP 1. 유형파악 논리 ➡ 전제&결론 문제
STEP 2. 문제풀이 주어진 명제에 '어떤'과 같은 선언적인 표현이 없으므로 화살표를 연결해 나가면서 푼다.

1) 편의를 위해 명제를 간단하게 바꾼다.

뮤지컬을 좋아하지 않는 사람은 연극을 좋아하지 않는다.	~뮤지컬 → ~연극
뮤지컬을 좋아하지 않는 사람은 오페라를 좋아하지 않는다.	~뮤지컬 → ~오페라
음악을 좋아하는 사람은 노래를 좋아한다.	음악 → 노래
노래를 좋아하는 사람은 오페라를 좋아한다.	노래 → 오페라

2) 화살표를 이어나갈 수 있는 명제들을 연결시킨다. (※ 대우명제를 활용한다.)

• ~뮤지컬 → ~연극	더 이상 연결할 수 있는 명제가 없다.
• ~뮤지컬 → ~오페라 → ~노래 → ~음악	3, 4번째 명제를 대우로 바꾸어 연결

STEP 3. 정답 대우명제를 활용하여 정답을 찾는다.
✓ ④ 노래를 좋아하는 사람은 뮤지컬을 좋아한다.
~뮤지컬 → ~오페라 → ~노래 → ~음악 ➡ ~뮤지컬 → ~노래 ➡ 노래 → 뮤지컬

다음 결론이 반드시 참이기 위해 필요한 전제를 고르시오.

• 전제 1 : 모든 거짓말쟁이는 정직한 사람이 아니다.
• 전제 2 : (   )
• 결론 : 어떤 청소년은 거짓말쟁이가 아니다.

---

① 어떤 청소년은 정직한 사람이다.
② 모든 청소년은 정직한 사람이 아니다.
③ 모든 청소년은 거짓말쟁이다.
④ 정직한 사람 중에 청소년인 사람은 없다.
⑤ 어떤 정직한 사람은 청소년이 아니다.

How to solve?

STEP 1. 유형파악 논리 ➡ 전제 & 결론 문제이다.
STEP 2. 문제풀이 전제와 결론의 내용을 도식화하여 푼다.

1) 전제, 결론 문제는 전제와 결론에 중복되는 부분의 형태를 일치시켜준다.

전제 1 : 모든 거짓말쟁이는 정직한 사람이 아니다.	➡	정직한 사람은 거짓말쟁이가 아니다.
결론 : 어떤 청소년은 거짓말쟁이가 아니다.		—

※ '모든'은 없다고 보아도 상관없다. (➡ 모든 A는 B이다 = A는 B이다)
※ 결론과 같은 정언 명제는 대우로 바꿀 수 없다.

2) 각 명제를 그림으로 표현한다.

전제 1	전제 2	결론
	정직, 청소년의 관계	

※ 각 그림의 '✓' 표시가 된 영역만 반드시 원소가 존재한다.

STEP 3. 정답
✓ ① 어떤 청소년은 정직한 사람이다.
➡ '어떤 청소년은 정직한 사람이다.'는 청소년이면서 정직한 어떤 사람의 존재를 의미하고, 정직한 사람은 거짓말쟁이가 아니라는 전제에 의해, 청소년이면서, 거짓말쟁이가 아닌 사람이 존재한다는 결론을 이끌어 낸다.

다음 결론이 반드시 참이기 위해 필요한 전제를 고르시오.

> - 전제 1 : 적극적이지 않으면 발전 할 수 없다.
> - 전제 2 : 모임에 나가는 사람은 자존감이 낮지 않다.
> - 전제 3 : (   )
> - 결론 : 자존감이 낮은 사람은 발전할 수 없다.

① 자존감이 낮지 않은 사람은 발전 할 수 있다.
② 발전을 하는 사람이라고 해도 적극적이지 못하다.
③ 자존감이 낮은 사람은 모임에 나가지 않는다.
④ 적극적인 사람은 모임에 나간다.
⑤ 모임에 나가지 않는 사람은 적극적인 사람이다.

How to solve?

STEP 1. 유형파악 논리 ➡ 전제&결론
STEP 2. 문제풀이 해당 유형은 명제를 화살표를 연결해 이어나가는 방식으로 푼다.

1) 명제를 간단하게 바꾼다.

전제 1 : 적극적이지 않으면 발전할 수 없다.		~적극 → ~발전
전제 2 : 모임에 나가는 사람은 자존감이 낮지 않다.	➡	모임 → ~자존감
결론 : 자존감이 낮은 사람은 발전할 수 없다.		자존감 → ~발전

2) 결론을 기준으로 명제들을 빈 칸에 넣는다.

결론 : 자존감 → ~발전	
논리 전개 : 자존감 → (a) → (b) → ~발전	(a) → (b)가 찾는 정답
전제 2의 대우 : 자존감 → ~모임	∴ a = ~모임
전제 1 : ~적극 → ~발전	∴ b = ~적극

STEP 3. 정답 대우명제를 활용하여 정답을 찾는다.
✓ ④ 적극적인 사람은 모임에 나간다.
(a) → (b) ➡ ~모임 → ~적극 (대우명제 : 적극 → 모임)

다음으로부터 추론한 것으로 옳은 것만을 〈보기〉에서 있는 대로 고른 것은?

3개의 상자 A, B, C가 다음 조건을 만족한다.

- A, B, C 중 적어도 하나에는 상품이 들어 있다.
- A에 상품이 들어 있고 B가 비었다면 C에도 상품이 들어 있다.
- C에 상품이 들어 있다면 상품이 들어 있는 상자는 2개 이상이다.
- A와 C 중 적어도 하나는 빈 상자이다.

〈보 기〉

ㄱ. A에 상품이 들어 있다면 B에도 상품이 들어 있다.
ㄴ. B에 상품이 들어 있다면 A와 C 중 적어도 하나에는 상품이 들어 있다.
ㄷ. C에 상품이 들어 있다면 B에도 상품이 들어 있다.

---

① ㄱ ② ㄴ ③ ㄱ, ㄷ
④ ㄴ, ㄷ ⑤ ㄱ, ㄴ, ㄷ

How to solve?

STEP 1. 유형파악 논리 ➡ 명제
STEP 2. 문제풀이 조건에 있는 문장을 명제로 바꾼다.

※ 조건을 순서로 조건1, 조건2, …로 보고 조건을 기호로 나타내자.

• 조건 2 : A and ~B → C	• A에 있고 B에 없다면 C에 상품이 있다.
• 조건 3 : C → A or B	• C에 상품이 있으면 A 또는 B에도 상품이 있다.
• 조건 4 : A → ~C	• A에 상품이 있으면 C에는 상품이 없다.

STEP 3. 정답 조건2, 3, 4와 그 대우 명제를 활용하여 확인한다.

• ㄱ : A → B	A → ~C → ~A or B ➡ A → B (∵ ~A가 아니므로 맞는 내용)
• ㄴ : B → A or C	B →로 시작하는 명제를 만들 수 없으므로 알 수 없다.
• ㄷ : C → B	조건 3, 4에서 C → A or B ➡ B (∵ C → ~A 이므로 B만 가능)

※ ~C → ~A or B : 조건 2의 대우명제

✓ ③ ㄱ, ㄷ
➡ ㄱ, ㄷ 은 위와 같이 조건에 있는 명제를 활용하여 참인 것을 확인할 수 있으나 ㄴ은 확인할 수 없다.

다음 명제가 모두 참일 때, 항상 참인 문장을 고르시오.

> - 겨울에는 스키를 탈 수 있다.
> - 따듯한 날에는 수영을 할 수 없다.
> - 비가 오는 날에는 야외활동을 할 수 없다.
> - 눈이 오는 날에는 스키를 탈 수 없고 야외활동도 할 수 없다.
> - 비가 오지 않거나 겨울이 아닌 날에는 수영을 할 수 있다.

① 스키를 탈 수 없고 야외활동을 할 수 없을 때는 따듯한 날이다.
② 따듯하지 않은 날은 비가 오고 겨울이다.
③ 겨울에는 눈이 온다.
④ 야외활동을 할 수 있는 날에는 수영을 할 수 있다.
⑤ 눈이 오지 않는 날에는 비가 오지 않는다.

How to solve?

STEP 1. 유형파악 **논리** ➡ 논리의 연결
STEP 2. 문제풀이 **명제를 간단하게 바꾼다.**

명제 1 : 겨울 → 스키	명제 4 : 눈 → ～스키 and ～야외
명제 2 : 따듯 → ～수영	➡ 눈 → ～스키
명제 3 : 비 → ～야외	눈 → ～야외
명제 4 : 눈 → ～스키 and ～야외	명제 5 : ～비 or ～겨울 → 수영
명제 5 : ～비 or ～겨울 → 수영	➡ ～비 → 수영
	～겨울 → 수영

※ A → B and C인 명제는 A → B, A → C로 나누어 쓸 수 있다.
※ A or B → C인 명제는 A → C, B → C로 나누어 쓸 수 있다.

STEP 3. 정답 **간단하게 바꾼 명제들을 연결한다.**

> - 따듯 → ～수영 → 비 → ～야외
> - 따듯 → ～수영 → 겨울 → 스키 → ～눈

✓ ④ 야외활동을 할 수 있는 날에는 수영을 할 수 있다. ➡ ～수영 → ～야외 (대우)

오답 ① '→ 따듯'으로 이어지는 명제는 만들 수 가 없으므로 정답이 아니다.
　　 ② '～따듯 →'으로 시작하는 명제를 만들 수 없다.
　　 ③ 겨울 → 스키 → ～눈
　　 ⑤ '～눈 →'으로 시작하는 명제를 만들 수 없다.

다음의 진술 중 오직 한 사람만 거짓인 진술을 하였다면, 거짓인 진술을 한 사람은 누구인가?

- 재석 : 명수의 말이 참이면 하하의 말은 거짓이야.
- 명수 : 준하는 거짓말을 하지 않아.
- 준하 : 형돈이 말이 맞으면 하하의 말도 맞는 말이야.
- 형돈 : 재석이는 거짓말 하고 있어.
- 하하 : 준하가 거짓말을 했다면 형돈이의 말은 거짓말이 아니야.

① 재석   ② 명수   ③ 준하
④ 형돈   ⑤ 하하

How to solve?

STEP 1. 유형파악 진위 문제 ➡ 한 명만 거짓말을 했고, 진술에 조건이 들어간 경우이다.
※ 재석, 준하, 하하의 진술과 같이 'A가 B하면, C는 D이다'인 진술이다.
STEP 2. 문제풀이 진술의 관계를 정리한다.

1) 모순 또는 반대관계인 진술을 찾는다. 재석 ↔ 형돈

재석 : 명수의 말이 참이면 하하의 말은 거짓이야.	↔	형돈 : 재석이는 거짓말 하고 있어.

➡ 재석의 말이 참이면 형돈 거짓, 형돈의 말이 참이면 재석 거짓이다.

※ 기본적인 형태의 모순관계. A가 'B는 거짓말 하고 있다.' 라고하면, B의 진술 내용과 상관없이 A와 B는 반드시 모순관계이다. 재석이의 진술 내용과 상관없이 형돈이가 재석이가 거짓말을 한다고 했으므로 둘은 모순관계.

2) 문제에서 언급한 참, 거짓인 진술의 개수를 체크하여 나머지 진술들의 진위를 판단한다.

거짓 진술 : 1개	재석, 형돈 중 1명이 거짓 (모순관계)
참인 진술 : 4개	명수, 준하, 하하 세 명의 진술은 반드시 참

STEP 3. 정답 알아낸 사실로 정답을 골라낸다. (①, ④ 중 하나가 답 ∵모순관계)
✓ ① 재석
➡ 재석의 진술에서 조건(명수의 말이 참이면)에 해당하는 부분이 성립하고, 하하의 말은 참이므로 결론(하하의 말은 거짓이야)이 거짓이다.

고려공사의 궁 팀장은 회의 시간 중 기침 소리를 듣고 매우 화가나 누가 기침 소리를 내었는지 알아 내려한다. 직원 A~E는 누가 기침 소리를 내었는가에 대해 다음과 같이 진술하였다. 이들 중 기침소리를 낸 사람이 한 명 있고, 다음의 진술 중 하나의 진술이 거짓이다. 누가 기침 소리를 내었는가?

- A : 저와 C는 아무 소리도 내지 않았습니다.
- B : A와 E 중 한 명이 소리를 내었습니다.
- C : B, D, E는 절대 아닙니다.
- D : 제가 기침을 했다는 말은 거짓말입니다.
- E : B와 저는 기침을 하지 않았습니다.

① A   ② B   ③ C
④ D   ⑤ E

How to solve?

STEP 1. 유형파악 진위 문제 ➡ 한 명만 거짓말을 했고, 특정인(기침)을 골라내는 유형이다.
STEP 2. 문제풀이 위 상황과 진술에 대한 표를 만들어 정리한다.
A진술부터 차례로 각각의 상황에 진술이 참이면 T, 거짓이면 F를 넣는다. (T/F 중 하나는 생략 가능)

진술	-	① A	② B	③ C	④ D	⑤ E	각각이 기침 소리를 내었을 때
	A		T		T	T	A와 C는 아니라고 했으므로 나머지가 T
	B	T				T	A와 E 중 하나라고 했으므로 A, E일 때 T
	C	T		T			B, D, E가 아니라고 했으므로 A, C일 때 T
	D	T	T	T		T	D는 아니므로 나머지의 경우 T
	E	T		T	T		B와 E는 아니므로, 나머지가 T

※ 파란색 박스는 E가 기침을 했을 때(세로) B의 진술(가로)의 진위 여부(참)를 써넣은 것이다. E가 기침 소리를 냈을 때, B의 진술은 참이므로 T가 들어가야 한다. 같은 방식으로 다른 칸을 체크한다. 이 유형의 문제는 자주 나오는 진술의 패턴이 있으므로 연습한다면 표를 쉽게 채울 수 있다.

STEP 3. 정답 문제의 조건에 따라 정답을 골라낸다. 정답을 찾을 때는 표를 세로로 본다.
✓ ① A
➡ 하나의 진술만 거짓이고, 네 진술이 참인 상황을 고르면 된다.
굵은 선 박스를 보면, A가 기침 소리를 내었을 때 A가 거짓, B~E는 모두 참임을 알 수 있다.
다른 선택지는 참, 거짓의 개수가 맞지 않다.

※ 1번 문제와 같이 모순관계를 찾아서 풀 수도 있다.

A~F 6명은 1조와 2조로 3명씩 두 조로 나누어 당직을 서기로 했다. 1조의 조원들은 진실만 말하고, 2조에 조원들은 거짓만 말한다고 한다. 다음의 진술을 보고 같은 조원이 될 수 있는 사람들을 올바르게 묶은 것은?

• A : C는 2조다.	• B : E의 말은 진실이다.
• C : 나는 1조에 들어갔다.	• D : F는 1조다.
• E : 나는 C와 다른 조다.	• F : 나는 D와 같은 조다.

① A, B, C   ② A, B, D   ③ B, C, D

④ B, C, E   ⑤ D, E, F

How to solve?

STEP 1. 유형파악 진위 문제 ➡ 진위에 따라 두 조로 나누는 퍼즐문제와 조합된 유형이다.

STEP 2. 문제풀이 진술의 관계를 정리한다.

1) 모순 또는 반대관계인 진술을 찾는다. A ↔ C 이므로 두 사람은 서로 다른 조에 들어간다.

A : C는 2조다.	↔	C : 나는 1조에 들어갔다.
➡ C는 2조이다. = C는 거짓말하고 있다.		

※ 기본적인 형태의 모순관계이다. A와 C의 진술이 대치되는 문제이긴 하지만, C의 진술이 다른 내용으로 바뀌어도 A와 C는 반드시 모순관계이다.

2) 서로 진위가 항상 일치하는 관계인 진술을 찾는다.

B : E의 말은 진실이다.	E가 진실이면 B, E 모두 참이고 거짓이면 B, E 모두 거짓
D : F는 1조다.	= F의 말은 진실이다. (D와 F는 진위가 일치하는 관계)

STEP 3. 정답 알아낸 사실로 정답을 찾는다. (필요에 따라 표로 정리한다.)

✓ ④ B, C, E

➡ A와 C는 같은 조가 될 수 없고, B와 E, D와 F는 항상 같은 조여야 한다. 답이 될 수 있는 것은 ④번이다.

1조		2조
A	↔	C
B E	↔	D F

+ Point Plus +

표를 작성한 후 표의 빈 공간을 퍼즐 맞추듯 알맞은 퍼즐 조각을 넣는다고 생각하자. B와 E, D와 F처럼 함께 다니는 것들은 하나로 묶어 큰 조각을 만드는 것이다. 같은 조가 될 수 없고 서로의 위치가 바뀔 수 있는 유동적인 상태는 '↔' 기호로 표현했다. 이렇게 확정된 사실이 아닌 정보라도 표시를 해두면, 다른 조건이나 진술의 내용을 이용하여 남은 자리를 쉽게 채울 수 있어 쉽게 풀리는 경우가 많다.

○○공사 직원들은 2인 1조로 지방출장을 다녀와야 한다. 각 조는 대리(A, B, C)와 사원(D, E, F) 한 명씩 구성되어 있다. 이들 중 한 조의 구성원들만 거짓을 말하고 있고 나머지는 진실을 말하고 있다. 거짓말을 하고 있는 조의 구성원으로 알맞은 것은?

> • A : F는 나와 같은 조가 아니다.
> • B : 나는 D 또는 F와 같은 조이다.
> • C : 나는 D와 같은 조이다.
> • D : A는 나와 다른 조이다.
> • E : 나는 A와 다른 조가 아니다.
> • F : A 또는 B가 나와 같은 조이다.

① A - D ② B - F ③ B - D
④ C - E ⑤ C - F

How to solve?

STEP 1. 유형파악 진위 문제 ➡ 모순, 반대 관계가 없는 진술, 거짓말을 한 사람을 고르는 문제이다.
STEP 2. 문제풀이 선지를 중심으로 정답을 찾는다. 이때 진술만으로 정답을 찾으려면 9가지 경우의 수를 보아야 한다.

1) 거짓말을 하는 조를 찾는 것이므로 각각의 선지에서 해당 조원이 거짓말을 하는지 확인한다.
   ➡ 다음과 같이 정리하여 답이 될 수 있는 선지가 ④, ⑤임을 확인한다.

① A - D	A : F는 나와 같은 조가 아니다.　(참)　∴ 오답
② B - F	B : 나는 D 또는 F와 같은 조이다. (참)　∴ 오답
③ B - D	B : 나는 D 또는 F와 같은 조이다. (참)　∴ 오답
④ C - E	C, E 둘 다 거짓
⑤ C - F	C, F 둘 다 거짓

2) 참인 것이 확실한 진술들을 정리 (A, B, D가 참)

A : F는 나와 같은 조가 아니다.	사원 D, E, F 중 A와 같은 조가 될 수 있는 사람은 E밖에 없다.
B : 나는 D 또는 F와 같은 조이다.	따라서 A와 E가 같은 조.
D : A는 나와 다른 조이다.	④ C - E 는 오답이 된다.

STEP 3. 정답 알아낸 사실로 정답을 찾는다.
✓　⑤　C - F
➡ ①∼④가 오답이므로 ⑤가 정답이다.

※ ⑤의 내용으로 참, 거짓을 확인해보지 않은 상태일지라도, 시간관리를 위해 정답이 나오면 바로 넘어가야 한다.

01 제시된 문장을 읽고 옳은 결론을 고르시오.

> • 약자를 보호하는 국가는 경제적으로 공평하다.
> • 공정하지 못한 국가는 경제적으로 공평하지 못하다.
> • 약자를 보호하는 국가는 민주주의의 가치를 존중한다.

> • A : 약자를 보호하는 국가가 반드시 공정한 국가인 것은 아니다.
> • B : 민주주의의 가치를 존중하지 못하는 국가는 약자를 보호하는 국가가 아니다.

① A만 옳다.
② B만 옳다.
③ A와 B 모두 옳다.
④ 모두 옳지 않다.
⑤ 알 수 없다.

02 다음 주어진 조건을 참고할 때, A, B의 진술을 바르게 판단한 것은?

> • 공부만 하는 사람은 모두 체력이 좋지 않다.
> • 체력이 좋지 않은 사람 중 홍삼을 챙겨 먹는 사람이 있다.
> • 홍삼을 챙겨 먹지 않는 사람 중에는 체력이 좋은 사람이 있다.

> • A : 공부만 하는 사람 중에는 홍삼을 챙겨 먹는 사람이 있다.
> • B : 체력이 좋지 않은 사람은 모두 홍삼을 챙겨 먹는다.

① A만 옳다.
② B만 옳다.
③ A와 B 모두 옳다.
④ 모두 옳지 않다.
⑤ 알 수 없다.

03 다음 조건이 모두 성립한다고 가정할 때, 반드시 참인 것은?

───────〈 조 건 〉───────
- B사원이 수업에 출석하면 K사원도 수업에 출석한다.
- K사원이 수업에 출석하면 S사원도 수업에 출석한다.
- B사원이 수업에 출석하지 않으면 S사원이 수업에 출석한다.
- L사원이 수업에 결석하면 B사원이 수업에 결석하지 않는다.

① K사원은 수업에 출석한다.
② B사원은 수업에 출석한다.
③ S사원은 수업에 출석한다.
④ S사원과 K사원은 수업에 출석한다.
⑤ B사원과 L사원은 수업에 결석한다.

04 다음 명제가 모두 참이라고 할 때, 반드시 참인 명제는?

- 스포츠를 좋아하지 않는 사람은 운동을 하지 않는다.
- 스포츠를 좋아하지 않는 사람은 생활습관이 규칙적이지 않다.
- 활동적인 사람은 부지런하다.
- 부지런한 사람은 생활습관이 규칙적이다.

① 스포츠를 좋아하는 사람은 활동적이지 않다.
② 운동을 하지 않는 사람은 생활습관이 규칙적인 사람이 아니다.
③ 활동적인 어떤 사람은 생활습관이 규칙적인 사람이 아니다.
④ 생활습관이 규칙적인 어떤 사람은 활동적이지 않다.
⑤ 부지런한 사람은 스포츠를 좋아한다.

05 사무관 A~E는 각기 다른 행정구역을 담당하고 있다. 이들이 담당하는 구역의 민원과 관련된 정책안이 제시되었다. 이에 대하여 A~E는 찬성과 반대 둘 중 하나의 의견을 제시했다고 알려졌다. 다음 정보가 모두 참일 때, 옳은 것은?

- A 또는 D 둘 중 적어도 하나가 반대하면, C는 찬성하고 E는 반대한다.
- B가 반대하면, A는 찬성하고 D는 반대한다.
- D가 반대하면 C도 반대한다.
- E가 반대하면 B도 반대한다.
- 적어도 한 사람이 반대한다.

① A는 찬성하고 B는 반대한다.　　　　　② A는 찬성하고 E는 반대한다.
③ B와 D는 반대한다.　　　　　　　　　④ C는 반대하고 D는 찬성한다.
⑤ C와 E는 찬성한다.

06 다음의 주어진 조건을 통해 A, B에 대해 바르게 설명한 보기를 고르시오.

- 목요일에 눈이 오는 지역은 금요일이나 토요일에 눈이 온다.
- 수요일에 눈이 오지 않는 지역은 토요일과 일요일에 눈이 온다.
- 일요일에 눈이 오는 지역은 목요일에 눈이 온다.

A : 수요일에 눈이 오지 않는 지역은 목요일에 눈이 온다.
B : 금요일과 토요일에 눈이 오지 않는 지역은 일요일에 눈이 오지 않는다.

① A만 옳다.　　　　　　　　　　　　② B만 옳다.
③ A와 B 모두 옳다.　　　　　　　　　④ 모두 옳지 않다.
⑤ 알 수 없다.

07 다음으로부터 추론한 것으로 옳은 것만을 〈보기〉에서 있는 대로 고른 것은?

> 수리 센터에서 A, B, C, D, E 5가지 부품의 불량에 대해 조사한 결과 다음 사실이 밝혀졌다.
> • A가 불량인 제품은 B, D, E도 불량이다.
> • C와 D가 함께 불량인 제품은 없다.
> • E가 불량이 아닌 제품은 B나 D도 불량이 아니다.

---〈보 기〉---

> ㄱ. E가 불량인 제품은 C도 불량이다.
> ㄴ. C가 불량인 제품 중에 A도 불량인 제품은 없다.
> ㄷ. D는 불량이 아니면서 B가 불량인 제품은, C도 불량이다.

① ㄱ
② ㄴ
③ ㄱ, ㄷ
④ ㄴ, ㄷ
⑤ ㄱ, ㄴ, ㄷ

08 다음으로부터 추론한 것으로 옳지 <u>않은</u> 것은?

> 어느 회사가 새로 충원한 경력 사원들에 대해 다음과 같은 정보가 알려져 있다.
> • 변호사나 회계사는 모두 경영학 전공자이다.
> • 경영학 전공자 중 남자는 모두 변호사이다.
> • 경영학 전공자 중 여자는 아무도 회계사가 아니다.
> • 회계사이면서 변호사인 사람이 적어도 한 명 있다.

① 여자 회계사는 없다.
② 회계사 중 남자가 있다.
③ 회계사는 모두 변호사이다.
④ 회계사이면서 변호사인 사람은 모두 남자이다.
⑤ 경영학을 전공한 남자는 회계사이면서 변호사이다.

09 다음과 같은 결론을 도출하기 위해 괄호 안에 들어가야 할 명제는 무엇인가?

- **전제 1** : 경영학을 수강하는 어떤 사람은 통계학을 수강하지 않는다.
- **전제 2** : (   )
- **결론** : 경제학을 수강하는 어떤 사람은 경영학을 수강한다.

① 경제학을 수강하는 어떤 사람은 통계학을 수강하지 않는다.
② 통계학을 수강하지 않는 사람은 경제학을 수강한다.
③ 경영학을 수강하는 사람은 경제학을 수강한다.
④ 경제학을 수강하는 사람은 통계학을 수강하지 않는다.
⑤ 통계학을 수강하지 않는 사람은 경영학을 수강한다.

10 음 명제가 모두 참이라고 할 때, 반드시 참인 명제는?

- 비서가 사무실을 비우면 행정처리가 늦어진다.
- 프로젝트 마감일이 지연되지 않으면 행정처리가 제때에 된다.
- 비서가 사무실을 비우면 사장도 사무실에 없다.
- 프로젝트 마감일이 지연되면 계약지연 수수료를 낸다.

① 계약지연 수수료를 내면 행정처리가 늦어진다.
② 사장이 사무실에 있으면 행정처리가 늦어지지 않는다.
③ 프로젝트 마감이 지연되면 비서가 사무실을 비운 것이다.
④ 계약지연 수수료를 내지 않는 것은 비서가 사무실에 있다는 것이다.
⑤ 계약지연 수수료를 내지 않는 것은 사장이 사무실에 있다는 것이다.

11 다음과 같은 결론을 도출하기 위해 괄호 안에 들어가야 할 명제는 무엇인가?

- 전제 1 : (   )
- 전제 2 : A와 B가 자연수라면, A+B도 자연수이다.
- 결론 : A+B가 자연수가 아니면, A×B도 자연수가 아니다.

---

① A 또는 B가 자연수가 아니면, A×B도 자연수이다.
② A가 자연수이고, B가 자연수가 아니면 A×B는 자연수이다.
③ A×B가 자연수이면, A와 B는 자연수이다.
④ A+B가 자연수가 아니면, A는 자연수이다.
⑤ A+B가 자연수가 아니면, A 또는 B가 자연수가 아니다.

12 A과 학생들의 수강현황을 조사한 결과 다음과 같은 자료를 얻었다. A과 학생 민주가 경제학을 수강하고 있다는 결론을 이끌어낼 수 있는 정보는?

- 정치학과 사회학을 둘 다 수강하는 학생은 모두 경제학도 수강하고 있다.
- 경영학과 회계학을 둘 다 수강하는 학생은 모두 경제학도 수강하고 있다.
- A과 학생은 누구든 논리학이나 역사학 수업 가운데 적어도 하나는 수강하고 있다.
- 논리학을 수강하는 학생은 모두 정치학도 수강하고 있다.
- 역사학을 수강하는 학생은 모두 경영학도 수강하고 있다.

---

① 민주는 경영학과 사회학을 수강하고 있다.
② 민주는 논리학과 경영학을 수강하고 있다.
③ 민주는 사회학과 회계학을 수강하고 있다.
④ 민주는 역사학과 정치학을 수강하고 있다.
⑤ 민주는 정치학과 회계학을 수강하고 있다.

13 다음 주어진 조건을 참고할 때, A, B의 진술을 바르게 판단한 것은?

〈조 건〉

ㄱ. 공기업을 준비하는 사람은 모두 의사소통능력이 있다.
ㄴ. 의사소통능력이 있는 사람 중 자격증이 있는 사람이 있다.
ㄷ. 자격증이 있지 않은 사람 중에는 의사소통능력이 있지 않은 사람이 있다.

A : 공기업을 준비하는 사람 중에는 자격증이 있는 사람이 있다.
B : 의사소통능력이 있는 사람은 모두 자격증이 있는 사람이다.

① A만 옳다.
② B만 옳다.
③ A와 B 모두 옳다.
④ A와 B 모두 옳지 않다.
⑤ 알 수 없다.

14 제시된 문장을 읽고 옳은 결론을 고르시오.

• 가치관이 뚜렷한 사람은 모두 사교적이다.
• 적응력이 뛰어난 사람은 이해력이 뛰어나다.
• 이해력이 뛰어난 사람은 사교적인 사람이다.
• 사교적이지 않으면서 이해력이 뛰어난 사람은 없다.
• 가치관이 뚜렷하지 않은 사람은 모두 사교적이지 않다.
• 사교적인 사람 중에는 적응력이 뛰어난 사람도 있다.

〈보 기〉

• A : 가치관이 뚜렷하고 사교적이며, 이해력도 뛰어난 사람이 있다.
• B : 이해력이 뛰어난 사람은 적응력이 뛰어나다.

① A만 옳다.
② B만 옳다.
③ A와 B 모두 옳다.
④ A와 B 모두 그르다.
⑤ A와 B 모두 옳은지 그른지 파악할 수 없다.

15 다음 명제가 모두 참일 때, 항상 참인 문장을 고르시오.

> - 오이를 싫어하는 사람은 참외도 싫어한다.
> - 수박을 좋아하는 사람은 딸기도 좋아하고 멜론도 좋아한다.
> - 바나나를 싫어하는 사람은 딸기를 좋아한다.
> - 멜론을 좋아하거나 바나나를 좋아하는 사람은 참외를 좋아한다.
> - 참외를 싫어하는 사람은 바나나를 싫어한다.

① 오이를 좋아하는 사람은 바나나를 좋아한다.
② 딸기를 좋아하거나 멜론을 좋아하는 사람은 수박을 좋아한다.
③ 수박을 싫어하는 사람은 바나나를 싫어한다.
④ 참외를 싫어하면 수박을 싫어한다.
⑤ 참외를 좋아하는 사람은 수박을 좋아한다.

16 다음은 사내 체육대회에서 팀 대표로 달리기 시합에 출전한 선수 한 명에 대한 대화 내용이다. 다음 대화 내용을 보고 대표로 시합에 출전한 선수를 고르시오. (단, 다음의 진술 중 대표로 시합에 출전한 선수는 거짓말을 하고 있다.)

> - A : B와 D는 대표로 출전하지 않았다.
> - B : A가 출전했다면 D는 출전하지 않았다.
> - C : E가 대표로 출전했다.
> - D : B가 출전했다면 A도 출전했다.
> - E : B가 출전하지 않았다면 A가 출전했다.

① A   ② B   ③ C
④ D   ⑤ E

17 인사팀 사원인 갑, 을, 병, 정, 무 5명은 L사, S사, A사 세 개 회사의 스마트폰을 사용한다. 그중 L회사의 스마트폰을 사용하는 사람은 한 명뿐이다. 각자가 사용하는 스마트폰에 대해 다음과 같이 말했다면 L회사 스마트폰을 사용하는 사람은 누구인가? (단, 확인 결과 두 사람의 진술은 거짓이었다.)

- 갑 : 나는 S사 스마트폰을 사용한다.
- 을 : 갑 또는 정이 L회사 스마트폰을 사용한다.
- 병 : 을과 정은 A사 스마트폰을 사용한다.
- 정 : 나는 S사 스마트폰을 쓰고, 갑 혹은 병이 L회사 스마트폰을 쓴다.
- 무 : 갑, 을, 병 세 명은 S사 스마트폰을 사용한다.

① 갑   ② 을   ③ 병
④ 정   ⑤ 무

18 노벨상 후보로 거론된 A~E 5명에게 노벨상 수상자로 누구를 예상하는지에 대해 물었다. 그 결과 이들 5명 중 1명의 예상만이 적중했고 나머지의 예상은 모두 빗나갔다고 할 때, 노벨상 수상자는 누구인가? (단, 노벨상 수상자는 1명이다.)

- A : C가 노벨상 수상자가 아니면 D도 노벨상 수상자가 아니다.
- B : 노벨상 수상자는 B이거나 C이다.
- C : A가 노벨상 수상자가 아니면 D도 노벨상 수상자가 아니다.
- D : A와 B가 노벨상 수상자가 아니면, C 또는 E도 노벨상 수상자가 아니다.
- E : 노벨상 수상자는 A이거나 E이다.

① A   ② B   ③ C
④ D   ⑤ E

19 ○○상사 박 차장은 지난주에 사원 두 명과 저녁식사를 했다. OO상사 직원들이 박 차장과 저녁식사를 한 사원들에 대해 다음과 같이 말했다면, 박 차장과 저녁식사를 함께한 두 명의 사원은 누구인가? (단, 다음의 진술 중 세 명의 말은 진실이며, 다른 세 명의 말은 거짓이다.)

- 하 사원 : 유 부장님의 말은 항상 맞아.
- 유 부장 : 노 사원이 박 차장과 저녁을 먹는 걸 내가 봤어.
- 정 과장 : 길 인턴은 그 날 다른 사람과 저녁식사를 했어. 그리고 노 사원의 말은 사실이야.
- 정 대리 : 정 과장님은 다이어트 중이라 저녁식사를 하지 않았어. 정 과장님 말이 맞아.
- 길 인턴 : 유 부장님도 아니야. 그날 회장님과 식사를 따로 하셨어.
- 노 사원 : 나와 하 사원은 박 차장님 말고 다른 사람과 식사를 했어.

① 하 사원, 유 부장　　　　　　　　　② 유 부장, 정 과장
③ 정 대리, 길 인턴　　　　　　　　　④ 노 사원, 길 인턴

20 ○○상사 유 부장은 이번 주에 있을 하 사원 결혼식에 참석할지 여부에 대해 나머지 직원 5명에게 물어보았다. 이 중 2명은 불참한다고 하였고, 나머지 세 명은 참석한다고 하였다. 불참한다고 한 두 명은 모두 기혼자이고, 참석한다고 한 세 명은 모두 30대이다. 다음은 직원 5명의 대화이다. 이 중 한 명만 거짓말을 하였다면, 결혼식에 참석한 세 명을 알맞게 짝지은 것은? (단, 거짓말을 한 직원의 말은 모두 거짓이다.)

- 박 차장 : 나는 30대가 아니고, 나와 정 대리 중 한 사람만 결혼식에 참석했어.
- 정 과장 : 나와 박 차장 중 한 명만 결혼식에 참석했고, 나는 30대야.
- 길 인턴 : 나와 노 사원 중 한 명만 결혼식에 참석했고, 나는 기혼자가 아니야.
- 노 사원 : 나는 솔로야.
- 정 대리 : 나는 그날 노 사원과 일정이 같았고, 나는 결혼했어.

① 박 차장, 정 과장, 노 사원
② 박 차장, 정 과장, 정 대리
③ 길 인턴, 정 과장, 정 대리
④ 길 인턴, 노 사원, 정 대리
⑤ 정 과장, 노 사원, 정 대리

21 ○○기업 영업팀은 매년 사원들의 실적을 평가하여 실적이 가장 좋은 사원에게 특별 포상을 한다. 다음은 영업팀 사원들의 실적에 대한 팀원의 대화이다. 대화를 보고 다음 중 옳지 <u>않은</u> 설명을 고르시오. (단, 사원은 A~E 총 다섯 명이고 다음의 대화 내용 중 한 사람의 진술은 거짓이다.)

> • A : B는 D보다 실적이 좋고, 나는 C보다 실적이 좋다.
> • B : E가 특별 포상을 받게 될 거야.
> • C : B의 실적은 우리 다섯 중 두 번째로 좋아.
> • D : C는 적어도 D, E 보다는 실적이 좋아.
> • E : A는 특별 포상을 받지 못해.

① A의 실적은 세 번째 또는 네 번째로 좋다.
② C가 특별 포상을 받게 되는 경우가 있다.
③ A의 실적이 세 번째라면 C의 실적이 가장 좋지 않다.
④ 특별 포상을 실적이 좋은 두 명에게 준다면, B는 포상을 받을 수 있다.
⑤ E는 D보다 실적이 좋다.

22 다음으로부터 추론한 것으로 옳은 것은?

> 어떤 회사가 A, B, C, D 네 부서에 한 명씩 신입 사원을 선발하였다. 지원자는 총 5명이었으며, 선발 결과에 대해 다음과 같이 진술하였다. 이중 1명의 진술만 거짓으로 밝혀졌다.
> • 지원자 1 : 지원자 2가 A 부서에 선발되었다.
> • 지원자 2 : 지원자 3은 A 또는 D부서에 선발되었다.
> • 지원자 3 : 지원자 4는 C 부서가 아닌 다른 부서에 선발되었다.
> • 지원자 4 : 지원자 5는 D 부서에 선발되었다.
> • 지원자 5 : 나는 D 부서에 선발되었는데, 지원자 1은 선발되지 않았다.

① 지원자 4는 B 부서에 선발되었다.
② 지원자 2는 A 부서에 선발되었다.
③ 지원자 3은 D 부서에 선발되었다.
④ 지원자 1은 B 부서에 선발되었다.
⑤ 지원자 5는 C 부서에 선발되었다.

23 A~E 다섯 명은 ○○회사의 사원이다. 이들 중 두 명이 지방 발령을 받았고, 이에 대하여 A~E는 아래와 같이 말했다. 다음 중 지방으로 발령을 받은 두 사람의 진술만 참이라면, 그 두 사람은 누구인가?

- A : B와 D는 본사에서 계속 일하게 되었다.
- B : 발령을 받은 사람은 C와 E이다.
- C : A는 발령 받은 사람 두 명 중 하나이다.
- D : 내가 지방으로 가게 되었다.
- E : A 또는 C는 발령을 받지 못했다.

① A, D   ② A, E   ③ C, D
④ C, E   ⑤ D, E

24 ○○공사 갑 사원은 '제 18회 농, 축산 박람회'에 참여하는 시의원에 대해 정리하였다. 월요일부터 금요일까지 주중에 메모한 내용이 다음과 같다. 다음 내용 중 두 개의 메모는 결과적으로 사실과 다르게 적혔다고 할 때, 다음 메모를 보고 추론한 것으로 옳지 <u>않은</u> 것은?

- 월요일 : 박람회에 시의원 E가 참석한다.
- 화요일 : 박람회에 시의원은 한 명만 온다.
- 수요일 : 시의원 A와 시의원 C가 참석한다.
- 목요일 : 시의원 E가 불참하기로 했다.
- 금요일 : 시의원 B와 시의원 C가 참석한다.

① 수요일에 적은 내용은 사실과 같다.
② 시의원 D는 박람회에 불참하였다.
③ 월요일에 적은 내용은 진위가 불분명하다.
④ 시의원 A는 박람회에 참석하였다.
⑤ 시의원 A와 시의원 B는 둘 다 박람회에 참석하였다.

25 A, B, C, D 네 사람만 참여한 달리기 시합에서 동순위 없이 순위가 완전히 결정되었다. A, B, C는 각자 아래와 같이 진술하였다. 이들의 진술이 자신보다 낮은 순위의 사람에 대한 진술이라면 참이고, 높은 순위의 사람에 대한 진술이라면 거짓이라고 하자. 반드시 참인 것은?

> • A : C는 1위이거나 2위이다.
> • B : D는 3위이거나 4위이다.
> • C : D는 2위이다.

① A는 1위이다.
② B는 2위이다.
③ D는 4위이다.
④ A가 B보다 순위가 높다.
⑤ C가 D보다 순위가 높다.

02 | 퍼즐

언어추리 마지막 유형인 퍼즐은 조건에 따라 항목들의 대응관계를 연결하는 문제이다. 조건과 명제의 참, 거짓을 묻지 않는 형태가 많이 출제된다. 문제해결능력과 자원관리 유형 등에서 그룹 편성하기, 일정표 채워 넣기, 과제 할당 등 다양한 형태로 활용된다. 가장 기본적인 형태는 위치관계나 순서관계를 정리하는 문제로, 일렬로 자리를 배정하거나 순위 정보를 제공하고 배열하는 것이다. 표를 이용해 단서를 정리해야 하는 문제도 출제된다.

어떤 조건을 먼저 봐야 하는지, 어떻게 정리하는지에 따라 문제의 난이도와 문제풀이 시간에서 차이가 많이 난다. 따라서 문제의 접근방법이 바로 떠오르지 않고, 조건들이 눈에 들어오지 않는다면 일단 넘기고 다른 유형의 문제를 먼저 푸는 것이 좋다.

+ Point Plus +

진위문제와 연계된 형태로 출제되기도 한다.

여러 항목들을 연결시킬 수 있도록 단편적인 정보가 제시되어, 그 단서들을 일목요연하게 정리해야 한다. 따라서 자주 나오는 유형은 어떤 식으로 조건을 정리한다는 확실한 개념이 있어야 한다. 표를 만들어서 내용을 채워 넣거나 항목들을 선으로 연결하는 방법이 있다.

[접근 방법]

다양한 형태의 조건이 나오지만, 자세히 분석해보면 비슷한 패턴의 조건이 반복된다. 따라서 조건 형태에 따라 어떤 조건을 먼저 봐야 하고, 어떤 조건을 나중에 봐야 하는지를 알아야 한다. 조건을 보는 순서를 알고, 그 내용을 어떻게 정리해 나가느냐가 시간 단축의 핵심이다.

100piece짜리 퍼즐을 맞춘다고 생각해보자. 우선 가장자리를 맞춘 후, 내가 맞춘 퍼즐에 연결할 수 있는 퍼즐을 찾아 연결한다. 퍼즐이 들어갈 수 있는 공간이 한정적이거나 남아 있는 퍼즐이 적을수록 쉽게 퍼즐을 넣을 수 있다. 즉 어떻게 정리하느냐에 따라 문제의 난이도 자체가 다르게 느껴질 수 있다.

1) 우선은 단적으로 알려주는 단서를 활용한다. 아니면 제약이 많아 가능한 경우의 수가 한 가지 또는 아주 적은 조건을 본다.
2) 'A 옆에는 B가 있다'처럼 A−B를 묶어서 하나의 퍼즐 조각으로 만들 수 있는 조건들을 최대한 연결한다. 큰 조각은 들어갈 수 있는 공간이 한정되어 경우의 수가 많이 줄어든다.
3) 내가 정리한 조건과 관련된 다른 조건을 본다. (이미 정리한 조건을 활용하면 경우의 수가 줄어드는 조건을 보면 된다.)
4) 어느 정도 정리가 되었다면, 전제처럼 쓰인 조건을 활용하여 남은 조건을 정리한다.
5) 여러 경우의 수가 있어 자리를 확정할 수 없는 경우에는 그 가능성이 있는 자리는 도형을 이용하여 넣어도 된다. 이렇게 자리를 넣어두면 다른 조건을 활용하기 쉬워진다. 꼭 모든 단서를 확정해야만 풀 수 있는 건 아니다.
6) 제약조건('A는 B가 아니다'와 같이 안 되는 것만 제약하는 조건)은 문제풀이 초반에 보면 경우의 수가 여러 가지가 나오므로 어느 정도 표가 채워진 후반부에 확인한다.

○○전력은 신규 채용한 A~F 6명을 신입사원교육을 목적으로 중부지사, 서부지사, 남부지사 세 곳에 각각 두 명씩 연수를 보낼 예정이다. 다음을 보고 항상 참인 것은 무엇인지 고르시오.

> • A~F를 각각 다음과 같은 조건으로 연수를 보낼 예정이다.
> • E는 자신의 출신지역인 남부지사에 보낸다.
> • B는 중부지사에는 보내지 않는다.
> • A와 C는 서로 다른 곳으로 연수를 보낸다.
> • F는 다른 사람들이 어디에 갈지 정해진 후 남은 곳으로 간다.
> • D는 남부지사나 서부지사 중 한 곳에 연수를 보낸다.

① 연수를 보내는 방법은 총 4가지이다.
② F는 중부지사에 연수를 간다.
③ B와 C는 같은 곳으로 연수를 간다.
④ A가 중부지사로 연수를 간다면 B는 서부지사로 간다.
⑤ A와 F는 같은 곳으로 연수를 간다.

How to solve?

STEP 1. 유형파악 중부, 서부, 남부 세 곳에 A~F를 배치하는 문제이다.
STEP 2. 문제풀이 주어진 조건들을 표에 정리한다.

1) 단적으로 알려주는 조건이 있으면 해당 내용을 먼저 다 정리한다(순서대로 조건1, 조건2, …).

중부	서부	남부
		E

조건 2 : E의 위치는 정해져 있으므로 바로 넣는다.

2) 더 이상 써넣을 내용이 없다면, 나머지 조건들을 정리한다.
   ① B와 D는 남부나 서부 중 한 곳에 연수를 간다.
      → 조건 3 : B는 중부지사에는 보내지 않는다. = B는 남부지사나 서부지사 중 한 곳에 연수를 간다.
   ② A와 C는 서로 다른 곳에 연수를 간다.
   ③ F는 마지막에 남는 곳에 간다.

3) 자리를 확정할 수 없는 경우 도형을 이용하여 넣는다. (B&D=○, A&C=▲)

① 중부	서부	남부
▲	○	E
F	▲	○

① 중부	서부	남부
▲	○	E
F	○	▲

B와 D의 위치는 경우의 수가 두 가지밖에 없고, 그 자리가 결정되면 A, C, F의 위치도 결정이 된다. 따라서 B와 D의 자리가 유동적이라고 해도 표 안에 도형으로 넣으면 나머지 내용을 쉽게 정리할 수 있다.

STEP 3. 정답 정리한 내용을 토대로 정답을 찾는다.
   ✓ ② F는 중부지사에 연수를 간다.
   → 어떤 경우에도 F는 중부지사로 연수를 가는 것을 알 수 있다.

○○공단에서는 사원들의 친목을 위해 족구 시합을 하였다. 팀은 대리 4명(갑, 을, 병, 정)과 신입사원 4명(A, B, C, D)이 각각 대리 2명, 신입 2명으로 나누어 두 팀으로 구성하기로 하였다. 팀 구성에 대해 다음과 같은 조건이 있을 때, 다음 중 반드시 옳은 설명은?

> • 갑과 B는 같은 팀이다.
> • 을과 병은 한 팀이 될 수 없다.
> • 정과 A는 다른 팀이다.

① 갑과 병은 같은 팀이 될 수 없다.
② A와 C는 같은 팀이다.
③ 갑과 D는 같은 팀이다.
④ 정과 을은 같은 팀이다.
⑤ 갑과 정은 같은 팀이 될 수 없다.

How to solve?

STEP 1. 유형파악 대리와 사원을 각각 2명씩 2개조로 나누는 문제이다.
STEP 2. 문제풀이 주어진 조건들을 표에 정리한다.

1) 단적으로 알려주는 조건이 있으면 해당 내용을 먼저 다 정리한다.

	1팀		2팀	
대리	갑			
신입	B			

조건 1 : 1팀이냐 2팀이냐가 중요한 문제가 아니므로 임의의 조에 갑과 B를 넣는다.

2) 자리를 확정할 수 없는 경우 도형을 이용하여 넣는다. (을, 병 = ○)

	1팀		2팀	
대리	갑	○		○
신입	B			

조건 2 : 을과 병은 다른 팀이지만, 누가 1팀인지 2팀인지는 몰라 자리가 유동적이다. 도형을 이용하여 정리할 수 있다.

➡ 갑과 B가 1팀으로 정해져있으므로 여기에서는 1팀인지 2팀인지가 중요하다.

3) 나머지 조건을 정리한다.

	1팀		2팀	
대리	갑	○	정	○
신입	B	A		

조건 3 : 대리인 정이 들어갈 수 있는 자리는 2팀이고, 따라서 A가 1팀으로 결정된다.

	1팀		2팀	
대리	갑	○	정	○
신입	B	A	C	D

나머지 C, D의 위치도 결정된다.

STEP 3. 정답 정리한 내용을 토대로 정답을 찾는다.
✓ ⑤ 갑과 정은 같은 팀이 될 수 없다.
➡ 갑과 정은 1팀, 2팀으로 반드시 나누어 들어가야 한다.

아래 배치도에 나와 있는 10개의 방을 A, B, C, D, E, F, G 7명에게 하나씩 배정하고, 3개의 방은 비워두었다. 다음 〈정보〉가 알려져 있을 때 추론한 것으로 옳지 <u>않은</u> 것은?

─── 〈정 보〉 ───

- 빈 방은 마주 보고 있지 않다.
- 5호와 10호는 비어 있지 않다.
- A의 방 양옆에는 B와 C의 방이 있다.
- B와 마주 보는 방은 비어 있다.
- C의 옆방 가운데 하나는 비어 있다.
- D의 방은 E의 방과 마주 보고 있다.
- G의 방은 6호이고 그 옆방은 비어 있다.

1호	6호
2호	7호
3호	8호
4호	9호
5호	10호

① 1호는 비어 있다.
② A의 방은 F의 방과 마주 보고 있다.
③ B의 방은 4호이다.
④ C와 마주 보는 방은 비어 있다.
⑤ D의 방은 10호이다.

How to solve?

STEP 1. 유형파악 A~G 7명을 10개의 방에 배정하는 문제이다.
STEP 2. 문제풀이 주어진 조건들을 표에 정리한다.

1) 단적으로 알려주는 조건이 있으면 해당 내용을 먼저 다 정리한다.

1호	1팀
2호	
3호	
4호	
5호	○

G	6호
X	7호
	8호
	9호
○	10호

조건 7 : 6호는 G가 사용하고 7호는 비어 있다.
조건 2 : 5호와 10호는 비어 있지 않다.
➡ ○을 넣어 비어 있지 않음을 표현한다.

2) 하나의 퍼즐조각으로 만들 수 있는 조건을 최대한 연결한다.

조건 3, 4, 5 : A 옆에 B와 C가 어느 쪽에 있느냐에 따라 ①, ② 두 가지 큰 퍼즐조각이 만들어진다. ③, ④은
①, ②가 회전한 모습이다.

3) 큰 조각을 넣을 수 있는 자리를 찾아 넣는다.

1호	X
2호	C
3호	A
4호	B
5호	○

G	6호
X	7호
	8호
X	9호
○	10호

조각 ②가 해당 위치에 들어갈 수 있고, 나머지
조각은 들어갈 수 있는 자리가 없다.

4) 나머지 조건을 정리한다.

1호	X
2호	C
3호	A
4호	B
5호	○

G	6호
X	7호
F	8호
X	9호
○	10호

조건 6 : D와 E가 마주보고 있으므로 5호와 10호
에 들어가게 되고, 남은 8호에 F가 들어가게 된
다. (D & E : ○)

STEP 3. 정답 정리한 내용을 토대로 정답을 찾는다.
✓ ⑤ D의 방은 10호이다.
➡ D와 E의 방은 5호와 10호 중에 어느 것인지 결정되지 않는다.

A~F 여섯 명은 며칠간 부산 출장을 다녀와야 한다. 여섯 명이 묵을 숙소를 정했는데, 숙소는 아래 그림과 같이 각층에 4개실이 있고, 5~6층에 모두 묵을 것이라면 다음 중 항상 참인 것을 고르시오.

왼쪽	601호	602호	603호	604호	오른쪽
	501호	502호	503호	504호	

- F의 옆방 중 최소한 하나는 비어 있다.
- B가 투숙한 바로 옆 오른쪽 방에는 D가 투숙했다.
- A는 603호에 투숙한다.
- C와 E는 바로 옆방이 아니다.
- C와 E는 5층에 투숙한다.
- B의 바로 옆방에는 E가 투숙한다.

① C가 투숙한 방은 501호이다.　　　② B가 투숙한 방은 502호이다.
③ F가 투숙한 방은 601호이다.　　　④ D가 투숙한 방은 504호이다.
⑤ F가 투숙한 방은 602호이다.

How to solve?

STEP 1. 유형파악 A~F 6명을 8개의 방에 배정하는 문제이다.
STEP 2. 문제풀이 주어진 조건들을 표에 정리한다.

1) 단적으로 알려주는 조건이 있으면 해당 내용을 먼저 다 정리한다. (조건 3)

601호	602호	603호 A	604호
501호	502호	503호	504호

2) 하나의 퍼즐조각으로 만들 수 있는 조건을 최대한 연결한다. (조건 1, 2, 6)

① | E | B | D |　　　② | ○ | ○ |　(F와 빈자리 : ○)

3) 큰 조각을 넣을 수 있는 자리를 찾아 넣는다.

601호	602호	603호 A	604호
501호 E	502호 B	503호 D	504호

조건 4, 5 : B가 502호와 503호에 들어갈 수 있지만, 503호에 들어갈 경우, 501, 502호가 C, E로 이웃하게 되므로 불가능하다.

4) 나머지 조건을 정리한다.

601호 ○	602호 ○	603호 A	604호
501호 E	502호 B	503호 D	504호 C

STEP 3. 정답 정리한 내용을 토대로 정답을 찾는다.
✓　② B가 투숙한 방은 502호이다.
➡ B의 위치는 502호로 결정되어 있다.

철도공사는 A~G 7개 도시의 철도 수송량을 조사하였다. 철도 수송량이 많은 순으로 도시들을 나열하였을 때, 그 순서에 대해 다음과 같은 정보가 있다. E도시의 철도 수송량은 7개 도시 중 몇 번째인지 고르시오.

- G는 D보다 순위가 높고 E와 F보다는 순위가 낮다.
- D와 A는 철도 수송량 순위에서 이웃하지 않는다.
- C는 G보다 철도 수송량이 적다.
- B는 F보다 철도 수송량이 많다.
- D는 A보다 철도 수송량이 많다.
- B의 수송량이 가장 많은 것은 아니다.

① 첫 번째   ② 두 번째   ③ 세 번째
④ 네 번째   ⑤ 다섯 번째

How to solve?

STEP 1. 유형파악 A~G 7개 도시를 순서대로 나열
STEP 2. 문제풀이 주어진 조건들을 표에 정리한다.

1) 단적으로 알려주는 조건이 없을 경우에는 많은 정보가 들어 있는 조건을 먼저 본다.

	1위 → 7위			
확정	E	G	D	
유동	F			

조건 1의 내용을 정리. 선후 관계만 알고, 순위는 모르기 때문에 선후 관계만 표현한다. 선후 관계가 확실한 내용은 '확정'부분에 넣고, '유동'은 아직 불확실한 정보를 적는다. F는 G보다 선순위이기 때문에 높은 순위 쪽에 썼고 E와의 관계는 몰라 같은 줄에 썼다.

2) 정리된 내용과 관련하여 선후관계를 알 수 있는 조건을 확인한다.

	1위 → 7위					
확정	B	F	G	D	○	A
유동		E				

조건 2, 5 A는 D보다 후순위, D와 A사이에 ○ 다른 도시가 들어가야 한다. 조건 4에서 B와 F의 관계를 알았기 때문에 E와 F의 위치를 바꿔 정리한다. 이때 최대한 많은 정보를 '확정' 쪽에 정리한다.

3) 나머지 조건을 정리한다.

	1위 → 7위						
확정	E	B	F	G	D	C	A
유동							

조건 6에서 B가 1위는 아니므로 1위로 가능한 것은 E 뿐이다. ○에는 남아 있는 C도시가 들어가야 한다.

STEP 3. 정답 정리한 내용을 토대로 정답을 찾는다.
✓ ① 첫 번째
→ 모든 조건을 정리한 결과 E가 철도 수송량이 가장 많은 도시임을 알 수 있다.

01 어느 회사는 회의실이 A, B 두 실이 존재한다. 갑~신 여덟 팀은 아래의 조건에 따라 주중에 회의실 A와 B 중 하나를 빌려 회의를 진행하려 한다. 이때 대실 일정에 대한 설명으로 항상 옳은 것을 고르시오. (단, 각 회의실은 하루에 한 부서만 대실할 수 있다.)

- 무 팀과 경 팀은 같은 날 회의를 진행한다.
- 갑 팀이 회의를 하는 날에는 회의실 A를 사용하지 않는다.
- 정 팀은 목요일에 회의실 A를 대실했고, 신 팀은 금요일에 회의실 B를 대실했다.
- 을 팀은 기 팀보다 회의를 먼저 진행하고, 병 팀은 회의실 B를 대실했다.
- 정비 일정으로 인하여 화요일에는 회의실 A를, 수요일에는 회의실 B를 사용할 수 없다.

① 기 팀은 병 팀과 같은 날 회의를 한다.
② 을 팀은 회의실 B를 빌렸다.
③ 정 팀과 무 팀은 같은 회의실을 사용한다.
④ 경 팀은 갑 팀보다 먼저 회의실을 사용한다.
⑤ 신 팀은 을 팀과 같은 회의실을 사용한다.

02 ○○공사의 직원들은 다음 주 당직 일정을 짜야 한다. 다음 주 월요일부터 금요일까지 오전과 오후에 한 명씩 당직을 서고, 구체적인 일정은 다음과 같은 조건에 따라 결정된다. 남자 과장의 당직 일정은? (단, 직원들의 직급은 주임, 대리, 과장 세 직급이다.)

- 당직을 서는 직원은 총 9명이다.
- 여직원은 직급별로 한명씩 있고, 직급이 낮은 순서로 당직을 선다.
- 월요일 오전에는 전체 회의가 있어 따로 당직자가 없다.
- 과장들은 다른 요일에 당직을 선다.
- 남자 주임들은 같은 요일에 당직을 선다.
- 남자 대리는 3명이다.
- 여자 주임은 남자 주임보다 늦게 당직을 선다.
- 여자 직원들은 모두 오전에 당직을 선다.
- 김 대리와 박 대리는 각각 월요일, 수요일에 당직을 선다.

① 월요일 오후　　　　　② 화요일 오후　　　　　③ 수요일 오후
④ 목요일 오후　　　　　⑤ 금요일 오후

03 ○○공사의 상반기 경력사원으로 채용된 A~F 여섯 명 중 세 명은 재무처에, 나머지 세 명은 법무실에 배정되었다. 각각 배정된 세 명의 경력사원은 직급별로 과장, 차장, 대리 1명씩으로 구성되었다. 배정 결과에 대해 이들 여섯 명은 다음과 같은 진술을 하였는데, 재무처에 배정된 세 명은 참인 말을 하고, 법무실에 배정된 세 명은 거짓말을 한다면, A~F 중 법무실에 배정된 차장급 사원은 누구인가?

- A : D는 차장이다.
- B : E는 차장이다.
- C : F는 법무실에 배정되었다.
- D : E는 재무처에 배정되었다.
- E : 나는 C와 같은 직급이다.
- F : B와 D의 직급이 같다.

① A　　　　② B　　　　③ C　　　　④ D　　　　⑤ E

04 ○○공사의 각기 다른 규모의 기획본부, 관리본부, 상생발전본부, 기술혁신본부, 영업본부의 5개 본부는 2018년도 실적 평가를 받았다. 다음은 각 본부의 규모와 실적 평가에 대한 내용이다. 이 내용을 바탕으로 추론했을 때 항상 거짓인 것은? (단, 평가 등급은 높은 등급 순으로 A~D등급이다.)

- 두 부서만이 같은 평가 등급을 받았고, 그중 하나는 영업본부이다.
- 다섯 부서 중 규모가 가장 작은 부서는 C등급을 받았으며 해당 부서는 상생발전본부는 아니다.
- 관리본부는 A등급을 받았고 상생발전본부와 영업본부보다 규모가 크다.
- 기술혁신본부가 받은 평가 등급은 영업본부와 관리본부가 받은 등급 중 낮은 등급보다도 한 등급 낮다.
- 기획본부는 상생발전본부보다 규모가 크고 기술혁신본부보다는 규모가 작다.

① 관리본부는 규모가 두 번째로 크다.
② 기획본부가 받을 수 있는 평가 등급은 두 가지이다.
③ 관리본부와 기술혁신본부 중 누구의 규모가 큰지는 알 수 없다.
④ 기획본부와 영업본부가 같은 평가 등급을 받았다면, 상생발전본부는 C등급을 받았다.
⑤ 기술혁신본부는 D등급을 받았다.

05 직원 A~H가 원탁에 서로 일정한 간격으로 둘러앉아 회의를 하고 있다. 각 직원의 직급은 부장 1명, 차장 1명, 과장 1명, 대리 2명, 주임 3명이고, 직원의 배치가 다음 조건을 따를 때 항상 참인 것을 고르면?

- 과장은 A와 마주보고 있고, F의 오른쪽에 앉아 있다.
- 차장은 부장과 마주보고 있고, 주임 사이에 앉아 있다.
- 대리들끼리는 이웃하여 앉아 있다.
- B의 왼쪽에는 대리가, 오른쪽에는 주임이 앉아 있다.
- C의 양 옆 사람의 직급이 서로 같고, 대리와 마주보고 있다.
- D는 차장이고, E의 오른쪽에 앉아 있다.
- G는 자신과 직급이 같은 사람과 이웃하여 앉아 있다.

① G는 C와 마주보고 있다.
② 부장의 왼쪽에는 A가 앉아 있다.
③ F는 대리이다.
④ C과장의 오른쪽에는 B주임이 앉아 있다.
⑤ H의 맞은편에는 F주임이 앉아 있다.

06 ○○공사는 하반기에 실시한 '자기개발 교육'의 참여자들에게 만족도 조사를 실시하였다. 조사에 응한 사람은 사전 준비, 프로그램 진행, 사후 관리의 세 항목 중 어떤 항목이 잘 진행됐는가에 대해 1~3순위를 부여했다. 조사의 결과가 다음과 같을 때, 사전 준비에 2순위를 부여한 사람의 수는? (단, 응답자는 1, 2, 3순위 각각에 한 가지 항목만 선택할 수 있다.)

- 조사에 응한 사람은 50명이다.
- 사후 관리가 프로그램 진행보다 잘 됐다고 응답한 사람은 42명이다.
- 사후 관리에 사전 준비보다 높은 순위를 부여한 사람은 29명이다.
- 프로그램 진행을 사전 준비보다 잘 됐다고 응답한 사람은 19명이다.
- 프로그램 진행에 1순위를 부여한 사람은 없다.

① 8명　　　　　　　　② 9명　　　　　　　　③ 10명
④ 11명　　　　　　　　⑤ 12명

07 다음으로부터 추론한 것으로 옳은 것만을 아래에서 있는 대로 고른 것은?

> 심사단 100명이 가수 A, B, C, D의 경연을 보고 제일 잘했다고 생각하는 한 명에게 투표한다. 각 심사자는 1표를 행사하며 기권은 없다. 이런 경연을 2차례 실시한 뒤 2차례 투표 결과를 합산하여 최종 순위가 결정되고 최하위자는 탈락한다. 1차와 2차 경연에 대해 다음 사실이 알려져 있다.
>
> • 1차 경연 결과 순위는 A, B, C, D 순이고, A는 30표, C는 25표를 얻었다.
> • 2차 경연 결과 1등은 C이고 2등은 B이며, B는 30표, 4등은 15표를 얻었다.
> • 각 경연에서 동점자는 없었다.

> ㄱ. 탈락자는 D이다.
> ㄴ. A의 최종 순위는 3등이다.
> ㄷ. 2차 경연에서 C가 얻은 표는 35표를 넘을 수 없다.

① ㄱ   ② ㄷ   ③ ㄱ, ㄴ
④ ㄴ, ㄷ   ⑤ ㄱ, ㄴ, ㄷ

08 다음으로부터 추론한 것으로 옳은 것만을 아래에서 있는 대로 고른 것은?

> 대형 전시실 3개와 소형 전시실 2개를 가진 어느 미술관에서 각 전시실별로 동양화, 서양화, 사진, 조각, 기획전시 중 하나의 주제로 작품을 전시하기로 계획하였다. 설치 작업은 월요일부터 금요일까지 〈작업 계획〉에 따라 하루에 한 전시실씩 진행한다.
>
> 〈작업 계획〉
> • 동양화 작품은 금요일 이전에 설치한다.
> • 수요일과 금요일에는 대형 전시실에 작품을 설치한다.
> • 조각 작품을 설치한 다음다음날에 소형 전시실에 사진 작품을 설치한다.
> • 기획전시 작품을 설치한 다음다음날에 대형 전시실에 작품을 설치하는데, 그 옆 전시실에는 서양화가 전시된다.

> ㄱ. 서양화 작품은 수요일에 설치한다.
> ㄴ. 동양화 전시실과 서양화 전시실은 옆에 있지 않다.
> ㄷ. 기획전시가 소형 전시실이면 조각은 대형 전시실이다.

① ㄴ   ② ㄷ   ③ ㄱ, ㄴ
④ ㄱ, ㄷ   ⑤ ㄱ, ㄴ, ㄷ

09 다음 글로부터 추론한 것으로 옳지 <u>않은</u> 것은?

> 어떤 회사의 직원은 A~G 7명이다. 그들은 다음과 같은 방법으로만 연락한다.
> - 바로 아래 하급 직원으로부터 연락받으면 자신의 바로 위 상급 직원 한 명에게만 연락한다.
> - 바로 위 상급 직원으로부터 연락받으면 자신과 같은 직급의 모든 직원에게 연락한다.
> - 같은 직급의 직원으로부터 연락받으면 같은 직급의 다른 직원 한 명에게만 연락한다.
>
> 다음과 같은 사실이 알려져 있다.
> - B는 D보다 직급이 한 등급 높다.
> - D가 B에게 연락하자 B는 A에게만 연락했다.
> - G가 C에게 연락하자 C는 B에게만 연락했다.
> - C가 F에게 연락하자 F는 D와 E에게 연락했다.

① C와 G가 같은 직급이고 D가 E에게 연락하면, E는 F에게만 연락할 수 있다.
② C와 G가 같은 직급이고 E가 C에게 연락하면, C는 A에게만 연락할 수 있다.
③ C와 G가 같은 직급이고 F가 G에게 연락하면, G는 A에게만 연락할 수 있다.
④ C와 G가 다른 직급이고 A가 B에게 연락하면, B는 C에게만 연락할 수 있다.
⑤ C와 G가 다른 직급이고 D가 C에게 연락하면, C는 G에게만 연락할 수 있다.

10 기획팀, 인사팀, 홍보팀, 전산팀, 재무팀, 영업팀의 여섯 부서가 연말 결산 발표를 진행한다. 발표 순서에 대한 다음 조건을 모두 고려하였을 때, 옳은 것은 고르시오.

> - 여섯 부서는 한 부서씩 차례로 발표를 진행한다.
> - 인사팀이 전산팀보다 먼저 발표를 했다.
> - 인사팀과 재무팀 사이에 발표를 한 팀이 있었다.
> - 기획팀은 홍보팀 바로 다음에 진행하였다.
> - 영업팀이 가장 마지막에 발표를 했다.
> - 홍보팀과 전산팀 사이에는 두 팀이 발표를 진행했다.

① 기획팀은 다섯 번째로 발표를 했다.
② 인사팀은 네 번째보다 먼저 발표를 했다.
③ 홍보팀은 가장 먼저, 또는 두 번째로 발표를 했다.
④ 전산팀은 기획팀보다 먼저 발표를 했다.
⑤ 재무팀이 가장 먼저 발표를 했다면, 전산팀은 네 번째로 발표를 했다.

11 A, B, C, D 4개의 밭이 나란히 있다. 첫 해에 A에는 장미, B에는 진달래, C에는 튤립을 심었고, D에는 아무것도 심지 않았다. 그리고 2년차에는 C에 아무것도 심지 않기로 하였다. 이 경우 다음 조건에 따를 때 3년차에 가능한 것은?

> - 한 밭에는 한 가지 꽃만 심는다.
> - 심을 수 있는 꽃은 장미, 튤립, 진달래, 백합, 나팔꽃이다.
> - 한 가지 꽃을 두 군데 이상 심으면 안 된다.
> - 장미와 튤립을 인접해서 심으면 안 된다.
> - 전해에 장미를 심었던 밭에는 아무것도 심지 않거나 진달래를 심고, 진달래를 심었던 밭에는 아무것도 심지 않거나 장미를 심어야 한다. (단, 아무것도 심지 않았던 밭에는 그 전해에 장미를 심었으면 진달래를, 진달래를 심었으면 장미를 심어야 한다.)
> - 매년 한 군데 밭에만 아무것도 심지 않아야 한다.
> - 각각의 밭은 4년에 한 번만 아무것도 심지 않아야 한다.
> - 전 해에 심지 않은 꽃 중 적어도 한 가지는 심어야 한다.
> - 튤립은 2년에 한 번씩 심어야 한다.

	A	B	C	D
①	장미	진달래	튤립	심지 않음
②	심지 않음	진달래	나팔꽃	백합
③	장미	심지 않음	나팔꽃	튤립
④	심지 않음	진달래	백합	나팔꽃
⑤	장미	진달래	심지 않음	튤립

12 기술혁신본부는 2019년도에 진행할 봉사활동 계획을 세우기로 하였다. 다음 조건에 따라 봉사활동을 한다면, 봉사활동 일정을 확정하기 위해 추가로 필요한 정보는 무엇인가?

> - 봉사활동은 노숙자 배식, 연탄 배달, 공원 청소, 보육원 방문, 유기견 돌보기, 벽화 그리기, 기부 마라톤 일곱 가지이다.
> - 봉사활동은 한 가지씩 차례로 진행한다.
> - 공원 청소는 보육원 방문보다 늦게 진행한다.
> - 벽화 그리기는 기부 마라톤보다 늦게 진행한다.
> - 공원 청소와 벽화 그리기는 연이어 진행한다.
> - 연탄 배달을 가장 먼저 진행하고 유기견 돌보기를 가장 나중에 진행한다.
> - 공원 청소는 노숙자 배식과 벽화 그리기보다 먼저 진행한다.

① 노숙자 배식은 벽화 그리기보다 먼저 진행한다.
② 공원 청소와 보육원 방문은 연이어 진행한다.
③ 공원 청소는 기부 마라톤보다 늦게 진행한다.
④ 보육원 방문은 벽화 그리기보다 먼저, 연탄 배달보다는 나중에 진행한다.
⑤ 기부 마라톤은 노숙자 배식보다 먼저 진행한다.

13 다음 그림과 같이 각 층에 1인 1실의 방이 4개 있는 3층 호텔에 A~I의 총 9명이 투숙해 있다. 주어진 조건하에서 반드시 옳은 것은?

〈그림〉

301	302	303	304
201	202	203	204
101	102	103	104

좌 ← → 우

─〈조 건〉─

- 각층에는 3명씩 투숙해 있다.
- A의 바로 위에는 C가 투숙해 있으며, A의 바로 오른쪽 방에는 아무도 투숙해 있지 않다.
- B의 바로 위의 방에는 아무도 투숙해 있지 않다.
- C의 바로 왼쪽 방에는 아무도 투숙해 있지 않으며, C는 D와 같은 층에 인접해 있다.
- D는 E의 바로 아래의 방에 투숙해 있다.
- E, F, G는 같은 층에 투숙해 있다.
- G의 옆방에는 아무도 투숙해 있지 않다.
- I는 H보다 위층에 투숙해 있다.

① B는 101호에 투숙해 있다.
② D는 204호에 투숙해 있다.
③ F는 304호에 투숙해 있다.
④ G는 301호에 투숙해 있다.
⑤ A, C, F는 같은 열에 투숙해 있다.

14 ○○은행에 신입사원 채용에 지원한 A~F이 8인용 원탁에 둘러앉아 토론 면접을 진행하려고 한다. 지원자들의 자리에 대해 아래와 같은 조건을 고려할 때, 옳게 추론한 것을 고르시오.

- C의 옆자리에는 D가 앉는다.
- F의 옆자리에는 C가 앉고, C가 앉지 않은 쪽은 비어 있어야 한다.
- A의 옆자리는 비어 있지 않아야 한다.
- B와 마주보는 자리는 비어 있어야 한다.

① F의 왼쪽 두 번째 자리에는 D가 앉는다.
② E의 옆자리는 비어 있지 않는다.
③ D와 E는 마주보고 앉는다.
④ C와 마주보는 자리는 비어 있다.
⑤ A의 옆자리에 B가 앉는다.

15 ○○회사 사내 헬스 동아리 회원인 A~D 네 명은 각자 N사, U사, A사 운동복 중 하나를 사용하고 있다. 아래의 조건을 고려했을 때, 항상 거짓인 것을 고르시오.

> - C는 N사나 U사 운동복 중 하나를 사용한다.
> - A는 U사나 A사 운동복 중 하나를 사용한다.
> - D 외에도 N사 운동복을 사용하는 사람이 있다.
> - B는 N사 운동복을 사용하지 않는다.

① 아무도 사용하지 않는 회사의 운동복이 있다.
② C는 U사 운동복을 사용한다.
③ A는 A사 운동복을 사용한다.
④ B는 U사 운동복을 사용하지 않는다.
⑤ A와 B가 사용하는 운동복은 다르다.

16 다음 상황을 근거로 판단할 때, 2017년 3월 인사 파견에서 선발될 직원만을 모두 고르면?

> - ○○도청에서는 소속 공무원들의 역량 강화를 위해 정례적으로 인사 파견을 실히하고 있다.
> - 인사파견은 지원자 중 3명을 선발하여 1년간 이루어지고 파견 기간은 변경되지 않는다.
> - 선발 조건은 다음과 같다.
>   - 과장을 선발하는 경우 동일 부서에 근무하는 직원을 1명 이상 선발한다.
>   - 동일 부서에 근무하는 2명 이상의 팀장을 선발할 수 없다.
>   - 과학기술과 직원을 1명 이상 선발한다.
>   - 근무 평정이 70점 이상인 직원만을 선발한다.
>   - 어학 능력이 '하'인 직원을 선발한다면, 어학 능력이 '상'인 직원도 선발한다.
>   - 직전 인사 파견 기간이 종료된 이후 2년 이상 경과하지 않은 직원을 선발할 수 없다.
> - 2017년 3월 인사 파견의 지원자 현황은 다음과 같다.

직원	직위	근무 부서	근무 평정	어학 능력	직전 인사 파견 시작 시점
A	과장	과학기술과	65	중	2013년 1월
B	과장	자치행정과	75	하	2014년 1월
C	팀장	과학기술과	90	중	2014년 7월
D	팀장	문화정책과	70	상	2013년 7월
E	팀장	문화정책과	75	중	2014년 1월
F	–	과학기술과	75	중	2014년 1월
G	–	자치행정과	80	하	2013년 7월

① A, D, F
② B, D, G
③ B, E, F
④ C, D, G
⑤ D, F, G

17 ○○기업은 직원들이 사용하는 스마트폰 제품에 대해 조사하려고 하고 있다. 홍보부, 재무부, 인사부 직원 A~G 7명은 사과 스마트폰과 우주 스마트폰 중 한 가지만 사용하고 있다. 직원들이 사용하는 스마트폰에 대해 다음과 같은 정보가 알려져 있다면, 다음 중 옳지 <u>않은</u> 설명은 무엇인가?

- 직원 7명 중 과장이 2명, 대리가 3명, 주임이 2명이다.
- 홍보부 직원은 세 명이고, 나머지 부서 직원들은 두 명씩이다.
- 과장들은 우주 스마트폰을 사용하고, 주임들은 서로 다른 스마트폰을 사용한다.
- 같은 직급의 직원은 모두 부서가 다르고, 주임 중 인사부는 없다.
- C와 F는 부서가 같고, C의 직급이 F보다 높다.
- B는 홍보부 주임이고, 사과 스마트폰을 사용한다.
- E는 G와 같은 스마트폰을 사용하고, A와는 다른 스마트폰을 사용한다.
- A는 홍보부 대리이고, D와 같은 부서이다.
- F는 사과 스마트폰을 사용하고, G와 직급이 같다.

① 재무부 직원들은 모두 우주 스마트폰을 사용한다.
② 사과 스마트폰을 사용하는 직원은 모두 세 명이다.
③ D와 같은 스마트폰을 사용하는 대리는 인사부이다.
④ E는 D와 같은 스마트폰을 사용한다.
⑤ 대리 중 사과 스마트폰을 사용하는 직원은 모두 두 명이다.

18 다음으로부터 추론한 것으로 옳은 것만을 아래에서 있는 대로 고른 것은?

A, B, C가 시험에서 35문항을 풀었다. 세 명이 모두 25문항씩 정답을 맞혔으며 아무도 정답을 맞히지 못한 문항은 없었다. 한 명만 정답을 맞힌 문항을 '어려운 문항', 세 명 모두 정답을 맞힌 문항을 '쉬운 문항'이라 한다.

ㄱ. 쉬운 문항이 어려운 문항보다 5개 더 많다.
ㄴ. 어려운 문항의 개수는 최대 10개이다.
ㄷ. 두 명만 정답을 맞힌 문항의 개수는 최소 2개이다.

① ㄱ   ② ㄴ   ③ ㄱ, ㄷ
④ ㄴ, ㄷ   ⑤ ㄱ, ㄴ, ㄷ

19 다음으로부터 추론한 것으로 옳은 것은?

> 동물 애호가 A, B, C, D가 키우는 동물의 종류에 대해서 다음 사실이 알려져 있다.
> - A는 개, C는 고양이, D는 닭을 키운다.
> - B는 토끼를 키우지 않는다.
> - A가 키우는 동물은 B도 키운다.
> - A와 C는 같은 동물을 키우지 않는다.
> - A, B, C, D 각각은 2종류 이상의 동물을 키운다.
> - A, B, C, D는 개, 고양이, 토끼, 닭 외의 동물은 키우지 않는다.

① B는 개를 키우지 않는다.
② B와 C가 공통으로 키우는 동물이 있다.
③ C는 키우지 않지만 D가 키우는 동물이 있다.
④ 3명이 공통으로 키우는 동물은 없다.
⑤ 3종류의 동물을 키우는 사람은 없다.

20 다음 글을 근거로 판단할 때, 김 과장이 단식을 시작한 첫 주 월요일부터 일요일까지 한 끼만 먹은 요일(끼니 때)은?

> 김 과장은 건강상의 이유로 간헐적 단식을 시작하기로 했다. 김 과장이 선택한 간헐적 단식 방법은 월요일부터 일요일까지 일주일 중에 2일을 선택하여 아침 혹은 저녁 한 끼 식사만 하는 것이다. 단, 단식을 하는 날 전후로 각각 최소 2일간은 정상적으로 세 끼 식사를 하고, 업무상의 식사 약속을 고려하여 단식일과 방법을 유동적으로 결정하기로 했다. 또한 단식을 하는 날 이외에는 항상 세 끼 식사를 한다.
> 간헐적 단식 2주째인 김 과장은 그동안 단식을 했던 날짜를 기록해두기 위해 아래와 같이 최근 식사와 관련된 기억을 떠올렸다.
> - 2주차 월요일에는 단식을 했다.
> - 지난주에 먹은 아침식사 횟수와 저녁식사 횟수가 같다.
> - 지난주 월요일, 수요일, 금요일에는 조찬회의에 참석하여 아침식사를 했다.
> - 지난주 목요일에는 업무약속이 있어서 점심식사를 했다.

① 월요일(저녁), 목요일(저녁)
② 화요일(아침), 금요일(아침)
③ 화요일(아침), 금요일(저녁)
④ 화요일(저녁), 금요일(아침)
⑤ 화요일(저녁), 토요일(아침)

21 다음 〈상황〉과 〈조건〉을 근거로 판단할 때 옳은 것은?

〈상 황〉

　A대학교 보건소에서는 4월 1일(월)부터 한 달 동안 재학생을 대상으로 금연교육 4회, 금주교육 3회, 성교육 2회를 실시하려는 계획을 가지고 있다.

- 금연교육은 정해진 같은 요일에만 주 1회 실시하고, 화, 수, 목요일 중에 해야 한다.
- 금주교육은 월요일과 금요일을 제외한 다른 요일에 시행하며, 주 2회 이상은 실시하지 않는다.
- 성교육은 4월 10일 이전, 같은 주에 이틀 연속으로 실시한다.
- 4월 22일부터 26일까지 중간고사 기간이고, 이 기간에 보건소는 어떠한 교육도 실시할 수 없다.
- 보건소의 교육은 하루에 하나만 실시할 수 있고, 토요일과 일요일에는 교육을 실시할 수 없다.
- 보건소는 계획한 모든 교육을 반드시 4월에 완료하여야 한다.

① 금연교육이 가능한 요일은 화요일과 수요일이다.
② 금주교육은 같은 요일에 실시되어야 한다.
③ 금주교육은 4월 마지막 주에도 실시된다.
④ 성교육이 가능한 일정 조합은 두 가지 이상이다.
⑤ 4월 30일에도 교육이 있다.

22 다음 주어진 고등학교 동창 A, B, C, D, E의 작년 한 해 동안의 모임 참석 현황을 보고 〈보기〉에서 옳은 것만을 골라 묶은 것을 고르면? (단, 동창회는 1년에 5회 개최된다.)

- A, B, C, D, E는 각각 3번, 1번, 1번, 4번, 2번 참석하였다.
- A와 D는 2번을 함께 참석하였다.
- A와 B는 함께 동창회에 참석한 적이 없다.
- D는 B, C와 함께 셋이서만 참석한 적이 있다.
- E는 다른 2명과 함께 항상 셋이서만 참석했다.

〈보 기〉

ㄱ. A와 C는 함께 참석한 적이 있다.
ㄴ. A와 E는 함께 참석한 적이 있다.
ㄷ. D와 E는 2번을 함께 참석하였다.
ㄹ. A, D, E는 적어도 한 번을 셋이서 함께 참석하였다.

① ㄱ, ㄹ　　　　　　　　② ㄴ, ㄷ　　　　　　　　③ ㄴ, ㄹ
④ ㄴ, ㄷ, ㄹ　　　　　　⑤ ㄱ, ㄴ, ㄷ, ㄹ

23 영업팀 사원 갑~무의 5명은 각각 5개 지방 도시에 출장을 간다. 이때, 각각의 사원들은 서로 다른 도시에 서로 다른 교통수단을 이용하여 출장을 간다고 한다. 이에 대해 다음과 같은 정보가 알려져 있을 때, 항상 참인 것은 무엇인가?

- 사원들은 각각 인천, 수원, 천안, 광주, 청주에 출장을 가야 한다.
- 사원들이 사용하는 교통수단은 승용차, 기차, 지하철, 버스, 택시이다.
- 갑은 인천, 을은 천안으로 출장을 간다.
- 지하철은 인천과 수원으로 갈 때만 사용한다.
- 병은 청주로 출장을 가지 않는다.
- 청주는 버스를 이용해야 한다.
- 정은 승용차를 이용한다.
- 병은 지하철을 이용한다.

① 을은 항상 같은 교통수단을 이용해야 한다.
② 정은 광주로 출장을 간다.
③ 무는 기차를 이용한다.
④ 갑은 승용차를 타고 출장을 간다.
⑤ 무는 수원으로 출장을 간다.

23 ○○공단의 A~F의 총 6명의 직원은 매주 월요일에 다음 주 비번을 결정한다. 비번을 정하는 규칙이 아래와 같을 때 옳지 <u>않은</u> 설명을 고르시오.

- 일주일 중 일요일만 근무를 하지 않는다.
- 매주 금요일에는 D가 비번을 선다.
- A와 B는 연이어 비번을 한다.
- C는 B 또는 F가 비번을 한 다음날에 비번을 한다.
- A와 E는 연이어 비번을 하지 않는다.

① 월요일에 B가 비번이면, 목요일은 C가 비번이다.
② 화요일에 C가 비번이면, 월요일에는 F가 비번이다.
③ 수요일에 A가 비번이면, 화요일엔 C가 비번이다.
④ 수요일에 C가 비번이면, 토요일엔 F가 비번이다.
⑤ 비번을 정하는 경우의 수는 7가지이다.

25 ○○전력의 해외사업본부에는 A~G 총 7명의 직원은 워크숍을 마치고 버스를 타고 이동하고 있다. 자리는 운전석에 바로 뒤부터 한 명씩 뒤로 나란히 앉았다. 이들의 자리에 대해 다음과 같이 대화를 나누었다고 할 때 모두의 자리를 정확하게 알기 위해 필요한 정보는 무엇인가?

> • A의 자리와 C의 자리 사이에는 네 자리가 있다.
> • B의 자리와 D의 자리 사이에는 한 자리만 있다.
> • A의 바로 앞자리는 E의 자리이다.
> • F의 자리는 B의 자리보다 뒤쪽이고, G의 자리는 B의 자리보다 앞이다.

① A의 자리는 앞에서 두 번째이다.
② G의 자리는 앞에서 세 번째이다.
③ B의 자리는 앞에서 네 번째이다.
④ E의 자리는 앞에서 여섯 번째 자리이다.
⑤ C는 이들 중 가장 뒤에 앉았다.

II. NCS 모듈

　모듈 문제는 문제해결, 자원관리, 정보, 기술, 조직이해 등 응용업무능력모듈 문제로 구성된다. 문제해결능력과 나머지 능력의 문제는 경계가 상당히 모호하다. 실제로 문제해결능력만 출제되는 기관에서 자원관리와 조직이해능력의 모듈 문제가 출제되고 있다. 응용업무능력 모듈은 출제하기에 따라서 정말 다양한 유형을 출제할 수 있고, 기존에 다른 시험에서 봐왔던 문제와는 유형이 많이 달라 수험생 입장에서 대비하기 어려운 유형이다. 따라서 문제해결능력이라는 큰 범주 안에 각각 능력의 응용업무능력모듈 중 자주 출제되는 유형 위주로 다뤄보겠다.

　응용업무능력모듈 문제(이하 모듈 문제)는 실제 업무에서 경험할 수 있는 문제 상황을 중심으로 문제를 구성한다. 텍스트, 도표, 그래프로 이루어진 자료를 바탕으로 문제를 풀고, 문제 유형마다 다르게 접근해야 한다. 최단거리, 최소비용 등을 찾는 자원관리 문제, 공정의 효율을 묻는 문제 등 빈출되는 유형은 반드시 체크하자.

　모듈 문제는 어렵게 출제될 경우 문제풀이에 상당한 시간을 소비할 수 있다. 특별한 문제풀이 방법이 없거나 방법은 뻔하지만 그 풀이가 너무 오래 걸리는 문제도 다수 출제된다. 그런 문제는 바로 풀지 말고 적절히 넘겨두는 것이 좋다. 학습단계에서는 '이 유형은 이렇게 접근한다'라는 기준을 잡는 데 초점을 두고 학습하자.

+ Point Plus +

　본인이 지원하는 기관에서 모듈 문제의 비중이 어느 정도인지 미리 알고 대비하자. 모듈 문제는 기관마다 출제 비중의 차이가 매우 큰 경우도 있어 반드시 확인해야 한다.

01 | 공정 최적화 (1)

공정이나 작업의 순서를 적절하게 배열하여 해당 일정을 최적화시키는 문제이다. 기본 이론과 방법만 알면 쉽게 접근할 수 있는 문제이다. 종종 출제되는 유형이니 한 번은 정리해두자.

[필수이론]

· 간트 차트

간트 차트(Gantt Chart)는 프로젝트 일정관리(공정 관리)를 위한 바(bar) 형태의 도구로 목적과 일정의 두 기본 요소를 이용하여 전체 일정을 한눈에 볼 수 있다. 공정 간의 관계를 정확하게 파악할 수 없다는 단점이 있다.

· 퍼트

퍼트(PERT)는 프로젝트 일정관리에 이용되는 도표이다. 프로젝트를 구성하는 작업 간의 상호 연결 관계와 작업 순위를 일목요연하게 보여주는 장점이 있다.

예 다음은 표 〈차량관리〉를 간트 차트와 퍼트로 나타낸 것이다.

〈표 : 차량관리〉

활동	내용	선행 활동	시간(분)
A	세차	–	10
B	건조	A	10
C	왁스칠	B	15
D	내부 청소	B	30
E	광택	C	25

〈간트 차트〉

A-10분

B-10분

C-15분

D-30분

E-25분

〈퍼트〉

A
10분

B
10분

C
15분

D
30분

E
25분

· 유휴 시간과 여유 시간

유휴 시간은 대기 시간으로 작업 간의 단절 등의 이유로 발생하는 기계의 휴식 시간, 공정 계획의 공백시간 등을 말한다. 여유시간은 전체 작업 시간에 영향을 주지 않는 비어 있는 시간을 말한다. 유휴 시간이 길어지면 공정이 효율적이지 않은 것이다. 여유시간은 공정의 효율성과는 상관없다.

예 다음 간트 차트의 예시를 보고 유휴 시간과 여유 시간에 대해 알아보자.

위 공정은 A–(B, C)–D로 이어지는 공정이다. 이 공정에서 A작업이 끝나고 B, C작업이 시작되기 전 대기 시간인 ①에 해당하는 시간이 유휴 시간이다. B작업과 C작업이 D작업의 선결작업이라면, D작업은 B작업과 C작업이 모두 끝나야 시작할 수 있는데, B작업은 C작업을 시작한 시점으로부터 15분 이내에만 작업을 시작하면 이어서 D작업을 진행하는 데에 전혀 차질이 없다. 따라서 B작업은 B작업 시간과 C작업 시간의 차이인 ②에 해당하는 15분의 여유 시간이 있다.

+ Point Plus +

작업 완료시간 = 필수 작업시간 + 유휴 시간
A – (B, C) – D 공정 작업 완료시간 = (10분 + 30분 + 25분) + 10분 = 75분
그러므로 어떤 공정을 최적화한다는 것은 유휴 시간을 최소화한다는 말이다.

유형 예제   ○○사에서 만드는 제품은 다음과 같은 공정을 거쳐 생산된다고 한다. 생산 효율을 높이기 위해 다섯 제품의 제작 순서를 적절히 배치하려고 한다. 다음 중 5개 제품을 모두 완성하는 데 소요되는 최소 시간은 얼마인가?

○○사에서는 A, B, C, D, E 다섯 제품을 생산한다.
한 제품이 완성되려면 생산 과정을 거친 후 검사 과정을 거쳐야 한다.
각 제품 공정에 필요한 시간은 다음과 같다.

과정	A	B	C	D	E
생산	12분	15분	5분	10분	8분
검사	9분	6분	4분	17분	15분

생산 과정과 검사 과정은 한 번에 한 제품만 진행된다.
현재 제품을 만드는 작업 순서는 A-B-C-D-E이다.

① 57분   ② 59분   ③ 61분
④ 63분   ⑤ 65분

STEP 1. 유형파악 1~2단계 진행되는 공정 최적화문제이다.

STEP 2. 문제풀이 유휴 시간이 짧은 작업 순서를 찾는다.

첫 번째 작업을 선택하는 것이 가장 중요하다. 다음 두 조건을 고려해서 선택한다.

1) 1단계보다 2단계 과정이 긴 작업 → D, E
2) 1)에 해당하는 작업 중 1단계 과정이 짧은 작업 → E

간단하게 1단계보다 2단계가 길면서, 되도록 1단계 작업이 짧은 것을 먼저 진행하면 된다고 생각하자. 따라서 E를 가장 먼저 진행해야 한다. 그 다음 작업은 D가 된다.

→ 작업을 추가할 때도 기본적으로 1), 2) 조건을 그대로 따른다고 보면 된다. 1)에 해당하는 작업이 없다면 그나마 1단계와 2단계 과정의 시간차가 적은 작업을 먼저 넣자.

STEP 3. 정답 정답 작업 시간을 구한다.

✓ ② 59분

E-D-C-A-B 순으로 작업을 진행할 경우 유휴 시간은 8분이고 나머지 작업시간을 더하면 된다.

총 작업시간 = 필수 작업시간(15+17+4+9+6=51) + 유휴 시간(8분) = 59분

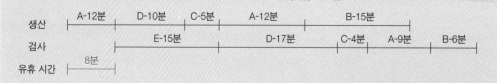

+ Point Plus +

현 작업 순서인 A-B-C-D-E를 간트 차트로 만들어보고 해당 문제의 핵심을 파악하자.

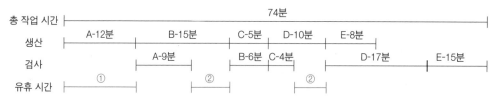

모든 작업은 생산 과정이 시작되는 시점에서 검사 과정이 끝나는 순간까지의 과정이다. 차트를 보면 첫 번째 과정인 생산은 대기 시간 없이 작업이 이어지는 것을 볼 수 있다. 이는 작업의 순서를 바꾸어도 마찬가지이다. 즉 작업 순서와 상관없이 생산과정은 모든 과정이 끊임없이 연결되므로, 모든 작업이 끝나는 데에 영향을 주는 것은 검사 과정이 언제 끝나는가에 달려 있다. 따라서 공정을 최적화하려면 검사 과정에서의 유휴시간(①+②)을 최소화해야 한다. (총 작업시간 = 검사시간+유휴시간)

①에 해당하는 시간은 처음 진행하는 작업의 생산시간과 같다.

②에 해당하는 시간은 검사 과정에서 진행 중인 모든 제품이 완료되었지만, 아직 생산 과정에서 다음 제품이 넘어오지 않은 상태이다. ②의 첫 번째 유휴 시간은 A제품의 검사를 마쳤지만, 아직 B제품이 생산 과정 중에 있으므로 생산 과정이 끝날 때까지 대기하는 시간이다.

따라서 유휴시간(①+②)을 최소화하려면 ①에서는 첫 번째 작업의 1단계 공정이 짧은 것을 선택해야 하고, ②에서는 2단계 공정이 끝나기 전에 다음 단계의 1단계 과정이 끝나거나 최대한 빨리 끝나야 하는 것을 알 수 있다. 즉 ②를 줄이려면 1단계 공정보다 2단계 공정이 긴 작업을 진행해야 한다.

경우에 따라서 ①을 줄이면 ②가 늘어나거나, 그 반대인 경우가 있다.

02 | 공정 최적화 (2)

이전 유형과 마찬가지로 효율적인 공정을 만드는 문제이다. 다만 이전 유형은 여러 가지 공정의 소요시간과 선행과정을 고려했다면, 인원 배치 유형은 공정에 필요한 근로자 수를 함께 고려해야 하는 점이 다르다. 해당 유형은 문제와 함께 알아보자.

유형 예제

甲조선소는 6척(A~F)의 선박 건조를 수주하였다. 오늘을 포함하여 30일 이내에 선박을 건조할 계획이며 甲조선소의 하루 최대 투입 가능 근로자 수는 100명이다. 다음 〈공정표〉에 근거할 때, 옳은 것을 〈보기〉에서 모두 고르면? (단, 작업은 오늘부터 개시되며 각 근로자는 자신이 투입된 선박의 건조가 끝나야만 다른 선박의 건조에 투입될 수 있다.)

〈공정표〉

상품(선박)	소요기간	1일 필요 근로자 수	수익
A	5일	20명	15억 원
B	10일	30명	20억 원
C	10일	50명	40억 원
D	15일	40명	35억 원
E	15일	60명	45억 원
F	20일	70명	85억 원

※ 1일 필요 근로자 수 이상의 근로자가 투입되더라도 선박당 건조 소요기간은 변하지 않는다.

─── 〈보 기〉 ───

ㄱ. 甲조선소가 건조할 수 있는 선박의 수는 최대 4척이다.
ㄴ. 甲조선소가 벌어들일 수 있는 수익은 최대 160억 원이다.
ㄷ. 계획한 기간이 15일 연장된다면 수주한 모든 선박을 건조할 수 있다.
ㄹ. 최대투입가능 근로자 수를 120명/일로 증가시킨다면 계획한 기간 내에 모든 선박을 건조할 수 있다.

① ㄱ, ㄷ　　　　　② ㄱ, ㄹ　　　　　③ ㄴ, ㄷ
④ ㄱ, ㄴ, ㄹ　　　⑤ ㄴ, ㄷ, ㄹ

How to solve?

STEP 1. 유형파악 소요기간과 근로자 수까지 고려해야 하는 공정 최적화 문제
STEP 2. 문제풀이 간트 차트를 이용하여 보기나 선택지의 내용을 확인한다.

1) ㄱ. 수익을 고려할 필요가 없으므로, 소요기간이 짧고 1일 필요 근로자 수가 적은 작업 순서로 작업을 진행한
   다. 아래와 같이 최대 5척 건조가 가능하다. (ㄱ : X)

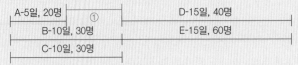

   ①에 해당하는 기간은 가용 근로자가 있지만 다른 작업을 할 수 없는 기간이다.

2) ㄴ. F선박 건조 여부가 중요하다. (ㄴ : O)

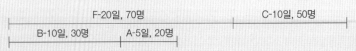

   F선박을 넣으면 선택지가 많이 좁아진다. 가용 근로자가 30명이므로, A와 B만 동시에 만들 수 있다. 그리고
   F가 끝나면 남은 10일 동안 만들 수 있는 선박은 C밖에 없고, 이 경우 수익은 160억이다.

3) ㄷ. ㄹ모두 2)와 마찬가지로 F선박을 우선적으로 건조하여 가능한지 여부를 파악한다. (ㄷ : O)
   ㄷ. 아래와 같이 15일 연장되면 2)의 작업에 D, E선박을 추가할 수 있으므로 가능하다.

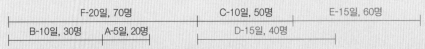

   ㄹ. 가용 근로자 수가 가장 많은 E와 F를 비교해보면 쉽게 판단할 수 있다. (ㄹ : X)
   F는 70명이 필요하므로 남은 50명으로 다른 선박을 작업해야 한다. 즉 60명이 필요한 E와는 동시에 진행할
   수 없다. 따라서 E는 F선박의 건조가 완료된 후 시작해야 하는데, 그럴 경우 15일이 필요해 30일 이내

STEP 3. 정답
✓ ③ ㄴ, ㄷ

+ Point Plus +

가용 근로자가 충분하다면 두 가지 이상 작업을 동시에 진행할 수 있다. 해당 문제에서 최대투입가능 근로자 수가 100
명이므로, A, B, C 선박을 동시에 건조할 수 있다는 말이다. 이럴 경우 더 이상 가용 근로자가 존재하지 않으므로 다른 선
박을 건조하기 위해서는 진행 중인 선박 건조를 완료해야 한다. 해당 유형에서 자주 물어보는 내용은 다음 두 가지 정도
이다.

첫째, 일정 기간 안에 작업을 진행할 경우 벌어들일 수 있는 최대 수익과 완성할 수 있는 작업의 최댓값
둘째, 기한을 연장하거나, 가용 근로자 수를 늘렸을 경우 모든 상품을 완성할 수 있는지 여부

소요기간당 수익이나 근로자 1명당 수익이 큰 작업이 효율이 높아 최대 수익을 얻으려면 해당 작업들로 일정을 구성해
야 한다. 그런데 보통 해당 문제의 F와 같이 소요기간과 필요 근로자 수가 많은 작업이 효율이 좋은 경우가 많다. 따라서
두 가지 모두 결국 필요 근로자 수가 많고, 소요기간이 긴 작업이 완료 가능한지 여부에 따라 결정된다. 즉 F선박을 만들
수 있느냐 없느냐에 따라 결정된다.

03 | 항목 비교, 계산 (1)

제시되는 여러 항목들을 비교하여 '최적의 선택'을 하는 문제이다. 각 항목 점수와 해당 항목의 가중치를 이용하여 총 평가 점수를 묻는 문제로 평균과 가평균, 가중치에 대한 개념과 성질을 정확하게 이해하면 편하게 접근할 수 있다.

[필수이론]

- 산술평균 : 일반적으로 알고 있는 평균. N개의 자료값의 산술평균은 자료값의 합을 N으로 나눈 값이다.
- 가평균 : 평균값을 내는 계산을 간단하게 할 수 있도록 임의로 정한 수이다.
- 가평균을 이용한 평균의 계산 : 가평균+Σ(자료값−가평균)/(자료 개수)
- 가중치 : 평균치(평균값)을 산출할 때, 각 개별치에 부여되는 중요도를 말한다. 비중을 서로 달리하는 여러 품목에 대한 하나의 평균치를 산출할 때, 단순한 산술평균만으로는 합리적인 수치를 뽑을 수가 없으므로 비중에 따라 각 개별 품목에 알맞은 중요도를 결정하고 이를 적용시켜 평균치를 얻게 된다.
- 기준 미달 : 특정 항목이 일정 기준 점수 밑으로 나올 경우 기준 미달이라 한다(시험 점수의 과락과 비슷한 개념으로 이해하면 좋다).

예 가평균을 활용하여 B업체의 평균값이 70점보다 큰지 확인해보자.

평가 항목	A업체	B업체	C업체	D업체	E업체
가격	60	86	56	60	82
품질	85	80	75	65	60
수요기관 만족도	70	35	75	65	55
서비스	72	90	60	50	90
평균	71.75	72.75	66.50	60.00	71.75

가평균을 70으로 잡고, B업체의 평균 점수를 구하기 위해 Σ(자료값−가평균)을 구해보자.

Σ(자료값−가평균)=(86−70)+(80−70)+(35−70)+(90−70)=16+10−35+20=11

'평균=가평균+Σ(자료값−가평균)/(자료 개수)'인데, 위에서 구한 값이 11이므로 평균값은 가평균보다 조금 더 큰 값임을 예상할 수 있다. 이렇게 평균값이 특정 값보다 큰지, 작은지 확인할 때는 평균을 직접 구하는 것보다 가평균을 활용하는 것이 좋다.

평가 항목	가격	품질	수요기관 만족도	서비스	종합
가중치	0.2	0.2	0.3	0.3	1.0

예 가중치를 활용한 평균값 계산

평가 항목의 가중치가 위와 같다면 D 업체의 평균은 다음과 같다.

60×0.2+65×0.2+65×0.3+50×0.3=12+13+19.5+15=59.5

D업체의 경우 가장 점수가 낮았던 평가 항목인 서비스의 가중치가 증가하여 산술평균보다 낮은 평균값이 나왔다.

다음 글과 〈평가 결과〉를 근거로 판단할 때, 〈보기〉에서 옳은 것만을 모두 고르면?

X국에서는 현재 정부 재정지원을 받고 있는 복지시설(A~D)을 대상으로 다섯 가지 항목(환경개선, 복지관리, 복지지원, 복지성과, 중장기 발전계획)에 대한 종합적인 평가를 진행하였다.

평가점수의 총점은 각 평가항목에 대해 해당 시설이 받은 점수와 해당 평가항목별 가중치를 곱한 것을 합산하여 구하고, 총점 90점 이상은 1등급, 80점 이상 90점 미만은 2등급, 70점 이상 80점 미만은 3등급, 70점 미만은 4등급으로 한다.

평가 결과, 1등급 시설은 특별한 조치를 취하지 않으며, 2등급 시설은 관리 정원의 5%를, 3등급 이하 시설은 관리 정원의 10%를 감축해야 하고, 4등급을 받으면 정부의 재정지원도 받을 수 없다.

〈평가 결과〉

평가항목(가중치)	A시설	B시설	C시설	D시설
환경개선(0.2)	90	90	80	90
복지관리(0.2)	95	70	65	70
복지지원(0.2)	95	70	55	80
복지성과(0.2)	95	70	60	60
중장기 발전계획(0.2)	90	95	50	65

〈보 기〉

ㄱ. A시설은 관리 정원을 감축하지 않아도 된다.
ㄴ. B시설은 관리 정원을 감축해야 하나 정부의 재정지원은 받을 수 있다.
ㄷ. 만약 평가항목에서 환경개선 가중치를 0.3으로, 복지성과의 가중치를 0.1로 바꾼다면 C시설은 정부의 재정지원을 받을 수 있다.
ㄹ. D시설은 관리 정원을 감축해야 하고 정부의 재정지원도 받을 수 없다.

① ㄱ, ㄴ ② ㄴ, ㄹ ③ ㄷ, ㄹ
④ ㄱ, ㄴ, ㄷ ⑤ ㄱ, ㄷ, ㄹ

How to solve?

STEP 1. 유형파악 여러 평가 항목과 각각의 가중치로 평균치를 구하는 문제이다.
STEP 2. 문제풀이 선택지를 보고 무엇을 확인해야 하는지, 어떻게 확인할지 결정한다. 텍스트로 나온 등급 기준을 표로 간단하게 정리하는 것이 도움이 될 수 있으니 빠르게 정리하자.

등급	기준 점수	조치
1	90이상	-
2	80~90미만	5% 감축
3	70~80미만	10% 감축
4	70미만	10% 감축 & 재정 지원 X

ㄱ. A시설이 총점이 90점 이상인지 여부 (ㄱ : ×)
　　모든 항목의 점수가 90점 이상이므로 계산하지 않아도 1등급을 받을 것이다. 감축하지 않는다.

※ 모든 가중치가 같다면 산술평균을 물어보는 것이다.

ㄴ. B시설이 총점이 70점 미만인지 여부 (ㄴ : ○)
　　마찬가지로 B시설의 모든 점수가 70점 이상이기 때문에 4등급은 절대 받을 수 없다. 또한 90점이 넘어 1등급을 받게 될 수 없으므로 맞는 내용이다. (계산하지 않고 눈으로 확인하자. 70점이 세 개나 있으므로 평균 90점에는 턱없이 부족하다고 판단하면 된다.)

ㄷ. 바뀐 가중치로 계산을 할 경우 C시설이 3등급 이상을 받을 수 있는지 여부 (ㄷ : ×)
　　C시설의 가장 높은 평가항목인 환경개선의 가중치가 올라갔고 비교적 낮은 항목인 복지성과의 가중치가 줄었으므로 총점은 올랐을 것이다. 하지만 80점에 해당하는 가중치는 0.30이고 나머지 네 개 항목의 가중치 합은 0.70이다. 나머지 네 개의 평가항목의 평균 점수는 대략 60점 근처일 것이다. 정리하면 아래와 같다.

평가항목	가중치	점수
환경개선	0.3	80
나머지 4개	0.7	60점 이하

따라서 C시설의 총점은 70점이 안될 것이라고 판단할 수 있다.

ㄹ. D시설의 총점이 70점 미만인지 여부 (ㄹ : ○)
　　가평균을 70으로 잡고, 70점 보다 높은지 낮은지를 확인하면 된다. 각각의 평가항목에서 70점을 빼면 20, 0, 10, -10, -5이고 이들의 합은 15로 양수. 따라서 평균점수(총점)은 70보다 크다.

※ Σ(자료값-가평균)이 양수이면 가평균 보다 평균이 큰 것이고, 반대이면 작은 것이다. 0이 나오면 가평균과 평균이 같다.

STEP 3. 정답
✓ ② ㄴ, ㄹ
➡ 실제 값을 다시 정리하면 아래와 같고, 그 결과로 보아도 정답은 같다.
　　A시설 총점=(90+95+95+95+90)÷5=93, B시설 총점=(90+70+70+70+95)÷5=79
　　C시설 총점=0.3×80+0.2×65+0.2×55+0.1×60+0.2×50=64
　　D시설 총점=(90+70+80+60+65)÷5=73

+ Point Plus +

　　여러 항목과 각각의 가중치로 평균치를 구하는 문제 유형은 모든 값을 직접 계산하여 정답을 찾게 되면 시간이 많이 소요된다. 따라서 특징적인 구조를 찾아내서 필요 없는 계산은 되도록 피하자. 문제에서 정확한 수치를 요구하기도 하지만 대부분 평가 대상들 간의 점수를 비교하거나, 특정 기준치를 만족하는지 여부를 묻기 때문에 계산하지 않고 판단할 수 있는 경우가 있다. 연산 과정이 포함된 문제는 항상 필요한 계산만 해야 한다는 것을 잊지 말자.

　문제에서 요구하는 방법에 따라 직접 계산을 해야 하는 문제 유형이다. 이 문제의 경우 정확한 계산 값을 요구하고, 문제에 따라서는 별 다른 방법 없이 일일이 계산하여 정답을 찾아야만 하는 경우가 있다. 필요한 계산법을 빠르게 찾고 기본적인 연산을 통해 정답을 찾는다.

유형 예제　다음 자료는 어느 회사의 성과급 지급 기준과 영업부 직원 4명에 대한 성과급 관련 정보를 나타낸 것이다. 다음 중 영업부 직원들의 성과급을 모두 더한 값을 고르면? (단, 천 원 미만은 반올림한다.)

제7조(성과급 지급기준 등)　① 개인별 성과급은 경영성과 등급과 비전성과 등급에 따라 결정되고, 기본급에 두 등급의 지급비율을 곱하여 책정한다.

1. 경영성과 등급 : 경영성과에 대하여 직급별 기여를 고려하여 설정한다.

2. 비전성과 등급: 비전성과에 대하여 개인별 기여를 고려하여 설정한다.

② 등급별 성과급 지급 비율은 아래와 같다.

경영성과 등급별 성과급 지급 비율

직급	1, 2급	3급	4급 이하
비율	1.3	1.2	1.1

비전성과 등급별 성과급 지급 비율

비전성과 등급	S등급	A등급	B등급	C등급
비율	1.4	1.2	1.05	0.9

비전성과 등급 산출 방법

구분	S등급	A등급	B등급	C등급
평정점수	94점 이상	86점 이상 94점 미만	80점 이상 86점 미만	80점 미만

〈표〉 영업부 직원들에 대한 정보

직원	직급	평정점수	기본 월급여
A	1급	95점	530만 원
B	2급	78점	420만 원
C	3급	83점	350만 원
D	4급	91점	310만 원

① 2,248.1만 원　　② 2,306.2만 원　　③ 2,384.0만 원
④ 2,415.6만 원　　⑤ 2,452.9만 원

How to solve?

STEP 1. 유형파악 직원들의 성과급 합을 구하는 계산 문제이다.
STEP 2. 문제풀이

1) 선택지를 보고 어떻게 계산할지 판단한다.
   천 원 단위 숫자가 모두 다르므로 천 원 단위까지 정확하게 계산한다.

2) 필요한 계산식을 확인한다.
   Σ(경영성과 지급비율×비전성과 지급비율×기본 월급여)

3) 계산식에서 천 원 단위가 어디에서 결정되는지 확인한다.
   직원 한 명의 예시로 확인한다. 직원 A의 성과급=1.3×1.4×530만=1.82×5,300,000=182×53000
   색으로 구분한 부분이 천 원 단위를 결정하는 것을 알 수 있다.

※ 해설을 위해 직접 계산했지만, 실제로는 자리 수만 체크해도 되므로 굳이 계산을 할 필요는 없다.

직원 A의 성과급의 천의 자리 숫자는 3×4×3=36의 일의 자리 숫자인 6이다. 나머지 직원은 B=1.3×0.9×420
만, C=1.2×1.05×350만=1.26×350만 , D=1.1×1.2×310만이다. 각각의 성과급 천의 자리 숫자를 정리하면 다음
과 같다.
B : 3×9×2=54→4
C : 12×0.5×5=30→0 (1.05가 곱해져 다른 식들과 자릿수가 다르므로 주의.)
D : 1×2×1=2

STEP 3. 정답   계산을 마무리하고 정답을 찾는다.
✓   ②   2,306.2만 원
6+4+0+2=12 → 2. 따라서 천 원 단위가 2가 나온다. 따라서 ②가 답이다.

+ Point Plus +

일반 계산법 비교해보자. 일반 계산법보다 필요한 자릿수만 계산하는 방법이 더 빠르게 정답을 찾을 수 있다.
Σ(직원 성과급)=1.3×1.4×530만+1.3×0.9×420만+1.2×1.05×350만+1.1×1.2×310만=2,306.2만

　모든 객관식 필기시험은 선택지를 보면 문제의 유형을 파악하는 데 도움이 된다. 이 문제와 같이 특정 값이 선택지로 나온다면 100% 계산문제이다. 계산문제는 정답을 찾기 위해 필요한 계산이 무엇인지 아는 것이 가장 중요하다. 해당 문제는 직원들의 성과급 합계를 구하는 문제로 직원들의 성과급은 '기본급에 두 등급의 지급비율을 곱하여 책정한다'고 나와 있다. 이렇게 지문에 나오거나 각주에 계산 방법이 나오는 경우가 많다.

　선택지를 자세히 보면 선택지의 천 원 단위의 숫자가 모두 다른 것을 알 수 있다. 따라서 천 원 단위의 숫자만 정확하게 계산하면 정답을 찾을 수 있는 문제인 것을 알 수 있다. 그럼 필요한 계산식을 찾아, 해당 식의 어느 부분이 천원 단위를 결정하는지 찾으면 된다.

① 2,248.1만 원
② 2,306.2만 원
③ 2,384.0만 원
④ 2,415.6만 원
⑤ 2,452.9만 원

　선택지를 보고 '백만 원 단위가 다르다면 백만 원 단위까지만 계산하면 되고, 십만 단위는 이하는 어느 정도 어림잡아 계산한다' 하고 어떻게 계산할 것인가를 판단한다. 이런 판단이 서지 않는다면, 문제 난이도에 따라 계산이 오래 걸릴 수 있으므로 그런 문제는 일단 넘기고 시간 여유가 될 때 푸는 것이 좋다.

05 | 최소 비용 찾기 (1)

여러 지점을 두고 각 지점 사이의 거리, 오가는 데 걸리는 시간, 두 지점을 연결하는 데 필요한 금액 등 각 지점을 연결하는 데 필요한 비용을 주고 모든 지점을 연결하거나 특정 지점까지 연결하는 최소 비용이 소요되는 연결선을 찾는 문제이다. 문제에 따라 난이도 편차가 매우 크다. 문제가 눈에 들어오지 않는다면 과감하게 넘겨야 하는 대표 유형이다.

유형은 크게 두 가지이다. 단순히 모든 지점을 연결하는 최소 비용의 길을 찾는 문제와 특정 시작점을 기준으로 모든 지점 또는 특정 지점을 찾아가거나 왕복하는 문제가 있다. 전자를 먼저 살펴보자.

[필수이론]

크루스칼 알고리즘(Kruskal's algorithm)은 모든 점을 연결하는 최소 비용의 길을 찾는 데 사용한다. 프림 알고리즘 (Prim's Algorithm) 등 다른 방법도 있지만 알고리즘 이름을 외우기보다 방법을 충분히 숙지하는 게 중요하다.

1. 가중치가 작은 변부터 연결하기
   ① 가중치가 가장 작은 변을 골라 두 지점을 연결한다.
   ② 그 변이 두 지점을 처음 연결한다면 연결시킨다.
   ③ 이미 다른 연결로를 통해 연결되어 있던 지점이라면 해당 변은 삭제한다.
   ④ 그다음으로 가중치가 큰 변으로 같은 과정을 반복하여 모든 점을 연결하면 종료한다.

2. 가중치가 큰 변부터 제거하기
   ① 가중치가 가장 큰 변을 찾는다.
   ② 그 변을 삭제했을 때 두 지점의 연결로가 없어진다면, 삭제하지 않는다.
   ③ 그다음으로 가중치가 큰 변으로 같은 과정을 반복한다.
   ④ 더 이상 삭제할 변이 없을 때까지 진행한다.

※ 두 알고리즘 중 어느 것을 사용해도 상관없고, 둘을 혼용하여 사용해도 된다.
※ 가중치가 같은 경우 어느 것을 먼저 보아도 상관없다.
※ 다른 연결로를 통해 연결되어 있던 지점을 연결한다면 순환고리(cycle)가 생긴다. 순환고리가 생길 경우 해당 변은 삭제한다.

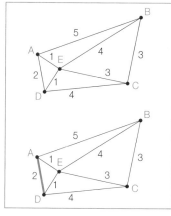

• 1-①의 가중치가 가장 작은 변을 고른다는 것은 그림에서 여러 개의 선 중 $\overline{AD}$, $\overline{ED}$와 같은 가중치가 가장 작은 변을 고른다는 것이다. 둘 중 하나를 골라 다음 단계를 진행해도 되고, 두 개의 선을 동시에 보아도 된다.

• 1-③의 내용은, 가중치 2인 $\overline{AD}$를 보면 전 단계에서 이미 $\overline{AD}$, $\overline{AD}$가 확정되어 A와 D는 연결되어 있으므로 $\overline{AD}$는 삭제한다는 말이다.
※ $\overline{AD}$를 연결하면 ADE를 도는 순환고리가 생긴다.(이 그림에서는 삼각형 모양) 순환고리가 생긴다는 것은 두 지점을 연결하는 다른 길이 있다는 뜻이다.

예 크루스칼 알고리즘 활용 예제

Q. 다음 점을 모두 연결하는 최소비용의 루트를 찾아라.

※ 빨간색 선은 해당 순서에서 고려중인 선이고, 파란색 선은 확정된 선이며 점선은 삭제한 선이다.

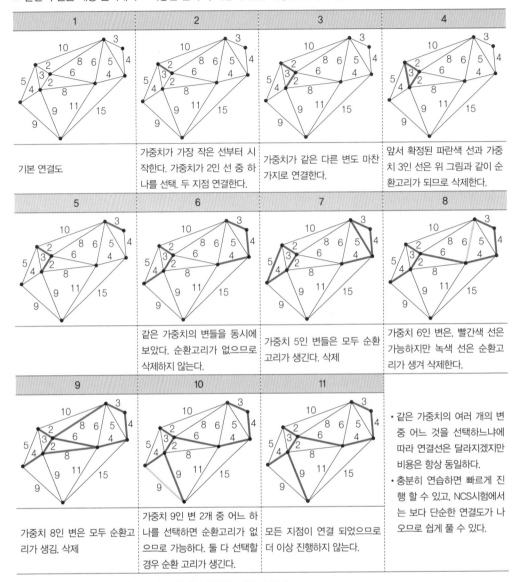

1	2	3	4
기본 연결도	가중치가 가장 작은 선부터 시작한다. 가중치가 2인 선 중 하나를 선택. 두 지점 연결한다.	가중치가 같은 다른 변도 마찬가지로 연결한다.	앞서 확정된 파란색 선과 가중치 3인 선은 위 그림과 같이 순환고리가 되므로 삭제한다.

5	6	7	8
	같은 가중치의 변들을 동시에 보았다. 순환고리가 없으므로 삭제하지 않는다.	가중치 5인 변들은 모두 순환고리가 생긴다. 삭제	가중치 6인 변은, 빨간색 선은 가능하지만 녹색 선은 순환고리가 생겨 삭제한다.

9	10	11	
가중치 8인 변은 모두 순환고리가 생김. 삭제	가중치 9인 변 2개 중 어느 하나를 선택하면 순환고리가 없으므로 가능하다. 둘 다 선택할 경우 순환 고리가 생긴다.	모든 지점이 연결 되었으므로 더 이상 진행하지 않는다.	• 같은 가중치의 여러 개의 변 중 어느 것을 선택하느냐에 따라 연결선은 달라지겠지만 비용은 항상 동일하다. • 충분히 연습하면 빠르게 진행 할 수 있고, NCS시험에서는 보다 단순한 연결도가 나오므로 쉽게 풀 수 있다.

평가 항목의 가중치가 위와 같다면 D 업체의 평균은 다음과 같다.

$60×0.2+65×0.2+65×0.3+50×0.3=12+13+19.5+15=59.5$

D업체의 경우 가장 점수가 낮았던 평가 항목인 서비스의 가중치가 증가하여 산술평균보다 낮은 평균값이 나왔다.

+ Point Plus +

모든 지점을 연결하는 최소비용의 길을 찾는 문제는 이 방법 하나만 알면 쉽게 풀 수 있다. 해당 유형은 크게 어렵지는 않지만 문제를 그냥 쉽게 푸는 것과 정확하게 알고 있는 것은 다르다. 맞힐 수 있는 문제는 정확한 방법으로 정답률 100%가 나와야 하고 실수하면 안 된다는 것을 명심하자.

어느 통신 회사 A, B, C, D, E의 5개 아파트를 전화선으로 연결하려고 한다. 여기서 A와 B가 연결되고, B와 C가 연결되면 A와 C도 연결된 것으로 간주한다. 표는 두 아파트를 전화선으로 직접 연결하는 데 드는 비용을 나타낸 것이다. A, B, C, D, E를 모두 연결하는 데 드는 최소 비용은? (단위 : 억 원)

	A	B	C	D	E
A	–	10	8	7	9
B	10	–	5	7	8
C	8	5	–	4	6
D	7	7	4	–	4
E	9	8	6	4	–

① 19억 원   ② 20억 원   ③ 21억 원
④ 22억 원   ⑤ 23억 원

How to solve?

STEP 1. 유형파악 최소 비용으로 5개 지점을 모두 연결하는 문제이다.
STEP 2. 문제풀이 알고리즘으로 푼다.
가중치가 작은 선부터 체크한다.

1	2	3	4	5
	가중치가 4인 선을 먼저 체크.	가중치 5인 선을 연결	가중치 6인 연결선은 순환고리가 생기므로 연결하지 않는다.	가중치 7인 선 중에서 순환고리가 생기지 않는 선인 를 연결

※ 3번 단계까지 완성했다면, 남은 지점은 A밖에 없으므로 A를 연결시킬 수 있는 선만 찾으면 된다. A와 다른 지점간의 연결선 중 가장 비용이 적은 를 선택하면 정답을 바로 찾을 수 있다.

STEP 3. 정답 비용을 합산한다.
✓ ② 20억 원
➔ 4+4+5+7=20. 모든 지점을 연결하기 위해서는 최소 20억 원이 필요하다.

최소 비용을 찾는 두 번째 유형은 특정 시작점을 기준으로 모든 지점 또는 특정 지점을 찾아가거나 또는 찾아간 뒤에 복귀하는 문제이다. 마찬가지로 시간 여유가 될 때 풀어볼 만한 문제이다. 이 유형은 예제를 보면서 필요한 부분을 설명하겠다.

※ [1 ~ 2] ○○관광공사의 박 대리는 전국 5개 관광 유적지의 현황을 조사하기 위해 답사를 가기로 하였다. 다음 자료는 유적지 위치도, 연결로, 연비에 대한 자료이다. 이어지는 물음에 답하시오.

〈자료 1〉 유적지 위치도

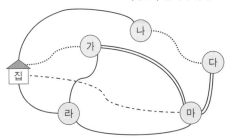

시내 ············
국도 ＝＝＝＝
고속도로 ————
비포장도로 -·-·-·-

〈자료 2〉 연결로 길이
(단위 : km)

구분	집	가	나	다	라	마
가	60					
나	70					
다			40			
라	90	100				
마	80	70		70	50	

〈자료 3〉 도로별 연비
(단위 : km/L)

구분	연비
국도	14
시내	8
고속도로	20
비포장도로	10

※ 연비는 휘발유 1L당 자동차가 달릴 수 있는 거리이고, 휘발유 1L=1,500원이다.

유형 예제 1
A가 집에서 출발하여 모든 유적지를 최단 거리로 둘러볼 때, A가 이동한 거리는 모두 몇 km인가?

① 90km ② 300km ③ 320km
④ 330km ⑤ 340km

유형 예제 2
A가 집에서 출발하여 비용을 최소화하는 경로로 모든 유적지를 한 번씩 둘러본다고 할 때, A가 쓴 유류비는 얼마인가?

① 29,625원 ② 31,500원 ③ 34,125원
④ 36,750원 ⑤ 37,140원

How to solve?

[예제 1]

1) 연결도에 비용표시

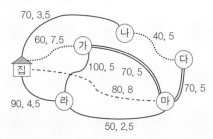

1번은 〈자료 2〉의 연결로 길이를 활용하여 푸는데, 평소 문제풀이를 하면서 표가 눈에 잘 들어오지 않는 다면 바로 지도에 있는 연결로에 길이를 적어도 좋다. 또 2번 문제는 도로별 연비까지 계산해야 하는 문제이므로, 마찬가지로 이를 고려한 비용을 연결로에 표시해도 좋다. (거리, 거리/연비를 연결도에 표시하였다.)

※ 표시하지 않고 풀 수 있다면 그렇게 하자. 충분히 연습하지 않으면 표시하는 데에만 시간이 많이 소비된다.

※ 유류비=(거리/연비)×1,500원

2) 반드시 포함해야 하는 길을 찾는다.

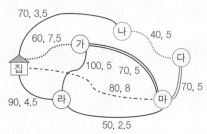

연결도를 보면, 나와 다, 다와 마를 연결하는 길은 어떤 경우에도 반드시 포함되어야 함을 알 수 있다. 나와 다를 연결하는 길은 외길이기 때문이다. 예를 들면 집에서 나로 들어가면 그 다음 길은 다로 가는 길 밖에 없다. 마찬가지로 마에서 다로 들어가면, 다에서는 나로 가는 길 밖에 없다. 다른 지점과 연결되는 선이 두 개인 곳을 찾으면 된다.

3) 나머지 경우의 수 중 최소 비용 찾기

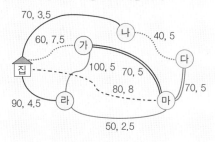

집에서 처음 이동하는 지점이 가, 나, 라인지에 따라 최종 경로가 달라진다.

① 집에서 나로 가는 경우 : 가, 라, 마를 연결시키는 경로 중 최소 비용인 마-라-가를 연결
② 집에서 가로 가는 경우 : 가-라-마로 연결되어야 한다.
③ 집에서 라로 가는 경우 : 라-가-마로 연결되어야 한다.

4) 경우의 수 중 최단 거리를 선택한다.

어떤 경우의 수를 선택하여도 가-라를 잇는 연결로는 항상 포함된다. 이런 경우 굳이 계산하지 않고 일단 최소 비용인 경로를 찾고 나중에 계산하자.

정답은 '집-가-라-마-다-나'의 경로로, 60+100+50+70+40=320km이다.

STEP 3. 정답

✓　③　320km

※ 같은 곳을 두 번 왕복하면 안 된다는 말은 없지만 거의 모든 문제가 같은 곳을 두 번 왕복하지 않는 길 중 최소비용인 것이 정답이 된다.

※ 개인적인 판단이지만 최단 거리 등 최소 비용을 찾는 문제는 시간이 정말 오래 걸릴 수 있는 문제라고 판단하여 과감하게 배제하라고 권하는 편이다. 배제한다는 것은 여러 연결로 중에서 유독 큰 비용의 연결로는 크루스칼 알고리즘에서와 같이 삭제하고, 비용이 가장 적은 연결로는 반드시 포함된다고 생각하는 것이다. 많은 기출문제와 여러 문제집에 있는 해당 유형의 문제를 풀어본 결과 과감하게 배제하고 문제를 풀어도 정답률이 80% 이상 나왔고, 배제하여 풀 경우 문제풀이 시간을 아주 많이 단축할 수 있었다. 시간 내에 많은 문제를 풀어야 하는 NCS시험의 특성상 이렇게 접근하는 것이 좋아 보인다.

지금 함께 푼 1번 문제에서는 가장 긴 경로인 '가-라'는 반드시 포함되어야 했으므로 배제하고 풀 수 없던 문제이다. 또 그 경로를 제외하면 다른 모든 경로들이 비용이 거의 비슷하므로 다른 경로 역시 쉽게 배제하기 어려웠다.

[예제 2]
STEP 1. 유형파악 집에서 시작하여 모든 지점을 방문하는 최소 비용의 연결로 찾기
STEP 2. 문제풀이 연결도를 분석한다.

1) 비용이 유독 큰 경로는 과감하게 삭제한다. 반대로 모든 경로 중 최소 비용인 곳은 반드시 포함한다고 생각하고 접근하겠다.

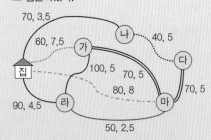

'집-가'와 '집-마' 경로는 각각 비용이 7.5, 8로 다른 경로들에 비하여 1.5배~2배 정도의 경로이므로 배제하겠다. '라-마'는 비용이 2.5로 다른 경로들에 비해 비용이 적어 반드시 포함하는 경로를 생각한다.

※ 삭제하는 경로는 점선으로, 반드시 포함하는 경로는 파란색으로 표시했다.

2) 반드시 포함해야 하는 경로를 생각한다.
1번 풀이와 마찬가지로 '나-다-마' 경로는 반드시 포함해야 한다.

3) 남은 경우의 수를 생각한다.

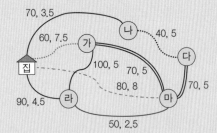

이렇게 반드시 포함하는 경로를 정해두면 나머지 경우의 수가 많이 줄어든다. 이 문제의 경우 '집-나-다-마-라-가'의 경로 밖에 남지 않는다.

STEP 3. 정답 경로에 따른 비용을 계산한다.
✓ ② 31,500원
➡ 최소 비용인 경로는 '집-나-다-마-라-가'의 경로. 유류비=(3.5+5+5+2.5+5)×1,500원=31,500원

※ 1, 2번 문제는 집에서 출발하여 모든 유적지를 둘러볼 때 이동거리를 최소화하는 경로와 도로별 연비까지 고려하여 유류비를 최소화하는 경로를 찾는 문제이다. 이 유형의 문제는 한 연결도에 두 문제 정도가 달려 나오는 경우가 많은데, 두 문제가 접근 방법이 유사하거나, 연결되는 문제이거나, 경로의 숫자들을 보았을 때 쉽게 접근이 가능하겠다고 판단이 될 경우에는 바로 풀지만, 그렇지 않으면 일단 넘겨두고 시간이 될 때 푸는 것이 좋겠다.

07 | 시차 활용

세계 각 지역의 시차(時差)를 활용한 문제가 출제된다. 어렵지 않게 출제되지만 정답률은 그리 높지 않다. 한번 정도 시차에 대한 내용을 정리해두고 기출 유형 문제를 통해 대비하자.

[필수이론]

• 표준시와 시차

태양의 일주운동으로 시각이 만들어지므로 각 지방의 태양시는 지방의 경도에 따라서 조금씩 다르다. 따라서 같은 나라에서도 경도에 따라 다른데, 한 나라 안에서는 편의를 위해 특정 지방의 평균시를 전국이 공통으로 사용하게 된다. 이를 표준시(標準時)라고 한다.

즉 시간은 태양의 움직임을 기준으로 정해둔 것이므로 동일한 시점에 세계 각 도시의 시간은 다르고, 그 시간차를 시차(時差)라고 한다. 예를 들어 동일시점에서 대한민국 서울의 표준시간이 오후 2시일 때, 영국 런던은 오전 5시이고, 두 도시의 시차는 9시간이다. 런던을 기준으로 서울의 시간은 9시간 빠른 것이고, 서울을 기준으로 런던의 시간은 9시간 느린 것이다.

+ Point Plus +

해는 동쪽에서 뜬다. 따라서 동쪽에 있는 나라가 해가 빠르게 떠오르므로 시간도 빠르다.
태평양에는 날짜변경선이 있다. 해당 변경선을 기준으로 하루의 차이가 생긴다.

• 시간계산방법

런던에서 서울로 비행기를 타서 오는 데 11시간 30분이 걸린다. 비행기 이륙시간이 11월 15일 오후 9시 40분이라면 서울에 도착했을 때 서울의 시각은 몇 시인가?'라는 문제가 있다면 사실 어렵지 않게 정답을 구할 수 있다. 하지만 NCS 시험에서는 여러 도시의 시차를 동시에 생각해야 하는 경우가 많아 문제를 풀다 보면 실수를 할 수 있다. 따라서 이런 시차를 고려해야 하는 문제도 항상 기준을 정해두고 계산하자.

① 먼저 모든 시간을 24시간 기준으로 바꾼다.
  예 15일 오후 9시 40분 → 15일 21:40
② 런던 출발시간에서 이동시간의 숫자를 더해주고, 날짜, 시간 등은 나중에 바꿔준다.
  예 15일 21:40 + 11:30 → 15일 32:70
③ 시차는 마지막에 고려한다. (한국의 시간이 빠르므로 +9)
  예 15일 32:70 + 9:00 → 15일 41:70
④ 시간 단위를 고려해 숫자를 조정한다.
  예 15일 41:70 → 15일 42:10 → 16일 18:10 → 16일 오후 6시 10분

다음 〈표〉와 〈그림〉은 국제회의 참석차 미국 뉴욕으로 출발한 각국 대표단의 출발지 기준 이륙시각, 비행시간, 동일시점에서의 각 국의 현지시각을 나타낸 자료이다. 각 국 대표단이 뉴욕에 도착한 순서를 바르게 나타낸 것은?

〈표〉 각 국 대표단의 비행 스케줄

출발지	출발지 기준 이륙시각		비행시간 (출발지 → 뉴욕)
대한민국(서울)	11월 14일(금)	오전 10시 10분	13시간 30분
독일(뮌헨)	11월 14일(금)	오전 8시	8시간
인도(뉴델리)	11월 13일(목)	오후 10시 40분	21시간

〈그림〉 동일시점에서의 각 국의 현지시각

국가	현지시각
대한민국(서울)	2008년 11월 14일(금) 오전 6 : 40 : 00
독일(뮌헨)	2008년 11월 13일(목) 오후 10 : 40 : 00
인도(뉴델리)	2008년 11월 14일(금) 오전 3 : 10 : 00
미국(뉴욕)	2008년 11월 13일(목) 오후 4 : 40 : 00

① 인도 – 독일 – 대한민국
② 인도 – 대한민국 – 독일
③ 대한민국 – 독일 – 인도
④ 대한민국 – 인도 – 독일
⑤ 독일 – 대한민국 – 인도

How to solve?

STEP 1. 유형파악 각 도시의 시차를 활용한 문제이다.
STEP 2. 문제풀이 한 지점을 기준으로 정하고 문제를 푼다.

1) 각국의 출발시간을 24시 기준으로 바꾸고 이동시간을 더해준다.
   - 서울 : 11.14 10:10+13:30 → 11.14 23:40
   - 뮌헨 : 11.14 8:00+8:00 → 11.14 16:00
   - 뉴델리 : 11.13 22:40+21:00 → 11.13 43:40

2) 각국의 시차를 고려하여 더하거나 빼주고, 마지막에 시간을 조정한다(서울 기준).
   모두 뉴욕에 도착하지만, 꼭 뉴욕을 기준으로 할 필요는 없다. 한 지점을 기준으로 통일해주면 된다. 동일 시점에서 서울 보다 뮌헨 8시간 느리므로 같은 시점의 서울 시간은 +8:00, 인도는 3시간 30분 느리므로 같은 시점의 서울 시간은 +3:30이다.
   - 뮌헨 : 11.14 16:00+8:00 → 11.14 24:00
   - 뉴델리 : 11.13 43:40+3:30 → 11.13 46:70 → 11.13 47:10 → 11.14 23:10

STEP 3. 정답 각국의 시간을 비교하여 정답을 고른다.
✓ ② 인도 – 대한민국 – 독일
➔ 인도(11.14 23:10)–대한민국(11.14 23:40)–독일(11.14 24:00)

08 | 의사결정 (1)

일을 처리하는 순서가 어떤 기준이나 조건에 따를 때, 특정상황에서의 의사결정을 처리 순서에 따라 적용시키는 문제이다. 알고리즘적인 사고로 차례로 적용하여 푸는 문제는 해당 알고리즘의 핵심원리를 정확하게 이해하여 풀어야 한다. 단순 적용 반복을 하게 되면 풀이시간이 상당이 늘어질 수 있다. 해당 유형은 문제별로 핵심원리가 다를 수 있으니 예제 문제와 함께 일반적인 적용원리를 이해하자.

유형 예제

우체국은 전국 각 지점에서 사용하는 배달 차량의 유지비를 조사하여 그 수와 종류를 조정하려고 한다. 아래 기준에 따라 기존에 사용하던 구형 배달 차량은 줄이고 신형 전기 차량은 구입하는 방식으로 조정을 한다. 줄이는 구형 배달 차량과 구입하는 신형 전기 차량을 최소화한다면, 우체국은 신형 전기 차량을 몇 대 구입해야 하는가?

지점별 배달 차량 유지비 조정 기준		
적용순서	조건	조건 미충족시 조정 방안
1	지점별 월 유지비 120만 원이하	구형 배달 차량을 줄여 충족
2	구형 배달 차량 대비 신형 전기 차량 비율 이상	신형 전기 차량을 구입해 충족

※ 구형 배달 차량 1대의 월 유지비는 8만원이고, 신형 전기 차량 1대의 월 유지비는 6만원이다.

지점별 배달 차량 현황						
지점(시)	구리	수원	성남	고양	용인	화성
구형	9	15	12	11	13	10
신형	5	7	6	4	5	5

① 1대　　　　　　　② 2대　　　　　　　③ 3대
④ 4대　　　　　　　⑤ 5대

How to solve?

STEP 1. 유형파악 처리 순서에 따라 조건을 적용하는 문제이다.
STEP 2. 문제풀이 각 지점 상황에 순서에 따라 조건을 적용한다.

1) 조정 기준을 파악한다.
  – 유지비 120만 원 초과시 구형 −1, 1/2 비율 미충족시 신형+1

2) 문제풀이에 필요한 부분을 체크한다.
  – 구리, 수원, 성남, 화성은 신형 차량을 사지 않으므로 계산하지 않고 고양, 용인만 체크한다.
3) 해당 부분을 조정 기준에 따라 확인한다.
  – 고양(비율조건이 완성되면 유지비는 구형 차를 줄여서 만족시키므로 신형은 더 사지 않는다.)

	적용 1	적용 2
유지비	8×11+6×4=112	112+6=118
비율	4/11 ∴ 신형+1	5/11 ∴ 신형+1

– 용인

	적용 1	적용 2
유지비	8×13+6×5=134 ∴ 구형 −1	8×12+6×5=126 ∴ 구형 −1
비율		5/11 ∴신형+1

두 지점 모두 적용 2 이후에 1/2 비율 조건을 충족하므로 유지비와 관계없이 더 이상 신형 차량은 구입하지 않는다.

STEP 3. 정답
✓ ③ 3대
고양에서 2대, 용인에서 1대 구입하므로 총 3대이다.

지점별 배달 차량 유지비 조정 기준		
적용순서	조건	조건 미충족시 조정 방안
1	지점별 월 유지비 120만 원이하	구형 배달 차량을 줄여 충족
2	구형 배달 차량 대비 신형 전기 차량 비율 이상	신형 전기 차량을 구입해 충족

조정 기준을 보면 적용순서는 우선 월 유지비가 120만 원이하인지 초과인지를 확인하여 120만 원이 넘어가면 구형 차량을 줄이고, 그다음 유지비 조건을 만족하면 신형 차량을 구입해 비율을 만드는 것이다. 즉 기준에 따라 구형은 줄이고 신형을 늘리면서 1/2 비율을 만들면 된다.

지점별 배달 차량 현황						
지점(시)	구리	수원	성남	고양	용인	화성
구형	9	15	12	11	13	10
신형	5	7	6	4	5	5

현재 상황을 보자. 기준에 따라 차량의 변동이 있을 것이지만, 구리, 성남, 화성은 신형 차량을 사지 않아도 비율 조건이 충족되었으므로 신형 차량을 구입하지 않는다. 수원은 직접 계산하지 않아도 가장 차량이 많은 지점으로 첫 번째 조건의 유지비가 120만 원이 초과될 것이라고 볼 수 있다. 물론 실제로 구형차량만 계산해보아도 120만 원이다. 따라서 구형 차량을 한 대 줄이면 바로 비율 조건을 만족하게 된다. 이점을 체크했다면 위 조건에 따라 차량을 줄이고 늘려야 하는 지점은 고양과 용인이다. 따라서 두 지점만 계산해보면 정답을 찾을 수 있다. 이렇게 조건과 문제 상황을 정확하게 파악하여 필요한 부분만 체크하면 문제풀이 시간을 많이 단축할 수 있다.

09 | 의사결정 (2)

수학적 계산을 통해 의사결정을 하는 문제로 주어진 조건에 따라 계산, 비교하여 여러 측면에서 최적의 선택을 하는 유형이다. 필요한 계산식을 보통은 알려주니 해당 계산식에 따라 식을 세워 풀거나, 식을 알려주지 않아도 특정 변수에 따라 함수를 직접 만들어 풀어야 한다. 직접 숫자를 넣어 계산하기 전에 정답을 찾는 데 가장 핵심적인 부분을 체크한다면 불필요한 계산을 하지 않아도 된다. 마찬가지로 문제를 같이 풀면서 확인하자.

유형 예제 다음 〈표〉와 〈그림〉은 연필 생산 공장의 입지 결정을 위한 자료이다. 이 자료를 이용하여 총운송비를 최소로 할 수 있는 연필공장의 입지 지점을 고르면?

〈표〉 연필 생산을 위한 원재료량과 공급에 필요한 운송비

〈그림〉 공장 입지 후보지 간 거리
(단위 : km)

구분	나무	흑연	연필
연필 1톤 생산에 필요한 양(톤)	3	2	–
1톤당 운송비 (천원/km · 톤)	2	5	2

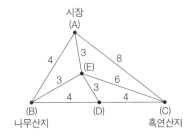

※ 연필을 만드는 데는 나무와 흑연이 모두 필요함.
※ 원재료 운송비는 산지에서 공장으로 공급하는 운송비만을 고려함.
※ 최종제품인 연필의 운송비는 공장에서 시장으로 공급하는 운송비만을 고려함.
※ 총 운송비 = 원재료 운송비 + 연필 운송비

① A   ② B   ③ C   ④ D   ⑤ E

How to solve?

STEP 1. 유형파악 각각의 운송비를 계산해 총 운송비가 적게 드는 장소를 고르는 문제이다.
STEP 2. 문제풀이 수식을 정리해 변수 중 가장 비중인 큰 것을 찾는다.

1) 수식을 정리한다.
   (p, q : 각각 나무, 흑연 산지로부터 공장까지의 거리. r : 공장과 시장까지의 거리)
   총 운송비=$3\times2\times p+2\times5\times q+2\times r=6p+10r+2r$

2) 비중이 큰 변수를 찾는다.
   계수가 가장 큰 흑연이 총 운송비에서 차지하는 비중이 크다. 같은 거리가 증가할 때, 흑연의 운송비가 가장 많이 증가하므로 흑연 산지가 가까운 지역으로 공장의 입지를 선정해야 하겠다.

3) 흑연 산지가 가까운 지역을 골라 확인해본다.
   C → 총 운송비=$6\times8+2\times8=64$
   D → 총 운송비=$6\times4+10\times4+2\times6=76$

STEP 3. 정답 정답 수식을 계산하여 정답을 찾는다.
✓ ③ C

각 변수들의 계수가 비슷할 경우에는 더 고려해야 할 지점이 있을지 모르나 해당 문제처럼 어느 한 변수가 차지하는 비중이 큰 것이 눈에 보이는 문제라면 선택지를 좁혀놓고 풀 수 있겠다. A~E 모든 지점을 다 계산해서 푸는 것은 출제의 도에도 맞지 않는 풀이이다.

문제를 우선 보면 총 운송비를 최소로 하는 연필공장 입지를 고르는 것으로 공장의 입지에 따라 운송비가 바뀐다는 것을 예상할 수 있다. 다음은 각주에 있는 수식을 본다. 수식은 자세하게 풀어 써주는 경우도 있지만, 해당 문제처럼 간략하게 표현될 수도 있다. 어찌 됐든 문제를 푸는데 필요한 수식을 일단 정리하고, 수식을 보고 어떤 변수에 따라 결과값이 결정되는지를 확인해야 한다. 총 운송비는 원재료 운송비와 연필 운송비로 구성되는데, 각각의 운송비는 〈표〉의 내용으로 파악한다. 원재료는 연필 1톤 생산에 필요한 양과 1톤당 운송비를 곱한 값으로 km당 운송비를 알 수 있고, 연필은 바로 구할 수 있다. 식을 정리하면 다음과 같다.

총 운송비=$3 \times 2 \times p + 2 \times 5 \times q + 2 \times r = 6p + 10r + 2r$
(p, q : 각각 나무, 흑연 산지로부터 공장까지의 거리. r : 공장과 시장까지의 거리)

이 식에서 총 운송비를 결정하는 데 가장 큰 영향을 주는 것이 r에 해당하는 흑연 산지로부터 공장까지의 거리이다. 같은 거리가 늘어났을 때, 흑연 운송비가 가장 크게 증가하기 때문이다. 따라서 흑연 산지로부터 가까운 곳에 공장을 지어야 운송비를 아낄 수 있다는 말이다. 따라서 A~E 중에서 흑연 산지로부터 거리가 멀지 않은 C와 D 정도만 운송비를 확인해본다.

10 | SWOT분석

조직이해능력 관련 내용으로 SWOT 환경 분석을 활용한 문제가 출제되고 있다. 마찬가지로 문제해결능력으로 나올 수 있으므로 조직이해능력이 필기시험 영역에 없다고 하더라도 반드시 학습해야 하는 유형이다. NCS직업기초능력검사는 사전에 알고 있지 않아도 문제를 풀 수 있도록 출제해야 하므로 SWOT 문제는 반드시 SWOT에 대한 설명이 들어간다. 따라서 해당 내용을 이미 알고 있는 사람은 설명 부분을 읽을 필요가 없기 때문에 시간을 아낄 수 있고, 그렇지 못한 사람은 텍스트를 읽고 이해하는 시간이 반드시 필요하다. 이런 작은 차이가 쌓여서 합격과 불합격이 갈리므로 출제 가능성이 있는 유형은 한번 이상은 시험 전에 확인하여 대비해야 한다.

[필수이론]

SWOT 분석

조직의 내·외부 환경을 분석하는데 유용하게 이용될 수 있는 방법으로는 SWOT 분석이 가장 많이 활용되고 있다. SWOT 분석에서 조직 내부 환경으로는 기업이 경쟁기업과 비교하여 우위를 점할 수 있는 강점(Strength)과 조직의 효과적인 성과를 방해하는 자원, 기술, 능력 면에서의 약점(Weakness)이 있다. 조직의 외부 환경은 기회요인(Opportunity)과 위협요인(Threat)으로 나누며, 기회요인은 조직 활동에 이점을 주는 환경요인이고, 위협요인은 조직 활동에 불이익을 미치는 환경요인이다. 환경 분석이 이루어지면, 이를 토대로 전략을 도출한다. 기업 내부의 강점과 약점을, 기업 외부의 기회와 위협을 대응시켜 기업의 목표를 달성하려는 SWOT분석에 의한 마케팅 전략의 특성은 다음과 같다.

내부 환경 외부 환경	강점(Strength)	약점(Weakness)
기회(Opportunity)	① SO전략(강점–기회전략)	② WO전략(약점–기회전략)
위협(Threat)	③ ST전략(강점–위협전략)	④ WT전략(약점–위협전략)

① SO전략(강점–기회전략) : 시장의 기회를 활용하기 위해 강점을 사용하는 전략을 선택한다.
② WO전략(약점–기회전략) : 약점을 극복함으로써 시장의 기회를 활용하는 전략을 선택한다.
③ ST전략(강점–위협전략) : 시장의 위협을 회피하기 위해 강점을 사용하는 전략을 선택한다.
④ WT전략(약점–위협전략) : 시장의 위협을 회피하고 약점을 최소화하는 전략을 선택한다.

※ [1~3] 다음 설명을 읽고 분석 결과에 대응하는 전략을 고르시오.

> SWOT이란, 강점(Strength), 약점(Weakness), 기회(Opportunity), 위협(Threat)의 머리글자를 모아 만든 단어로 경영 전략을 수립하기 위한 분석 도구이다. SWOT분석을 통해 도출된 조직의 외부/내부 환경을 분석 결과를 통해 각각에 대응하는 전략을 도출하게 된다.
>
> SO전략이란 기회를 활용하면서 강점을 더욱 강화하는 공격적인 전략이고, WO전략이란 외부환경의 기회를 활용하면서 자신의 약점을 보완하는 전략으로 이를 통해 기업이 처한 국면의 전환을 가능하게 할 수 있다. ST전략은 외부환경의 위험요소를 회피하면서 강점을 활용하는 전략이며, WT전략이란 외부환경의 위협요인을 회피하고 자사의 약점을 보완하는 전략으로 방어적 성격을 갖는다.

외부 환경＼내부 환경	강점(Strength)	약점(Weakness)
기회(Opportunity)	① SO전략(강점-기회전략)	② WO전략(약점-기회전략)
위협(Threat)	③ ST전략(강점-위협전략)	④ WT전략(약점-위협전략)

유형 예제 1   아래 환경 분석 결과에 대응하는 가장 적절한 전략은?

강점(Strength)	• 다양한 부문의 SW시스템 구축 지식 확보 • 고난이도의 대형시스템 구축 성공 경험
약점(Weakness)	• 글로벌 시장에 대한 경쟁력 및 경험 부족 • SW 기술경쟁력 부족
기회(Opportunity)	• 정부의 SW 산업 성장동력화 추진 의지 • 제조 분야의 고품질화 • 해외 시장의 신규 수요
위협(Threat)	• 내수시상 성장세 둔화 • 후발경쟁국과 급격히 줄어든 기술 격차 • 고급 SW인력의 이탈(전직 및 이직) 심화

외부 환경＼내부 환경	강점(Strength)	약점(Weakness)
기회(Opportunity)	① SW와 제조업 융합을 통한 고부가가치화	② 산학연계를 통한 재교육 강화
위협(Threat)	③ 후발국과의 기술 격차를 이용한 내수시장 활성화	④ 후발경쟁국 인력 유입을 위한 기반 조성

아래 환경 분석 결과에 대응하는 가장 적절한 전략은?

강점(Strength)	• 상품에 대한 오랜 경험과 노하우 확보 • 오프라인 매장의 활성화
약점(Weakness)	• 온라인 사업 경험 전무 • 온라인 시장에 대한 낮은 이해도
기회(Opportunity)	• 온라인 소매 시장의 활성화 • 온라인 쇼핑몰 구축 비용의 하락
위협(Threat)	• 군소 온라인 쇼핑몰의 난립 • 대기업들의 진출

내부 환경 외부 환경	강점(Strength)	약점(Weakness)
기회(Opportunity)	① 대기업과의 기술제휴를 통한 대량생산공정 구축	② 폭넓은 오프라인 인맥을 통한 경쟁적 상품 개발
위협(Threat)	③ 온라인 쇼핑몰의 단계적 운영을 통한 시장 이해도 증진	④ 과당경쟁을 피할 수 있는 온라인 틈새시장을 통한 차별화 정책의 점진적 시도

아래 환경 분석 결과에 대응하는 가장 적절한 전략은?

강점(Strength)	• 다양한 부가기능 탑재를 통한 성능 우위 • 기타 디지털기기 기능의 흡수를 통한 영역 확대
약점(Weakness)	• 제품의 수익성 악화 • 제품 간 성능, 디자인의 평준화 • 국산 제품의 가격경쟁력 약화
기회(Opportunity)	• 신흥시장의 잠재적 수요 • 개인 휴대용기기의 대중화
위협(Threat)	• 전자제품의 사용기간 단축 • MP3폰 등 기타 디지털기기와의 경쟁 심화

내부 환경 외부 환경	강점(Strength)	약점(Weakness)
기회(Opportunity)	① 저가 부품 사용을 통한 제품 수명 주기의 단축화	② 원가 절감을 통한 가격 경쟁력 획득과 넓은 고객층 확보
위협(Threat)	③ 현지 신흥시장 수요 트렌드를 반영한 마케팅 전략 수립	④ 상품에 대한 전문성을 강조한 브랜드 고급화 정책

How to solve?

STEP 1. 유형파악 SWOT분석
STEP 2. 문제풀이 분석결과에 맞는 전략을 찾는다.
※ 각 분석결과는 키워드로 체크해두자.

1) SO, ST, WO, WT 순으로 필요한 분석결과만 보고 차례로 체크한다.
2) 해당 전략에 필요한 두 가지 분석결과의 내용이 적절히 적용되었는지 확인하여 정답을 고른다.

[예제 1]
① 다양한 부문과 연계할 수 있다는 강점과 제조 분야가 고품질화 되었다는 기회를 적절히 활용한 전략이므로 맞는 내용이다.
② 기회를 활용한 내용이 없다.
③ 후발국과의 기술 격차가 줄어든 것은 외부 위협요인이다. 이를 회피하는 전략을 사용해야 하는데 해당 내용은 기술 격차가 큰 것을 이용한다는 내용이므로 오답이다.
④ 후발경쟁국 인력을 유입한다는 내용을 기술격차나, 고급 인력 이탈과 연결시키기에는 적절하지 않다.

[예제 2]
① 강점과 기회를 활용하는 전략이 아니다. 대기업 진출은 위협에 해당하는 요소이고 기술제휴가 필요하다거나 공정을 구축한다는 것을 SO와 연결시키는 것은 적절하지 않다.
② 기회에 대한 내용이 없다.
③ 단계적 운영과 이해도 증진에 해당하는 내용은 약점을 보완하는 내용
④ 과당경쟁(위협)을 피하는 점진적 시도(약점 보완)

[예제 3]
① 수명 주기 단축에 해당하는 내용은 위협이다.
② 원가절감(약점보완), 넓은 고객층 확보(기회)
③ 강점을 살리는 내용이 없다.
④ 약점을 보완하는 내용만 있고 위협을 피하는 내용이 없다.

STEP 3. 정답
✓ 1 ①   2 ④   3 ②

+ Point Plus +

　해당 유형은 SWOT분석, SO전략, ST전략, WO전략, WT전략이 무엇인지를 알고 있어야 편하게 접근할 수 있다. 문제를 풀어보면서 각각의 전략이 어떤 것인지 정확하게 이해하자. 다양한 사례에 해당 개념을 적용하는 문제이기 때문에 개념에 대해 정확하게 이해하지 못했다면 여러 문제를 풀어본다고 풀이 실력이 올라가는 것이 아니다. 그리고 실제 시험에서도 또 다른 새로운 문제를 푸는 것에 불과할 것이다. 그리고 분석결과 사례에 나오는 용어들이 익숙하지 않을 경우 쉽게 이해하기 어려우므로 다양한 문제를 풀어보는 것이 좋겠다.
　S, W, O, T에 해당하는 내용이 서로 바뀌어 나오거나, 전혀 등장하지 않는 경우가 있다. 분석결과 내용을 모두 보고 문제를 풀기보다는 하나씩 차례로 보면서 선택지와 비교하는 것이 좋다.

연습문제

01 제품을 생산하는 조건이 다음과 같다고 할 때, 모든 제품을 1개씩 생산하는 데 필요한 최소 시간은?

<제품 제작 공정별 소요시간>

(단위 : 분)

공정 \ 제품	A	B	C	D	E	합계
제1공정	8	9	4	6	2	29
제2공정	5	2	10	8	1	26

- 각각의 공정을 담당하는 사람은 한 명씩이다.
- 제1공정이 완료된 제품을 제2공정으로 넘기고, 제2공정도 완료되면 제품이 완성된다.
- 제2공정에는 제1공정으로부터 제품을 넘겨받은 순서대로 작업을 진행한다.

① 29분   ② 30분   ③ 31분
④ 33분   ⑤ 35분

02 다음 내용은 제품을 만들기 위한 생산 조립공정의 과정을 보여주는 생산 공정도와 그에 대한 설명이다. 다음 중 시간당 가장 많은 제품을 생산할 수 있게 하는 변화는?

제품의 생산 조립공정 과정은 공정 1에서 시작하여 순차적으로 진행되며 공정 4를 끝으로 제품이 완성된다. 공정 1에서는 제품 1개를 조립하는 데 소요되는 작업시간은 8분이고, 공정 2에서는 1시간당 7개의 제품을 작업할 수 있다. 공정 3에서는 1시간당 6개의 제품을 작업할 수 있고, 공정 4에서는 제품 1개를 처리하는 데 9분이 소요된다.

① 공정 1의 제품 단위당 생산시간을 8분에서 7분으로 감소시킨다.
② 공정 2의 시간당 제품 생산량을 8개로 만든다.
③ 공정 3의 시간당 제품 생산량을 7개로 만든다.
④ 공정 4의 제품 단위당 생산시간을 9분에서 8분으로 감소시킨다.
⑤ 아무런 변화를 주지 않는다.

03 ○○시의 사무관 K씨는 3월 1일자로 현 부서에 부임하자마자 새로운 환경시설 유치에 대한 주민공청회를 개최하는 업무를 시작하였다. 주민공청회를 개최하기 위해서는 다음과 같은 활동들과 소요기간(일)이 필요하다. 여기서 각 활동들은 직전 활동들이 완성되어야만 시작된다. 가장 빠른 공청회 개최일은? (단, 휴일에도 근무하는 것으로 한다.)

활동	활동내용	직전활동	소요기간(일)
1	공청회 개최 담당조직 결성	0	2
2	예산 확보	1	4
3	공청회 장소 물색	1	3
4	공청회 장소 결정 및 계약	3	2
5	사회자, 발표자 및 토론자 선정	2	10
6	초청장 인쇄 및 발송	2, 5	5
7	공청회 자료 작성	1, 5	15
8	공청회 자료 운반	7	1
9	공청회 회의실 정비	4	1
10	공청회 개최	6, 8 ,9	1

※ 각각의 활동은 직전활동을 마무리 해야만 시작할 수 있다.

① 3월 9일   ② 3월 19일   ③ 3월 22일
④ 4월 2일   ⑤ 4월 13일

04 ○○공장에서는 6개(A~F)의 제품을 제작하려 한다. 오늘을 포함하여 30일 이내에 생산할 계획이며, OO공장의 하루 최대 투입 가능 근로자는 100명이다. 다음 표에 근거해 옳지 **않은** 설명을 고르시오. (단, 각 제품은 하나씩만 만들 수 있다.)

〈공정표〉

제품	소요시간(일)	1일 필요 근로자 수(명)	수익(원)
A	5	20	200만
B	10	25	250만
C	15	30	300만
D	15	30	350만
E	22	40	500만
F	26	50	650만

① 최대로 생산할 수 있는 제품의 개수는 5개이다.
② 기간이 2주가 늘어난다면 모든 제품을 하나씩 생산할 수 있다.
③ OO공장에서 벌어들일 수 있는 최대 수익은 2,000만원을 넘긴다.
④ 최대 투입 가능 근로자가 20명 늘어나도 모든 제품을 만들 수 없다.
⑤ 동시에 생산할 수 있는 제품은 최대 3가지이다.

05 다음은 세계 여러 나라의 시차 정보에 관한 자료이다. 한국에 있는 A기업의 박 사원은 해외 출장 중인 같은 팀 동료들과 업무 관련 정보를 공유하기 위해 화상 회의를 하려고 한다. 팀 동료들은 각각 프랑스, 캄보디아로 출장을 갔고, 모두 현지 시각으로 오전 9시부터 오후 6시까지 업무를 한다. 업무시간이 서로 겹치는 시간에 회의를 진행한다고 할 때, 한국에 있는 박 사원이 회의를 할 수 있는 가장 빠른 시각은? (단, 박 사원은 회의 당일 21:30까지 업무를 할 수 있고, 회의 시간은 2시간이다.)

국가	시간	1일 필요 근로자 수(명)	수익(원)
한국	0:00	프랑스	−8:00
영국	−9:00	베트남	−2:00
호주	+2:00	말레이시아	−1:00
일본	0:00	이탈리아	−8:00
캄보디아	−2:00	과테말라	−15:00

① 오전 11시 ② 오후 1시 ③ 오후 4시
④ 오후 5시 ⑤ 오후 6시

06 새로운 기획도시인 A시에 전력을 공급하기 위한 전력망을 구축해야 한다. B발전소에서 C배전소를 거쳐 A시의 E~I 여섯 개 지역구에 전력을 공급한다. 각 지역구의 전력은 배전소를 통해 바로 공급되기도 하고, 다른 지역구를 거쳐서 공급되기도 한다. 아래 〈표〉는 배전소와 지역구, 그리고 지역구 간의 연결 가능한 전력망에 대한 정보이다. 각 숫자는 각 전력망 설치비용이고, 빈칸은 두 지역 사이에 전력망을 설치할 수 없음을 나타낸다. 모든 지역구를 연결하면서, 그 설치비용은 최소로 하는 전력망의 설치비는 얼마인가?

〈표〉

(단위 : 억 원)

	B발전소	C배전소	D구	E구	F구	G구	H구	I구
B발전소		17						
C배전소				13		15		32
D구					21	22	30	
E구					15		31	26
F구						17	20	
G구								21
H구								
I구								

① 105억 원 ② 112억 원 ③ 119억 원
④ 122억 원 ⑤ 130억 원

갑 운송업체는 A, B, C 업체 세 곳에 물품을 운송하고 있다. 다음은 갑 운송업체와 업체 간의 왕복 운송거리, 운송에 필요한 차량 수, 차량 종류별 연비에 대한 자료이다. A, B, C 세 업체에 물품을 운송하는 총 물류비용은 얼마인가? (단, 십의 자리에서 반올림한다.)

〈자료 1〉 왕복 운송거리

구분	A 업체	B 업체	C 업체
갑 운송업체	190km	280km	360km

〈자료 2〉 물류운송에 필요한 차량 수

구분	A 업체	B 업체	C 업체
11톤 차량(대)			13
9.5톤 차량(대)		4	
2.5톤 차량(대)	2	7	
1톤 차량(대)	6		

〈자료 3〉 차량 종류별 연비, 유류대

차량 종류	연비(1L 당 km)	유류대(1L 당 가격)
11톤 차량	4	
9.5톤 차량	5	1,000원
2.5톤 차량	8	
1톤 차량	9	

※ 특정 차량 운송비=(왕복거리/연비)×유류대

① 2,298,400원   ② 2,389,200원   ③ 2,456,500원
④ 2,498,700원   ⑤ 2,532,000원

※ [8 ～ 9] 김 대리는 A~C 세 지역에 물품을 배송해야 한다. 배송 업체는 ○○택배와 ××물류 중 한 곳을 이용할 예정이다. 다음 자료는 각 배송 업체와 배송 지역 간의 왕복거리와 김 대리가 각 지역에 보낼 물품의 개수와 단가에 대한 자료이다. 이어지는 물음에 답하시오.

〈자료 1〉 왕복 운송거리

구분	A 지역	B 지역	C 지역
○○택배	18km	12km	45km
××물류	35km	25km	15km

〈자료 2〉 각 지역 배송 물품 개수, 배송 단가

구분	A 업체	B 업체	B 업체	C 업체
25kg이상			16개	10,000원
15kg이상 25kg 미만		4개	5개	8,000원
5kg이상 15kg 미만	2개	6개		5,000원
5kg 미만	5개			2,500원

※ 배송비=왕복운송거리(km)×물품 개수(개)×배송 단가

08 김 대리가 ○○택배를 통해 세 지역에 물품을 배송한다고 할 때의 총 배송비는 얼마인가? (단, 배송비는 천 원 단위에서 반올림한다.)

① 700만 원   ② 810만 원   ③ 1,015만 원
④ 1,220만 원   ⑤ 1,425만 원

09 김 대리가 ××물류를 통해 물품을 배송한다면, ○○택배를 이용할 경우와 비교하여 물류비용이 얼마가 감소하는지 가장 가까운 금액을 고르시오.

① 200만 원   ② 300만 원   ③ 400만 원
④ 500만 원   ⑤ 600만 원

10 ○○기업은 연말에 있을 행사를 위하여 연수원을 대관하려 한다. ○○기업의 길 사원은 여섯 곳의 연수원을 답사하여 행사 진행에 적절한 연수원을 찾고자 한다. 회사에서 출발하여 여섯 곳의 연수원을 모두 방문하려 할 때, 길 사원의 이동거리는? (단, 길 사원은 A~F 여섯 연수원을 한 번씩만 방문하고, 이동거리를 최소화하는 경로로 간다고 한다.)

〈그림〉 연수원 연결도

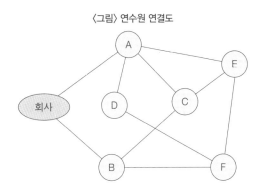

〈표〉 각 지점 간 거리

(단위 : km)

구분	A	B	C	D	E	F
회사	40	20				
A			70	30	45	
B			15			60
C					85	
D						35
E						30

① 195km   ② 200km   ③ 205km
④ 210km   ⑤ 215km

11 다음은 한국전력공사의 주택용 전기 요금 산정 방식에 대한 자료이다. 단독 주택에 거주하며 국가유공자인 A 씨 가구는 4월 전력 사용량이 450 kWh이다. 이 경우 4월 전기요금은 얼마인가?

〈표〉 주택 종류별 전력 요금 산정 방식

전력 사용량	기본요금 (원/가구)		사용량요금 (원/kWh)	
	단독 주택	공동 주택	단독 주택	공동 주택
200 kWh이하	910	800	93.3	67.0
200kWh 초과 400 kWh이하	1,600	1,450	187.9	152.5
400kWh 초과	7,300	6,000	280.6	242.4

※ 전기요금: 기본요금 + 사용량요금
전기요금 예 : 단독 주택의 250kWh의 전기요금=1,600+200×93.3+50×187.9

구분	대상	할인율
장애인	장애인 복지법에 의한 1~3급 장애인	20%
국가유공자	국가유공자 등 예우 및 지원에 관한 법률에 의한 1~3급 상이자	30%
독립유공자	독립유공자 예우에 관한 법률에 의한 독립유공자 및 그 유족 또는 가족	40%
기초생활수급자	국민기초생활보장법에 의한 수급자	20%

※ 할인율은 요금제도에 따라 계산한 전기요금에 적용하고, 여러 할인제도의 요건에 해당할 경우 할인율이 가장 높은 하나만 적용된다.

① 49,189원 ② 54,299원 ③ 62,643원
④ 70,270원 ⑤ 77,570원

※ [12 ~ 13] 다음 설명을 읽고 분석 결과에 대응하는 전략을 고르시오.

SWOT이란, 강점(Strength), 약점(Weakness), 기회(Opportunity), 위협(Threat)의 머리글자를 모아 만든 단어로 경영 전략을 수립하기 위한 분석 도구이다. SWOT분석을 통해 도출된 조직의 외부·내부 환경을 분석 결과를 통해 각각에 대응하는 전략을 도출하게 된다.

SO전략이란 기회를 활용하면서 강점을 더욱 강화하는 공격적인 전략이고, WO전략이란 외부환경의 기회를 활용하면서 자신의 약점을 보완하는 전략으로 이를 통해 기업이 처한 국면의 전환을 가능하게 할 수 있다. ST전략은 외부환경의 위험요소를 회피하면서 강점을 활용하는 전략이며, WT전략이란 외부환경의 위협요인을 회피하고 자사의 약점을 보완하는 전략으로 방어적 성격을 갖는다.

외부 환경 ＼ 내부 환경	강점(Strength)	약점(Weakness)
기회(Opportunity)	① SO전략(강점-기회전략)	② WO전략(약점-기회전략)
위협(Threat)	③ ST전략(강점-위협전략)	④ WT전략(약점-위협전략)

12   아래 환경 분석 결과에 대응하는 가장 적절한 전략은?

강점(Strength)	• 차별화된 맛과 메뉴 • 폭넓은 네트워크
약점(Weakness)	• 매출의 계절적 변동폭이 큼 • 딱딱한 기업 이미지
기회(Opportunity)	• 소비자의 수요 트렌드 변화 • 가계의 외식 횟수 증가 • 경기회복 가능성
위협(Threat)	• 새로운 경쟁자의 진입 가능성 • 과도한 가계부채

외부 환경 ＼ 내부 환경	강점(Strength)	약점(Weakness)
기회(Opportunity)	① 계절 메뉴 개발을 통한 분기 매출 확보	② 고객 소비패턴을 반영한 광고를 통한 이미지 쇄신
위협(Threat)	③ 소비 트렌드 변화를 반영한 시장 세분화 정책	④ 고급화 전략을 통한 매출 확대

13 아래 환경 분석 결과에 대응하는 가장 적절한 전략은?

강점(Strength)	• 전기차용 전지의 경쟁력 및 인프라 확보 • 연구개발 비용 확보
약점(Weakness)	• 핵심, 원천기술의 미비 • 높은 국외 생산 의존도로 환율변동에 민감
기회(Opportunity)	• 고유가 시대, 환경규제 강화에 따른 개발 필요성 증대 • 새로운 시장 진입에서의 공평한 경쟁
위협(Threat)	• 선진업체의 시장 진입 시도 강화 • 전기차 시장의 불확실성 • 소재가격 상승

내부 환경 외부 환경	강점(Strength)	약점(Weakness)
기회(Opportunity)	① 지속적 시장 상태 관망을 통한 신중한 의사결정	② 수익성 제고를 위한 조직 슬림화 추진
위협(Threat)	③ 국내 기업들과 연대를 통한 공동투자 및 선진기업 의 시장 점유 차단	④ 선진기업의 기술 지원을 위한 적극적 투자

14 다음 〈그림〉은 다양한 직급의 구성원으로 이루어진 어느 회사의 개인 간 관계를 도식화한 것이며, '관계 차별성'은 〈정의〉와 같이 규정된다. 아래 직급의 조합 중, A와 C의 관계 차별성과 B와 D의 관계 차별성이 같은 것은?

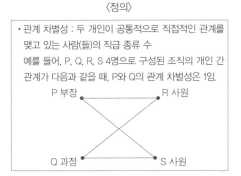

〈정의〉

- 관계 차별성 : 두 개인이 공통적으로 직접적인 관계를 맺고 있는 사람(들)의 직급 종류 수
  예를 들어, P, Q, R, S 4명으로 구성된 조직의 개인 간 관계가 다음과 같을 때, P와 Q의 관계 차별성은 1임.

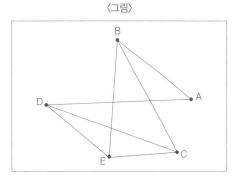

〈그림〉

※ 점 A~E는 개인을 나타내며, 하나의 직선은 하나의 직접적인 관계를 의미함.

	A	B	C	D	E
①	부장	차장	사원	사원	과장
②	과장	과장	차장	부장	부장
③	과장	사원	부장	사원	과장
④	사원	과장	부장	과장	차장
⑤	사원	과장	과장	차장	사원

15 A씨는 서울사무소에서 출발하여 정부세종청사로 출장을 가려고 한다. 〈그림〉과 〈표〉는 서울사무소에서 정부세종청사까지의 이동경로와 이용 가능한 교통수단에 따른 소요시간 및 비용이다. 아래의 〈조건〉에 맞는 이동방법은?

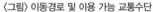

〈그림〉 이동경로 및 이용 가능 교통수단

〈표〉 교통수단별 1 km당 소요시간 및 비용

교통수단	소요시간	비용
일반버스	5분/km	200원/km
택시	2분/km	1,500원/km
KTX	18초/km	300원/km
무궁화호	1분/km	150원/km
고속버스	1분/km	250원/km

──── 〈보 기〉 ────

- 총 교통비는 편도로 32,000원을 넘지 않아야 한다.
- 총 소요시간은 편도로 2시간 20분을 넘지 않아야 한다.
- 〈표〉에 주어진 교통수단별 소요시간과 비용 이외의 다른 소요시간과 비용은 고려하지 않는다.

① 택시를 타고 서울역으로 이동하여 무궁화호를 타고 오송역으로 이동 후 일반버스를 탄다.
② 일반버스를 타고 서울역으로 이동하여 무궁화호를 타고 오송역으로 이동 후 일반버스를 탄다.
③ 일반버스를 타고 서울역으로 이동하여 KTX를 타고 오송역으로 이동 후 일반버스를 탄다.
④ 일반버스를 타고 강남고속버스터미널로 이동하여 고속버스를 타고 세종시 터미널로 이동 후 택시를 탄다.
⑤ 택시를 타고 강남고속버스터미널로 이동하여 고속버스를 타고 세종시 터미널로 이동 후 택시를 탄다.

16 다음 〈표〉에 제시된 투자 조건에 대한 〈보기〉의 설명 중 옳은 것을 모두 고르면?

〈표〉 투자안 A와 B의 투자 조건

투자안	판매단가(원/개)	고정비(원)	변동비(원/개)
A	2	20,000	1.5
B	2	60,000	1.0

※ 1) 매출액 = 판매단가 × 매출량(개)
　 2) 매출원가 = 고정비 + (변동비 × 매출량(개))
　 3) 매출이익 = 매출액 − 매출원가

───────── 〈보 기〉 ─────────

ㄱ. 매출량이 60,000개일 때, 매출이익은 투자안 A가 투자안 B보다 크다.
ㄴ. 매출량 증가폭 대비 매출이익의 증가폭은 투자안 A가 투자안 B보다 항상 작다.
ㄷ. 매출이익이 0이 되는 매출량은 투자안 A가 투자안 B보다 많다.
ㄹ. 매출량이 20,000~40,000개일 때, 매출이익은 투자안 A가 투자안 B보다 항상 작다.

① ㄱ, ㄴ　　　　　　　　② ㄱ, ㄷ　　　　　　　　③ ㄴ, ㄷ
④ ㄴ, ㄹ　　　　　　　　⑤ ㄷ, ㄹ

17 다음 〈표〉는 어느 렌트카 회사에서 제시하는 요금제이다. 이에 대한 〈보기〉의 설명 중 옳지 않은 것을 모두 고르면?

〈표〉 렌트카 요금제

요금제	기본 요금	연장 요금
A	1시간 15,000원	초과 30분당 1,000원
B	3시간 17,000원	초과 30분당 1,300원

※연장 요금은 기본 요금 시간 초과 시 30분 단위로 부과됨. 예를 들어, 1시간 1분 이용 시에는 1시간 30분 요금이 적용됨.

―――――――――――――〈보 기〉―――――――――――――

ㄱ. B 요금제의 연장 요금을 30분당 2,000원으로 인상한다면, 4시간 사용 시 A 요금제가 B 요금제보다 더 저렴하다.
ㄴ. 렌트 시간이 2시간 10분이라면, B 요금제가 A 요금제보다 더 저렴하다.
ㄷ. 렌트 시간이 3시간 30분이라면, A 요금제가 B 요금제보다 더 저렴하다.
ㄹ. 렌트 시간이 5시간이라면, B 요금제가 A 요금제보다 더 저렴하다.
ㅁ. 렌트 시간이 6시간을 초과한다면, B 요금제가 A 요금제보다 더 저렴하다.

① ㄱ, ㄷ   ② ㄱ, ㄹ   ③ ㄴ, ㄹ
④ ㄱ, ㄷ, ㅁ   ⑤ ㄴ, ㄷ, ㅁ

18 정부는 새로운 우편집중국의 입지를 선정하기 위하여 전문가를 대상으로 다음과 같은 설문조사를 실시하였다. 이를 근거로 〈보기〉에서 옳은 것만 모두 고르면?

정부는 50명의 관련전문가를 대상으로 설문조사를 실시하였다. 설문조사는 (i) 인구, 면적, 우편물량, 운송비, 거리 등 5가지 입지 선정기준에 대한 가중치 조사와 (ii) 각 선정기준별 입지후보지 선호도 조사로 구성되어 있다. 조사 결과는 다음과 같다.

가중치 조사		입지선호도 조사		
입지 선정기준	가중치	입지후보지 A	입지후보지 B	입지후보지 C
인구	0.2	0.6	0.2	0.2
면적	0.1	0.5	0.3	0.2
우편물량	0.5	0.6	0.2	0.2
운송비	0.1	0.8	0.1	0.1
거리	0.1	0.2	0.5	0.3
종합점수		0.57	0.23	0.20

※ 종합점수 = (가중치×선호도)
※ 1에 가까울수록 더 선호함을 의미한다.

〈보 기〉

ㄱ. 선정기준 중 거리 측면에서 입지후보지 선호도를 비교한다면, 그 결과는 B > A > C의 순위가 된다.

ㄴ. B와 C의 경우에는 운송비가 두 입지후보지 간의 종합점수 순위에 영향을 주지 않는다.

ㄷ. 입지 선정기준 중 면적을 제외하고 면적가중치를 인구 가중치에 합산하여 종합점수를 계산하면, 그 결과는 A > C > B의 순위가 된다.

ㄹ. 관련전문가들은 우편물량이 최종적인 입지선정의 가장 중요한 요소라고 판단하고 있다.

ㅁ. 가중치를 고려하지 않고 각 입지후보지의 선정기준별 선호도를 비교하면, B와 C의 경우에는 거리 측면에서 선호도가 가장 높고, A의 경우 운송비의 측면에서 선호도가 가장 높다.

① ㄱ, ㄴ   ② ㄴ, ㄷ   ③ ㄴ, ㄹ, ㅁ
④ ㄷ, ㄹ, ㅁ   ⑤ ㄴ, ㄷ, ㄹ, ㅁ

19 다음 글을 근거로 판단할 때, 2순위와 4순위가 옳게 짝지어진 것은?

○○구는 심야에 폐가나 공사장에서 음주를 하고 쓰레기를 버리는 비행청소년들이 많아 주민들이 불편을 겪고 있다는 민원이 끊임없이 제기되어 이 문제를 해결하기 위해 대책을 논의하고 있다. 그 결과 출입금지 표시, 민원 전담반, CCTV 설치, 처벌 강화, 시민자율방범의 5가지 대안을 마련하였다. 다음은 대안별 평가기준에 대한 자료이다.

평가기준 ＼ 대안	(ㄱ) 출입금지 표시	(ㄴ) 전담반 편성	(ㄷ) CCTV 설치	(ㄹ) 처벌 강화	(ㅁ) 시민자율방범
효과성	1	6	6	9	4
기술적 실현가능성	7	4	2	6	5
경제적 실현가능성	6	2	3	7	1
행정적 실현가능성	5	6	4	4	5
법적 실현가능성	4	5	5	5	5

※ 조례발의 주체는 단체장, 의원, 주민으로만 구성됨.

• 우선순위는 각 대안별 평가기준 점수의 합계가 높은 순으로 정한다.
• 합계점수가 같은 경우에는 법적 실현가능성 점수가 높은 대안이 우선순위가 높고, 법적 실현가능성 점수도 같은 경우에는 효과성 점수, 효과성 점수도 같은 경우에는 행정적 실현가능성 점수, 행정적 실현가능성 점수도 같은 경우에는 기술적 실현가능성 점수가 높은 대안 순으로 우선순위를 정한다.

	2순위	4순위
①	ㄱ	ㄴ
②	ㄱ	ㅁ
③	ㄴ	ㄱ
④	ㄴ	ㄷ
⑤	ㄷ	ㄴ

20 ○○기업은 18년도 하반기에 신입사원을 2명 채용하려고 한다. 다음 면접 대상자들의 평가 점수를 보고 〈조건〉에 따라 높은 점수를 얻은 사람을 채용한다면, 채용되는 두 사람은 누구인가?

〈면접자 및 평가 점수〉

(단위 : 점)

구분	직무적합	인성	조직적합성			기타
			지원동기	직무이해도	장래 비전	
A	80	80	75	85	70	80
B	75	80	60	90	80	85
C	75	90	70	90	85	60
D	90	75	85	80	95	75
E	90	70	80	85	80	95
F	75	95	70	80	75	75

─── 〈조 건〉 ───

• 최종 점수는 각 항목들에 다음의 가중치를 적용하여 계산한다. -직무적합(40), 인성(25), 지원동기(10), 직무이해도(10), 장래비전(5), 기타(10)
• 조직적합성의 세 항목의 평균점수가 75점 이하이면 불합격이다.
• 인성 점수가 90점 이상이면 최종점수에 2점 가산한다.
• 최종점수가 80점 이상일 경우, 장래 비전 점수가 높은 사람을 우선 채용한다.

① A, D
② C, D
③ C, E
④ D, E
⑤ E, F

※ [21 ~ 22] 보증회사의 회계팀 사원인 김총무는 신용보증과 관련된 온라인 고객상담 게시판을 담당하여 고객들의 문의사항들을 해결하는 업무를 하고 있다.

• 보증심사등급기준표

CCRS 기반	SBSS 기반	보증료율
K5		1.1%
K6	SB1	1.2%
K7		1.3%
K8	SB2	1.4%
K9	SB3	1.5%
K11	SB5	1.7%

• 보증요율 운용체계

① 보증심사등급별 보증료율	– CCRS 적용기업(K5~K11) – SBSS 적용기업(SB1~SB5)		
② 가산요율	보증비율 미충족		0.2%p
	일부해지기준 미충족		0.4%p
	장기분할해지보증 해지 미이행		0.5%p
	기타		0.1%p~0.6%p
③ 차감요율	0.3%p	장애인 기업, 창업초기기업 (장애인 기업 : 장애인 고용 비율이 5% 이상인 기업 창업초기기업 : 창업한지 만 1년이 되지 않은 기업)	
	0.2%p	녹색성장산업영위기업, 혁신형 중소기업 중 혁신역량 공유 및 전파기업, 고용창출 기업, 물가안정 모범업소로 선정된 기업	
	0.1%p	혁신형 중소기업, 창업 5년이내 여성기업, 전시대비 중점관리업체, 회계투명성 제고기업	
	기타	경쟁력향상, 창업지원 프로그램 대상 각종 협약보증	
④ 조정요율	차감		최대 0.3%p

• 가산요율과 차감요율은 중복적용이 가능하며 조정요율은 상한선 및 하한선을 넘는 경우에 대해 적용
• 최종 적용 보증료율 = ① + ② − ③ ± ④ = 0.5%(하한선) ~ 2.0%(상한선) (단, 대기업의 상한선은 2.3%로 함)
※ 보증료 계산 : 보증금액 × 최종적용 보증료율 × 보증기간 / 365

21 김총무는 온라인 상담게시판에 올라와 있는 한 고객의 상담요청을 읽었다. 요청된 내용에 따라 보증료를 계산한다면 해당 회사의 보증료는 얼마인가?자들의 평가 점수를 보고 〈조건〉에 따라 높은 점수를 얻은 사람을 채용한다면, 채용되는 두 사람은 누구인가?

▶ 고객상담게시판
[1:1 상담요청] 제목 : 보증료 관련 문의 드립니다.
안녕하십니까? 지방에서 조그마한 회사를 운영하고 있는 자영업자입니다. 보증료 계산하는 것에 어려움이 있어 질문 남깁니다. 현재 저희 회사의 보증심사등급은 CCRS기준 K6등급입니다. 그리고 보증비율은 미충족상태이며 작년에 물가안정 모범업소로 지정되었습니다. 대기업은 아니고 다른 특이사항은 없습니다. 보증금액은 100억이고 보증기간은 73일로 요청드립니다.

① 2,200만원   ② 2,300만원   ③ 2,400만원

④ 2,500만원   ⑤ 2,600만원

22 김총무는 아래 자료들을 토대로 3개 회사의 보증료를 검토하게 되었다. 이 회사들의 보증료를 모두 계산하였을 때, 보증료가 높은 순서대로 정렬한 것은? (단, 주어진 내용 이외의 것은 고려하지 않는다.)

	대기업 여부	심사등급	가산요율	특이사항	보증금액	보증기간
ㄱ	○	SB5	일부해지기준 미충족, 장기분할해지 보증 미이행	전시대비 중점관리업체	300억	73일
ㄴ	○	K8	보증비율 미충족	장애인 기업	250억	219일
ㄷ	×	K6	일부해지기준 미충족	혁신형 중소기업	200억	146일

① ㄱ - ㄴ - ㄷ   ② ㄱ - ㄷ - ㄴ   ③ ㄴ - ㄱ - ㄷ

④ ㄴ - ㄷ - ㄱ   ⑤ ㄷ - ㄴ - ㄱ

23 유통공사의 박 대리는 취업캠프 행사대행 용역업체 선정을 위해 입찰업체 평가를 해야 한다. 다음 자료와 입찰 가격 평가방법을 근거로 판단할 때 옳지 <u>않은</u> 것을 모두 고르면?

〈입찰 업체 평가 기준〉
• 제안서 평가, PT평가, 입찰가격 평가 점수의 합산이 가장 높은 업체가 선정된다.
• 현재 알려져 있는 평가정보는 다음과 같다.

평가 항목	배점	업체		
		A	B	C
제안서	60	57	52	49
PT	20	16	17	18
입찰가격	–	18,000만 원		12,000만 원
입찰가격 환산점수	20			
합계	100			

〈입찰가격 평가방법〉
※ 행사 예산은 2억 원이다.
• 입찰가격이 행사예산의 100분의 80 이상인 경우

$$\text{입찰가격 환산점수} = \frac{\text{최저 입찰가격}}{\text{해당 업체 입찰가격}} \times 20$$

※ 최저 입찰가격 : 입찰자 중 최저 입찰가격

• 입찰가격이 행사예산의 100분의 80 미만인 경우

$$\text{입찰가격 환산점수} = \frac{\text{최저 입찰가격}}{\text{행사 예산의 80\%}} \times 20 + \frac{(\text{행사 예산의 80\%}) - (\text{해당 업체 입찰가격})}{\text{행사 예산의 20\%}} \times 2$$

※ 환산점수는 소수점 이하는 버린다.
※ B업체의 입찰가격은 12,000만 원 초과 18,000만 원이하이다.

──────〈보 기〉──────
ㄱ. A 업체의 평가 점수는 86점이다.
ㄴ. B 업체가 적당한 입찰가격을 제시한다면 B업체가 선정될 수 있다.
ㄷ. C 업체의 제안서 점수가 50점이 된다면 C업체가 선정될 수 있다.

① ㄱ   ② ㄱ, ㄴ   ③ ㄱ, ㄴ, ㄷ
④ ㄴ, ㄷ   ⑤ ㄷ

※ [24 ~ 25] 운송회사에 근무중인 M은 배송할 화물의 운송 계획을 세우고 있다. 다음 자료를 보고 이어지는 물음에 답하시오.

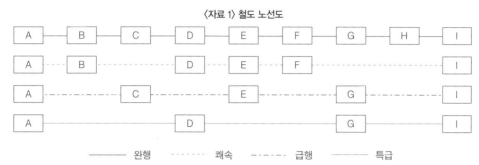

〈자료 1〉 철도 노선도

――――― 완행　-------- 쾌속　― ― ― ― 급행　――――― 특급

※ 전체 노선 길이는 720km이며 완행 열차 기준으로 한 역 사이의 거리는 동일하다.
※ 모든 노선은 시점역과 종점역을 제외하고 역에 들릴 때마다 10분씩 정차한다.

〈자료 2〉 노선 정보

	평균 속력(km/h)	연료	1리터(L) 당 연료가격(원)	연비(km/L)
완행	90	무연탄	800	2
쾌속	120	벙커C유	1,000	4
급행	180	중유	1,600	6
특급	360	가솔린	2,400	5

※ 연비는 해당 연료 1L당 열차가 달릴 수 있는 거리를 나타낸다.

24 A역에서 화물을 실어 I역까지 배송할 때, 가장 빨리 도착하는 노선과 가장 늦게 도착하는 노선의 배송 시간차는?

① 2시간 30분　　　　　　　　　② 4시간 40분
③ 5시간 20분　　　　　　　　　④ 6시간 50분

25 8시간 내에 가장 저렴한 비용을 들여 A역에서 화물을 싣고 출발해 I역에 화물을 배송한 뒤 다시 I역에서 화물을 실어 G역까지 배송해야 할 때 M이 선택해야 할 최적의 노선은? (단, 운송시간 외에는 고려하지 않는다)

① 완행　　　　　　　　　　　　② 쾌속
③ 급행　　　　　　　　　　　　④ 특급

연습문제
정답 및 해설

I. 독해

01	02	03	04	05
②	④	①	①	①
06	07	08	09	10
④	③	④	④	③
11	12	13	14	15
⑤	④	①	⑤	②
16	17	18	19	20
②	③	⑤	④	⑤
21	22	23	24	25
①	②	⑤	①	②
26	27	28	29	30
②	③	④	①	④
31	32	33	34	35
②	③	①	③	⑤
36	37	38	39	40
⑤	③	①	②	⑤
41	42	43	44	45
③	③	①	①	①
46	47	48	49	50
①	④	④	④	⑤
51	52	53	54	55
④	⑤	②	③	④
56	57	58	59	60
⑤	②	①	③	④

01 정답 ②

STEP 1. 유형파악 단문, 추론적 사고
STEP 2. 문제풀이 선택지를 통해 글을 어떻게 읽을지 판단하고 독해를 시작한다.

글을 읽을 때는 항상 어떻게 읽을지 먼저 판단하고 읽는 것이 좋다. 그런 판단을 하는 데 선택지를 보는 것이 도움이 된다.

1) 어떻게 읽을지 판단한다. (※ 이런 판단은 아주 빠르게 해야 한다.)
① 가계소득이 증가할 때 A계수와 B계수는 모두 높아질 것이다.
② 소득이 높은 가계라도 가계구성원 모두가 값비싼 음식을 선호한다면 소득이 낮은 가계보다 A계수가 높을 수 있다.
③ A의 법칙에 의하면 소득이 증가할수록 음식비 지출액이 줄어든다고 할 수 있다.

④ 지난 1분기 가계소득 상위 20% 가구의 월평균 소득은 가계소득 하위 20% 가구의 월평균 소득의 3배이다.
⑤ 지난 1분기 가계소득 분위별 교육비 지출액 현황을 볼 때 가계소득이 낮을수록 교육열이 높다고 볼 수 있다.
➡ 소득의 증가, 감소에 따라 A, B계수가 어떻게 바뀌는지, A, B계수가 어떤 방식으로 결정되는지 등을 이해해야 한다. 지문에서 해당부분을 보다 정확하게 읽자.

2) 선택지 정오판단
- A계수 : 가계지출에서 차지하는 음식비의 비중(%), 소득↑, 음식비 비중↓
- B계수 : 가계지출에서 차지하는 교육비의 비중(%), 소득↑, 교육비↑, 교육비 비중↑
① 소득이 증가함에 따라 가계지출에서 차지하는 음식비의 비중이 감소하므로 A계수는 감소한다. (×)
② 소득이 높더라도 음식비의 비중이 높은 가계라면 A계수가 높게 나올 수 있다. 소득이 증가할수록 A계수가 감소한다는 것은 일반적인 특징을 말하는 것이지 절대적인 것이 아니다. (○)
③ A의 법칙은 소득이 증가하는 만큼 음식비 지출이 증가하지 않기 때문에 가계지출에서 음식비가 차지하는 비중이 감소한다는 것이지, 음식비 지출액이 감소한다는 것은 아니다. (×)
④ 계산을 해보면, 가계소득 하위 20%의 가계지출은 120만 원, 상위 20%는 360만 원이다. 하지만 이는 가계지출이지 선택지에 있는 월평균 소득과는 무관하다. (×)
⑤ 교육비 지출액과 교육열을 연관시켜서 지출이 적고, 그 비중이 적다고 교육별이 낮다고 할 수 없다. (×)

STEP 3. 정답
✓ ② 소득이 높은 가계라도 가계구성원 모두가 값비싼 음식을 선호한다면 소득이 낮은 가계보다 A계수가 높을 수 있다.

02 정답 ④

STEP 1. 유형파악 단문, 추론적 사고
STEP 2. 문제풀이 선택지를 통해 글을 어떻게 읽을지 판단하고 독해를 시작한다.

글을 읽을 때에는 항상 어떻게 읽을지 먼저 판단하고 읽는 것이 좋다. 그런 판단을 하는 데 선택지를 보는 것이 도움이 된다.

1) 어떻게 읽을지 판단한다. (※ 1번과 같은 질문을 하고 있지만 선택지를 보면 해당 문제는 키워드 중심으로 푸는 것이 좋다는 것을 알 수 있다.)
① ○○년 10월 11일이 일요일이라면 ○○년의 옥토버페스트는 9월 28일에 시작되었을 것이다.
➡ 옥토버페스트의 시작일
② 봄에 호텔 예약을 하지 않으면 옥토버페스트 기간에 뮌헨에서 호텔에 숙박할 수 없다.
➡ 축제기간 중 호텔 숙박, 예약 관련 내용
③ 옥토버페스트는 처음부터 맥주 축제로 시작하여 약 200년의 역

사를 지니게 되었다.

→ 옥토버페스트의 기원

④ 북독일 맥주를 좋아하는 사람이 뮌헨 맥주를 '강한 맛이 없다'고
비판한다면, 뮌헨 맥주를 좋아하는 사람은 맥아가 가진 본래의
맛이야말로 뮌헨 맥주의 장점이라고 말할 것이다.

→ 북독일 맥주, 뮌헨 맥주의 특징

⑤ 옥토버페스트에서 총 10개의 텐트가 설치되고 각 텐트에서의 맥
주 소비량이 비슷하다면, 2개의 텐트를 설치한 맥주 회사에서 만
든 맥주는 하루에 평균적으로 약 7천 리터가 소비되었을 것이다.

→ 맥주 소비량 추정

2) 읽으면서 키워드에 해당하는 부분이 나오면 선택지의 정오를 판
단한다.

> ④ 북독일과 남독일의 맥주는 맛의 차이가 분명하다. 북독
> 일 맥주는 한마디로 '강한 맛이 생명'이라고 표현할 수 있다. 맥
> 주를 최대한 발효시켜 진액을 거의 남기지 않고 당분을 낮춘다.
> 반면 홉(hop) 첨가량은 비교적 많기 때문에 '담백하고 씁쓸한',
> 즉 강렬한 맛의 맥주가 탄생한다. 이른바 씁쓸한 맛의 맥주라고
> 할 수 있다. 이에 반해 19세기 말까지 남독일의 고전적인 뮌헨
> 맥주는 원래 색이 짙고 순하며 단맛이 감도는 특징이 있었다.
> 이 전통을 계승하여 만들어진 뮌헨 맥주는 홉의 쓴맛보다 맥아
> 본래의 순한 맛에 역점을 둔 '강하지 않고 진한' 맥주다.
> 　옥토버페스트(Oktoberfest)는 맥주 축제의 대명사이다. ③ 옥
> 토버페스트의 기원은 1810년에 바이에른의 시골에서 열린 축제
> 이다. 바이에른 황태자와 작센에서 온 공주의 결혼을 축하하기
> 위해 개최한 경마대회가 시초이다. 축제는 뮌헨 중앙역에서 서
> 남서로 2km 떨어진 곳에 있는 테레지아 초원에서 열린다. 처음
> 이곳은 맥주와 무관했지만, 4년 후 놋쇠 뚜껑이 달린 도기제 맥
> 주잔에 맥주를 담아 판매하는 노점상이 들어섰고, 다시 몇 년이
> 지나자 테레지아 왕비의 기념 경마대회는 완전히 맥주 축제로
> 변신했다. 축제가 열리는 동안 세계 각국의 관광객이 독일을 찾
> 는다. 그래서 ② 이 기간에 뮌헨에 숙박하려면 보통 어려운 게
> 아니다. 저렴하고 좋은 호텔은 봄에 이미 예약이 끝난다. ① 축
> 제는 2주간 열리고 10월 첫째 주 일요일이 마지막 날로 정해져
> 있다.
> 　뮌헨에 있는 오래된 6대 맥주 회사만이 옥토버페스트 축제
> 장에 텐트를 설치할 수 있다. ⑤각 회사는 축제장에 대형 텐트
> 로 비어홀을 내는데, 두 곳을 내는 곳도 있어 텐트의 개수는 총
> 9~10개 정도이다. 텐트 하나에 5천 명 정도 들어갈 수 있고, 텐
> 트 전체로는 5만 명을 수용할 수 있다. 이 축제의 통계를 살펴보
> 면, 기간 14일, 전체 입장객 수 650만 명, 맥주 소비량 510만 리
> 터 등이다.

① ○○년 10월 4일이 10월 첫째 주 일요일이다. 따라서 9월 21일에
축제가 시작되었을 것이다. (×)

② 숙박이 어렵고, 저렴하고 좋은 호텔의 예약이 끝나 다른 숙소
에 숙박할 수 없다고 하지는 않았다. (×)

③ 처음에는 경마대회로 시작하였다. (×)

④ 옳은 내용 (○)

⑤ 전체 1/5의 맥주를 소비했을 것이다. 따라서 102만 리터이고 14일
로 나누면 약 7만 리터가 나온다. (×)

STEP 3. 정답
✓ ④ 북독일 맥주를 좋아하는 사람이 뮌헨 맥주를 '강한 맛이 없
다'고 비판한다면, 뮌헨 맥주를 좋아하는 사람은 맥아가 가진 본래의
맛이야말로 뮌헨 맥주의 장점이라고 말할 것이다.

03 정답 ①

STEP 1. 유형파악 주제, 결론의 근거
STEP 2. 문제풀이 글의 결론과 그 근거를 파악한다.

'결론을 지지하지 않는 것은?' 해당 질문은 보통 글의 주제나 결론
그 자체를 부정하거나, 그것의 근거로든 예시에 반하는 선택지를 묻
는 것이다.

1) 글의 결론을 파악한다.
3문단으로 구성된 지문의 경우 글의 중심내용은 마지막 문단에 주
로 나온다. 해당 지문의 마지막 문단은 '결론적으로'라는 말로 시작
되므로 앞에 언급한 내용을 바탕으로 마지막 문단에서 결론을 짓는
다고 판단할 수 있다.

> 　결론적으로 지구 주위 환경뿐만 아니라 보편적 자연법칙까지
> 도 인류와 같은 생명이 진화해 살아가기에 알맞은 범위 안에 제
> 한되어 있다고 할 수 있다. 만일 그러한 제한이 없었다면 태양
> 계나 지구가 탄생할 수 없었을 뿐만 아니라 생명 또한 진화할
> 수 없었을 것이다. 우리가 아는 행성이나 생명이 탄생할 가능성
> 을 열어두면서 물리법칙을 변경할 수 있는 폭은 매우 좁다.

결론 : 지구 주위의 환경과 물리법칙 등 다양한 조건에 의해서 지구
에 생명체가 탄생하고 진화할 수 있었다. 그런 조건의 작은 변화도
변경하지 못했을 정도로 지구에 생명이 탄생할 가능성은 제약된 조
건 하에서 가능했다.

2) 결론에 부합하지 않는 선택지를 고른다.
① 탄소가 없는 상황에서도 생명은 자연적으로 진화할 수 있다. (×)
→ 글의 내용은 어떤 조건의 작은 변화에도 생명체가 탄생하거나 진
화하기 어려웠을 것이라는 내용이지만 해당 선택지는 탄소가 없
다는 큰 변화에도 생명이 진화할 수 있다는 내용이므로 글의 내
용과는 부합하지 않는 내용이다.

STEP 3. 정답
✓ ① 탄소가 없는 상황에서도 생명은 자연적으로 진화할 수 있다.
→ 키워드 중심으로 문제를 풀 수도 있다. 해당 선택지의 내용을 추
론할 수 있는 부분을 굳이 구분하기는 했으나 추론하는 내용이므
로 해당 글에 완벽하게 일치하는 내용이 없을 수도 있다.

> 　지구와 태양 사이의 거리와 지구가 태양 주위를 도는 방식은
> 인간의 생존에 유리한 여러 특징을 지니고 있다. 인간을 비롯
> 한 생명이 생존하려면 행성은 액체 상태의 물을 포함하면서 너
> 무 뜨겁거나 차갑지 않아야 한다. 이를 위해 행성은 태양과 같
> 은 별에서 적당히 떨어져 있어야 한다. 이 적당한 영역을 ④ '골
> 디락스 영역'이라고 한다. 또한 지구가 태양의 중력장 주위를 도
> 는 타원 궤도는 충분히 원에 가깝다. 따라서 연중 태양에서 오
> 는 열에너지가 비교적 일정하게 유지될 수 있다. 만약 태양과의
> 거리가 일정하지 않았다면 지구는 여름에는 바다가 모두 끓어
> 넘치고 겨울에는 거대한 얼음 덩어리가 되는 불모의 행성이었
> 을 것이다.
> 　우리 우주에 작용하는 ③, ⑤ 근본적인 힘의 세기나 물리법칙
> 도 인간을 비롯한 생명의 탄생에 유리하도록 미세하게 조정되
> 어 있다. 예를 들어 근본적인 힘인 강한 핵력이나 전기력의 크
> 기가 현재 값에서 조금만 달랐다면, 별의 내부에서 탄소처럼 무
> 거운 원소는 만들어질 수 없었고 행성도 만들어질 수 없었을 것
> 이다. 최근 들어 물리학자들은 이들 힘을 지배하는 법칙이 현재
> 와 다르다면 우주는 구체적으로 어떤 모습이 될지 컴퓨터 모형

으로 계산했다. 그 결과를 보면 강한 핵력의 강도가 겨우 0.5% 다르거나 전기력의 강도가 겨우 4% 다를 경우에도 ① 탄소나 산소는 우주에서 합성되지 않는다. 따라서 생명 탄생의 가능성도 사라진다. 결국 강한 핵력이나 전기력을 지배하는 법칙들을 조금이라도 건드리면 우리가 존재할 가능성은 사라지는 것이다.

결론적으로 지구 주위 환경뿐만 아니라 보편적 자연법칙까지도 인류와 같은 생명이 진화해 살아가기에 알맞은 범위 안에 제한되어 있다고 할 수 있다. 만일 그러한 제한이 없었다면 태양계나 지구가 탄생할 수 없었을 뿐만 아니라 생명 또한 진화할 수 없었을 것이다. ⑤ 우리가 아는 행성이나 생명이 탄생할 가능성을 열어두면서 물리법칙을 변경할 수 있는 폭은 매우 좁다.

04 정답 ①

STEP 1. 유형파악 세부 내용 일치불일치 문제
STEP 2. 문제풀이 선택지의 키워드를 체크하고 지문을 읽어 내려가며 선택지의 정오를 체크한다.

단문은 특별한 방법 없이, 그냥 지문을 읽고 선택지를 보고 정답을 골라도 된다. 모든 내용을 정확하게 읽고 답을 고르는 것이 가장 정답률를 높은 방법이다. 이런 방식은 지문을 한번 읽어 내려오며 내용을 잘 기억하지 못하거나, 시간관리가 어려운 수험생에게 추천하는 방법이다. 물론 이런 방식에 익숙해지면 시간단축과 높은 정답률을 동시에 기대할 수 있다.

1) 선택지의 키워드를 체크한다.
① 방금 들은 전화번호를 받아 적기 위한 기억에는 신경세포 간 연결의 장기 상승 작용이 중요하다.
→ 단기 기억에 대한 내용
② 해마가 손상되면 이미 습득한 자전거 타기와 같은 운동 기술을 실행할 수 없게 된다.
→ 운동기술에 대한 언급이 나오는지
③ 장기기억은 대뇌피질에 저장되지만 단기기억은 해마에 저장된다.
→ 기억의 저장 위치
④ 새로운 단기기억은 이전에 저장되었던 장기기억에 영향을 준다.
→ 새로운 기억이 기존의 기억에 주는 영향
⑤ 글루탐산은 신경세포 간의 새로운 연결의 형성을 유도한다.
→ 글루탐산에 대한 내용

2) 지문을 읽어 내려오면서 키워드에 해당하는 부분이 나오면 선택지의 정오를 판단한다.

우리에게 입력된 감각 정보는 모두 저장되는 것이 아니라 극히 일부만이 특정한 메커니즘을 통해 단기간 또는 장기간 저장된다. 신경과학자들은 ③ 장기 또는 단기기억의 저장 장소가 뇌의 어디에 존재하는지 연구해 왔고, 그 결과 두 기억은 모두 대뇌피질에 저장된다는 것을 알아냈다.

여러 감각 기관을 통해 입력된 감각 정보는 대부분 대뇌피질에서 인식된다. 인식된 일부 정보는 해마와 대뇌피질 간에 이미 형성되어 있는 신경세포 간 연결이 일시적으로 변화하는 과정에서 단기기억으로 저장된다. 해마와 대뇌피질 간 연결의 일시적인 변화가 대뇌피질 내에서 새로운 연결로 교체되어 영구히 지속되면 그 단기기억은 장기기억으로 저장된다. 해마는 입력된 정보를 단기기억으로 유지하고 또 새로운 장기기억을 획득하는

데 필수적이지만, ④ 기존의 장기기억을 유지하거나 변형하는 부위는 아니다.

형성되어 있는 신경세포 간 연결이 일시적으로 변화하는 과정에서 단기기억으로 저장된다. 해마와 대뇌피질 간 연결의 일시적인 변화가 대뇌피질 내에서 새로운 연결로 교체되어 영구히 지속되면 그 단기기억은 장기기억으로 저장된다. 해마는 입력된 정보를 단기기억으로 유지하고 또 새로운 장기기억을 획득하는 데 필수적이지만, ④ 기존의 장기기억을 유지하거나 변형하는 부위는 아니다.

걷기, 자전거 타기와 같은 ② 운동 기술은 반복을 통해서 학습되고, 일단 학습되면 잊혀지기 어렵다. 자전거 타기와 같은 기술에 관한 기억은 뇌의 성장과 발달에서 보이는 신경세포들 간에 새로운 연결이 이루어지는 메커니즘을 통해서 장기기억이 된다. ① 반면에 전화번호, 사건, 장소를 단기 기억할 때는 새로운 연결이 생기는 대신 대뇌피질과 해마 간에 이미 존재하는 신경세포의 연결을 통한 신호 강도가 높아지고 그 상태가 수분에서 수개월까지 유지됨으로써 가능하다. 이처럼 신경세포 간 연결 신호의 강도가 상당 기간 동안 증가된 상태로 유지되는 '장기 상승 작용' 현상은 해마 조직에서 처음 밝혀졌으며, ⑤ 이 현상에는 흥분성 신경 전달 물질인 글루탐산의 역할이 중요하다는 것이 추가로 밝혀졌다.

→ 일치불일치 문제는 글의 전반에 걸쳐 선택지의 내용이 퍼져 있기 때문에 정답을 유추할 수 있는 부분이 뒤에 나온다면 보통은 글을 모두 읽어야 한다.

STEP 3. 정답
✓① 방금 들은 전화번호를 받아 적기 위한 기억에는 신경세포 간 연결의 장기 상승 작용이 중요하다.

[오답 체크]
② 운동 기술이 언급되는 부분을 보면 해마에 대한 언급은 없다.
③ 모든 기억은 대뇌피질에 저장된다.
④ 이전에 저장된 장기기억에 영향을 준다는 언급이 없다.
⑤ 글루탐산은 장기 상승 작용 현상에서 중요한 역할을 한다는 점만 언급되었다.

05 정답 ①

STEP 1. 유형파악 특정 세부내용 관련 문제
STEP 2. 문제풀이 특정 세부내용이 대한 언급이 있는 문단을 읽고 정답을 찾는다.

1) 마지막 문단을 읽어 ⓐ에 대해 이해하자.

이러한 변환 기술을 '이미지 리타겟팅'이라고 한다. 이는 A×B의 이미지를 C×D 화면에 맞추기 위해 해상도와 화면 비율을 조절하거나 이미지의 일부를 잘라 내는 방법 등으로 이미지를 수정하는 것이다. 이러한 수정에서 입력 이미지에 있는 콘텐츠 중 주요 콘텐츠는 그대로 유지되어야 한다. 즉 리타겟팅 처리 후에도 원래 이미지의 중요한 부분을 그대로 유지하면서 동시에 왜곡을 최소화하는 형태로 주어진 화면에 맞게 이미지를 변형하여야 한다. 이러한 조건을 만족하기 위해 ⓐ 다양한 접근이 일어나고 있는데, 이미지의 주요한 콘텐츠 및 구조를 분석하는 방법과 분석된 주요 사항을 바탕으로 어떤 식으로 이미지 해상도를 조절하느냐가 주요 연구 방향이다.

→ 결국 이미지에 수정을 가하더라도 이미지의 중요한 부분은 그대로 유지하면서 왜곡을 최소화해야 한다는 내용이다.

2) 선택지를 차례로 보며 정답을 찾는다.
① 광고 사진에서 화면 전반에 걸쳐 흩어져 있는 콘텐츠를 무작위로 추출하여 화면을 재구성하는 방법
→ 콘텐츠를 무작위로 추출하여 재구성하는 방법 이미지의 중요한 부분을 그대로 유지하여 왜곡을 최소화한다는 이미지 리타겟팅에 적절한 방법이 아니다.
② 구도는 그대로 유지하는 방법
③ 주요 부분을 왜곡하지 않고 필요 없는 부분을 잘라내므로 적절한 방법
④ 대상물의 영역(중요한 부분)은 그대로 주고 왜곡을 최소화하는 방법
⑤ 상품 사진에서 상품(중요한 부분)을 인지할 수 있는 범위에서 비율을 조절하는 방법
→ 나머지 선택지는 이미지 리타겟팅의 적절한 예시라고 볼 수 있다.

STEP 3. 정답
✓ ① 광고 사진에서 화면 전반에 걸쳐 흩어져 있는 콘텐츠를 무작위로 추출하여 화면을 재구성하는 방법

06 정답 ④

STEP 1. 유형파악 글쓴이의 주장, 근거
STEP 2. 문제풀이 글을 통해 글쓴이가 하고자하는 말과 그 근거를 파악한다.

글의 입장을 강화하는 내용이라는 것은 글에서 말하고자하는 바와 그에 대한 근거에 부합하는 내용을 말하는 것이다. 따라서 글의 주제나 글쓴이가 언급한 내용과 일맥상통한 선택지를 찾자.

1) 글의 핵심내용을 파악하자.

> 고대사회에 대한 이러한 견해보다 더 뿌리 깊은 오해도 없다. 소위 생계경제의 성격을 지닌 것으로 간주되는 많은 고대사회들, 예를 들어 남아메리카에서는 종종 공동체의 연간 필요 소비량에 맞먹는 잉여 식량을 생산했다는 점에 주의를 기울일 필요가 있다. 기아와의 끊임없는 투쟁을 의미하는 생계경제가 고대사회를 특징짓는 개념이라면 오히려 프롤레타리아가 기아에 허덕이던 19세기 유럽 사회야말로 고대사회라고 할 수 있을 것이다. 사실상 생계경제라는 개념은 서구의 근대적인 이데올로기의 영역에 속하는 것으로 결코 과학적 개념도구가 아니다. 민족학을 위시한 근대 과학이 이토록 터무니없는 기만에 희생되어 왔다는 것은 역설적이며, 더군다나 산업 국가들이 이른바 저발전 세계에 대한 전략의 방향을 잡는 데 기여했다는 사실은 두렵기까지 하다.

두 번째 문단이 위와 같이 시작되고 있다. 따라서 첫 문단의 내용은 고대사회에 대한 어떤 오해를 말하는 것이고, 글에서 하고자했던 말은 두 번째 문단에 이어질 것이다.
첫 번째 문단의 내용은 고대사회를 정의하는 기준 중에 '생계경제'라는 개념에 대한 내용이다. 하지만 두 번째 문단에서 이는 고대사회에 대한 오해이며, 실제 고대사회에서 잉여 생산이 가능했던 곳이 존재했고, 근대사회에서도 생계경제의 특징을 찾아볼 수 있다고 언급한다는 점에서 고대사회를 '생계경제'로 구분하는 것은 옳지 않다

는 입장이다.

2) 선택지를 차례로 보며 정답을 찾는다.
④ 고대사회에서 존재하였던 축제는 경제적인 잉여를 해소하는 기제로 작용했다.
→ 글의 입장인, 고대사회를 생계경제로만 특징지을 수 없다는 내용에 부합하는 선택지이다. 정답.

STEP 3. 정답
✓ ④ 고대사회에서 존재하였던 축제는 경제적인 잉여를 해소하는 기제로 작용했다.

07 정답 ③

STEP 1. 유형파악 글의 핵심내용 파악(논리적 오류)
STEP 2. 문제풀이 글에서 말하는 논리적 오류의 사례로 알맞은 선택지를 찾는다.

1) 글의 핵심내용을 파악하자.

> 흔히 주변에서 암 검진 결과 암의 징후가 없다는 판정을 받은 후 암이 발견되면 검진이 엉터리였다고 비난하는 것을 본다. 우리 몸의 세포들을 모두 살펴보지 않은 이상 암세포가 없다고 결론지을 수 없다는 것은 논리적으로 명확한데 말이다. 우리는 1,000마리의 까마귀를 관찰하여 모두 까맣다고 해서 까맣지 않은 까마귀가 없다고 단정할 수는 없다고 학교에서 배웠다. 하지만 교실에서 범하지 않는 논리적 오류를 실생활에서는 흔히 범하곤 한다. 예를 들어, 1960년대에 의사들은 모유가 분유에 비해 이점이 있다는 증거를 찾지 못하였다. 그러자 당시 의사들은 모유가 특별한 이점이 없다고 결론지었다. 그 결과, 많은 사람들이 대가를 치러야만 했다. 수십 년이 지난 후에, 유아기에 모유를 먹지 않은 사람들은 특정 암을 비롯하여 여러 가지 질병에 걸릴 위험성이 높다는 사실이 밝혀진 것이다. 이와 같이 우리는 '증거의 없음'을 '없음의 증거'로 오인하곤 한다.

→ 앞에서 여러 오류의 예를 말해주고, 마지막에 나오는 '증거의 없음'을 '없음의 증거'로 오인한다는 내용이 핵심내용이다.

2) 선택지를 차례로 보며 정답을 찾는다.
① 다양한 물질의 전기 저항을 조사한 결과 전기 저항이 0인 경우는 없었다. 따라서 전기 저항이 0인 물질은 없다.
→ 전기 저항이 0인 증거를 찾지 못한 것을 전기 저항이 0이라는 근거로 판단하고 있다.
② 어떤 사람이 술과 담배를 즐겼지만 몸에 어떤 이상도 발견되지 않았다. 따라서 그 사람에게는 술과 담배가 무해하다.
→ 술과 담배가 유해한지에 대한 근거를 발견하지 못해 무해하다고 판단하고 있다.
③ 경찰은 어떤 피의자가 확실한 알리바이가 있다는 것을 확인했다. 따라서 그 피의자는 해당 범죄 현장에 있지 않았다.
→ 확실한 알리바이는 범죄를 저질렀다는 '증거의 없음'이 아니라, 범죄 현장에 '없음의 증거'가 맞다.
④ 주변에서 빛을 내는 것을 조사해보니 열 발생이 동반되지 않는 것이 없었다. 그러므로 열을 내지 않는 발광체는 없다.
→ 마찬가지이다. 일부를 조사하여 열 발생이 동반되지 않음을 관찰하고, 열을 내는 발광체는 없다고 판단한다.
⑤ 현재까지 수많은 노력에도 불구하고 외계 지적 생명체는 발견되지 않았다. 그러므로 외계 지적 생명체는 존재하지 않는다.

연습문제 정답 및 해설 **299**

→ 외계 지적 생명체의 존재의 '증거를 발견하지 못한 것'을 외계 지적 생명체가 '없다는 증거'로 활용하고 있다.

STEP 3. 정답
✓ ③ 경찰은 어떤 피의자가 확실한 알리바이가 있다는 것을 확인했다. 따라서 그 피의자는 해당 범죄 현장에 있지 않았다.

08 정답 ④

STEP 1. 유형파악 세부내용 일치불일치 문제
STEP 2. 문제풀이 선택지의 키워드를 체크하고 지문을 읽어 내려가며 선택지의 정오를 체크

1) 선택지의 키워드를 체크한다.
① 정약용은 청렴이 목민관이 반드시 지켜야 할 덕목임을 당위론 차원에서 정당화하였다.
→ 당위론 차원에서 정당화했다는 내용
② 정약용은 탐욕을 택하는 것보다 청렴을 택하는 것이 이롭다는 공자의 뜻을 계승하였다.
→ 공자나 그의 뜻에 대한 내용이 나오는지 여부
③ 정약용은 청렴한 사람은 욕심이 작기 때문에 재물에 대한 탐욕에 빠지지 않는다고 보았다.
→ 욕심에 대한 내용
④ 정약용은 청렴이 백성에게 이로움을 줄 뿐 아니라 목민관 자신에게도 이로운 행위라고 보았다.
→ 청렴이 백성과 목민과 자신 모두에게 이롭다는 내용
⑤ 이황과 이이는 청렴을 개인의 처세에 있어 주요 지침으로 여겼으나 사회 규율로는 보지 않았다.
→ 이황과 이이의 견해나 사회 규율에 대한 내용

2) 지문을 읽어 내려오면서 키워드에 해당하는 부분이 나오면 선택지의 정오를 판단한다.

'청렴(淸廉)'은 현대 사회에서 좁게는 반부패와 동의어로 사용되며 넓게는 투명성과 책임성 등을 포괄하는 통합적 개념으로 사용되고 있다. 유학자들은 청렴을 효제와 같은 인륜의 덕목보다는 하위에 두었지만 군자라면 마땅히 지켜야 할 일상의 덕목으로 중시하였다. 조선의 대표적 유학자였던 ⑤ 이황과 이이는 청렴을 사회 규율이자 개인 처세의 지침으로 강조하였다. 특히 공적 업무에 종사하는 사람이라면 사회 규율로서의 청렴이 개인의 처세와 직결된다는 점에 유념해야 한다고 보았다.
청렴에 대한 논의는 정약용의 『목민심서』에서 본격적으로 나타난다. 정약용은 청렴이야말로 목민관이 지켜야 할 근본적인 덕목이며 목민관의 직무는 청렴이 없이는 불가능하다고 강조하였다. 정약용은 청렴을 ① 당위의 차원에서 주장하는 기존의 학자들과 달리 행위자 자신에게 실질적 이익이 된다는 점을 들어 설득하고자 한다. 그는 청렴은 큰 이득이 남는 장사라고 말하면서, 지혜롭고 ③ 욕심이 큰 사람은 청렴을 택하지만 지혜가 짧고 욕심이 작은 사람은 탐욕을 택한다고 설명한다. 정약용은 ② "지자(知者)는 인(仁)을 이롭게 여긴다."라는 공자의 말을 빌려 "지혜로운 자는 청렴함을 이롭게 여긴다."라고 하였다. 비록 재물을 얻는 데 뜻이 있더라도 청렴함을 택하는 것이 결과적으로는 지혜로운 선택이라고 정약용은 말한다. 목민관의 작은 탐욕은 단기적으로 보면 눈앞의 재물을 취하여 이익을 얻을 수 있겠지만 궁극에는 개인의 몰락과 가문의 불명예를 가져올 수 있기 때문이다.
정약용은 청렴을 지키는 것은 두 가지 효과가 있다고 보았다.

④ 첫째, 청렴은 다른 사람에게 긍정적 효과를 미친다. 목민관이 청렴할 경우 백성을 비롯한 공동체 구성원에게 좋은 혜택이 돌아갈 것이다. 둘째, 청렴한 행위를 하는 것은 목민관 자신에게도 좋은 결과를 가져다준다. 청렴은 그 자신의 덕을 높이는 것일 뿐 아니라 자신의 가문에 빛나는 명성과 영광을 가져다줄 것이다.

STEP 3. 정답
✓ ④ 정약용은 청렴이 백성에게 이로움을 줄 뿐 아니라 목민관 자신에게도 이로운 행위라고 보았다.

[오답 체크]
① 정약용은 당위론 차원에서 정당화하지 않았다.
② 공자에 대한 언급은 있지만, 청렴에 대한 공자의 뜻을 계승했다는 언급은 없다.
③ 청렴한 사람은 욕심이 크다고 언급하였다.
⑤ 이황과 이이는 청렴을 사회 규율로 보았다.

09 정답 ④

STEP 1. 유형파악 세부내용 일치불일치 문제
STEP 2. 문제풀이 선택지의 키워드를 체크하고 지문을 읽어 내려가며 선택지의 정오를 체크

1) 선택지의 키워드를 체크한다.
① 유럽에서 금화의 대중적 확산은 지폐가 널리 통용되는 결정적인 계기가 되었다.
→ 유럽, 금화의 확산과 지폐
② 유럽에서는 민간 거래의 신뢰를 기반으로 지폐가 중국에 비해 일찍부터 통용되었다.
→ 유럽이 중국에 비해 지폐가 일찍 통용되었는지
③ 중국에서 청동으로 만든 최초의 화폐는 네모난 구멍이 뚫린 원형 엽전의 형태였다.
→ 중국, 청동으로 만든 최초의 화폐에 대한 내용
④ 중국에서 지폐 거래의 신뢰를 확보할 수 있었던 것은 강력한 국가 권력이 있었기 때문이다.
→ 국가 권력과 관련된 내용이 나오는지
⑤ 아시아와 유럽에서는 금화의 사용을 권력의 상징으로 여겨 금화의 제한적인 유통이 이루어졌다.
→ 권력의 상징이나 제한적 유통에 대한 내용이 언급되는지 여부

2) 지문을 읽어 내려오면서 키워드에 해당하는 부분이 나오면 선택지의 정오를 판단한다.

③ 중국에서는 기원전 8~7세기 이후 주나라에서부터 청동전이 유통되었다. 이후 진시황이 중국을 통일하면서 화폐를 통일해 가운데 네모난 구멍이 뚫린 원형 청동 엽전이 등장했고, 이후 중국 통화의 주축으로 자리 잡았다. 하지만 엽전은 가치가 낮고 금화와 은화는 아직 주조되지 않았기 때문에 고액 거래를 위해서는 지폐가 필요했다. 결국 11세기경 송나라에서 최초의 법정 지폐인 교자(交子)가 발행되었다. 13세기 원나라에서는 강력한 국가 권력을 통해 엽전을 억제하고 교초(交鈔)라는 지폐를 유일한 공식 통화로 삼아 재정 문제를 해결했다.
아시아와 유럽에서 지폐의 등장과 발달 과정은 달랐다. ⑤ 우선 유럽에서는 금화가 비교적 자유롭게 사용되어 대중들 사이

에서 널리 유통되었다. 반면에 아시아의 통치자들은 금의 아름다움과 금이 상징하는 권력을 즐겼다는 점에서는 서구인들과 같았지만, 비천한 사람들이 화폐로 사용하기에는 금이 너무 소중하다고 여겼다. 대중들 사이에서 유통되도록 금을 방출하면 권력이 약화된다고 본 것이다. ① 대신에 일찍부터 지폐가 널리 통용되었다.

마르코 폴로는 쿠빌라이 칸이 모든 거래를 지폐로 이루어지게 하는 것을 보고 깊은 인상을 받았다. 사실상 종잇조각에 불과한 지폐가 그렇게 널리 통용되었던 이유는 무엇 때문일까? 칸이 만든 지폐에 찍힌 그의 도장은 금이나 은과 같은 권위가 있었다. ④ 이것은 지폐의 가치를 확립하고 유지하는 데 국가 권력이 핵심 요소라는 사실을 보여준다.

유럽의 지폐는 그 초기 형태가 민간에서 발행한 어음이었으나, 아시아의 지폐는 처음부터 국가가 발행권을 갖고 있었다. 금속 주화와는 달리 내재적 가치가 없는 지폐가 화폐로 받아들여지고 사용되기 위해서는 신뢰가 필수적이다. 중국은 강력한 왕권이 이 신뢰를 담보할 수 있었지만, ② 유럽에서 지폐가 사람들의 신뢰를 얻기까지는 그보다 오랜 시간과 성숙한 환경이 필요했다. 유럽의 왕들은 종이에 마음대로 숫자를 적어 놓고 화폐로 사용하라고 강제할 수 없었다. 그래서 서로 잘 아는 일부 동업자들끼리 신뢰를 바탕으로 자체 지폐를 만들어 사용해야 했다. 하지만 민간에서 발행한 지폐는 신뢰 확보가 쉽지 않아 주기적으로 금융 위기를 초래했다. 정부가 나서기까지는 오랜 시간이 걸렸고, 17~18세기에 지폐의 법정화와 중앙은행의 설립이 이루어졌다. 중앙은행은 금을 보관하고 이를 바탕으로 금 태환(兌換)을 보장하는 증서를 발행해 화폐로 사용하기 시작했고, 그것이 오늘날의 지폐로 이어졌다.

STEP 3. 정답
✓④ 중국에서 지폐 거래의 신뢰를 확보할 수 있었던 것은 강력한 국가 권력이 있었기 때문이다.

[오답 체크]
① 중국에서 금화가 대중적으로 유통되지 못하여 지폐가 널리 통용되었다는 내용만 언급
② 유럽에 비해 중국에서 지폐가 일찍 통용되었다.
③ 네모난 구멍이 뚫린 원형 엽전이전에 사용하던 화폐가 있었다.
⑤ 유럽에서는 금화가 비교적 자유롭게 사용되었다고 하였으므로 틀린 내용이다.

10 정답 ③

STEP 1. 유형파악 세부내용 일치불일치 문제
STEP 2. 문제풀이 선택지의 키워드를 체크하고 지문을 읽어 내려가며 선택지의 정오를 체크

1) 선택지의 키워드를 체크한다.
선택지를 보면 시기에 따라, 장소에 따라 광장이 의미했던 것에 대한 내용이다. 따라서 시기와 장소가 키워드이다.
① 근대 이후 광장은 시민의 자유에 대한 열망이 모이는 장이었다.
② 고대 그리스의 아고라는 사람들이 모이는 장소 이상의 의미를 갖는다.
③ 유럽의 여러 제후들이 광장을 중요시한 것은 거주민의 의견을 반영하기 위해서였다.
④ 프랑스 혁명 이후 유럽에서 광장은 저항하는 이들의 소통 공간이라는 의미도 갖는다.

⑤ 우리나라의 역사적 경험에서도 광장은 권력과 그 의지를 실현하는 장이자 저항하는 대중의 연대와 소통의 장이었다.

2) 지문을 읽어 내려오면서 키워드에 해당하는 부분이 나오면 선택지의 정오를 판단한다.

광장의 기원은 고대 그리스의 아고라에서 찾을 수 있다. '아고라'는 사람들이 모이는 곳이란 뜻을 담고 있다. ② 호메로스의 작품에 처음 나오는 이 표현은 물리적 장소만이 아니라 사람들이 모여서 하는 각종 활동과 모임도 의미한다. 아고라는 사람들이 모이는 도심의 한복판에 자리 잡고 그 주변으로 사원, 가게, 공공시설, 사교장 등이 자연스럽게 둘러싸고 있는 형태를 갖는다. 물론 그 안에 분수도 있고 나무도 있어 휴식 공간이 되기는 하지만 그것은 부수적 기능일 뿐이다. 아고라 곧 광장의 주요 기능은 시민들이 모여 행하는 다양한 활동 그 자체에 있다.

르네상스 이후 광장은 유럽이 여러 제후들이 도시를 조성할 때 일차적으로 고려하는 사항이 된다. 광장은 제후들이 권력 의지를 실현하는 데 중요한 역할을 할 수 있었기 때문이다. 이 시기 유럽의 도시에서는 고대 그리스 이후 자연스럽게 발전해 온 광장이 의식적으로 조성되기 시작한다. ③ 도시를 설계할 때 광장의 위치와 넓이, 기능이 제후들의 목적에 따라 결정된다.

『광장』을 쓴 프랑코 만쿠조는 유럽의 역사가 곧 광장의 역사라고 말한다. 그에 따르면, 유럽인들에게 광장은 일상생활의 통행과 회합, 교환의 장소이자 동시에 권력과 그 의지를 실현하는 장이고 ④ 프랑스 혁명 이후 근대 유럽에서는 저항하는 대중의 연대와 소통의 장이라는 의미도 갖게 된다. ⑤ 우리나라의 역사적 경험에서도 광장은 그와 같은 공간이었다. 우리의 마당이나 장터는 유럽과 형태는 다를지라도 만쿠조가 말한 광장의 기능과 의미를 담당해왔기 때문이다.

이처럼 광장은 인류의 모든 활동이 수렴되고 확산되는 공간이며 문화 마당이고 예술이 구현되는 장이며 더 많은 자유를 향한 열정이 집결하는 곳이다. ① 특히 근대 이후 광장을 이런 용도로 사용하는 것은 시민의 정당한 권리가 된다. 광장은 권력의 의지가 발현되는 공간이면서 동시에 시민에게는 그것을 넘어서고자 하는 자유의 열망이 빚어지는 장이다.

STEP 3. 정답
✓③ 유럽의 여러 제후들이 광장을 중요시한 것은 거주민의 의견을 반영하기 위해서였다.
→ 유럽의 제후들의 목적에 따라 광장이 조성되었다.

11 정답 ⑤

STEP 1. 유형파악 빈칸 채우기
STEP 2. 문제풀이 선택지를 확인한 후, 빈칸 앞뒤 또는 빈칸을 포함하는 문단을 보고 답을 찾는다.

1) 선택지를 보자.
선택지를 훑어보고 대강 어떤 내용이 들어가는지를 파악한다.
→ 'A라는 설명보다 B라는 설명이 더 낫다.'는 형태이다.

2) 빈칸을 포함하는 문단을 보고 핵심내용을 파악하자.

우리는 이런 설명들을 견주어 어떤 것이 다른 것보다 낫다는 것을 언제든 주장할 수 있으며, 나은 순으로 줄을 세워 가장 좋은 설명을 찾을 수 있다. 우리는 조수 현상에 대한 설명

들로, ⊙ 지구의 물과 달 사이에 인력 때문에 조수가 생긴다는 설명, ⓒ 지구와 달 사이의 물질이 지구를 누르기 때문에 조수가 생긴다는 설명, ⓒ 지구 전체의 흔들거림 때문에 조수가 생긴다는 설명을 갖고 있다. 이 설명들 가운데 지구 전체의 흔들거림 때문에 조수가 생긴다는 설명보다 지구와 달 사이의 물질이 지구를 누르기 때문에 조수가 생긴다는 설명이 더 낫다.

[   ]. 따라서 우리는 조수 현상의 원인이 지구의 물과 달 사이에 작용하는 인력이라고 결론 내릴 수 있다.

→ 어떤 설명을 더 나은 순으로 줄을 세워 가장 좋은 설명을 찾는다는 이야기이다.
⊙ 물과 달사이의 인력 때문에 조수가 생긴다는 설명
ⓒ 지구와 달 사이의 물질이 지구를 누르기 때문에 조수가 생긴다는 설명
ⓒ 지구 전체의 흔들거림 때문에 조수가 생긴다는 설명
ⓒ보다 ⓒ의 설명이 더 낫다고 언급했고, 마지막 ⊙이 조수 현상의 원인이라는 결론이 나왔다. 따라서 빈칸에는 ⓒ보다 ⊙이 더 좋은 설명이라는 내용이 들어가야 ⊙, ⓒ, ⓒ 중 ⊙이 가장 좋은 설명이 된다.

STEP 3. 정답
✓ ⑤ 지구와 달 사이의 물질이 지구를 누르기 때문에 조수가 생긴다는 설명보다 지구의 물과 달 사이에 인력 때문에 조수가 생긴다는 설명이 더 낫다
ⓒ보다 ⊙이 더 좋은 설명이라는 ⑤이 정답으로 가장 알맞은 내용이다.

12 정답 ④

STEP 1. 유형파악 추론적 사고
STEP 2. 문제풀이 선택지를 확인하고 어떤 내용에 대한 문제인지 파악하고 지문을 읽자.

1) 선택지를 보자.
선택지를 보면 인간의 뉴런세포 또는 신경교세포를 쥐에게 주입했을 때 어떤 일이 일어나는지에 대한 내용
해당 지문에서 인간의 세포를 쥐에게 주입한다는 내용을 중점적으로 읽어야 한다.

2) 필요한 부분을 찾아 정답을 체크한다. (쥐에게 인간세포를 주입하는 내용)

> 노벨상을 받은 카얄은 뉴런이 '생각의 전화선'이라는 이론을 확립하여 사고와 기억 등 두뇌에서 일어나는 모든 현상을 뉴런의 연결망과 뉴런 간의 전기 신호로 설명했다. 그러나 두뇌에는 뉴런 외에도 신경교세포가 존재한다. 신경교세포는 뉴런처럼 그 수가 많지만 전기 신호를 전달하지 못한다. 이 때문에 과학자들은 신경교세포가 단지 두뇌 유지에 필요한 영양 공급과 두뇌 보호를 위한 전기 절연의 역할만을 가진다고 여겼다.
> 최근 과학자들은 신경교세포에서 그 이상의 기능을 발견했다. 신경교 세포 중에 '성상세포'라 불리는 별 모양의 세포는 자신만의 화학적 신호를 가진다는 것이 밝혀졌다. 성상세포는 뉴런처럼 전기를 이용하지는 않지만, '뉴런송신기'라고 불리는 화학물질을 방출하고 감지한다. 과학자들은 이러한 화학적 신호의 연쇄반응을 통해 신경교세포가 전체 뉴런을 조정한다고 추론했다.

A 연구팀은 신경교세포가 전체 뉴런을 조정하면서 기억력과 사고력을 향상시킨다고 예상하고서, 이를 확인하기 위해 인간의 신경교세포를 갓 태어난 생쥐의 두뇌에 주입했다. 쥐가 자라면서 주입된 인간의 신경교세포도 성장했다. 이 세포들은 쥐의 뉴런들과 완벽하게 결합되어 쥐의 두뇌 전체에 걸쳐 퍼지게 되었다. 심지어 어느 두뇌 영역에서는 쥐의 뉴런의 숫자를 능가하기도 했다. 뉴런과 달리 쥐와 인간의 신경교세포는 비교적 쉽게 구별된다. 인간의 신경교세포는 매우 길고 무성한 섬유질을 가지기 때문이다. 쥐에 주입된 인간의 신경교세포는 그 기능을 그대로 간직한다. 그렇게 성장한 쥐들은 다른 쥐들과 잘 어울렸고, 다른 쥐들의 관심을 끄는 것에 흥미를 보였다. 이 쥐들은 미로를 통해 치즈를 찾는 테스트에서 더 뛰어났다. 보통의 쥐들은 네다섯 번의 시도 끝에 올바른 길을 배웠지만, 인간의 신경교세포를 주입받은 쥐들은 두 번 만에 학습했다.

→ 인간의 신경교세포를 주입한 쥐에 대한 이야기가 마지막 문단에 있다. 인간의 신경교세포가 쥐의 뉴런과 결합하여 본래 기능을 그대로 간직한다고 언급되어 있다. 신경교세포는 화학적 신호의 연쇄반응을 통해 전체 뉴런을 조정하는데, 실험결과 인간의 신경교세포를 주입 받은 쥐들이 여러 인지능력에서 보다 나은 능력을 보였다는 내용이 포함되어 있다.

STEP 3. 정답
✓ ④ 인간의 신경교세포를 쥐에게 주입하면, 그 신경교세포는 쥐의 뉴런을 보다 효과적으로 조정할 것이다.

13 정답 ①

STEP 1. 유형파악 글의 논지 비판
STEP 2. 문제풀이 글에서 주장하는 바와 그 근거를 파악하여 이를 비판하는 진술을 찾자.

1) 글의 논지를 파악하자.

> 자신의 스마트폰 없이는 도무지 일과를 진행하지 못하는 K의 경우를 생각해 보자. 그의 일과표는 전부 그의 스마트폰에 저장되어 있어서 그의 스마트폰은 적절한 때가 되면 그가 해야 할 일을 알려줄 뿐만 아니라 약속 장소로 가기 위해 무엇을 타고 어떻게 움직여야 할지까지 알려준다. K는 어릴 때 보통 사람보다 기억력이 매우 나쁘다는 진단을 받았지만 스마트폰 덕분에 어느 동료에게도 뒤지지 않는 업무 능력을 발휘하고 있다. 이와 같은 경우, K는 스마트폰 덕분에 인지 능력이 보강된 것으로 볼 수 있는데, 그 보강된 인지 능력을 K 자신의 것으로 볼 수 있는가? 이 물음에 대한 답은 긍정이다. 즉 우리는 K의 스마트폰이 그 자체로 K의 인지 능력 일부를 실현하고 있다고 보아야 한다. 그런 판단의 기준은 명료하다. 스마트폰의 메커니즘이 K의 손바닥 위나 책상 위가 아니라 그의 두뇌 속에서 작동하고 있다고 가정해 보면 된다. 물론 사실과 다른 가정이지만 만일 그렇게 가정한다면 우리는 필경 K 자신이 모든 일과를 정확하게 기억하고 있고 또 약속 장소를 잘 찾아간다고 평가할 것이다. 이처럼 '만일 K의 두뇌 속에서 일어난다면'이라는 상황을 가정했을 때 그것을 K 자신의 기억이나 판단이라고 인정할 수 있다면, 그런 과정은 K 자신의 인지 능력이라고 평가해야 한다.

→ 스마트폰과 같은 도구 등을 이용하는 것을 사람의 인지 능력으로 볼 수 있다는 이야기이다.

2) 선택지를 차례로 보며 정답을 찾는다.
① K가 자신이 미리 적어 놓은 메모를 참조해서 기억력 시험 문제에
　답한다면 누구도 K가 그 문제의 답을 기억한다고 인정하지 않는다.
➡ K가 메모한 내용은 K의 인지 능력으로 볼 수 없다는 내용이다.
　따라서 글의 논지를 비판하는 진술로 적절하다.

STEP 3. 정답
✓① 　K가 자신이 미리 적어놓은 메모를 참조해서 기억력 시험 문
제에 답한다면 누구도 K가 그 문제의 답을 기억한다고 인정하지 않
는다.

14 정답 ⑤
STEP 1. 유형파악 글의 중심 내용 파악하기
STEP 2. 문제풀이 글을 읽고 글을 통해 글쓴이가 하고자 하는 말을
파악한다.

1) 글의 핵심내용을 파악하자.

> 　맹자는 다음과 같은 이야기를 전한다. 송나라의 한 농부가 밭
> 에 나갔다 돌아오면서 처자에게 말한다. "오늘 일을 너무 많이
> 했다. 밭의 싹들이 빨리 자라도록 하나하나 잡아당겨줬더니 피
> 곤하구나." 아내와 아이가 밭에 나가보았더니 싹들이 모두 말라
> 죽어 있었다. 이렇게 자라는 것을 억지로 돕는 일, 즉 조장(助長)
> 을 하지 말라고 맹자는 말한다. 싹이 빨리 자라기를 바란다고
> 싹을 억지로 잡아 올려서는 안 된다. 목적을 이루기 위해 가장
> 빠른 효과를 얻고 싶겠지만 이는 도리어 효과를 놓치는 길이다.
> 억지로 효과를 내려고 했기 때문이다. 싹이 자라기를 바라 싹을
> 잡아당기는 것은 이미 시작된 과정을 거스르는 일이다. 효과가
> 자연스럽게 나타날 가능성을 방해하고 막는 일이기 때문이다.
> 당연히 싹의 성장 가능성은 땅 속의 씨앗에 들어 있는 것이다.
> 개입하고 힘을 쏟고자 하는 대신에 이 잠재력을 발휘할 수 있도
> 록 하는 것이 중요하다.
> 　피해야 할 두 개의 암초가 있다. 첫째는 싹을 잡아당겨서 직
> 접적으로 성장을 이루려는 것이다. 이는 목적성이 있는 적극적
> 행동주의로서 성장의 자연스러운 과정을 존중하지 않는 것이다.
> 달리 말하면 효과가 숙성되도록 놔두지 않는 것이다. 둘째는 밭
> 의 가장자리에 서서 자라는 것을 지켜보는 것이다. 싹을 잡아당
> 겨서도 안 되고 그렇다고 단지 싹이 자라는 것을 지켜만 봐서
> 도 안 된다. 그렇다면 무엇을 해야 하는가? 싹 밑의 잡초를 뽑
> 고 김을 매주는 일을 해야 하는 것이다. 경작이 용이한 땅을 조
> 성하고 공기를 통하게 함으로써 성장을 보조해야 한다. 기다리
> 지 못함도 삼가고 아무것도 안함도 삼가야 한다. 작동 중에 있
> 는 자연스런 성향이 발휘되도록 기다리면서도 전력을 다할 수
> 있도록 돕는 노력도 멈추지 말아야 한다.

2) 선택지를 차례로 보며 정답을 찾는다.
⑤ 잠재력을 발휘하도록 하려면 의도적 개입과 방관적 태도 모두를
　경계해야 한다.
➡ 적당한 개입과 방관에 대해 모두 언급한 이 선택지가 정답으로
　가장 적절하다.

STEP 3. 정답
✓⑤ 　잠재력을 발휘하도록 하려면 의도적 개입과 방관적 태도 모
두를 경계해야 한다.

15 정답 ②
STEP 1. 유형파악 세부내용 일치불일치 문제
STEP 2. 문제풀이 선택지의 키워드를 체크하고 지문을 읽어 내려가
며 선택지의 정오를 체크

1) 선택지의 키워드를 체크한다.
① 환경세의 환경오염 억제 효과는 근로소득세 경감에 의해 상쇄된
　다.
➡ 환경오염 억제와 근로소득세 경감에 대한 내용
② 환경세를 부과하더라도 그만큼 근로소득세를 경감할 경우, 근로
　자의 실질소득은 늘어난다.
➡ 실질소득이 어떻게 되는지에 대한 내용
③ 환경세를 부과할 경우 근로소득세 경감이 기업의 고용 증대에 미
　치는 효과가 나타나지 않는다.
➡ 고용 증대에 대한 내용
④ 환경세를 부과하더라도 노동집약적 상품의 상대가격이 낮아진다
　면 기업의 고용은 늘어나지 않는다.
➡ 기업 고용과 관련된 내용
⑤ 환경세 부과로 인한 상품가격 상승효과는 근로소득세 경감으로
　인한 근로자의 실질소득 상승효과보다 크다.
➡ 상품가격 상승효과와 실지소득 상승효과의 비교

2) 지문을 읽어 내려가면서 키워드에 해당하는 부분이 나오면 선택
　지의 정오를 판단한다.

> 　경제학자들은 환경자원을 보존하고 환경오염을 억제하는 방
> 편으로 환경세 도입을 제안했다. 환경자원을 이용하거나 오염물
> 질을 배출하는 제품에 환경세를 부과하면 제품 가격 상승으로
> 인해 그 제품의 소비가 감소함에 따라 환경자원을 아낄 수 있고
> 환경오염을 줄일 수 있다.
> 　일부에서는 환경세가 소비자의 경제적 부담을 늘리고 소비와
> 생산의 위축을 가져올 수 있다고 우려한다. 그러나 ① 많은 경
> 제학자들은 환경세 세수만큼 근로소득세를 경감하는 경우 환경
> 보존과 경제성장이 조화를 이룰 수 있다고 본다.
> 　환경세는 환경오염을 유발하는 상품의 가격을 인상시킴으로
> 써 가계의 경제적 부담을 늘려 실질소득을 떨어뜨리는 측면이
> 있다. 하지만 ② 환경세 세수만큼 근로소득세를 경감하게 되면
> 근로자의 실질소득이 증대되고, ⑤ 그 증대효과는 환경세 부과
> 로 인한 상품가격 상승효과를 넘어설 정도로 크다. 왜냐하면 상
> 품가격 상승으로 인한 경제적 부담은 연금생활자나 실업자처럼
> 고용된 근로자가 아닌 사람들 사이에도 분산되는 반면, 근로소
> 득세 경감의 효과는 근로자에게 집중되기 때문이다. 근로자의
> 실질소득 증대는 사실상 근로자의 실질임금을 높이고, 이것은
> 대체로 노동공급을 증가시키는 경향이 있다.
> 　또한, 환경세가 부과되더라도 노동수요가 늘어날 수 있
> 다. 근로소득세 경감은 기업의 입장에서 노동이 그만큼 저렴
> 해지는 효과가 있다. ④ 더욱이 환경세는 노동자원보다는 환
> 경자원의 가격을 인상시켜 상대적으로 노동을 저렴하게 하
> 는 효과가 있다. 이렇게 되면 기업의 노동수요가 늘어난다.
> 　결국 ③ 환경세 세수를 근로소득세 경감으로 재순환시키는
> 조세구조 개편은 한편으로는 노동의 공급을 늘리고, 다른 한편
> 으로는 노동에 대한 수요를 늘린다. 이것은 고용의 증대를 낳고,
> 결국 경제 활성화를 가져온다.

STEP 3. 정답
✓② 　환경세를 부과하더라도 그만큼 근로소득세를 경감할 경우,
근로자의 실질소득은 늘어난다.

→ 해당 부분에 근로자의 실질소득이 늘어난다는 내용이 언급되었다.

[오답 체크]
① 상쇄되는 것이 아니라 조화를 이룬다.
③ 고용 증대를 낳는다는 언급이 있음.
④ 노동이 저렴해져 노동수요가 늘어난다.
⑤ 실질소득의 증대효과가 상품가격 상승효과보다 크다고 언급

16 정답 ②

STEP 1. 유형파악 빈칸 채우기
STEP 2. 문제풀이 선택지를 확인한 후 지문에서 필요한 내용을 확인한다.

1) 선택지를 훑어보고 대강 어떤 내용이 들어가는지를 파악한다.
→ 농부의 총이익과 사회의 전체 이윤이 어떻게 되느냐에 대한 내용
빈칸 앞뒤의 내용을 보면 ㉠ 다음에 '이와 같이'라는 표현을 보아 ㉠과 ㉡의 내용이 일맥상통해야 한다.
빈칸의 내용은 글의 말미에 나왔고, 해당 글의 논지를 마무리하는 내용이다. 따라서 글의 핵심 논지를 파악하는 것이 빈칸에 적절한 내용을 넣는 방법이다.

2) 빈칸을 포함하는 문단을 보고 핵심내용을 파악하자.

> 아담 스미스의 '보이지 않는 손'이라는 가정은 시장에서 개인의 이익추구 활동을 제한하지 않는 것이 전체 이윤을 극대화하는 최선의 방책임을 보여주는 것으로 간주되었다. 그렇다면 다음의 경우는 어떠한가?
> 공동 소유의 목초지에 양을 치기에 알맞은 풀이 자라고 있다고 생각해 보자. 일정 넓이의 목초지에 방목할 수 있는 가축 두수에는 일정한 한계가 있기 마련이다. 즉 '수용 한계'가 존재하는 것이다. 그 목초지에 한 마리를 더 방목시킨다고 해서 다른 가축들이 갑자기 죽거나 병에 걸리는 것은 아니다. 하지만 목초지의 수용 한계를 넘어 양을 키울 경우, 목초가 줄어들어 그 목초지에서 양을 키워 얻을 수 있는 전체 생산량이 줄어든다. 나아가 수용 한계를 과도하게 초과할 정도로 사육 두수가 늘어날 경우 목초지 자체가 거의 황폐화된다.
> 예를 들어 수용 한계가 양 20마리인 공동 목초지에 4명의 농부가 각각 5마리의 양을 키우고 있다고 해 보자. 그 목초지의 수용 한계에 이미 도달한 상태이지만, 그 중 한 농부가 자신의 이익을 늘리고자 방목하는 양의 두수를 늘리려 한다. 그러면 5마리를 키우고 있는 농부들은 목초지의 수용 한계로 인하여 기존보다 이익이 줄어들지만, 두수를 늘린 농부의 경우 그의 이익이 기존보다 조금 늘어난다. 손실을 만회하기 위해 다른 농부들도 사육 두수를 늘리고자 할 것이다. 이러한 상황이 장기화될 경우, ____㉠____ 이와 같이 아담 스미스의 '보이지 않는 손'에 시장을 맡겨 둘 경우 ____㉡____ 결과가 나타날 것이다.

→ 빈칸이 들어간 문단을 읽는 것이 기본적인 방법이다. 하지만 이 문제의 경우 마지막 문단의 시작이 위와 같이 '예를 들어'로 시작한다. 즉 글의 핵심 논지는 바로 위 문단에서 말하고 이를 부연하는 내용이 마지막 문단에 나오는 것을 예상할 수 있다. 따라서 두 번째 문단을 보고 글의 논지를 파악하자.
수용한계를 넘어서 양을 키우면 목초지 전체가 황폐화 된다는 내용이다. 마지막 문단의 내용을 볼 경우 농부들이 모두 수용 한계를 넘어서 양을 키운다는 내용이다. 따라서 ㉠은 목초지가 황폐화 되므로

농부들의 총이익은 결국 감소한다는 내용이 들어가야 한다. ㉡ 역시 같은 맥락에서 사회 전체의 이윤이 감소한다는 내용이 적절하다.

STEP 3. 정답
✓ ② ㉠: 농부들의 총이익은 기존보다 감소할 것이다.
㉡: 한 사회의 전체 이윤이 감소하는

17 정답 ③

STEP 1. 유형파악 세부내용 일치불일치 문제
STEP 2. 문제풀이 선택지의 키워드를 체크하고 지문을 읽어 내려가며 선택지의 정오를 체크

1) 선택지의 키워드를 체크한다.
① 전염병에 대한 유럽인의 면역력은 그들의 호전성을 높여주었다.
→ 면역력과 호전성의 관계에 대한 내용이 언급되는지 여부
② 스페인의 군사력이 아스텍 제국의 저항을 무력화하는 원동력이 되었다.
→ 아스텍 제국의 저항을 무력화한 원동력이 스페인의 군사력인지
③ 아메리카 원주민의 수가 급격히 감소한 주된 원인은 전염병 감염이다.
→ 원주민 수가 감소한 주된 원인
④ 유럽인과 아메리카 원주민의 면역력 차이가 스페인과 아스텍 제국의 1519년 전투 양상을 변화시켰다.
→ 1519년 전투에 대한 이야기
⑤ 코르테스가 다시 침입했을 때 아스텍인들이 격렬히 저항한 것은 아스텍 황제의 죽음에 분노했기 때문이다.
→ 코르테스의 재침입과 아스텍 황제의 죽음에 대한 내용

2) 지문을 읽어 내려오면서 키워드에 해당하는 부분이 나오면 선택지의 정오를 판단한다.

> 내가 어렸을 때만 하더라도 원래 북아메리카에는 100만 명 가량의 원주민밖에 없었다고 배웠다. 이렇게 적은 수라면 거의 빈 대륙이라고 할 수 있으므로 백인들의 아메리카 침략은 정당해 보였다. 그러나 고고학 발굴과 미국의 해안 지방을 처음 밟은 유럽 탐험가들의 기록을 자세히 검토한 결과 원주민들이 처음에는 수천 만 명에 달했다는 것을 알게 되었다. 아메리카 전체를 놓고 보았을 때 콜럼버스가 도착한 이후 한두 세기에 걸쳐 원주민 인구는 최대 95%가 감소한 것으로 추정된다.
> 그런데 ③ 유럽의 총칼에 의해 전쟁터에서 목숨을 잃은 아메리카 원주민보다 유럽에서 온 전염병에 의해 목숨을 잃은 원주민 수가 훨씬 많았다. 이 전염병은 ② 대부분의 원주민들과 그 지도자들을 죽이고 생존자들의 사기를 떨어뜨림으로써 그들의 저항을 약화시켰다. 예를 들자면 ④ 1519년에 코르테스는 인구 수천만의 아스텍 제국을 침탈하기 위해 멕시코 해안에 상륙했다. 코르테스는 단 600명의 스페인 병사를 이끌고 아스텍의 수도인 테노치티틀란을 무모하게 공격했지만 병력의 3분의 2만 잃고 무사히 퇴각할 수 있었다. 여기에는 스페인의 군사적 강점과 아스텍족의 어리숙함이 함께 작용했다. ⑤ 코르테스가 다시 쳐들어왔을 때 아스텍인들은 더 이상 그렇게 어리숙하지 않았고 몹시 격렬한 싸움을 벌였다. 그런데도 스페인이 우위를 점할 수 있었던 것은 바로 천연두 때문이었다. 이 병은 1520년에 스페인령 쿠바에서 감염된 한 노예와 더불어 멕시코에 도착했다. 그때부터 시작된 유행병은 거의 절반에 가까운 아스텍족을 몰살시켰으며 거기에는 쿠이틀라우악 아스텍 황제도 포함되어 있었다. 이 수수께끼의 질병은 마치 스페인인들이 무적임을 알리

려는 듯 스페인인은 내버려두고 원주민만 골라 죽였다. 그리하여 처음에는 약 2,000만에 달했던 멕시코 원주민 인구가 1618년에는 약 160만으로 곤두박질치고 말았다.

STEP 3. 정답
✓③ 아메리카 원주민의 수가 급격히 감소한 주된 원인은 전염병 감염이다.

[오답 체크]
① 호전성에 대한 언급이 전혀 없다.
② 전염병이 아스텍 제국의 저항을 무력화하는 원동력이었다.
④ 1519년 전투에서는 전염병과 면역력에 대한 언급이 없다.
⑤ 아스텍 황제의 죽음과 격렬한 저항과의 인과관계는 언급이 없다.

18 정답 ⑤

STEP 1. 유형파악 글의 중심 내용 파악하기
STEP 2. 문제풀이 글을 읽고 글을 통해 글쓴이가 하고자 하는 말을 파악한다.

1) 글의 핵심내용을 파악하자.

> 2015년 한국직업능력개발원 보고서에 따르면 전체 대졸 취업자의 전공 불일치 비율이 6년 간 3.6%p 상승했다. 이는 우리 대학교육이 취업 환경의 급속한 변화를 따라가지 못하고 있음을 보여준다. 기존의 교육 패러다임으로는 오늘 같은 직업생태계의 빠른 변화에 대응하기 어려워 보인다. 중고등학교 때부터 직업을 염두에 둔 맞춤 교육을 하는 것이 어떨까? 그것은 두 가지 점에서 어리석은 방안이다. 한 사람의 타고난 재능과 역량이 가시화되는 데 훨씬 더 오랜 시간과 경험이 필요하다는 것이 첫 번째 이유이고, 사회가 필요로 하는 직업 자체가 빠르게 변하고 있다는 것이 두 번째 이유이다.
> 그렇다면 학교는 우리 아이들에게 무엇을 가르쳐야 할까? 교육이 아이들의 삶뿐만 아니라 한 나라의 미래를 결정한다는 사실을 고려하면 이것은 우리 모두의 운명을 좌우할 물음이다. 문제는 세계의 환경이 급속히 변하고 있다는 것이다. 2030년이면 현존하는 직종 가운데 80%가 사라질 것이고, 2011년에 초등학교에 입학한 어린이 중 65%는 아직 존재하지도 않는 직업에 종사하게 되리라는 예측이 있다. 이런 상황에서 교육이 가장 먼저 고려해야 할 것은 <u>변화하는 직업 환경에 성공적으로 대응하는 능력에 초점을 맞추는 일이다.</u>
> <u>이미 세계 여러 나라가 이런 관점에서 교육을 개혁하고 있다.</u> 핀란드는 2020년까지 학교 수업을 소통, 창의성, 비판적사고, 협동을 강조하는 내용으로 개편한다는 계획을 발표했다. 이와 같은 능력들은 빠르게 현실화되고 있는 '초연결 사회'에서의 삶에 필수적이기 때문이다. 말레이시아의 학교들은 문제해결 능력, 네트워크형 팀워크 등을 교과과정에 포함시키고 있고, 아르헨티나는 초등학교와 중학교에서 코딩을 가르치고 있다. 우리 교육도 개혁을 생각하지 않으면 안 된다.

→ 글의 중심내용은 글의 마지막 부분을 보고 파악하는 것이 좋다. 마지막 문단이 위와 같이 시작되고 있다. '어떤 관점'에서 여러 나라가 교육을 개혁한다고 말하고 있으며, 바로 핀란드 등 여러 나라의 예를 들고 있다. 즉 마지막 문단 앞에 나오는 내용 역시 마지막 문단에 언급한 예시와 같은 관점에서 교육을 개혁한다는 내용이다. 그리고 앞에 말한 '이런 관점'에 대해 찾아보면 바로 앞

문장에 교육은 변화하는 직업 환경에 대응하도록 해야 한다는 내용이다.

2) 선택지를 차례로 보며 정답을 찾는다.
⑤ 교육은 다음 세대가 사회 환경의 변화에 대응하는 데 필요한 역량을 함양하는 방향으로 변해야 한다.
→ 따라서 중심 내용은 선택지 ⑤과 같이 교육이 변화하는 시대에 맞게, 이에 대응하는 방향으로 개혁, 변화해야 한다는 내용으로 추론할 수 있다.

STEP 3. 정답
✓⑤ 교육은 다음 세대가 사회 환경의 변화에 대응하는 데 필요한 역량을 함양하는 방향으로 변해야 한다.

19 정답 ④

STEP 1. 유형파악 세부내용 일치불일치 문제
STEP 2. 문제풀이 선택지의 키워드를 체크하고 지문을 읽어 내려가며 선택지의 정오를 체크

1) 선택지의 키워드를 체크한다.
① 쥐에게 시클로포스파미드를 투여하면 T세포 수가 감소한다.
→ T세포의 감소에 대한 내용이 언급되었는지 여부로 확인
② 애더의 실험에서 사카린 용액은 새로운 조건자극의 역할을 한다.
→ 사카린 용액과 조건자극에 대한 내용
③ 애더의 실험은 면역계가 중추신경계와 상호작용할 수 있음을 보여준다.
→ 면역계와 중추신경계의 상호작용
④ 애더의 실험 이전에는 중추신경계에서 학습이 가능하다는 것이 알려지지 않았다.
→ 중추신경계의 학습에 대한 내용
⑤ 애더의 실험에서 사카린 용액을 먹은 쥐의 T세포 수가 감소하는 것은 면역계의 반응이다.
→ 쥐의 T세포 감소에 대한 내용

2) 지문을 읽어 내려오면서 키워드에 해당하는 부분이 나오면 선택지의 정오를 판단한다.

> 현대 심신의학의 기초를 수립한 연구는 1974년 심리학자 애더에 의해 이루어졌다. ④ 애더는 쥐의 면역계에서 학습이 가능하다는 주장을 발표하였는데, 그것은 면역계에서는 학습이 이루어지지 않는다고 믿었던 당시의 과학적 견해를 뒤엎는 발표였다. 당시까지는 학습이란 뇌와 같은 중추신경계에서만 일어날 수 있을 뿐 면역계에서는 일어날 수 없다고 생각했다.
> 애더는 ① 시클로포스파미드가 면역세포인 T세포의 수를 감소시켜 쥐의 면역계 기능을 억제한다는 사실을 알고 있었다. 어느 날 그는 구토를 야기하는 시클로포스파미드를 투여하기 전 사카린 용액을 먼저 쥐에게 투여했다. 그러자 그 쥐는 이후 사카린 용액을 회피하는 반응을 일으켰다. 그 원인을 찾던 애더는 쥐에게 시클로포스파미드는 투여하지 않고 단지 사카린 용액만 먹어도 쥐의 혈류 속에서 T세포의 수가 감소된다는 것을 알아내었다. ② 이것은 사카린 용액이라는 조건자극이 T세포 수의 감소라는 반응을 일으킨 것을 의미한다.
> 심리학자들은 자극-반응 관계 중 우리가 태어날 때부터 가지고 있는 것을 '무조건자극-반응'이라고 부른다. '음식물-침 분비'를 예로 들 수 있고, 애더의 실험에서는 '시클로포스파미드-T세포 수의 감소'가 그 예이다. 반면에 무조건자극이 새로운

조건자극과 연결되어 반응이 일어나는 과정을 '파블로프의 조건 형성'이라고 부른다. 애더의 실험에서 쥐는 조건형성 때문에 사카린 용액만 먹여도 시클로포스파미드를 투여 받았을 때처럼 T세포 수의 감소 반응을 일으킨 것이다. 이런 조건형성 과정은 경험을 통한 행동의 변화라는 의미에서 학습과정이라 할 수 있다.

이 연구 결과는 몇 가지 점에서 중요하다고 할 수 있다. 심리적 학습은 중추신경계의 작용으로 이루어진다. 그런데 면역계에서도 학습이 이루어진다는 것은 ③ <u>중추신경계와 면역계가 독립적이지 않으며 어떤 방식으로든 상호작용한다는 것을 말해준다.</u> 이 발견으로 연구자들은 마음의 작용이나 정서 상태에 의해 중추신경계의 뇌세포에서 분비된 신경전달물질이나 호르몬이 우리의 신체 상태에 어떠한 영향을 끼치게 되는지를 더 면밀히 탐구하게 되었다.

STEP 3. 정답
✓ ④ 애더의 실험 이전에는 중추신경계에서 학습이 가능하다는 것이 알려지지 않았다.

[오답 체크]
⑤ T세포가 감소한다는 내용은 전반에 걸쳐 언급되는데, 이는 면역계의 반응이라는 것을 쉽게 확인할 수 있다. 중추신경계의 반응은 학습을 통해 행동의 변화를 갖는 다는 내용이고, T세포가 감소한다는 내용은 면역계가 사카린, 시클로포스파마드 등에 반응하는 것이다.

※ 장문독해는 실제 문제를 풀 때 지문을 한번 읽고 2~3문제를 한 번에 풀어야 하므로 해설 역시 엮인 문제를 한 번에 정리하겠다. 문제 하나하나의 기본적인 풀이 방법은 1~19의 단문과 같이 생각하자.

[20~22]
독해 방법
장문독해를 할 때는 항상 엮인 문제를 먼저 살펴본 후, 특정 문제에 집중하여 독해를 한다. 이 지문에서는 22번의 일치불일치 문제를 푼다고 생각하고 독해를 하되 읽어 내려오면서 ⊙에 해당하는 부분을 읽고 21번의 답을 고르고, 독해를 마친 후에는 20번의 정답을 고르면 된다. 이렇게 장문독해는 어떻게 읽고 풀 것인가에 대해 생각해 두고 독해를 시작하는 것이 좋다.(물론 특별한 방법 없이 한번 정독한 후 세 문제를 모두 풀 수 있는 독해력이라면, 그렇게 하는 것이 가장 좋다.)

지문 분석
분야 및 소재 : 과학, '진화에 따른 인간 호흡기의 불리한 구조'
주제 : 불합리한 인간 호흡기의 진화론적 규명
지문해설 : 이 글은 인간의 호흡 기관이 질식사의 위험이 있는 불합리한 구조를 갖게 된 원인을 진화 과정에서 찾아 해명하고 있다. 즉, 처음에는 호흡기가 필요하지 않았는데 몸집이 커지면서 호흡기가 생기게 되고 다시 허파가 생기는 식으로 진화가 이루어지다 보니 이상적이고 완벽한 구조와는 거리가 멀다는 것이다. 독자들의 이해를 돕기 위해 진화의 과정을 시간 순에 의한 서술과 인과 관계에 따른 서술을 하고 있다.

20 정답 ⑤

STEP 1. 유형파악 글의 중심내용 파악
STEP 2. 문제풀이 장문에서는 특정부분을 읽고 정답을 찾는 것이 아니라 모두 독해한 후에 중심내용을 고른다.
STEP 3. 정답
✓ ⑤
→ 이 글의 핵심은 인간의 호흡기가 왜 질식사의 위험이 있는 불합리한 구조를 띠고 있는 것일까에 대한 해명이다. 글쓴이는 이러한 구조의 원인을 진화의 과정을 통해 설명하고 있다.

[오답 체크]
③ 글의 시작은 이러한 내용을 토대로 접근하고 있지만, 글 전체의 핵심 내용을 포괄하지는 못한다.
④ 인간의 호흡기는 진화의 결과 질식사의 위험이 있는 구조를 띠고 있지만 그것을 해결하는 방안에 대한 내용이 아니다.

21 정답 ①

STEP 1. 유형파악 세부 내용 추론
STEP 2. 문제풀이 독해를 하면서 ⊙에 대한 부분을 읽고, 21번 문제를 풀이한다.
STEP 3. 정답
✓ ①
→ ⊙은 최선의 선택이 이루어지는 것이 아니라, 그때그때의 필요에 의해 타협적으로 진화가 이루어지는 과정을 보여 준다. ①의 내용은 법률이 처음에 완벽하게 만들어지는 것이 아니라 상충하는 이익을 고려하여 그때그때 개정한다는 것이므로 마찬가지로 타협적인 구조에 의한 선택의 결과라고 할 수 있다.

[오답 체크]
② 체계적인 훈련을 통해 숙련된 선수로 되는 것
③ 의도하지 않았던 결과가 나오는 과정
④, ⑤ 단계를 밟아서 차츰차츰 좋은 결과를 얻어가는 과정

22 정답 ②

STEP 1. 유형파악 세부 내용 일치불일치
STEP 2. 문제풀이 키워드 중심으로 푼다.
STEP 3. 정답
✓ ②
→ 인간의 호흡계가 질식사의 위험이 있는 불합리한 구조를 띠고 있다는 점이다. 그러므로 인간의 호흡계 구조가 이상적이라고 판단하는 것은 글의 핵심을 잘못 이해한 것이다.

[오답 체크]
① 1문단에서 인간과 달리 곤충이나 연체동물 같은 무척추동물은 음식물로 인한 질식의 위험이 없다고 했다.
③ 4문단의 첫 문장에서 확인 가능하다.
④ 2문단에서 몸집이 커지면서 호흡계가 생겨났다고 언급되어 있다.
⑤ 4문단에서 설명했듯이 바로 인간의 호흡계가 이러한 경우에 해당하는 것이다.

[23~25]
독해 방법
23번의 일치불일치 문제를 푸는 데에 초점을 맞추자. 글을 읽어 내

려가면서 24번의 특정 서술 방식에 대해 생각해본다. 그리고 독해 중간 [A]를 읽고 25번의 답을 고를 수 있으면 가장 좋다.

지문 분석
분야 : 사회, '선거에서 신문의 태도'
주제 : 선거 과정에서의 신문의 역할에 대한 고찰
지문해설 : 이 글은 선거 과정에서 신문이 특정 후보를 지지하는 선언이 과연 바람직한가에 대해 해명하고 있다. 글쓴이는 신문이 비록 특정 후보를 지지한다고 해도 이것이 선거 결과에 미치는 영향은 크지 않으나, 언론의 공정성이라는 원론적인 차원과 이에 따르는 부정적인 영향을 지적하면서 신중해야 한다고 결론을 내리고 있다. 개념에 대한 정의와 예시, 화제에 대한 객관적인 분석을 통해 논리적으로 자신의 주장을 이끌어내고 있다.

---

23 정답 ⑤

STEP 1. 유형파악 세부 내용 일치불일치
STEP 2. 문제풀이 키워드 중심으로 푼다.
STEP 3. 정답
✓ ⑤
→ '유권자의 표심'에 대한 분석을 한다는 언급은 어디에도 나와 있지 않다.

[오답 체크]
① 3문단에서 보강 효과 이론은 미디어 메시지가 개인의 태도나 의견의 변화로 이어지지 못하고, 기존의 태도나 의견을 보강한다고 언급하였으므로 개인의 태도와 관련된 내용이 맞다.
② 3문단에서 선별 효과 이론은 개인이 미디어 메시지에 선택적으로 노출되고, 선택적으로 인지하며, 선택적으로 기억한다고 했다. 따라서 개인의 인지 작용과 관련이 있다.
③ 5문단에서 신문의 특정 후보를 공개적으로 지지하는 것은 보도의 공정성을 담보하는 데 어려움이 있다고 언급한다.
④ 1958년 뉴욕 주지사 선거에서는 신문이 후보 당선에 결정적인 기여를 했다는 예시가 나왔다.

24 정답 ①

STEP 1. 유형파악 논지 전개 방식
STEP 2. 문제풀이 독해를 마친 후에 보기의 내용과 글의 논지 전개 방식을 비교한다.
STEP 3. 정답
✓ ①
→ 이 글은 미국의 유명한 신문들이 선거 과정에서 특정 후보를 지지한다는 사례에서 출발하고 있으며 이런 행위가 과연 바람직한가에 대한 문제를 제기하고 있다. 3문단에서는 신문이 선거에 미치는 영향력이 적다는 것을 '선별 효과 이론'과 '보강 효과 이론'을 통해 설명하고 있다.

25 정답 ②

STEP 1. 유형파악 [A]의 이론 적용
STEP 2. 문제풀이 적용할 수 있는 예를 찾자. 선택지의 내용이 어느 이론으로 설명 가능한지 확인하자.
STEP 3. 정답
✓ ②

→ 두 이론의 핵심은 언론이 어떤 보도를 하든지, 이것이 개인에게 특별한 영향력을 주지 않는다는 것이다. 그런데 ②에서는 언론의 보도가 개인의 행동에 그대로 영향력을 주고 있기 때문에 옳지 않은 내용이다.

[오답 체크]
①, ③, ④ 보강 효과 이론으로 설명할 수 있다. 즉 미디어가 개인의 기존 태도나 의견에 영향을 주지 못하고 오히려 기존의 입장을 강화하고 있다.
⑤는 선별 효과 이론으로 설명할 수 있다. 미디어에 상관없이 개인에게 유리한 내용만을 내세워 자신의 주장을 펼치고 있기 때문이다.

[26~27]

독해 방법
26번 일치불일치 문제에 초점을 맞춰 독해를 하면서, 27번에 나오는 '한자'와 '한글'의 특징에 대해서는 정리하거나 보다 정확하게 읽는다.

지문 분석
분야 및 소재 : 언어, '문자 발달사에 따른 문자의 장단점과 한글의 특징'
주제 : (저자 ASK)
지문해설 : 이 글은 문자 발달사에 따른 각 문자의 특징을 설명하고 이러한 문자들이 지닌 장단점을 설명하고 있다. 특히 한글을 중심으로 하여 다른 문자와의 비교 · 대조 · 를 통해 한글의 문자적 특징을 자연스럽게 부각시키고 있다. 글쓴이는 한글이 다른 문자보다 더 많은 장점을 지니고 있다고 했다. 이러한 내용을 시간 순서에 따른 서술과 구체적 예시, 비교 · 대조를 통해 서술하고 있다.

---

26 정답 ②

STEP 1. 유형파악 세부 내용 일치불일치
STEP 2. 문제풀이 키워드 중심으로 푼다.
STEP 3. 정답
✓ ②
→ 세 번째 문단을 보면, 음절 문자의 가장 큰 장점은 말소리의 단위인 음절을 반영하고 있다는 것이며, 음운 문자는 적은 수의 글자로 문자 생활을 한다고 했다. 그러므로 음절 문자보다 음운 문자의 글자 수가 적다고 할 수 있다.

[오답 체크]
① 문자의 발달과정에 대해서 첫 문단에 간략하게 정리되어 있다. 그림 문자는 대상을 직접 그림으로 나타내는 것이며, 표음 문자는 추상화된 기호에 의미를 결합시킨 사회적인 약속의 체계이다. 그러므로 표음 문자가 그림 문자보다 더 발달된 문자라 할 수 있다.
③ 4문단 마지막 문장에서 한글은 음운 문자, 자질 문자의 특성, 음절 문자의 장점을 모두 취하고 있다고 언급.
④ 4문단 전반부에서 한자는 외국어 고유 명사를 표기할 때는 글자의 음을 주로 이용한다고 언급했다.
⑤ 3문단 첫 문장을 통해 선택지의 내용을 확인할 수 있다.

27 정답 ③

STEP 1. 유형파악 세부 내용 파악

STEP 2. 문제풀이 한자와 한글을 세 항목에 따라 비교
STEP 3. 정답
✓ ③
(ㄱ) : 2문단에서 한글은 자형이 음운 자질을 반영하고 있기에 '자질 문자'적 특징을 가진다고 언급.
(ㄴ) : 4문단에서 한자는 문자 운용의 관점에서 보면 음절 문자의 특성을 가지고 있다고 했다.
(ㄷ) : 한글이 문자 운용에 있어서는 모아쓰기를 함으로써 음절 문자의 정점을 가진다(ㄷ).

[28~30]

독해 방법

28번을 풀기위해서 독해를 해나가면서, ㉠, ㉡에 해당하는 부분을 읽고 29, 30번을 풀이한다.

지문 분석

분야 및 소재 : 인문, '느낌에 대한 철학적인 고찰'
주제 : (저자 ASK)
지문해설 : 이 글은 개인이 느끼는 아픔과 같은 '느낌'이 과연 정확하게 관찰될 수 있고, 개인이 느끼는 이러한 감정이 다른 사람이 느끼는 감정과 동일한 것인가에 대해 근본적인 의문을 제기하고 이를 설명하기 위한 다양한 관점을 소개하고 있다. 하지만 글쓴이는 어떤 방법이든지 이에 대한 명확한 해결책은 제시해주지 않기에, 다양한 가설과 합리적인 해결책을 찾을 필요가 있다고 강조한다.

28 정답 ④

STEP 1. 유형파악 문단 중심 내용 파악
STEP 2. 문제풀이 문단별 핵심 문장(내용)을 체크하면서 독해한다.
STEP 3. 정답
✓ ④
→ (라)에서는 (다)에서 말한 고전적인 해결책의 한계를 해결하기 위해 사람의 느낌 자체를 관찰하는 방법으로 설명하고 있다. 하지만 결국 이 방법도 한계를 지니고 있음을 알 수 있다. 그러므로 ④에서 '해결될 수 있음'이라고 진술한 것은 잘못된 것이다.

[오답 체크]
① 내가 손가락을 베인 경험을 토대로 화제에 접근하고 있다.
② 상대방이 고통을 느끼느냐 못 느끼느냐가 아니라 고통을 느낀다는 전제 하에서, 내가 느낀 아픔이 상대방이 느낀 아픔과 동일한 것인지에 대한 근본적인 의문 제기를 하고 있다.
③ 말이나 행동의 동일성이 느낌의 동일성을 보장한다는 고전적인 해결책을 제시했으나, 이는 하나의 사례로 판단한다는 결정적인 단점을 지니고 있다고 했다.
⑤ 일부 철학자와 심리학자의 해결책을 소개했으나 이 역시 한계를 지니고 있음을 제시하고, 마지막 문장에서 글쓴이는 새로운 접근 방법의 필요성을 주장하고 있다.

29 정답 ①

STEP 1. 유형파악 논증의 전개 방식 이해
STEP 2. 문제풀이 해당 부분을 읽고 ㉠과 유사한 사례를 찾는다.
STEP 3. 정답
✓ ①
→ ㉠은 하나의 사례인 개인의 경험으로 다른 사람도 그럴 것이라고 판단하는 것으로 일반화의 오류를 범하고 있다. ①에서 하나의 상자만 열어보고 다른 상자에도 똑같이 책이 있다고 추리하는 것 역시 일반화의 오류를 범하고 있는 것이다.

[오답 체크]
② 이번에 수소를 낳았다고 하지만, 다음번에는 암소나 수소를 낳을 확률이 반반씩인 것이다. 즉, 앞의 행동이 뒤의 행동에 영향을 주지 않는 것인데 마치 영향을 주는 것처럼 해석하는 원인 오판의 오류이다.
③ '훌륭한 인재'와 '화목한 가정 꾸리기'는 직접적인 연관이 없는 것인데, 마치 연관이 있는 것처럼 판단하고 있다. ④ 우리 편이면 무조건 맞는 것이고, 우리 편이 아니면 무조건 틀리다고 했으므로 흑백 논리의 오류이다.
⑤ 결론이 반증된 적이 없다는 이유로 받아들여져야 한다고 주장하거나, 결론이 증명된 적이 없다는 이유로 거절되어야 한다고 주장하는 무지에 호소하는 오류이다.

30 정답 ④

STEP 1. 유형파악 어휘, 어법
STEP 2. 문제풀이 문맥적 의미의 파악한다.
STEP 3. 정답
✓ ④
→ ㉡의 '치다'는 '인정하거나 가정하다'의 의미. 그러므로 이와 같은 의미로 사용된 것은 '내가 잘못했다고 가정하고 그만 화해하자.'는 ④번이다.

[오답 체크]
①, ② : 계산에 넣다.
③ : 값을 매기다.
⑤ : 따지다.

[31~33]

독해 방법

31번을 일치불일치 문제에 초점을 맞추고, [A], ㉠에 해당하는 부분을 독해한 후 32, 33번을 풀이한다.

지문 분석

분야 및 소재 : 기술, '디젤 엔진의 작동 원리와 특성'
주제 : 가솔린 엔진과의 대조를 통해 알아본 디젤 엔진의 작동 원리와 특성
지문해설 : 이 글은 여러 모로 장점이 많은 자동차 디젤 엔진의 작동 원리와 특성을 가솔린 엔진과 대조하면서 설명한 글이다. 작동 원리로 보면, 압축된 혼합 기체를 점화 플러그로 스파크를 일으켜 동력을 얻는 가솔린 엔진과 달리 디젤 엔진은 압축 공기에 연료를 분사하여 착화되도록 한다는 점이 다르다고 한다. 또 사용하는 연료도 디젤 연료가 점성이 강하고 에너지 밀도가 높아 좋은 연비를 내는 특성을 갖는다고 한다.

31 정답 ②

STEP 1. 유형파악 세부 내용 일치불일치
STEP 2. 문제풀이 선택지의 키워드를 체크하고 지문을 읽어 내려간다.

STEP 3. 정답

✓②

→ 마지막 단락에 디젤 엔진이 작동 원리상 가솔린 엔진보다 더 튼 튼하고 고장도 덜 난다는 설명이 나온다.

32 정답 ③

STEP 1. 유형파악 세부 내용 추론
STEP 2. 문제풀이 [A]에 해당하는 부분을 독해하면서 풀이
STEP 3. 정답

✓③

→ 넷째 단락의 '탄소가 많이 연결된 탄화수소물에 고온의 열을 가 하면 탄소 수가 적은 탄화수소물로 분해된다'는 내용을 통해 많 은 수의 탄소를 가진 경우에 고온의 열을 가하면 탄소 수가 적은 가솔린을 얻을 수 있을 것으로 추론할 수 있다.

[오답 체크]

① 경유가 휘발유보다 점성이 더 강하다고 했으므로, 글의 내용에 어긋나는 추론이다.
② 경유가 가솔린보다 훨씬 더 무겁다고 했으므로, 올바른 추론이 아니다.
④ 경유가 가솔린보다 증발하는 속도가 느리다고 했으므로, 적절한 추론이 아니다.
⑤ 경유가 가솔린보다 에너지 밀도가 높다고 했으므로, 옳지 않은 추론이다.

33 정답 ①

STEP 1. 유형파악 어휘
STEP 2. 문제풀이 ㉠에 해당하는 부분 독해하면서 풀이
STEP 3. 정답

✓①

→ 문맥상 디젤 엔진 제작 기술이 낮은 수준에서 높은 수준으로 나 아졌다는 내용이 되어야 하므로, 〈보기〉의 () 안에는 '개선', '진보', '향상', '발전' 등의 어휘들이 들어가야 적절하다. '개조(改造)'란 '고 치어 다시 만듦'이라는 뜻으로, 이 상황에는 어울리지 않는다.

[34~35] ─────────────

독해 방법

분야 및 소재 : 34번 일치불일치 문제에 초점을 맞추고 독해를 해나 가면서 서술 방식을 정리하면서 풀이한다.

지문 분석

과학, 이글루에 담긴 과학적 원리
주제 : 이글루의 건축과 이누이트의 생활에 담긴 과학적 원리
지문해설 : 이 글은 이누이트의 주거 시설인 이글루에 담긴 과학적 원리를 설명하고 있다. 어떻게 눈을 가지고 주거 형태인 집을 만들 었으며, 어떻게 난방을 하는지 등 일반인들이 궁금해 할 만한 화제 에 대해 하나하나 해명해가고 있다. 이글루의 온도가 왜 바깥보다 높은지, 안이 추울 때는 어떻게 온도를 높이는지 등이 해명되는 과 정에서 그들의 삶의 지혜가 자연스럽게 드러나고 있다.

34 정답 ③

STEP 1. 유형파악 세부 내용 일치불일치
STEP 2. 문제풀이 선택지의 키워드를 체크하고 지문을 읽어 내려 간다.
STEP 3. 정답

✓③

→ 이누이트들이 이글루가 추울 때 사용한 방법은 바닥에 물을 뿌리 는 것이다. 이때 찬물보다는 뜨거운 물이 효과가 있는데, 이는 물 의 물리적 변화 과정에서 열의 흡수와 방출이 일어나기 때문이라 했다. 그들은 복사, 기회의 의미는 몰랐을지라도 나름대로 그들 의 생활에는 경험을 통한 삶의 지혜가 담겨 있음을 확인할 수 있 는 좋은 사례라 했다.

[오답 체크]

①은 1문단에서 확인할 수 있다.
②, ④, ⑤는 3문단에서 온실 효과와의 비교를 통해 설명하고 있다.

35 정답 ⑤

STEP 1. 유형파악 서술상의 특징
STEP 2. 문제풀이 독해를 해가면서 서술 방식에 대해 정리
STEP 3. 정답

✓⑤

→ 이누이트들이 이글루가 추울 때 사용한 방법은 바닥에 물을 뿌리 는 것이다. 이때 찬물보다는 뜨거운 물이 효과가 있는데, 이는 물 의 물리적 변화 과정에서 열의 흡수와 방출이 일어나기 때문이라 했다. 그들은 복사, 기회의 의미는 몰랐을지라도 나름대로 그들 의 생활에는 경험을 통한 삶의 지혜가 담겨 있음을 확인할 수 있 는 좋은 사례라 했다.

[36~38] ─────────────

독해 방법

36번 일치불일치 문제에 초점, ㉠, ㉡에 해당하는 부분 독해 후 37~38번 풀이한다.

지문 분석

분야 및 소재 : 예술, '현대 공연 예술의 특징'
주제 : 장르 간의 경계를 뛰어넘는 현대 공연 예술의 특징
지문해설 : 이 글은 새로운 경향을 보여주는 현대 예술의 특징을 설 명하고 있다. 기존의 형식과, 공연 장소, 관습 등을 파괴하여 나타나 고 있는 현대 예술의 특징은 한 마디로 장르 간의 경계가 없어지는 것이라 할 수 있다. 이러한 내용을 예술의 다양한 장르에서의 구체 적인 사례를 통해 쉽게 설명하고 있다.

36 정답 ⑤

STEP 1. 유형파악 세부 내용 일치불일치
STEP 2. 문제풀이 선택지의 키워드를 체크하고 지문을 읽어 내려 간다.
STEP 3. 정답

✓⑤

→ 첫 문단의 마지막 부분에서 볼 수 있듯이 대본보다는 즉흥적인 연출을 시도하고 있고, 두 번째 문단의 마지막 부분에서 알 수 있 듯이 작품을 고정된 것이 아니라 새롭게 생성되는 것으로 파악하

고 있다고 했다. 그러므로 고정된 대본의 중요성이 커진다는 것은 현대 공연 예술의 특징으로 볼 수 없다.

37 정답 ③

STEP 1. 유형파악 어휘
STEP 2. 문제풀이 ㉠에 해당하는 부분 독해하면서 풀이
STEP 3. 정답

✓ ③

→ ㉠에서의 '뒤'는 접두사로 '몹시, 함부로'의 의미를 지니고 있다. ③에서의 '뒤섞어' 역시 이러한 의미로 쓰였다. 이러한 의미로 사용된 다른 사례로는 '뒤흔들다, 뒤틀다'가 있다. 접두사 '뒤'는 이 밖에도 '반대로, 뒤집어'의 의미(뒤엎다, 뒤바꾸다)와 '온통, 전부'의 의미(뒤덮다)를 지니기도 한다. 나머지의 '뒤'는 선후에서 '후'의 의미를 지니고 있는 명사이다.

38 정답 ①

STEP 1. 유형파악 어휘
STEP 2. 문제풀이 ㉡에 해당하는 부분 독해하면서 풀이
STEP 3. 정답

✓ ①

→ ㉡은 기존의 공연 예술에서 중시하는 내용이 아니라, 현대의 공연 예술에서 보여주고 있는 새로운 경향의 특징이다. 즉, 현대의 공연 예술에서는 정해진 구조를 통해 의미를 전달하는 공연이 아니라 이미지 그 자체가 하나의 이야기가 되기에 해석의 다양하게 된다는 것이다. 그러므로 이것은 바로 논리와 이성이 투영되지 않은 '신체의 언어'에 가장 가깝다 할 수 있다. 나머지는 이전의 공연 예술에서 중시하는 것들이다.

[39~41]
독해 방법
39번에 초점. ㉠, [A]에 대한 내용 독해 후 40~41번 풀이한다.

지문 분석
분야 및 소재 : 사회, '옵션'
주제 : 옵션의 개념 이해와 효과
지문해설 : 이 글은 '옵션'의 개념을 설명하기 위해 옵션의 정의와 역사적 흐름을 살펴보고 있다. 탈레스와 올리브유 압착기 사례를 이용하여 옵션의 개념에 대한 이해를 돕고 있고, 또 '유리하면 행사하고 불리하면 포기한다.'는 옵션의 개념이 가장 잘 반영되고 있는 현대의 주식 시장의 옵션 사례를 제시하면서 그 개념을 더욱 명확히 다지고 있다. 수익의 비대칭성으로 인해 옵션은 미래의 불확실성에 대처하게 해주는 위험 관리 수단이 되고 있는데, 이는 또 옵션 보유자인 경영자의 행동과 다양한 경제 현상을 이해하는 자료가 된다.

2) 문제풀이

39 정답 ②

STEP 1. 유형파악 세부 내용 일치불일치
STEP 2. 문제풀이 선택지의 키워드를 체크하고 지문을 읽어 내려간다.

STEP 3. 정답

✓ ②

→ 옵션은 반드시 행사하는 권리가 아니라 유리하면 행사하고 불리하면 포기할 수 있는 권리라는 특징이 있다.

[오답 체크]
① 주식 옵션은 일정한 시기가 되었을 때 살 수 있다.
③ 옵션의 행사 가격은 미래 정해지는 것이고, 그 뒤 일정 기간이 지난 후에 옵션을 행사할 수 있는 것이다.
④ 옵션이 금융 상품에만 해당하는 것이 아니라 주위에 그런 개념을 적용할 수 있는 일들이 많다고 언급
⑤ 옵션 프리미엄은 나중에 옵션을 행사할 수 있는 권리인 옵션을 처음 살 때 지불하는 돈이다.

40 정답 ⑤

STEP 1. 유형파악 세부 내용 추론
STEP 2. 문제풀이 ㉠에 해당하는 부분을 독해하면서 풀이
STEP 3. 정답

✓ ⑤

→ 흉작이 되면 압착기를 빌리려고 사둔 권리를 포기하게 되는데, 이는 자신이 압착기를 빌리기 위해 지불한 돈만 날리게 될 뿐 더 큰 손해는 없기 때문이다. 즉, 압착기를 빌려줌으로써 벌어들일 수 있는 임대료가 자신이 압착기를 계약한 수준보다 낮아지기 때문이다.

41 정답 ③

STEP 1. 유형파악 세부 내용 추론
STEP 2. 문제풀이 [A]에 해당하는 부분을 독해하면서 풀이
STEP 3. 정답

✓ ③

→ ⓐ와 ⓑ가 보여주는 상황을 통해 옵션을 행사할 시기를 가늠할 수 있는데, ⓐ는 주식 가격이 1만 원을 넘었을 때 옵션을 행사하는 것이 유리함을 보여주고 있다. 그러므로 1만 원 이전의 구간인 ⓑ에서 옵션을 행사했다는 ③의 진술은 적절하지 않다.

[오답 체크]
① ⓐ는 주식 가격이 1만 원을 넘겨야 이득이 발생할 수 있다는 것을 의미하는 기울기를 지니고 있다.
② 주식 가격이 아무리 낮게 정해진다고 하더라도 손실은 처음 투자한 금액인 1000원을 초과할 수 없다.
④ 옵션 프리미엄을 구입할 때의 가격이 일단 묶여 있는 것이므로 ⓑ는 0보다 아래에 위치하게 되는 것이다.
⑤ ⓐ는 소득이 무한정 증가할 수 있음을, ⓑ는 손해가 1000원 이상을 넘지 않을 것임을 보여주고 있는 것이다.

[42~43]
독해 방법
42번, 각 문단의 중심내용을 정리하는 데에 초점. ㉠은 해당 부분이 나오면 풀이한다.

지문 분석
분야 및 소재 : 사회, '제3자 효과 이론'
주제 : 제3자 효과 이론의 효과와 의의

지문해설 : 제3자 효과란 자신보다 다른 사람들이 대중 매체의 영향을 더 크게 받을 것이라고 여기는 것을 말한다. 이는 특히 전달 내용이 유해한 경우에 더 선명하게 나타나는 경향이 있다. 그러므로 이 이론은 사회적으로 유해한 내용의 영향력이 실제보다 과장되었다는 것을 보여줄 뿐만 아니라, 사람들이 다수의 의견처럼 보이는 것에 영향을 받을 수 있다는 이론과 연결되면서 여론의 형성 과정을 설명하는 데도 이용되곤 한다.

42 정답 ③

STEP 1. 유형파악 문단별 중심내용 정리
STEP 2. 문제풀이 문단별로 핵심문장을 체크하여도 좋다.
STEP 3. 정답
✓ ③
→ 이 글은 제3자 효과 이론이 어떻게 생겨났는지 그 등장 배경에서부터 시작하여 이론의 정확한 개념, 제3자 효과 이론이 갖는 의의, 그리고 제3자 효과 이론이 적용되는 다른 상황 등에 대해 설명하고 있다. (다) 단락은 제3자 효과가 유해한 내용을 전달할 때 더 선명하게 드러난다는 점을 말하고 있으므로 '제3자 효과 이론의 특징'을 드러낸다고 보는 것이 적절하다.

[오답 체크]
① 제2차 세계 대전 중의 일화를 소개하면서 제3자 효과 이론의 등장 배경을 설명하고 있다.
② 대중 매체의 영향력을 차별적으로 인식한다는 제3자 효과 이론의 개념을 밝히고 있다.
④ 제3자 효과 이론이 사회적으로 유해한 내용의 영향력에 대한 우려가 실제보다 과장되었음을 보여준다는 내용으로, 이는 이 이론의 의의에 해당한다.
⑤ 제3자 효과 이론을 여론이 여론의 형성 과정을 설명하는 데도 이용된다는 것을 밝히고 있다.

43 정답 ①

STEP 1. 유형파악 세부 내용 추론
STEP 2. 문제풀이 ㉠에 해당하는 부분을 독해하면서 풀이
STEP 3. 정답
✓ ①
→ 제3자 효과 이론은 곧 ㉠이 지니는 행동 성향을 말하는 것이다. 즉 ㉠은 자신들보다 다른 사람들이 대중 매체가 전달하는 내용에 대해 훨씬 많은 영향을 받을 것이라고 여기기 때문에 그런 우려가 대중 매체에 대한 검열과 규제 정책의 실시를 강화해야 한다는 방향으로 전개되는 것이다. 그러나 사회적으로 유해한 내용의 영향력이 실제보다 과장되어 있다고 생각하는 것은 ㉠의 행동 성향을 인지하고 제3자 효과 이론을 터득하게 된 독자들이 받아들이게 되는 사실이지 ㉠의 입장이라고는 할 수 없다.

[오답 체크]
② 대중 매체의 유해한 내용이 자신보다 다른 사람들에게 훨씬 큰 영향을 미칠 것이라고 생각하기 때문이다.
③ (다) 단락에 드러나 있듯이 유해한 내용일수록 사람들에게 더 큰 영향을 미친다고 생각하므로
④ 검열과 규제를 통한 보호가 가능하다고 본다.
⑤ 대중매체의 영향은 사람들 마다 다르게 나타나므로 쉽게 받는 사람이 있는가 하면 어지간해서는 받지 않는 사람도 있다.

[44~46]
독해 방법
44번에 초점, 나머지는 해당 부분을 독해한 후에 풀이한다.

지문 분석
분야 및 소재 : 기술, '산업 분류 체계의 종류와 의의'
주제 : 기술 발전에 따른 산업 분류 체계의 종류와 의의
지문해설 : 산업을 분류하는 다양한 기준들을 소개하고 앞으로 다양한 산업의 정의와 분류의 기준이 마련된 것임을 전망하는 설명문이다. 글쓴이는 1~5문단을 통해 경제학자 클라크의 1·2·3차 산업 분류와 국가가 제정하는 표준산업분류, 경제협력개발기구의 투자 기준 산업분류, 새로운 기술 영역의 출현에 따른 산업 분류, 시장 수요에 따른 산업 변화에 따른 분류 등을 각각 설명하고 있다. 그리고 6문단에서는 앞으로 산업에 대한 정의와 분류의 기준이 다양해질 것이라고 전망하고 있다.

44 정답 ①

STEP 1. 유형파악 세부 내용 일치불일치
STEP 2. 문제풀이 선택지의 키워드를 체크하고 지문을 읽어 내려간다.
STEP 3. 정답
✓ ①
→ 클라크의 산업 분류는 원료의 채취와 생산, 원료의 가공, 가공 원료의 유통이라는 특성을 반영하는가의 여부에 따라 이루어진 것이다. 그래서 이러한 특성을 반영하는 산업을 각각 1차, 2차, 3차 산업으로 분류했다. 따라서 클라크의 산업 분류가 기술 진보의 정도를 반영한다는 진술은 이 글의 내용과 일치하지 않는다.

45 정답 ①

STEP 1. 유형파악 세부 내용 추론
STEP 2. 문제풀이 ㉠에 해당하는 부분을 독해하면서 풀이
STEP 3. 정답
✓ ①
→ 글쓴이는 6문단에서 이미 산업을 분류하는 다양한 기준이 만들어지고 있으며 앞으로는 기술 혁신을 통해 산업의 생성과 소멸이 활발히 이루어질 것이므로 고정된 기준으로 산업을 정의하거나 분류하는 것이 앞으로 적절한 방식이 될 수 없다고 진술한다. 따라서 ㉠의 이유로 가장 적절한 것은 기존의 분류 기준으로는 산업의 실상을 반영하기 어렵다는 ①이라고 할 수 있다.

46 정답 ①

STEP 1. 유형파악 어휘
STEP 2. 문제풀이 ⓐ, ⓑ에 해당하는 부분 독해하면서 풀이
STEP 3. 정답
✓ ①
→ ⓐ와 ⓑ는 맥락상 반의관계에 있다. 그러나 '태어나다'와 '자라다'는 서로 의미 관계가 반의관계에 있지 않다.

[47~48]
독해 방법
48번에 초점, 모두 독해한 다음 47번 제목을 선택한다.

지문 분석
분야 및 소재 : 과학, '과학사의 그늘 – 화성의 운하'
주제 : 왜곡된 과학에서의 진실
지문해설 : 이 글은 화성의 '운하'를 사례로 들어 과학적 진실이란 무엇인지를 다루고 있다. 실재하지도 않는 화성의 '운하'에 근거하여 화성 지도가 만들어지고 그것이 오랫동안 진실로 받아들여지게 된 경위를 살펴봄으로 사회적 분위기가 진실의 규명에 미치는 영향을 드러내고 있는 것이다. 천문학자 스키아파렐리가 지닌 사회적 호감도와 그가 그린 지도가 지닌 외형적 호소력이 망원경과 같은 객관적인 기구보다 더 신뢰 받던 사회에서는 과학적 현상을 해석함에 있어 결국 과학적 오류를 낳을 수밖에 없었다. 그뿐 아니라, 새롭게 발견되는 현상에 대해서는 기존의 이론과의 관계를 따져보는 것이 아니라 기존의 오류에 새로운 현상을 맞추는 어리석음으로 일관하였다. 권위가 진실을 왜곡할 수 있음을 보여주는 사례인 셈이다.

47 정답 ④

STEP 1. 유형파악 글의 제목
STEP 2. 문제풀이 글의 중심내용을 파악한다.
STEP 3. 정답
✓④
→ 이 글에서는 과학적 진실은 객관적일 것이라고 생각하게 되는데, 권위나 기타 사회의 영향을 받아 과학적 오류를 진실로 착각하며 받아들이게 되는 경우가 있음을 소개하고 있다. 이는 과학에서 반드시 극복해야 할 부정적인 경향을 강조한 것으로, 과학적 진실 추구에 객관적 증거와 연구 태도가 필요함을 더욱 부각시키고 있는 것이다. 화성에는 존재하지도 않는 '운하'가 그렇게 오랜 세월 동안 천문학자들 사이에서 진실로 받아들여졌다는 것은 과학적 진실이 곡해된 경우를 의미하고 있으므로, 이 글의 제목은 '과학사의 그늘 – 화성의 운하'가 가장 적절하다고 할 수 있다.

48 정답 ④

STEP 1. 유형파악 세부 내용 일치불일치
STEP 2. 문제풀이 선택지의 키워드를 체크하고 지문을 읽어 내려간다.
STEP 3. 정답
✓④
→ 본문에 나타난 그린과 스키아파렐리의 연구와 그 결과가 받아들여지는 상황을 파악한 후, 거기에 담겨 있는 여러 현상들을 이해하고 있는지 평가하는 문제이다. 그러나 여기에 소개된 논쟁들이 과학자들과 일반 대중의 인식의 차이에 의해 생겨난 것은 아니므로 ④는 적절한 내용이라고 할 수 없다. 오히려 본문의 내용은 한 과학자가 제시한 연구 결과에 대해 다른 과학자들이 수용하지 못한 경우를 보여주는 것이라 할 수 있다.

[오답 체크]
① 관측에서 더 높은 배율의 망원경을 사용했다는 것이 반드시 논쟁에서 승리하는 것으로 이어지지는 않았다.
② 과학적으로 관찰되었다고 해서 그것이 이론의 진위를 판단하는 기준으로 받아들여지는 것은 아니었다.
③ 스키아파렐리가 그 관찰에 있어서는 덜 과학적이었음에도 불구하고 지리학의 방식대로 지도를 그린 이유로 더 큰 호소력을 얻은 것으로 볼 때, 표현 방식에 따라 과학적 주장이 설득력이 달라진다는 것을 알 수 있다.

⑤ 과학 이론이라는 것이 절대적인 것이 아니라, 과거에는 진리라고 믿었던 것이 현재에 와서는 오류임이 밝혀지듯이, 현재에는 진실이라고 받아들여지는 것이 미래에는 새로운 이론이나 근거에 의해 오류가 되는 경우도 있을 수 있다고 생각할 수 있다.

[49-50]
독해 방법
49번에 초점, 나머지는 해당 부분을 독해한 후에 풀이한다.

지문 분석
분야 및 소재 : 기술, '촉매 설계 방법'
주제 : 촉매 개발의 필요성과 촉매 설계 방법의 구체적 과정
지문해설 : 이 글은 마법의 돌이라 불리는 촉매 설계 방법에 대해 설명하고 있다. 에너지의 효율적 사용과 환경 보존을 위해 촉매 개발이 필요하며, 이를 위해 회귀 경로를 통하여 오류를 최소화하는 체계인 촉매 설계 방법이 제시되어 있다. 촉매의 개념을 설명하고 촉매 설계 방법을 구체화하기 위해 각 단계를 과정의 방법으로 설명하고 있다.

49 정답 ④

STEP 1. 유형파악 세부 내용 일치불일치
STEP 2. 문제풀이 선택지의 키워드를 체크하고 지문을 읽어 내려간다.
STEP 3. 정답
✓④
→ 문단의 첫 문장에서 에너지 자원의 효율적 사용과 환경 보존을 위해 촉매의 개발이 필요하다고 했다. 그리고 촉매를 효과적으로 개발하는 것이 바로 설계를 통한 촉매 개발이라 할 수 있기에 ④의 진술은 맞는 것이다.

[오답 체크]
① 2문단에서 촉매 설계 방법에서 목표치를 정하고 반응 경로 모델을 구상한 후 진행하다가 원하는 목표치에 도달하지 못하면 다시 촉매 조합을 선정하는 단계로 돌아간다고 했다. 즉, 촉매를 재사용하는 것이 아니라 새로운 조합을 시도하는 것이다.
② 1문단에서 알 수 있듯이 전통적인 촉매 개발 과정은 시행착오를 반복하다가 요행히 촉매를 발견하는 식이었기에 촉매의 개발 완료 시점은 전혀 예측할 수 없다.
③ 전통적인 촉매 개발 과정이 비효율적이었던 것은 시행착오의 반복을 통해 촉매를 발견했기 때문이다. 여기에서 '발견'이란 시각적 의미를 말하는 것이 아니다.
⑤ 촉매 설계 방법은 세 단계를 거치는데, 첫 번째 단계가 열역학적 검토와 경제성 평가를 통해 목표치를 설정하는 것이다. 이 두 가지는 각각 별도의 항목이지 하나가 해결된다고 다른 것이 저절로 보장되는 것은 아니다.

50 정답 ⑤

STEP 1. 유형파악 세부 내용 추론
STEP 2. 문제풀이 ㉠에 해당하는 부분을 독해하면서 풀이
STEP 3. 정답
✓⑤
→ ㉠은 회귀 경로를 통하여 오류를 최소 과정 내에서 통제하는 체

계라 했다. 여기에서는 회귀 경로의 개념을 정확히 이해해야 한다. 회귀 경로는 잘못이 발견되었을 경우, 원래의 위치로 돌아와서 다른 방법을 시도하여 새로운 길을 모색하는 것이다. ⑤에서 철수가 수영 실력이 늘지 않는 것은 무엇인가 방법이 잘못되었기 때문이다. 그렇기 때문에 기본자세로 회귀하여 코치의 조언에 따라 자세를 고쳐 기록을 향상시켰다. 또한 기록이 정체된 후 턴하는 방법으로 회귀하여 잘못된 방법을 고쳐 기록을 더욱 향상시켰다고 했으므로 ㉠의 방법에 가장 가깝다고 할 수 있다.

[오답 체크]
① 비록 세 번 만에 비밀 번호를 찾았지만, 이는 시행착오 끝에 촉매를 발견하는 전통적인 방법에 가까운 것이다.
② 같은 행동에서 다른 결과를 얻고 있다.
③ 우연이라는 것이 작용하고 있다.
④ 같은 행동과 결과가 반복되고 있다.

[51~53]
독해 방법
53번의 선택지를 훑어보면, 할인율에 대한 이야기가 나옴. '할인율'에 대해 정확하게 이해하면서 독해. 나머지는 ㉠에 해당하는 부분 독해한 후에 52번 풀이한다.

지문 분석
분야 및 소재 : 사회, '공공사업의 사회적 할인율'
주제 : 사회적 할인율을 결정할 때 고려해야 할 사항
지문해설 : 이 글은 공공사업의 타당성을 진단하기 위한 사회적 할인율을 결정할 때 고려해야 할 사항을 제시하고 있다. 글쓴이는 일반적 개념으로써 할인율과 사회적 공공부문에서의 사회적 할인율의 개념을 제시하고, 이와 관련해 시장 이자율이나 민간 자본의 수익률과 같은 민간 부문에서 사용되는 요소들을 사회적 할인율로 적용하자는 주장을 소개한다. 그리고 그 주장의 문제점으로 정부 투자와 민간 투자의 성격이 같을 수 있는가, 단기적이며 사적인 이익을 추구하는 자본 시장의 논리가 장기적 성격이 강한 공공사업에 적용될 수 있는가에 관한 점을 지적한다. 이를 바탕으로 마지막 문장에서 사회적 할인율은 공익적 차원에서 결정되는 것이 바람직하다는 주장을 제시한다.

51 정답 ④

STEP 1. 유형파악 글의 중심내용
STEP 2. 문제풀이 글에서 다루고 있는 핵심 소재가 무엇인지, 무엇에 대해 논하는지 확인한다.
STEP 3. 정답
✓④
→ 이 글의 키워드는 사회적 할인율로 볼 수 있다. 사회적 할인율이 공공사업의 타당성을 진단할 때 사용되는 개념이며 미래 세대까지 고려하는 공적 차원의 성격을 갖고 있음을 밝히고 있다. 이런 면에서 사회적 할인율을 결정할 때 시장 이자율이나 민간 자본의 수익률과 같은 사적 부문에 적용되는 요소를 고려하자는 주장에 대한 반대 의견과 그 근거가 제시되어 있으며 사회적 할인율은 공익적 차원에서 결정되어야 한다는 글쓴이의 주장이 제시되었다.

[오답 체크]
① 셋째 문단에 언급되고 있지만 보조적 정보에 지나지 않는다.

② 글쓴이는 미래 세대의 몫을 공적 성격과 관련짓고 있다.
③ 민간 자본의 수익률을 기준으로 사회적 할인율을 정하자는 내용만 언급될 뿐 영향 관계는 제시되지 않았다.
⑤ 글쓴이는 공공 부문과 민간 부문의 영역을 엄격히 나누어서 접근하고 있다.

52 정답 ⑤

STEP 1. 유형파악 세부 내용 추론
STEP 2. 문제풀이 ㉠에 해당하는 부분을 독해하면서 풀이
STEP 3. 정답
✓⑤
→ ㉠은 바로 앞에 제시된 문장을 뒷받침하는 논거로 작용하고 있으며, 이를 위해 발생하기 어려운 특정한 상황을 가정하는 방식으로 논리를 전개하고 있는 문장이나. 그러므로 표면적으로 드러나는 의미보다는 그 이면에 숨은 의미를 추론하여 문장을 이해해야 한다. 그렇게 볼 때 ㉠에는 '실제로 공공 부문의 수익률이 민간 부문보다 높지 않다'는 정보와 '정부는 공공 부문에 투자해야 한다.'는 정보가 포함되어 있다고 볼 수 있다. 두 정보를 연결하여 이해하면, 그 전제로 적절한 것은 '정부는 낮은 수익률이 발생하는 공공 부문에 투자해야 한다.'가 될 것이다.

[오답 체크]
① 이 글은 공공 부문의 수익률에만 초점을 맞추고 있다.
② 정부가 해야 할 역할에 대한 정보는 이 글의 내용에서 벗어난 것이다.
③ 공공 투자와 민간 투자의 관계에 대한 정보는 이 글로부터 추론할 수 없다.
④ 공공 부문에 민간 자본의 수익률을 적용하느냐의 문제이므로 구체적인 제한 조치의 필요성에까지 연결되기는 어렵다.

53 정답 ②

STEP 1. 유형파악 추론적 사고
STEP 2. 문제풀이 할인율에 대해 정확하게 이해하고 풀이
STEP 3. 정답
✓②
→ 첫째 문단의 마지막 문장에 제시된 내용을 고려할 때, 할인율은 그 수치가 높을수록 현재의 가치가 떨어지며 수치가 낮을수록 현재의 가치가 올라간다고 볼 수 있다. ②의 '후손을 위한 환경의 가치를 중시하는 주민들'은 개발에 대한 부정적 입장을 가질 것이다. 그러므로 자연 환경 개발에 대해서는 높은 할인율을 적용하는 것이 적절하다.

[오답 체크]
① 사업의 전망이 불확실하다고 판단하는 주민들은 자연 환경 개발에 반대하므로 높은 할인율을 적용할 것이다.
③ 개발 업체가 자연 환경 개발의 당위성을 확보하기 위해서는 낮은 할인율을 적용하여야 한다.
④ 놀이동산이 소득 증진의 기회라고 생각하는 주민들은 개발에 대해 긍정적이므로 낮은 할인율을 적용할 것이다.
⑤ 지역 경제 활성화의 효과가 나타나는 데 걸리는 시간이 길다고 판단하면 개발에 대해 반대할 것이고 그러므로 높은 할인율을 적용할 것이다.

독해 방법

54번에 초점, 55번을 보면 직렬, 병렬 구조에 대한 이야기이므로 해당 부분을 보다 정확하게 독해한다.

지문 분석

분야 및 소재 : 기술, '장비의 신뢰도 분석의 기본 개념과 원리'
주제 :장비의 신뢰도 분석의 개념과 원리
지문 해설 : 이 글은 복잡한 장비의 신뢰도를 분석할 때 자주 사용하는 직렬 구조와 병렬 구조의 원리를 설명하고 있다. 또한 신뢰도 구조와 물리적 구조를 구분하여 설명하고 있고, 직렬이나 병렬의 구조로 설명할 수 없는 'n 중 k' 구조 또한 설명하고 있다. 그렇기에 이 글은 장비의 신뢰도와 관련하여 여러 대상의 개념을 규정하고, 개념 간을 비교 · 대조하며 구체적 사례를 통해 설명함으로써 신뢰도 분석에 대한 독자의 이해를 돕고 있다.

54 정답 ③

STEP 1. 유형파악 세부 내용 일치불일치
STEP 2. 문제풀이 선택지의 키워드를 체크하고 지문을 읽어 내려간다.
STEP 3. 정답
✓③
→ 6문단에서 'n 중 k' 구조는 직렬이나 병렬의 구조로 분석할 수 없는 것이라 했다. 이 구조는 n개의 부품 중에서 k개만 작동하면 시스템이 정상 가동되는 것이다. 그런데 n=k일 때는 모든 부품이 정상 작동을 해야 시스템이 정상 가동되기에 이 구조의 신뢰도는 직렬 구조와 같아진다. 2문단의 3행에서 직렬 구조에서 시스템이 정상 가동되기 위해서는 모든 부품이 정상 작동해야 한다고 했다.

[오답 체크]

① 2문단에서 직렬 구조는 모든 부품이 정상 작동을 해야 시스템이 정상으로 가동되기에 부품 수가 많아질수록 신뢰도는 떨어질 수밖에 없다고 했다.
② 2문단에서 한 부품의 고장이 다른 부품의 수명에 영향을 주지 않는다는 조건 하에서 A의 신뢰도를 구했다. 이는 부품 간의 상호작용이 있다면 신뢰도가 달라진다는 것을 의미한다. 3문단에서도 역시 마지막 문장에서 한 부품의 고장이 다른 부품의 신뢰의 신뢰도에 영향을 준다면 B의 신뢰도의 값 역시 달라진다고 했다.
④ 부품이 동일할 때, 직렬 구조보다는 병렬 구조에서 경로의 수가 더 많다. 제시된 그림은 2개의 부품이 들어 있는 시스템의 경로를 보여 주고 있다. 이에 대한 2문단의 첫 문장 설명을 보면 A 구조는 경로가 하나인 가장 간단한 신뢰도 구조라 했다. 반면에 3문단의 첫 문장에서 B와 같은 병렬 구조는 여러 개의 경로가 있다고 했다. 왜냐하면 두 부품이 동시에 작동하는 경우도 있고, 부품 1이 고장 났을 때 작동하는 경우, 부품 2가 고장 났을 때 작동하는 경우도 있기 때문이다.
⑤ 2문단에서 0.72의 신뢰도란 100번 가운데 72번이 고장 없이 작동한다는 것이라 했으므로 적절하지 않다.

55 정답 ④

STEP 1. 유형파악 세부 내용 추론
STEP 2. 문제풀이 직렬과 병렬 구조에 대해 이해하고, 사례에 적용

STEP 3. 정답
✓④
→ 원인과 결과가 하나뿐인 구조라면 하나의 부품이 다른 부품에 영향을 주지 않는다는 것이다. 4개의 건전지가 필요한 탁상시계에 4개 모두를 넣어야 시계가 작동한다는 것은 이것이 직렬 구조를 취하고 있다는 것이다.

[오답 체크]

① 가로등 1개가 고장 났지만 나머지 가로등은 켜져 있다. 하나의 부품이 시스템에 영향을 주지 않는 것이므로 병렬 구조이다.
② 퓨즈 2개가 모두 끊어졌을 때 작동을 멈추었으며, 1개를 넣어도 작동한다고 했기에 병렬 구조이다.
③ 1개가 고장 났고, 이것을 제거해도 나머지가 그대로 작동하고 있으므로 병렬 구조이다.
⑤ 이중 제동 장치이며 하나가 고장 났지만 다른 제동 장치가 작동을 해서 차량이 정지했다. 병렬 장치이기 때문에 하나의 고장이 시스템에 영향을 주지 않는 것이다.

독해 방법

57번에 가격 인상과 판매량의 변화에 대한 언급이 나오는 부분을 보다 정확하게 독해한다.

지문 분석

분야 및 소재 : 사회, '기업 결합의 양상과 심사 과정'
주제 : 기업 결합의 역기능을 차단하기 위한 심사 과정
지문해설 : 이 글은 기업 결합의 양상과 그에 대한 정부의 심사 과정을 설명하고 있다. 먼저 기업 결합이란 무엇인지에 대한 개념을 설명하고, 기업 결합의 역기능을 제한하기 위해 정부에서는 기업 결합의 위법성에 대해 여러 단계의 심사를 거친다고 했다. 이러한 심사 단계를 예를 들어 설명하고, 기업 결합의 성격을 세 가지로 구분하고 이를 구체적 진술로 상세화하여 독자들의 이해를 돕고 있다.

56 정답 ⑤

STEP 1. 유형파악 글의 중심내용
STEP 2. 문제풀이 글에서 다루고 있는 핵심 소재가 무엇인지, 무엇에 대해 논하는지 확인한다.
STEP 3. 정답
✓⑤
→ 이 글의 중심 화제는 기업 결합이다. 기업이 결합하면 순기능도 있지만 그에 따른 역기능도 있기에 정부는 이를 가려내기 위해 여러 단계의 심사 과정을 거친다고 했다. 그러므로 이 글의 취지는 기업 결합의 순기능을 살리되 부정적 기능은 제한해야 한다는 것이다.

[오답 체크]

① 1문단에서 기업 결합에 따른 역기능을 차단하기 위해 법적 조치들을 강구하고 있다고 했다.
② 기업 결합에 따른 이익의 사회 환원 내용은 언급되지 않았다.
③ 기업 결합은 효율성 증대나 비용 절감, 국제 경쟁력 강화와 같은 긍정적 효과를 기대할 수 있다고 언급했다.
④ 기업은 소비자를 상대로 이익을 얻는 집단이기에, 이러한 기업이 소비자의 이익을 침해하는 행위를 했을 경우에는 정부의 법적 조치가 필요하다. 이 글에서 1문단의 마지막 문장에서 기업 결합의

위법성을 섣불리 판단해서는 안 되므로 여러 단계의 심사 과정을 거치도록 한다고 했다. 이로 보아 기업 활동의 위법성 여부는 신중을 기해야 하는 것이므로 소비자가 판단해서는 안 된다.

이 낮게 형성된다. 주식 투자를 통해 수익이 상승하면 채권 수요가 감소하기 때문에 주식 시장 등의 다른 시장 상황도 채권 가격에 영향을 미친다.

57 정답 ②

STEP 1. 유형파악 세부 내용 추론
STEP 2. 문제풀이 세 번째 문단의 내용을 바탕으로 사례에 적용
STEP 3. 정답
✓ ②

→ 3문단에 기업이 결합할 때 두 기업이 어떠한 관계인지에 대한 정보가 제시되어 있다. 동일 시장에서 경쟁자란 서로에 대해 대체재의 역할을 할 수 있느냐로 판단한다고 했다. 즉, A의 가격 인상이 있을 때 A의 판매량이 20% 떨어지고, B의 판매량 15% 증가함으로써 가장 큰 혜택을 받고 있다. 반대로 B의 가격 인상이 있을 때, A의 판매량 증가가 가장 크다. 결국 A와 B 두 상품은 경쟁 관계이며 동일 시장으로 획정될 가능성이 크다.

[오답 체크]
① 위에서 설명하였듯이 A의 소비자들은 B를 대체재로 인식하고 있다.
③ C의 가격 인상이 있을 때 가장 큰 혜택을 받는 상품은 D이므로 C와 D는 경쟁 관계일 가능성이 크다. 그렇기에 두 회사의 결합은 특별한 관련이 없는 혼합 결합이 아니라, 수평 결합으로 볼 수 있다.(⑤)
④ A의 가격 인상이 있을 때 D의 판매량에는 변화가 없다. 반대의 경우 즉 D의 가격 인상에 따른 정보는 제시되지 않았기에 A와 D는 경쟁 관계로 볼 수 없다. 따라서 두 회사가 결합한다면 혼합 결합으로 보는 것이 타당하다.

58 정답 ①

STEP 1. 유형파악 어휘
STEP 2. 문제풀이 독해를 하면서 ㉠~㉤에 해당하는 부분을 읽을 때 선택지를 바로 체크
STEP 3. 정답
✓ ①

→ '침해'는 '침범하여 해를 끼침'의 의미를 지니고 있다. '사라져 없어짐'은 '소멸(消滅)'의 의미이다.

[59~60]
독해 방법
60번에 초점. 글의 서술 방식을 생각하면서 독해한다.

지문 분석
분야 및 소재 : 사회, '채권 가격의 결정 요인'
주제 : 채권 가격을 결정하는 여러 요인
지문해설 : '현재 가치', '만기', '지급 불능 위험' 등 채권 가격을 결정하는 여러 요인에 대해 설명하고 있다. 채권 투자자는 순수익의 크기를 따져 채권을 매입하는데, 채권 보유로 미래에 받을 수 있는 금액을 현재 가치로 환산할 때는 금리를 반영한다. 금리가 오르면 채권의 현재 가치가 하락하기 때문에 채권 가격도 떨어지게 된다. 채권 가격은 만기와 지급 불능 위험에도 영향을 받는다. 만기가 길수록 채권가격의 변동 위험이 크다. 이렇듯 위험 요인이 크면 투자자들은 위험을 감수하는 것에 대한 보상을 요구하기 때문에 채권 가격

59 정답 ③

STEP 1. 유형파악 논지 전개 방식
STEP 2. 문제풀이 독해를 마친 후에 보기의 내용과 글의 논지 전개 방식을 비교한다.
STEP 3. 정답
✓ ③

→ 이 글에서는 채권의 가격을 결정하는 여러 요인을 병렬적으로 설명하고 있다. 이 과정에서 유사한 원리를 보이는 현상에 빗대어 채권의 특성을 설명하고 있지 않다.

[오답 체크]
① 채권 가격 결정에 영향을 미치는 '현재 가치', '만기', '지급 불능 위험' 등의 요인을 병렬적으로 설명
② 4문단에서 채권의 지급 불능 위험과 채권 가격 간의 관계를 설명하기 위해 예를 제시
④ 2문단에서 금리가 채권 가격 결정에 미치는 영향을 인과적으로 설명
⑤ 1문단에서 채권의 개념을 제시하고 '국채', '회사채' 등의 종류를 언급

60 정답 ④

STEP 1. 유형파악 세부 내용 일치불일치
STEP 2. 문제풀이 선택지의 키워드를 체크하고 지문을 읽어 내려간다.
STEP 3. 정답
✓ ④

→ 채권은 만기가 길수록 가격 변동의 위험이 크다. 따라서 투자자들은 만기가 긴 채권일수록 높은 순수익을 기대한다. 이는 지급 불능 위험의 경우에도 마찬가지이다. 투자자들은 지급 불능의 위험을 감수하는 대가를 바라기 때문에 지급 불능 위험이 커진 만큼 낮은 가격으로 채권을 구입해 많은 수익을 얻고자 한다.

[오답 체크]
① 채권의 현재 가치는 정기적으로 받게 될 이자액과 액면 금액을 현재 시점에서 평가한 값들의 합이기 때문에 현재 가치에서 이자액을 뺀 것은 채권의 액면 금액이 아니다.
② 채권의 순수익은 채권의 현재 가치에서 채권의 매입 가격을 뺀 것이다.
③ 다른 지급 조건이 같다면 채권의 액면 이자율이 높다고 채권 가격이 하락하지 않는다.
⑤ 일반적으로 지급 불능 위험이 높으면 투자자들이 더 많은 순수익을 기대하기 때문에 이자율이 높을 수 있다.

II. NCS 모듈

01	02	03	04	05
④	④	②	④	③
06	07	08	09	10
①	③	④	④	⑤
11	12	13	14	15
③	⑤	②	①	③
16	17	18	19	20
②	③	②	③	④

[01~05]

풀이방법 – 결재서류 문제
1) 주어진 상황이 표에서 어느 항목에 해당하는지 찾는다.
2) 서류에 따른 최고결재권자(전결권자)를 찾는다.
3) 전결권자 = 최종결재자이므로 선택지에서 오답을 빠르게 체크한다.

STEP 1. 유형파악 결재규정에 맞는 양식 찾기
STEP 2. 문제풀이 결재규정에 문제의 상황이 어떤 항목에 해당하는지 찾는다.

01 정답 ④

G가 작성해야 하는 결재서류를 찾는다.
→ 축의금은 경조사비에 해당한다. 따라서 접대비지출품의서 또는 지출결의서를 작성해야 하고, 30만 원 초과한 금액에 대해서는 대표이사가 최고결재권자이다. 최종결재자가 대표이사인 ④가 정답이다. ③은 전결권(최종결재권)이 팀장에게 있다고 하였으므로 오답이고, 팀장이 전결권이 있다면 최종결재자가 팀장이 되어야 한다.

02 정답 ④

I가 작성해야 하는 결재서류를 찾는다.
→ 거래처 식대에 해당하고, 30만 원 이하에 해당한다. 따라서 접대비지출품의서 또는 지출결의서이고, 본부장이 전결권이 있다. 본부장이 최종결재자인 ③, ④가 정답이 될 수 있고, 본부장에 해당하는 칸에 전결이 적혀 있는 ④가 정답이다.

03 정답 ②

A가 작성해야 하는 결재서류를 찾는다.
→ 교육훈련비에 해당한다. 이 경우 기안서는 팀장에게, 지출결의서는 대표이사에게 결재권이 있다. ②가 기안서에 팀장이 전결권이 있다 하여 정답이고, 지출결의서에 해당하는 ③, ④는 전결표시가 잘못되어 있다.

04 정답 ④

C가 작성해야 하는 결재서류를 찾는다.
→ 해외출장비에 해당한다. 이 경우 출장계획서는 팀장에게, 출장비신청서는 대표이사에게 결재권이 있다. 출장계획서에 팀장이 전결권이 있다 작성된 선택지가 없으므로 오답이고, 출장비신청서가 제대로 작성된 ④가 정답이다.

05 정답 ③

E가 작성해야 하는 결재서류를 찾는다.
→ 사무용품이지만 법인카드를 사용하므로 법인카드사용에 해당한다. 50만 원 이하이므로 법인카드신청서의 결재권은 팀장에게 있다. 따라서 ③이 정답이다.

STEP 3. 정답
01 정답 ④   02 정답 ④   03 정답 ②   04 정답 ④   05 정답 ③

[06~07]

풀이방법
1) 자료의 구성을 확인한다.
X5년도에 변경된 사내 복지 제도에 대한 자료
X5년도 1분기 사원별 지원 내역
2) 문제에서 묻는 내용을 찾는다.

STEP 1. 유형파악 경조사 지원 내역에 대한 자료
STEP 2. 문제풀이 자료 구성을 보고, 문제에서 묻는 내용을 찾는다.

06 정답 ①

→ X5년 1분기에 복지제도 지원을 받은 사원을 지원 내역별로 구분한다.
주택 지원 = 사택 제공 : 윤병국, 이민지 (○)
경조사 지원 = 본인/가족 결혼, 회갑 등 각종 경조사 : 박가현, 유현영, 김희훈, 김도윤, 하정열, 이동식, 최제민
7명이 해당하지만 표에는 6명만 쓰여 있으므로 여기에 정답이 있다. 찾아보면 김희훈 사원이 경조사 지원이 아니라 기타 항목에 포함되어 있음을 알 수 있다. 정답 : ①
※ 사원 이름을 일일이 대조하는 것이 아니라 사람 수만 체크한다. 수가 다르면 해당 항목에 잘못 기재된 사람이 있는 것이므로, 그 다음에 대조한다.

07 정답 ③

변경된 지원 내역을 확인하여 정답을 체크한다.
① 복지 제도 변경 전후 모두 생일에 현금을 지급하지 않습니다. (○)
→ 생일에는 변경 전 상품권을 주었다가 기프트 카드로 변경되었다. 따라서 현금을 지급하지 않는다.
② 복지 제도 변경 후 대학생 자녀에 대한 학자금을 지원해드립니다. (○)
→ 김재식 사원을 보면, 자녀 대학진학에 대해 변경 후 일정 금액을 지원하는 것을 알 수 있다.
③ 변경 전과 달리 미혼 사원의 경우 입주 가능한 사택 동 제한이 없어집니다. (×)

➡ 주택 지원 변경사항을 보면, 입사 3년 차 이하 1인 가구 사원 중 무주택자는 A~C동으로 제한되어 있다.

④ 변경 전과 같이 경조사 지원금은 직위와 관계없이 동일한 금액으로 지원됩니다. (○)

➡ 경조사 지원금은 같은 항목에 대해서 동일 금액이 지원됨을 알 수 있다.

STEP 3. 정답
06 정답 ✔① 김희훈

07 정답 ✔③ 변경 전과 달리 미혼 사원의 경우 입주 가능한 사택 동 제한이 없어집니다.

08 정답 ④

STEP 1. 유형파악 보도 자료를 활용한 문제
STEP 2. 문제풀이 보도 자료와 대화 내용의 핵심을 찾는다.

1) 보도 내용
콜레스테롤이 몸에 좋지 않은 영향을 준다는 연구 결과(심장병)가 나온 후 대중에게 콜레스테롤의 인식이 나빠졌다.

2) 대화 내용
콜레스테롤이 모두 나쁜 것은 아니다. → 콜레스테롤은 몸을 구성하는 필수요소이기도 하다. → 하지만 (   ) → 콜레스테롤 수치가 높아지기 때문.

3) 빈칸에 들어갈 내용 찾기
콜레스테롤은 몸을 구성하는 필수요소이기도 하다. → '하지만' (   ) → 콜레스테롤 수치가 높아지기 때문.
➡ 인과관계를 생각했을 때, 보도 내용과 관련 있는 ④ 심장질환자에게 해롭다는 내용이 적절하다.

STEP 3. 정답
✔④ 콜레스테롤이 심장질환을 앓고 있는 사람들에게 해로운 것은 사실이야.
① 칼로리에 대한 내용은 언급되지 않았다.
② 마찬가지로 흡연과 체중 과다에 대한 내용은 보도 자료에 언급되지 않았다.
③ 빈칸 앞의 내용에 반대되는 내용이지만, G의 말과 인과관계를 생각할 때 적절한 내용은 아니다.

09 정답 ④

STEP 1. 유형파악 세부내용 일치불일치 문제
STEP 2. 문제풀이 선택지의 키워드를 체크하고 지문을 읽어 내려가며 선택지의 정오를 체크
※ 보도 자료의 형태이지만, 독해의 일치불일치 문제와 유사한 유형이다.

1) 선택지의 키워드를 체크한다.
① ARS 서비스가 버튼식 ARS에서 보이는 ARS로 대체되었다.
➡ ARS 서비스가 어떻게 대체 되었는가에 대한 내용 여부
② 세 가지 방식의 ARS 서비스는 ○○전력이 국내 최초로 제공하는 서비스이다.
➡ 최초로 제공하는 서비스라는 내용이 언급되느냐 여부로 판단

③ 12월 25일 공휴일에는 말로 하는 ARS는 사용할 수 없다.
➡ 말로 하는 ARS를 사용할 수 없는 날
④ 청각장애우는 보이는 ARS를 통해 보다 편리하게 서비스를 이용할 수 있다.
➡ 청각장애우에 대한 내용
⑤ 만 65세 이상의 고객은 2018년부터 바로 상담사와 연결하는 서비스를 이용할 수 있다.
➡ 만 65세 이상 고객에 대한 내용으로 확인

2) 지문을 읽어 내려오면서 키워드에 해당하는 부분이 나오면 선택지의 정오를 판단한다.

○○전력은 '17.11.27(월)부터 ARS 메뉴를 듣고 선택하여 상담하는 과거의 단방향식에서 벗어나 휴대폰 화면에 ARS 음성멘트를 문자로 보여주는『보이는 ARS 서비스』와 버튼입력이 아닌 고객의 음성을 인식하여 필요한 서비스로 연결해 주는『말로 하는 ARS 서비스』를 전국적으로 시행하기로 했다.

○○전력은 ICT 기술발전과 인터넷, 모바일을 선호하는 고객의 다양한 Needs에 부응하는 상담서비스를 제공하기 위해『보이는 ARS와 말로 하는 ARS 시스템』을 구축하여 금년 11.27부터 서울지역을 시작으로 단계적으로 전국 확대 시행 예정이다. (인천 · 충남 · 제주는 12.5(화), 경기는 12.7(목), 부산 · 경남은 12.8(금), 대구 · 전북 · 전남은 12.12(화), 충북 · 강원은 12.14(목)부터 서비스 제공)

『보이는 ARS와 말로 하는 ARS』서비스는 고객의 휴대폰에 자동으로 ① 3가지 선택 메뉴(보이는ARS, 말로하는ARS, 버튼식ARS)가 표시되어 고객별로 취향에 맞게 선택하여 이용하며, 서비스 운영은 ③ 1년 365일 24시간 가능하다. 보이는 ARS 서비스는 고객의 스마트폰에 중계 앱 56개중 1개라도 설치된 경우에 이용이 가능하다. 말로 하는 ARS 서비스는『말로 하는 ARS』와『버튼식 ARS』를 구분하여 서비스 한다. 고객이 한전에 전화를 할 경우 음성과 버튼 중 선택하여 서비스를 제공받을 수 있다. 특히 위 두 가지 서비스는 고객이 안내를 끝까지 들을 필요가 없고 언제든지 원하는 서비스를 휴대폰 화면터치 또는 수화기를 통해 선택하여 제공받을 수 있기 때문에 고객이 훨씬 편리하게 이용할 수 있다.

본 서비스 시행으로 고객의 통화시간 단축은 물론 고령층 고객, ④ 청각장애우 등 안내멘트 청취가 어려운 고객의 불편을 상당부분 해소하고 고객의 선호도 및 상황에 따라 다양한 상담방법을 선택해 고객이 언제 어디서나 불편 없이 ○○전력과 접촉할 수 있을 것으로 기대한다.

한편, ○○전력은 고령화시대에 따라 ⑤ 만 65세 이상 고객은 복잡한 ARS 메뉴를 거치지 않고 상담사와 바로 연결하는 서비스를 금년 1월부터 시행했으며, 전화실패 고객에 대하여 당일 상담사가 다시 전화를 드리는 콜백(Call Back) 서비스도 시행하고 있다.

STEP 3. 정답
✔④ 청각장애우는 보이는 ARS를 통해 보다 편리하게 서비스를 이용할 수 있다.

[오답 체크]
① 대체된 것이 아니라 함께 사용 가능하다.
② 국내 최초로 제공한다는 내용은 언급되지 않았다.
③ 공휴일과 상관없이 언제든 사용 가능하다고 언급되었다.
⑤ 17년부터 가능했던 서비스이다.

10 정답 ⑤

STEP 1. 유형파악 법률, 규정

STEP 2. 문제풀이 주어진 상황에서 건강보험 급여를 지원받을 수 있는지 여부를 파악한다.

※ 해당 예제는 지문의 내용이 짧기 때문에 지문을 먼저 읽어 어떤 항목이 어디에 있는지 체크하고 보기를 보아도 좋다.

1) 지문 파악

누구에게 어떤 요건을 충족할 경우 지급되는지 여부를 체크해야 한다.

> A국의 건강보험공단(이하 '공단'이라 한다)이 제공하는 건강보험의 급여는 현물급여와 현금급여로 나눌 수 있다. 현물급여는 지정된 요양기관(병 · 의원)을 통하여 가입자 및 피부양자에게 직접 의료서비스를 제공하는 것으로, 요양급여와 건강검진이 있다. 요양급여는 가입자 및 피부양자의 질병 · 부상 · 출산 등에 대한 지정된 요양기관의 진찰, 처치 · 수술 기타의 치료, 재활, 입원, 간호 등을 말한다. 또한 공단은 질병의 조기 발견과 그에 따른 요양급여를 제공하기 위하여 가입자 및 피부양자에게 2년마다 1회 무료로 건강검진을 실시한다.
> 현금급여는 가입자 또는 피부양자가 긴급하거나 기타 부득이한 사유로 인하여 지정된 요양기관 이외의 의료기관에서 질병 · 부상 · 출산 등에 대하여 요양을 받은 경우와 요양기관 외의 장소에서 출산을 한 경우, 공단이 그 요양급여에 상당하는 금액을 가입자 또는 피부양자에게 요양비로 지급하는 것을 말한다. 이러한 요양비를 지급받기 위하여 요양을 제공받은 자는 요양기관이 발행한 요양비용명세서나 요양내역을 기재한 영수증 등을 공단에 제출하여야 한다. 또한 본인부담액보상금도 현금급여에 해당한다. 이는 전체 보험가입자의 보험료 수준별로 하위 50%는 연간 200만 원, 중위 30%는 연간 300만 원, 상위 20%는 연간 400만 원의 진료비를 초과하는 경우, 그 초과액을 공단이 부담하는 제도이다.

→ 혜택을 받을 수 있는 사람과, 요양급여와 현금급여에 대한 내용이 있다.

2) 보기의 내용을 체크한다.

ㄱ. 갑의 피부양자. 작년에 이어 올해도 공단이 지정한 요양기관에서 무료 건강검진을 받을 수 있는지 여부 (×)

→ 건강검진과 관련한 내용에서 무료 건강검진은 2년마다 1회 무료라고 언급되어 있으므로 틀린 내용

ㄴ. 갑작스러운 진통으로 자기 집에서 출산. 요양비 지급 여부 (○)

→ 현금급여에 해당하는 내용이다. 긴급하거나 기타 부득이한 사유로 요양기관 이외에서 출산할 경우에 해당.

ㄷ. 섬에서 그 마을 주민으로부터 치료 받은 경우. 요양비 지급 여부 (×)

→ 의료기관에서 요양을 받은 경우에만 지급 가능하다.

ㄹ. 상위 10% 보험료를 내는 정. 연간 진료비 400만 원 지출한 경우 (×)

→ 상위 10%는 연간 400만 원의 진료비를 초과하는 경우에 그 초과액을 공단이 부담한다. 따라서 지급 불가능

STEP 3. 정답

✓ ⑤ ㄱ, ㄷ, ㄹ

11 정답 ③

STEP 1. 유형파악 이용약관

STEP 2. 문제풀이 보기의 내용과 약관을 비교하여 (가)~(라)에 해당하는 쇼핑몰 연결

1) 〈표〉의 구성을 파악한다.

→ 쇼핑몰별. 주문 취소 가능 여부, 환불수수료, 배송비와 포인트 적립 여부에 대한 내용

2) 보기의 내용을 체크한다.

※ 특이 사항만 체크하자.

ㄱ. 판매자의 착오로 인한 배송지연. 환불수수료 없음, 포인트 적립 가능

→ 포인트가 적립이 되는 A, B, E 중에서 판매자의 귀책사유시 환불 수수료가 없는 E가 정답

ㄴ. 배송료가 존재

→ (가) 상품을 E에서 샀으므로 ①, ③만이 정답이 가능하다. (나)상품을 사는 데에 배송료가 있다는 내용인데, B와 D가 모두 상품을 한 번에 주문하는 것이 유리하므로 둘 다 가능하다.

ㄷ. 보기의 내용은 주문 다음날 취소할 수 없다는 내용이다.

→ 따라서 C와 F 중에 F가 여기에 해당한다. 따라서 정답은 ③

ㄹ. 환불 및 송금 수수료와 배송비가 모두 있다는 내용

→ C가 맞는지만 확인하자. C는 환불수수료와 송금수수료가 차감되며, 1회 배송에 1만 원의 배송비가 있다.

STEP 3. 정답

	(가)	(나)	(다)	(라)
✓ ③	E	D	F	C

12 정답 ⑤

STEP 1. 유형파악 쓰레기 분리배출 규정

STEP 2. 문제풀이 규정에 어떤 내용이 있는지 간략하게 확인 후 선택지 중심으로 확인

1) 〈규정〉의 구성을 파악한다.

→ 배출 시간, 장소, 종류별 배출 방법에 대한 내용

2) 선택지의 내용을 체크한다.

※ 특이 사항만 체크하자.

① 토요일 저녁 8시, 일반 쓰레기, 종량제 봉투, 집 앞 배출 (×)

→ 배출 시간을 보면 토요일 새벽 3시까지만 배출 할 수 있으므로 옳지 않다.

② 공동주택, 먹다 남은 음식물 쓰레기, 종량제 봉투, 주택 앞에 배출 (×)

→ 음식물 쓰레기는 수분을 제거한 다음 배출해야 한다. 옳지 않다.

③ 투명 비닐봉투, 캔과 스티로폼 함께, 집 앞 배출 (×)

→ 캔과 스티로폼은 따로 담아 배출해야 한다.

④ 사이다가 남아 있는 페트병, 비닐봉투, 집 앞 배출 (×)

→ 페트병은 내용물을 비운 후 배출해야 한다.

⑤ 냉장고, 폐기물 스티커, 월요일 저녁 9시, 집 앞 배출 (○)

→ 냉장고는 폐가전으로 스티커를 부착하여 배출하였고, 배출시간, 장소도 적절하다.

STEP 3. 정답

✓ ⑤ 戊는 집에서 쓰던 냉장고를 버리기 위해 폐기물 스티커를 구입 후 부착하여 월요일 저녁 9시에 자신의 집 앞에 배출하였다.

13 정답 ②

STEP 1. 유형파악 공공기관의 구분 규정
STEP 2. 문제풀이 공공기관의 구분 규정에 따라 A~D 기관을 구분한다.

1) 〈규정〉의 구성을 파악한다.
➡ 직원의 수, 자산규모, 자체수입비율에 따라 공공기관이 어떻게 구분되는지 규정한 내용

2) 규정의 내용을 정리한다.

구분	세부사항
직원 정원	50명 이상 : 공기업 또는 준정부기관 50명 미만 : 기타공공기관
자체수입액비율	2분의 1 이상 : 공기업 그 외 : 준정부기관
자산규모 + 자채수입비율	2조 원 이상 + 자체수입액 85% 이상 : 시장형 공기업 그 외 : 준시장형 공기업

ㄱ. A기관, 80명, 3조 원, 85% (○)
➡ 80명이므로 공기업 또는 준정부기관이며, 자체수입액 비율과 자산규모로 볼 때 시장형 공기업으로 볼 수 있다.
ㄴ. B기관, 40명 (×)
➡ 50인 미만인 기업은 기타공공기관이다.
ㄷ. C기관, 60명, 1조 원, 45% (×)
➡ 직원은 50명 이상이지만, 자체수입비율이 50% 미만이므로 준정부기관이다.
ㄹ. D기관, 55명, 2.5조 원, 40% (○)
➡ 자체수입비율이 50%가 되지 않으므로 준정부기관이다. (50명 이상)

STEP 3. 정답
✓② ㄱ, ㄹ

14 정답 ①

STEP 1. 유형파악 공문서 작성 및 처리지침
STEP 2. 문제풀이 공문서 작성 및 처리지침에 따라 올바르게 수정한 내용 고르기

1) 〈처리지침〉의 구성을 파악한다.
➡ 일정한 구조가 없이 여러 가지 사항을 나열하고 있으므로 자세히 보지 않고 넘어간다.
2) 보기의 정오를 판단한다.
ㄱ. '끝'표시에 대한 내용. 본문 뒤에 '끝.'을 붙이는지 여부 (×)
➡ 처리지침 세 번째 조건에 '끝.'과 관련된 내용이 있다. 첨부물이 있는 경우 첨부 표시문 끝에 표시해야 한다.
ㄴ. 공문서의 날짜 표기에 대한 내용이다. (○)
➡ 날짜 표기에 관련된 내용은 처리지침 두 번째에 있다. 올바른 내용.
ㄷ. 기안문에 출력하여 서명을 하는지 여부. (×)
➡ 처리지침 마지막 조건에 기안 등 문서의 모든 처리절차가 전자적으로 처리되도록 하여야 한다고 되어 있다.
ㄹ. 로고 관련 내용 (○)
➡ 처리지침 네 번째에 로고를 표시하라는 내용이 포함되어 있다.

STEP 3. 정답
✓① ㄱ, ㄷ

[15~16]

풀이방법
오탈자가 한눈에 안 들어올 수 있으니 천천히 한번 읽거나, 보통의 속도로 두 번 정도 읽어서 풀자. 고민한다고 맞는 문제가 아니므로 빠르게 정답을 고르고 넘어가야 하는 문제이다.

STEP 1. 유형파악 오탈자 찾기
STEP 2. 문제풀이 빠르게 읽어 내려가면서 오탈자를 찾는다.

15 정답 ③

> **제22호(회의 등)**
> ① 위원회 회의는 정기회이(정기회의)와 임시회의로 구분한다.
> ② 위원회의 회의는 공개한다. 다말(다만), 공개하는 것이 적절하지 않은 상당한 이유가 있는 경우에는 위원회의 의결로 공개하지 않을 수 있다.
> ③ 위원회의 회의는 재적위원 과분수(과반수)의 출석과 출석위원 과반수의 찬성으로 의결한다.
> ④ 위원회는 그 소관직무 중 일부를 분담하여 효율적으로 수행하기 위하여 소위원회를 두거나 특형한(특정한) 분야에 대한 자문 등을 수행하기 위하여 특별위원회를 둘 지(수) 있다.
> ⑤ 위원회의 회의 운영, 소위원회 또는 특별위원회의 구성 및 운영에 관하여 이 박에(밖에) 필요한 사항은 대통영령(대통령령)으로 정한다.

16 정답 ②

> **정보 공개 청구권자**
> • 모든 국민
> – 미성년자, 재외국민, 수형인 등 포함
> • 법인
> – 사법상의 사단법인/재단법진(재단법인), 공법상의 법인(자치단체 포함), 정투자기관(정부투자기관), 정부출연기관 등
> • 외국인
> – 국내에 일정한 주소를 두고 거주하는 자
> – 학술 연구를 위하여 일시적으로 헤류하는(체류하는) 자
> – 국내에 사무무를(사무소를) 두고 있는 법인 또는 단체

STEP 3. 정답
15 정답 ✓③ 7개

16 정답 ✓② 4개

17 정답 ③

STEP 1. 유형파악 질문 분류
STEP 2. 문제풀이 주요 항목별로 질문이 적절하게 분류가 되었는지 확인

1) 선택지를 중심으로 정오를 확인한다.
① Q1, 5가 '주문/결재'에 해당하는지 여부
➡ Q1은 취소에 대한 내용. '반품/교환'에 해당
➡ Q5는 '영수증'에 해당
② Q3, 9이 '반품/교환'에 해당하는지 여부
➡ Q3 : '배송'
➡ Q9 : '반품/교환'
③ Q4, 10이 '배송'에 해당하는지 여부
➡ Q4 : '배송'
➡ Q10 : '배송'
④ Q5, 7이 '영수증'에 해당하는지 여부
➡ Q5 : '영수증'
➡ Q7 : '주문/결재'

STEP 3. 정답
✓ ③   ⓒ : Q4, Q10

[18~20]
풀이방법
1) 〈주요 약관〉의 구성을 파악한다.
➡ 위험품, 운송거절화물, 포장, 운임, 해약수수료에 대한 내용으로 구성
2) 문제별로 적용 규정을 찾아 풀이한다.

STEP 1. 유형파악 이사 관련 주요 약관
STEP 2. 문제풀이 약관의 구성을 파악한 후 바로 문제로 넘어가 풀이한다.

18 정답 ②

선택지별로 정오를 판단하자
① 운송거절화물에 해당한다. (○)
➡ 운송거절화물에 동식물이 포함되어 있다.
② 해약수수료에 관련된 내용 (×)
➡ 1일전 통보 시 계약금 환급 및 계약금의 3배액을 배상해야 한다. 즉 돌려받을 수 있다.
③ 화물의 포장에 대한 내용 (○)
➡ 고객이 적합하게 포장행고, 운송에 적합하지 않을 경우 사업자가 포장한다는 내용이 있다.
④ 계약금 관련 내용 (○)
➡ 해약수수료에서 계약금은 총 운임의 10%로 한다고 되어 있다.

19 정답 ③

적용 약관을 찾는다.
➡ 운임에 대한 내용이므로 제 33조 운임 등의 수수에 해당한다. 실제로 지출한 움임이 계약운임 보다 많을 경우 고객의 책임에 의한 경우에 실제 지출된 운임으로 계산한다고 되어 있다.
➡ 따라서 실제 지출비용인 80만 원이 지불 비용이다.

20 정답 ④

수정해야 하는 약관
➡ 주어진 자료에서 기존의 약관과 바뀐 내용을 찾는다.

➡ 화물 손상 시 3배 배상한다는 내용. ①에 해당.
➡ 명화, 귀금속, 동식물, 골동품을 운송할 수 있게 되었다. ②에 해당하는 내용
➡ 프리미엄 서비스의 계약금과 운임요금이 새롭게 생겼다. ③에 해당.
➡ ④의 해약수수료에 대한 내용은 표기되어 있지 않다.

STEP 3. 정답
18 정답 ✓ ②   계약금은 돌려받으실 수 없으며 운송일의 1일 전에 통보하셨으므로 계약금의 3배 액을 회사에 납입해주셔야 합니다.

19 정답 ✓ ③   제33조 80만원

20 정답 ✓ ④   고객 책임 해약 시 해약수수료율이 서비스에 따라 달라질 수 있음을 명시한다.

PART 2 수리능력

I. 응용수리

01	02	03	04	05
⑤	③	②	⑤	⑤
06	07	08	09	10
①	②	③	③	①
11	12	13	14	15
①	③	⑤	①	⑤
16	17	18	19	20
③	①	④	③	④
21	22	23	24	25
⑤	①	②	④	③
26	27	28	29	30
③	⑤	④	④	①
31	32	33	34	35
③	④	⑤	①	⑤
36	37	38	39	40
②	③	②	②	②

01 정답 ⑤

STEP 1. 유형파악 소금물의 농도
STEP 2. 문제풀이 방정식 또는 가중평균을 활용하여 계산한다.

1) 방정식 풀이
4%의 소금물의 양을 x, 16%의 소금물의 양을 y라 하면,

소금의 양에 대한 식 :

$$\Rightarrow \quad \underset{\substack{4\%의 소금물에 \\ 있는 소금의 양}}{\frac{4x}{100}} \quad + \quad \underset{\substack{16\%의 소금물에 \\ 있는 소금의 양}}{\frac{16y}{100}} \quad = \quad \underset{\substack{9\% 소금물 \\ 600g의 소금의 양}}{\frac{9 \times 600}{100}}$$

소금물에 대한 식 : x + y = 600
소금물에 대한 식을 변형하여, y = 600 − x을 소금의 양에 대한 식에 대입하여 계산

$$\frac{4x}{100} + \frac{16(600-x)}{100} = \frac{9 \times 600}{100}$$
$$\rightarrow \quad 4x + 16(600-x) = 9 \times 600$$
$$\rightarrow \quad -12x = -7 \times 600$$
$$\therefore \rightarrow \quad x = 350$$

2) 가중평균으로 푼다.
※ 가중평균은 항상 A + B = C의 구조를 찾는 것에서 시작한다.
(4%의 소금물 x(g)) + (16% 소금물 y(g)) = 9% 소금물 600g

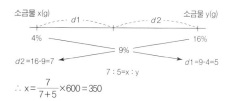

$$\therefore x = \frac{7}{7+5} \times 600 = 350$$

STEP 3. 정답
✓ ⑤ 350g
→ 4%와 16%의 소금물을 같은 양 섞었다고 하면 (4 + 16) ÷ 2 = 10, 즉 10%의 소금물이 되었을 것이다. 하지만 문제에서 9%가 되었다고 했으므로, 아무래도 4%의 소금물이 16%의 소금물보다 더 많다. 그러므로 객관식 선택지에서 4%의 소금물이 16%의 소금물보다 많은 ⑤만이 정답이다. 객관식 문제이기 때문에 이렇게 다른 방식으로 정답을 찾을 수 있다.

02 정답 ③

STEP 1. 유형파악 소금물의 농도
STEP 2. 문제풀이 방정식 또는 가중평균을 활용하여 계산한다.
1) 방정식 풀이 (모든 과정을 전부 계산할 필요는 없다. A와 C를 섞은 소금물에 대한 정보가 있으므로 활용하자.)

5%의 소금물 B의 양을 x, 4.25%의 소금물 (A + C)의 양을 y라 하면,

소금의 양에 대한 식 :

$$\Rightarrow \quad \underset{\substack{5\%의 소금물 B에 \\ 있는 소금의 양}}{\frac{45x}{100}} \quad + \quad \underset{\substack{4.25\%의 소금물에 \\ 있는 소금의 양}}{\frac{4.25y}{100}} \quad = \quad \underset{\substack{4.4\% 소금물 \\ 1kg의 소금의 양}}{\frac{4.4 \times 1000}{100}}$$

소금물에 대한 식 : x + y = 1000
소금물에 대한 식을 변형하여, y = 1000 − x을 소금의 양에 대한 식에 대입하여 계산

$$\frac{5x}{100} + \frac{4.25(1000-x)}{100} = \frac{4.4 \times 1000}{100}$$
$$\rightarrow \quad 5x + 4.25(1000-x) = 4400$$
$$\rightarrow \quad 0.75x = 150$$
$$\therefore \rightarrow \quad x = 200$$

2) 가중평균으로 푼다.
※ 가중평균은 항상 A + B = C의 구조를 찾는 것에서 시작한다.
(5%의 소금물 B x(g)) + (4.25% 소금물 (A + C) y(g)) = 4.4% 소금물 1000g

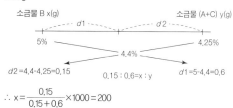

$$\therefore x = \frac{0.15}{0.15 + 0.6} \times 1000 = 200$$

STEP 3. 정답

✓ ③ 200g

03 정답 ②

STEP 1. 유형파악 소금물의 농도
STEP 2. 문제풀이 방정식 또는 가중평균을 활용하여 계산한다.

1) 방정식 또는 가중평균을 활용하여 X를 구한다.

소금의 양에 대한 식 :

$$\Rightarrow \quad \frac{3 \times 400}{100} \quad + \quad \frac{300X}{100} \quad = \quad \frac{6 \times 700}{100}$$

3%의 소금물에   X%의 소금물에   6% 소금물
있는 소금의 양   있는 소금의 양   700g의 소금의 양

$$\rightarrow 12 + 3X = 42$$

$$\rightarrow X = 10$$

※ 가중평균은 항상 A+B=C의 구조를 찾는 것에서 시작한다.
(3%의 소금물 400g) + (X% 소금물 300g) = 6% 소금물 700g

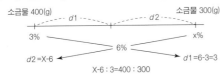

∴ X = 10

2) Y는 방정식으로 푼다.
컵에 들어 있는 소금물을 아래와 같이 표현하면

$$\Rightarrow \quad \boxed{\frac{42g}{700g}} \quad \rightarrow \quad \boxed{\frac{(42+18)g}{(700+18)g}} \quad \rightarrow \quad \boxed{\frac{60g}{(718+Y)g}}$$

6%의   소금 18g을   여기에 물 Y(g)을
소금물 700g + 더 넣은 소금물 = 추가할 경우

결과적으로 만들어지는 소금물이 5%농도의 소금물이므로

$$\frac{60}{718+Y} \times 100 = 5$$

$$\rightarrow \quad 1200 = 718 + Y$$

$$\rightarrow \quad Y = 482$$

STEP 3. 정답

✓ ② 492

∴ X + Y = 10 + 482 = 492

04 정답 ⑤

STEP 1. 유형파악 소금물의 농도
STEP 2. 문제풀이 가중평균을 활용하여 계산한다.
※ 가중평균을 활용한 풀이가 훨씬 용이하므로 가중평균만 이용하
여 풀어보겠다.

1) 원래 넣으려고 했던 소금물의 양
※ 가중평균은 항상 A+B=C의 구조를 찾는 것에서 시작한다.
(3%의 소금물 300g) + (10% 소금물 x(g)) = 4% 소금물

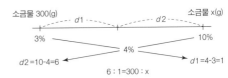

∴ x = 50

2) 잘못 넣은 소금물의 양
※ 가중평균은 항상 A+B=C의 구조를 찾는 것에서 시작한다.
(3%의 소금물 300g) + (10% 소금물 y(g)) = 5% 소금물

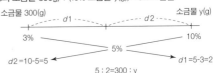

∴ y = 120

STEP 3. 정답

✓ ⑤ 70g

원래 넣으려고 했던 소금물의 양과 잘못 넣은 소금물의 양의 차이 :
120g − 50g = 70g

05 정답 ⑤

STEP 1. 유형파악 소금물의 농도
STEP 2. 문제풀이 가중평균을 활용하여 계산한다.
※ 가중평균을 활용한 풀이가 훨씬 용이하므로 가중평균만 이용하
여 풀어보겠다.

1) 소금물 B와 물을 먼저 섞는다.
∵ 소금물 B와 물의 질량비가 나와 있어 이를 활용하기 위해서 먼저
확인한다.
※ 가중평균은 항상 A+B=C의 구조를 찾는 것에서 시작한다.
(12%의 소금물 B) + (0% 소금물 = 순수한 물) = X% 소금물

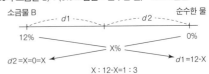

∴ X = 3 (∵ 소금물 B와 순수한 물의 질량비는 1:3이기 때문이다.)

2) 나머지 소금물을 섞는다.
※ 가중평균은 항상 A+B=C의 구조를 찾는 것에서 시작한다.
(8%의 소금물 A) + (3% 소금물(B+물)) = 6% 소금물 240g

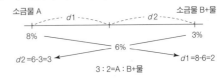

$$\therefore B + 물 = \frac{2}{3+2} \times 240 = 96$$

$$\therefore 물 = \frac{3}{1+3} \times 96 = 72$$

STEP 3. 정답

✓ ⑤ 72g

06 정답 ①

STEP 1. 유형파악 증감률을 활용한 문제
STEP 2. 문제풀이 지난달의 D램을 묻기 때문에 방정식이나 가중평균을 활용할 수 있다.

1) 방정식 풀이
지난달 생산한 D램의 개수를 X, S램의 개수를 Y라 하자.
X + Y = 4000
0.04X + 0.02Y = 130
두 번째 식에 50을 곱하여 Y를 소거한다.
$(0.04X + 0.02Y) \times 50 = 130 \times 50$
→ 2X + Y = 6500
→ X + Y = 4000
→ X = 2500

2) 가중평균을 활용한 풀이
※ 가중평균은 항상 A + B = C의 구조를 찾는 것에서 시작한다.
D램 + S램 = 전체 생산량
(전체 생산량 C의 증가율은 130×100/4000 = 3.25%)

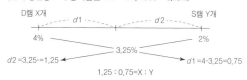

X : Y = 5 : 3
$\therefore$ D램 $= \dfrac{5}{5+3} \times 4000 = 2500$

STEP 3. 정답
✓ ① 2,500개
아래와 같이 선택지를 줄여 놓고 볼 수도 있다.

이번 달에 생산된 D램의 개수 $= \dfrac{104X}{100} = \dfrac{26X}{25}$

생산된 제품의 개수가 소수나 분수로 나올 수 없으므로 $\dfrac{26X}{25}$ 는 자연수가 되어야 한다. 따라서 X는 25의 배수
이에 따르면 정답이 될 수 있는 선택지는 ①, ④, ⑤이다. 이렇게 선택지가 세 개가 남는 경우 가운데 값(④)을 대입해 보고 정답을 찾을 수 있다. 가운데 값이 정답이면 그대로 선택하면 되고, 아닐 경우 정답이 가운데 값보다 큰지 작은지는 파악할 수 있기 때문에 ①, ⑤ 중에 무엇인 정답인지를 고를 수 있게 된다.
지난달 생산된 D램의 개수가 2600개라면, S램은 1400개. 각각의 증가량을 구해보면 104개, 28개가 되어 총 132개가 증가했다. 실제 문제보다 많이 증가했으므로 증가율이 높은 D램의 개수가 더 적어야 한다. 따라서 ①을 정답으로 고를 수 있다.

07 정답 ②

STEP 1. 유형파악 증감률을 활용한 문제
STEP 2. 문제풀이 방정식이나 가중평균을 활용하여 풀 수 있다.

1) 방정식 풀이
지난달 생산한 A제품의 개수를 X, B제품의 개수를 Y라 하자.
X + Y = 1000
0.06X − 0.04Y = −5
두 번째 식에 25을 곱하여 Y를 소거한다.

$(0.06X − 0.04Y) \times 25 = −5 \times 25$
→ 1.5X − Y = −125
→ X + Y = 1000
→ 2.5X = 875
→ X = 350

$\therefore$ 이번 달에 생산된 A제품의 개수 $= \dfrac{106}{100} \times 350 = 371$

2) 가중평균을 활용한 풀이
※ 가중평균은 항상 A + B = C의 구조를 찾는 것에서 시작한다.
A제품 + B제품 = 전체 생산량 (전체 생산량 C의 증가율은 −0.5%)

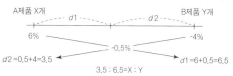

X = 350
마찬가지로 지난달 생산된 A제품의 개수가 350개, 이번 달 생산된 A제품의 개수는 371개가 된다.

STEP 3. 정답
✓ ② 371개
아래와 같이 선택지를 줄여 놓고 볼 수도 있다.

이번 달 생산된 A제품의 개수 $= \dfrac{106X}{100} = \dfrac{53X}{50}$

생산된 제품의 개수가 소수나 분수로 나올 수 없으므로 $\dfrac{53X}{50}$ 는 자연수가 되어야 한다.
따라서 이번 달 생산된 A제품의 개수는 53의 배수이어야 한다. 이에 따르면 정답이 될 수 있는 선택지는 ②뿐이다. 객관식 문제이기 때문에 불가능한 선택지를 소거하여 정답을 고를 수 있다.

08 정답 ③

STEP 1. 유형파악 비율을 활용한 연립방정식 문제
STEP 2. 문제풀이 미지수를 설정해 연립방정식으로 푼다.

1) 미지수를 설정한다.
합금 A의 양을 X라도 두어도 좋지만, %로 되어 있어 분수계산을 해야 한다. 따라서 이를 피하기 위해
• 합금 A의 양 = 10a
• 합금 B의 양 = 10b
위와 같이 미지수를 설정하면 분수계산을 피할 수 있다.

2) 연립방정식을 활용하여 계산한다.
• 구리의 양 : 2a + 4b = 2000
• 주석의 양 : 3a + b = 1500
a의 양을 구하므로 b를 소거한다. 주석의 양에 ×4를 한 뒤 소거하자
• 주석의 양 ×4 : 12a + 4b = 6000
• 구리의 양 : 2a + 4b = 2000
10a = 4000이 나온다. 우리가 1)에서 합금 A의 양을 10a라고 했으므로 4000이 그대로 정답이다.

STEP 3. 정답
✓ ③ 4kg

09 정답 ③

STEP 1. 유형파악 원가 계산 문제
STEP 2. 문제풀이 방정식으로 푼다.

1) 한 부당 수익을 구한다.
3600만/5000 = 7200원

2) 방정식 풀이
수익 = 판매가 - 원가
→ 7200 = 12000 - 6000 × (100 - a)%
→ 7200 = 12000 - 6000 + 60a
→ 1200 = 60a
→ a = 20

STEP 3. 정답
✓ ③ 20%
수익, 판매가, 원가, 할인가, 정가 등의 관계에 대해서 정확하게 이해하고 있어야 한다.

10 정답 ①

STEP 1. 유형파악 매출액 계산 문제
STEP 2. 문제풀이 방정식 계산

1) 온라인, 오프라인 각각의 판매가를 구한다.
- 오프라인 : 12000원 → 20% 할인 : 12000 × 0.8
- 온라인 : 12000원 → 10% 할인 : 12000 × 0.9 → 20% 추가 할인 : 12000 × 0.9 × 0.8

2) 총 매출액을 구한다.
매출액 = 매출량 × 판매가
- 오프라인 : 1000 × 12000 × 0.8
- 온라인 : 2000 × 12000 × 0.9 × 0.8
총 매출액 : 1000 × 12000 × 0.8 + 2000 × 12000 × 0.9 × 0.8
$\qquad$ = 1000 × 12000 × 0.8 × (1 + 2 × 0.9)
$\qquad$ = 9600000 × 2.8 = 26880000

STEP 3. 정답
✓ ① 2,688만 원
※ 끝자리 숫자만 계산하여도 정답을 찾을 수 있는 경우가 있다.
총 매출액 : 1000 × 12000 × 0.8 × (1 + 2 × 0.9)
여기에서 선택지의 만 원 단위가 많이 다르므로 만의 자리만 계산해 본다.
1000 × 12000 × 0.8 × 2.8 → 2 × 8 × 8 = 128
따라서 끝자리인 만 원 자리의 숫자는 80이다. 따라서 ①이 정답

11 정답 ①

STEP 1. 유형파악 거리 · 속력 · 시간 + 속력의 비
STEP 2. 문제풀이 기본 공식을 활용하여 계산한다.

1) A와 B에 해당하는 내용을 기본 공식에 넣자. B가 회사까지 가는 데 걸린 시간을 t라고 하자.
거리 = 속력 × 시간
- A : 거리_{집-회사} = 50 × (t + 32)
- B : 거리_{집-회사} = 250 × t

2) 두 사람이 이동한 거리가 같으므로 두 식을 이용하여 풀자.
거리_{집-회사} = 50 × (t + 32) = 250 × t
→ 50t + 1600 = 250t
→ 200t = 1600
→ t = 8
∴ 정답 : 8분

STEP 3. 정답
✓ ① 8분
두 사람이 같은 거리를 가는 데, 속력의 비가 50 : 250 = 1 : 5 이므로 걸린 시간의 비는 5 : 1이다.
∴ 5 : 1 = t + 32 : t
➔ t = 8

12 정답 ③

STEP 1. 유형파악 거리 · 속력 · 시간 + 구간왕복
STEP 2. 문제풀이 기본 공식을 활용하여 계산한다.

1) A와 B에 해당하는 내용을 기본 공식에 넣자. B가 A를 만나는 데 걸린 시간을 t라 하자.
A의 속력 : 초속 1m = 분속 60m
거리 = 속력 × 시간
- A : 거리_A = 60 × (t + 10)
- B : 거리_B = 50 × t

2) 두 사람이 이동한 거리의 합이 호수의 둘레의 길이와 같다.
호수 둘레의 길이 = 거리_A + 거리_B = 60 × (t + 10) + 50 × t
$\qquad$ = 110t + 600 = 3900
→ 110t = 3300
→ t = 30
∴ 정답 : 30분

STEP 3. 정답
✓ ③ 30분

13 정답 ⑤

STEP 1. 유형파악 거리 · 속력 · 시간 + 기차
STEP 2. 문제풀이 기본 공식을 활용하여 계산한다.

1) 화물 열차와 고속 열차에 대한 식을 만든다.
다리의 길이를 X, 화물 열차의 속력을 Y라 하자.
거리 + 기차의 길이 = 속력 × 시간
- 화물 열차 : X + 250 = Y × 40
- 고속 열차 : X + 200 = 3Y × 12.5

2) 미지수가 2개, 방정식이 2개이므로 연립방정식의 풀이를 활용하자.
(X + 250) - (X + 200) = 40Y - 37.5Y
→ 50 = 2.5Y
→ Y = 20
∴ X + 250 = Y × 40 = 800
X = 550

STEP 3. 정답
✓ ⑤ 550m

14 정답 ①

STEP 1. 유형파악 거리·속력·시간+배
STEP 2. 문제풀이 기본 공식을 활용하여 계산한다.

1) 상류를 올라갈 때와 하류로 내려갈 때에 대한 식을 만든다. 배의 속력을 X라 하자.

$$시간 = \frac{거리}{속력 \pm 유속}$$

- $시간_{상류} = \frac{40}{X-4}$

- $시간_{하류} = \frac{40}{X+4}$

2) 상·하류를 왕복하는 데 걸린 시간의 합이 7시간 30분이므로 두 식을 더한다.

$$\rightarrow 시간_{상류} + 시간_{하류} = \frac{40}{X-4} + \frac{40}{X+4} = 7.5$$

양변에 $(X-4)(X+4)$를 곱하여 풀 수 있지만, 2차 방정식의 풀이까지는 시험에 나오지 않는다.
여기에서 두 분수의 합이 7.5로 어느 정도 간단하게 나오므로 X에 적당한 숫자를 대입하여 푸는 것이 가장 좋다.
짝수를 대입해야 분수가 약분이 되므로 ①, ③, ⑤ 정도를 대입한다.
X=12를 대입할 경우 식이 성립한다.

$$\frac{40}{12-4} + \frac{40}{12+4} = \frac{40}{8} + \frac{40}{16} = 5 + 2.5 = 7.5$$

STEP 3. 정답
✓ ① 12km/h

15 정답 ⑤

STEP 1. 유형파악 거리·속력·시간+속력의 비
STEP 2. 문제풀이 기본 공식을 활용하여 계산한다.

1) A와 B에 해당하는 내용을 기본 공식에 넣자. A가 출발하고 나서 B와 만나는 데 걸린 시간을 t라 하자.
→ 분속을 시속으로 통일한다.
거리 = 속력×시간
- A : $거리_A = 80 \times t$
- B : $거리_B = 120 \times (t-30)$

2) 두 사람이 이동한 거리가 같으므로 두 식을 이용하여 풀자.
→ $거리_A = 거리_B$
→ $80 \times t = 120 \times (t-0.5)$
→ $80t = 120t - 60$
→ $40t = 60$ ➜ $t = 1.5$

STEP 3. 정답
✓ ⑤ 90분
두 사람이 같은 거리를 가는 데, 속력의 비가 80 : 120 = 2 : 3이므로 걸린 시간의 비는 3 : 2이다.
∴ 3 : 2 = t : t−0.5 → t = 1.5

16 정답 ③

STEP 1. 유형파악 일과 작업량, 일률 관련 문제
STEP 2. 문제풀이 일률의 기본 공식을 활용하여 계산한다.

1) 최소 공배수를 활용하여 전체 일을 정한다. (시간을 모두 분수로 바꾼다. $\frac{3}{2}$시간, $\frac{6}{5}$시간, 2시간)

전체 일 : $\frac{3}{2}$, $\frac{6}{5}$, 2의 분자의 최소 공배수 = 6

2) 각각의 일률을 구한다.

$$일률 = \frac{6}{걸린\ 시간}$$

- A와 B의 일률 : $a+b = \frac{6}{3/2} = 4$

- A와 C의 일률 : $a+c = \frac{6}{6/5} = 5$

- B와 C의 일률 : $b+c = \frac{6}{2} = 3$

3) 세 미지수에 대한 방정식으로 A, B, C 모두의 일률을 구해 배달 시간을 구한다.
$(a+b)+(a+c)+(b+c) = 4+5+3$
$2(a+b+c) = 12$
$a+b+c = 6$
따라서 셋이 함께 일할 경우 일률 : 6

$$걸린\ 시간 = \frac{6}{일률} = \frac{6}{6} = 1$$

STEP 3. 정답
✓ ③ 60분

17 정답 ①

STEP 1. 유형파악 일과 작업량, 일률 관련 문제
STEP 2. 문제풀이 일률의 기본 공식을 활용하여 계산한다.

1) 최소 공배수를 활용하여 전체 일을 정한다.
전체 일 : 20, 30, 40의 최소 공배수 = 120

2) 각각의 일률을 구한다.

$$일률 = \frac{120}{걸린\ 시간}$$

- A의 일률 : $a = \frac{120}{20} = 6$

- B의 일률 : $b = \frac{120}{30} = 4$

- C의 일률 : $c = \frac{120}{40} = 3$

3) A, B로 물을 넣고 C를 뺄 경우의 일률 : 6+4−3=7

$$걸린\ 시간 = \frac{120}{일률} = \frac{120}{7}$$

STEP 3. 정답
✓ ① 분

18 정답 ④

STEP 1. 유형파악 일과 작업량, 일률 관련 문제
STEP 2. 문제풀이 일률의 기본 공식을 활용하여 계산한다.

1) 전체 작업량에 대한 식을 만든다. (A, B 각각의 일률을 a, b라 한다.)
한 일 = 일률×걸린 시간

전체 일 = 4a + 6b = 3b + 6a
2a = 3b

2) 기본 식을 활용하여 정답을 찾는다. (2a = 3b)
걸린 시간 = $\dfrac{전체 일}{일률} = \dfrac{4a+6b}{a+b} = \dfrac{4 \times 1.5b + 6b}{1.5b + b} = \dfrac{12b}{2.5b} = \dfrac{24}{5}$

$\dfrac{24}{5} = 4$시간 48분

STEP 3. 정답
✓ ④ 4시간 48분

19 정답 ③

STEP 1. 유형파악 일과 작업량, 일률 관련 문제
STEP 2. 문제풀이 일률의 기본 공식을 활용하여 계산한다.

1) 최소 공배수를 활용하여 전체 일을 정한다.
전체 일 : 20, 30의 최소 공배수 = 60

2) 각각의 일률을 구한다. (A, B 각각의 일률을 a, b라 한다.)
일률 = $\dfrac{60}{걸린 시간}$
a = 3, b = 2

3) 작업량에 대한 식을 만든다. (혼자 마무리한 기간 t)
한 일 = 일률×걸린 시간

전체 일 = (A와 B가 같이 한 일) + (A가 혼자 한 일)
　　　= (a+b)×(14−t) + a×t = 5×(14−t) + 3t = −2t + 70 = 60
2t = 10 → t = 5

STEP 3. 정답
✓ ③ 5일

20 정답 ④

STEP 1. 유형파악 일과 작업량, 일률 관련 문제
STEP 2. 문제풀이 일률의 기본 공식을 활용하여 계산한다.

1) 최소 공배수를 활용하여 전체 일을 정한다.
전체 일 : 2, 3의 최소 공배수 = 6

2) 각각의 일률을 구한다. (A, B 각각의 일률을 a, b라 한다.)
일률 = $\dfrac{6}{걸린 시간}$
a = 3, b = 2

3) 작업량에 대한 식을 만든다. (혼자 마무리한 기간 t)
한 일 = 일률×걸린 시간

A기계 10대로 5일 동안 할 수 있는 일 = 10×a×5 = 50a = 150
걸린 시간 = $\dfrac{전체 일}{일률} = \dfrac{150}{2(a+b)} = \dfrac{150}{2 \times 5} = \dfrac{150}{10} = 15$

STEP 3. 정답
✓ ④ 15일

21 정답 ⑤

STEP 1. 유형파악 최대공약수 응용문제
STEP 2. 문제풀이 최대공약수를 구해 정답을 찾는다.

1) 최대공약수를 구한다.
타일의 개수가 자연수로 떨어져야 한다. 따라서 정사각형의 한 변의 길이는 교체해야 할 벽의 가로, 세로 길이의 약수여야 한다. 그리고 구입해야 하는 타일의 수를 최소화 하고 싶다고 하였으므로, 가로, 세로 길이의 약수 중에서 가장 큰 최대공약수가 정사각형의 변의 길이가 된다.
360cm, 200cm → 40×9, 40×5
따라서 최대공약수 40.

※ 최대공약수를 찾을 때는 360, 200을 둘 다 나눌 수 있는 적당한 수를 찾아 나눈다. 그리고 나눈 몫을 나눌 수 있는 적당한 수가 있다면 계속해서 나누고, 더 이상 나눌 수 없을 때까지 나누어서 최대공약수를 찾을 수 있다. 이 문제에서는 40으로 360과 200을 모두 나눌 수 있는 것이 쉽게 보이므로, 40으로 나눈 후 남아있는 9와 5를 둘 다 나눌 수 있는 1이 아닌 자연수가 더 없으므로 40이 최대 공약수가 된다.

360, 200
10×36, 10×20
10×4×9, 10×4×5
9와 5를 나눌 수 있는 수가 없으므로 10×4가 최대공약수이다.

2) 타일의 개수를 구한다.
최대공약수가 40이므로 가로, 세로 벽을 채우려면 9개, 5개의 타일이 필요하다.
따라서 9×5 = 45개의 타일을 구매해야 한다.

STEP 3. 정답
✓ ⑤ 45개

22 정답 ①

STEP 1. 유형파악 약수, 소인수분해 응용문제
STEP 2. 문제풀이 최소인수분해를 활용하여 풀 수 있다.

1) 문제이해
예시에 있는 수인 2031000 = 2031×10^3으로 표현할 수 있다. 이기 때문에 일의 자리에서 이어지는 0의 개수가 3개이다. 이렇게 10이 몇 번 곱해져있느냐가 일의 자리에서 이어지는 0의 개수를 말한다.
∴ 1×2×3×4×…×99×100 = N×10^x으로 표현이 될 때 x의 값이 무엇인지가 이 문제에서 묻는 내용이다.

2) 소인수분해를 활용하여 정답을 찾는다.
1×2×3×4×…×99×100 = $2^p×3^q×5^r$… 소인수분해하여 이렇게 나타낼 수 있다고 할 때, 소인수 각각의 지수인 p, q, r…의 크기는 p ≥ q ≥ r … 이다.
∴ 1×2×3×4×…×99×100 = $2^p×3^q×5^r$… = $N'×(2×5)^r = N'×10^r$ 이 된다.
즉 1×2×3×4×…×99×100에 5가 몇 번 곱해져 있는지 세면 정답을 찾을 수 있다.

3) 5의 지수인 r을 찾는다.
1~100에는 5의 배수가 100÷5＝20개 있고, 25의 배수가 100÷
25＝4개 있다.
따라서 1~100의 곱에는 5가 20＋4＝24번 곱해져 있는 것을 알 수
있다.

STEP 3. 정답
✓ ① 24개

23 정답 ③

STEP 1. 유형파악 약수를 성질을 활용한 문제
STEP 2. 문제풀이 약수에 대해 정확하게 이해하고 있어야 풀 수 있
는 문제이다.

1) 문제이해
처음에는 모두 꺼져있는 전구를 N번째 날 N의 배수의 번호를 달고
있는 전구의 스위치를 조작한다.
첫날에는 모든 전구를 켜고, 둘째 날에는 2의 배수인, 짝수 번호인
전구를 끈다.
셋째 날에는 3의 배수인 번호의 전구를 꺼져있는 전구는 켜고, 켜있
는 전구를 끄게 된다.

2) N번 전구를 조작하는 경우를 생각한다.
N번 전구는 N을 나눌 수 있는, N의 약수 번째인 날에 조작하게 된다.
18번 전구를 조작하는 날 : 1, 2, 3, 6, 9, 18번째 날에 조작한다. 18의
약수는 1×18, 2×9, 3×6처럼 서로 곱하여 18이 되는 짝으로 존재한
다. 따라서 대부분의 경우 약수의 개수가 짝수이고(소수인 경우에도
1과 자기 자신 둘 뿐이다.), 그럴 경우 전구를 켜고, 끄고 반복하여 결
국에는 전구가 꺼져있게 된다. 따라서 약수의 개수가 홀수일 때 최
종적으로 전구가 켜있게 된다.

3) 약수의 개수가 홀수인 수를 찾는다.
약수의 개수가 홀수이려면 어떤 수의 제곱수이어야 한다. 25의 약수
는 1, 5, 25. 3개이다.
따라서 1~100 사이의 제곱수의 개수를 구하면 정답이다.

STEP 3. 정답
✓ ③ 10개
➡ 100＝10^2이므로 1~100 사이에는 1~10의 제곱수가 있다. 따라서 10개.

24 정답 ③

STEP 1. 유형파악 연립방정식을 활용한 문제
STEP 2. 문제풀이 계단 높이에 대한 식을 만들어 연립한다.

1) A가 이긴 횟수를 a, B가 이긴 횟수는 b라 하자.
계단의 높이＝3×이긴 횟수－2×진 횟수
• A의 계단 높이 : 3×a－2×b＝19
• B의 계단 높이 : 3×b－2×a＝9

2) a를 구하는 문제이므로 b를 소거한다.
(3a－2b)×3＝19×3
→ 9a－6b＝57…(1)
(3b－2a)×2＝9×2
→ －4a＋6b＝18…(2)
(1)과 (2)를 더하여 b를 소거한다.

→ 9a－4a＝75
→ 5a＝75
→ a＝15

STEP 3. 정답
✓ ③ 15회
두 사람이 게임을 하여 이긴 사람은 3계단을 올라가고 진 사람은 2
계단을 내려온다. 따라서 한 번 게임을 할 때마다 두 사람의 계단 높
이의 합은 결과적으로 1계단 올라간 것이 된다. 게임이 끝나고 A는
19계단, B는 9계단 위에 있었으므로 처음보다 두 사람의 계단 높이
의 합이 28계단 올라갔다. 즉 두 사람은 28번 가위바위보를 한 것이
다. 그리고 A가 B보다 더 높이 올라갔으므로 A가 더 많이 이겼을 것
으로 추정할 수 있으므로 A는 15번 이상 이긴 것이 된다. 이렇게 선
택지는 ③~⑤으로 줄여 놓고 대입을 하여 정답을 찾을 수도 있는
문제이다.

25 정답 ③

STEP 1. 유형파악 사원수의 비율을 활용한 문제
STEP 2. 문제풀이 남녀사원의 수와 전체 사원의 수에 대한 비율을
활용한다.

1) 여자 사원수 : 남자 사원수 : 전체 사원수
• 6 : 7 : 6＋7
• 6 : 7 : 13

2) 사원수는 자연수임을 기억하자.
사람의 수는 소수나 분수로 나타낼 수 없으므로 사원수는 자연수이
다. 즉 여자 사원수는 6의 배수이고, 남자사원수는 7의 배수. 전체 사
원수는 13의 배수이다.

3) 전체 사원수로 가능한 선택지를 고른다.
전체 사원수는 13의 배수이므로, 선택지에서 13의 배수를 찾는다. 이
문제에서는 13의 배수가 ③ 260명밖에 없으므로 이것이 정답이다.
※ 13의 배수인 선택지가 2개이면, 둘 중 대입하여 확인해보기 쉬운
  숫자를 활용하고, 선택지가 3개이면 크기가 중간인 가운데 값을
  대입하여 정답을 찾는다. 비슷한 방법의 풀이가 다른 문제에 있
  으니 참고해보자.(연습문제 6번)

STEP 3. 정답
✓ ③ 260명

26 정답 ③

STEP 1. 유형파악 직사각형 테이블에 사원 6명을 배치하는 경우의 수
STEP 2. 문제풀이 순열의 기본 원리를 이용하여 경우의 수를 세어본다.
1) 6명을 배치하는 문제이므로 우선 기본 순열과 같이 생각하여 배
   열한다.
6명을 줄을 세우는 방법의 수 : 6!＝6×5×4×3×2×1＝720가지

2) 하나의 예시를 가지고 중복되는 경우의 수는 없는지 생각해본다.

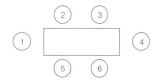

위와 같이 앉았을 경우 각각의 자리를 시계방향으로 옮겨가면서 중복되는 경우의 수가 있는지 찾아본다.

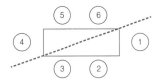

이렇게 점선을 기준으로 대칭형태가 되는 자리로 앉을 경우 경우의 수가 중복됨을 알 수 있다.
따라서 모든 경우의 수가 이처럼 두 번씩 중복된다.

3) 중복되는 것을 고려하여 경우의 수를 찾는다.
720÷2＝360가지

STEP 3. 정답
✓ ③ 360가지

27 정답 ⑤

STEP 1. 유형파악 크고 작은 사각형의 개수
STEP 2. 문제풀이 사각형을 특정할 수 있는 4개의 점을 찾는 원리로 개수를 구한다.

1) 하나의 사각형이 어떤 원리로 특정되는지 생각한다.
아래 그림은 3×3의 사각형에서 파란색으로 된 2×2 크기의 사각형이 특정되는 원리를 보여준다. A~D는 가로, 세로의 각 점의 좌표를 나타낸데. 2×2의 파란색 사각형은 가로로는 A~D 네 개의 점 중 B, D를 고르고, 세로로는 A~D 네 개의 점 중 A, C를 선택하면 아래의 그림과 같이 특정이 된다.

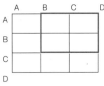

즉 어떤 사각형은 가로, 세로 각각의 점 중에서 각각 2개의 점을 특정하면 어느 사각형 하나가 결정되는 것이다. 따라서 3×3인 사각형 안에 있는 크고 작은 사각형의 개수는 가로 4개의 점 중에 2개를 고르는 경우의 수와 세로 4개의 점 중에 2개를 고르는 경우의 수의 곱이다.
→ $_4C_2 \times _4C_2 = 36$개

2) 문제로 돌아가 경우의 수를 생각해보자.
문제의 왼쪽 위 모서리, 아래 그림에서는 (A, A)가 비어 있다. 따라서 4×4의 그림에서 크고 작은 사각형의 개수를 모두 구한 다음, (A, A)를 반드시 포함하는 사각형의 개수를 빼면 된다. (여사건)

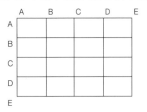

3) 경우의 수를 찾는다.
4×4의 사각형 안에 있는 크고 작은 사각형의 개수 : $_5C_2 \times _5C_2 = 10 \times 10 = 100$개
(A, A)를 반드시 포함하는 사각형의 개수는 (A, A)를 제외한 가로, 세로에서 하나의 점만을 특정하면 된다.
즉 $_4C_1 \times _4C_1 = 16$개
∴ $100 - 16 = 84$개

STEP 3. 정답
✓ ⑤ 84개

28 정답 ④

STEP 1. 유형파악 n개의 펜을 r명에게 나누어주는 경우의 수(중복조합)
STEP 2. 문제풀이 중복조합을 활용하여 푼다.

1) 문제이해
모두 적어도 하나의 펜을 받아야 하므로, 6명 모두에게 펜을 하나씩 준다. 이제 남아 있는 5개의 펜을 6명의 사람에게 나누어주는 경우의 수를 찾으면 된다. (누군가에게 여러 개의 펜을 주어도 되고, 누군가에겐 펜을 주지 않아도 된다.) 이런 경우의 수는 중복조합을 활용하여 푼다.
※ 중복조합 : n개의 펜을 r명에게 나누어주는 경우의 수 = $_{n+r-1}C_{r-1}$

2) 5개의 펜을 6명에게 나누어 주는 경우의 수
$_{5+6-1}C_{6-1} = _{10}C_5 = 10 \times 9 \times 8 \times 7 \times 6 \div 5 \div 4 \div 3 \div 2 \div 1 = 252$

※ 중복조합의 원리.
아래의 그림과 같이 5개의 별모양과 5개의 막대기(bar)를 10칸의 박스 안에 넣는 경우의 수를 생각해보자.

이때 막대기에 5개에 의해서 공간이 여섯 개로 구분된다.

각각의 공간에는 별이 2개, 1개, 1개, 1개, 0개, 0개로 나뉘었다. 이를 6명의 사람에게 5개의 별을 나누어 주는 경우로 생각해보자. 막대기 5개로 6개의 공간이 구분되므로, 이 공간 안에 있는 별의 개수를 6명이 각각 2개, 1개, 1개, 1개, 0개, 0개로 나누어 받았다고 볼 수 있다. 따라서 10개의 칸 중 5개의 칸에 막대기를 넣고, 나머지 칸에 별을 넣으면 6명의 사람에게 5개의 별을 나누어주는 경우를 셀 수 있으므로, 이 경우의 수는 $_{10}C_5$가 된다.
※ 막대기의 개수는 n개의 공간으로 구분하려면 (n-1)개이다.

이를 일반화 하여 공식으로 바꾸면 n개의 물건을 r명에게 나누어 주기 위해서는 n+r-1칸의 박스 안에 r-1개의 막대기를 넣는 경우의 수와 같으므로 중복조합의 공식인 $_{n+r-1}C_{r-1}$와 같다.

STEP 3. 정답
✓ ④ 252가지
이런 방식으로 모든 경우의 수 문제를 풀 때마다 적용되는 공식의 원리를 이해하면 가장 좋겠지만, 그렇기에는 공부해야 하는 양에 비해서 출제 비중이 적다. 따라서 빈출 유형 위주로 준비하고, 중복조합의 경우는 공식을 암기하는 것도 좋다.

29 정답 ④

STEP 1. 유형파악 확률의 합 법칙, 곱 법칙을 활용한 문제
STEP 2. 문제풀이 경우의 수를 먼저 찾고, 확률을 구한다.

1) 문제이해
흰 공과 검은 공이 두 주머니에서 하나씩 나오는 경우이므로, A주머니에서 흰 공, B주머니에서 검은 공이 나오는 경우와 A주머니에서 검은 공, B주머니에서 흰 공이 나오는 경우를 각각 생각한다.

2) 각각의 경우에 따른 확률을 구한다.
A주머니에서 흰 공, B주머니에서 검은 공이 나올 확률 : $\frac{4}{7} \times \frac{3}{5}$, 각각의 주머니에서 흰 공, 검은 공이 나올 확률은 $\frac{4}{7}$, $\frac{3}{5}$.이지만, 각각의 사건이 독립이고(서로 영향을 주지 않고), 동시에 일어난다(곱 법칙). 따라서 동시에 일어날 확률은 두 확률의 곱이다.
A주머니에서 검은 공, B주머니에서 흰 공이 나올 확률 : $\frac{3}{7} \times \frac{2}{5}$

3) 두 사건은 동시에 일어날 수 없는 경우이므로 두 확률을 더한다.
(합 법칙).
$\frac{4}{7} \times \frac{3}{5} + \frac{3}{7} \times \frac{2}{5} = \frac{18}{35}$

STEP 3. 정답
✓ ④ $\frac{18}{35}$

30 정답 ①

STEP 1. 유형파악 조건부 확률을 이용한 문제
STEP 2. 문제풀이 전체 신규 사원의 수를 가정하여 푼다.

1) 문제이해
A 중 B의 비율=A가 일어났을 때의 B가 일어날 확률 : 조건부 확률이다. 이 경우, 전체 수를 가정하여 푼다. 문제에 나온 비율을 전부 분수로 통일한다.
40%, 36%, $\frac{7}{12}$ ➡ $\frac{2}{5}$, $\frac{9}{25}$, $\frac{7}{12}$

2) 각각의 비율의 분모의 적당한 공배수로 전체 수를 가정한다.
5, 25, 12의 공배수 : $25 \times 12 = 300$. 즉 신규 채용 전체 인원을 300명이라고 가정한다.

3) 표를 만들어 빈칸을 채운다.

	남자	여자	계
신입	87	105	192
경력	33	75	108
계	120	180	300

채용한 사원 중 남자 사원은 전체의 40%이므로 $300 \times 0.4 = 120$명, 따라서 여자는 180명

채용한 사원 중 경력직은 36% : $300 \times \frac{9}{25} = 108$명, 따라서 신입은 192명

신규 채용 여자 중 신입사원은 $\frac{7}{12}$: $180 \times \frac{7}{12} = 105$명, 이제 나머지 빈칸을 모두 채울 수 있다.

STEP 3. 정답
✓ ① $\frac{11}{40}$

신규 채용 남자 중 경력직의 비율 : 120명 중에 33명 $= \frac{33}{120} = \frac{11}{40}$

31 정답 ③

STEP 1. 유형파악 점화식을 이용한 문제
STEP 2. 문제풀이 각 항의 관계를 찾아 풀어보자

1) 문제이해
계단을 오르는 방법은 1칸 오르는 방법과, 한번에 2칸 오르는 방법 총 2가지이다. 이 두 가지 방법을 이용하여 5칸의 계단을 오르는 방법의 수를 찾는 문제이다.

2) 계단을 오르는 방법을 각 항의 관계를 통해 알아보자. (n칸의 계단을 오르는 방법의 수를 A_n라고 하자.)
n번째 계단을 오르는 방법은 n−1번째 계단에서 1칸 올라가는 방법과 n−2번째 계단에서 한번에 2칸 오르는 방법이 있다. (n−2번째 계단에서 1칸+1칸으로 오르는 방법은 n−1번째 계단에서 1칸 올라가는 경우와 같다.)
즉 n번째 계단을 오르는 방법의 수는 n−1번째 계단을 오르는 방법의 수와 n−2번째 계단을 오르는 방법의 수의 합과 같다.
$A_n = A_{n-1} + A_{n-2}$ (피보나치 수열과 같다.)

3) A_5를 구하자.
1번째 계단을 오르는 방법의 수 : $A_1 = 1$ (1칸)
2번째 계단을 오르는 방법의 수 : $A_2 = 2$ (1칸+1칸, 2칸)
3번째 계단을 오르는 방법의 수 : $A_3 = A_2 + A_1 = 2 + 1 = 3$
4번째 계단을 오르는 방법의 수 : $A_4 = A_3 + A_2 = 3 + 2 = 5$
5번째 계단을 오르는 방법의 수 : $A_5 = A_4 + A_3 = 5 + 3 = 8$

STEP 3. 정답
✓ ③ 8가지
이 문제는 시중의 문제집에서 보기 힘든 문제이다. 이 특정 문제 유형이 시험에 나올 확률은 아주 낮지만, 흔하지 않은 문제를 소개하는 데 의미를 두겠다. 빈출 유형은 여러 다른 책에서도, 그리고 인터넷 자료에서도 쉽게 볼 수 있기 때문이다.

32 정답 ④

STEP 1. 유형파악 교란순열 문제
STEP 2. 문제풀이 교란순열에 대해 이해하고 풀어보자.

1) 문제이해
A~D 네 사람이 가져온 우산을 각각 a~d라고 하고 (A, b)를 A가 B가 가져온 우산b를 가져간 경우라고 보자.
네 사람이 자기 것이 아닌 다른 사람의 것을 가져가는 경우이므로

(A, a), (B, b), (C, c), (D, d)의 쌍이 안 나오도록 하면 되는 문제이다. (이런 특정 경우를 교란순열 또는 완전순열이라고 한다.)

2) 교란순열의 각항의 관계를 알아보자. (n명의 사람이 각자 자신의 것이 아닌 n개의 물건을 나누어 가져가는 경우의 수를 라고 하자.)
$A_1 = 0$ 한 명이 자기 우산을 가져가지 않는 경우의 수 : 0
$A_2 = 1$ 두 명이 자기 우산을 가져가지 않는 경우의 수 : [(A, b), (B, a)]
$A_3 = 2$ 두 명이 자기 우산을 가져가지 않는 경우의 수 : [(A, b), (B, c), (C, a)], [(A, c), (B, a), (C, b)]
$A_n = (n-1) \times (A_{n-1} + A_{n-2})$
n 명이 자기 우산을 가져가지 않는 경우의 수

3) A_4를 구하자.
$A_4 = 3 \times (A_3 + A_2) = 9$

STEP 3. 정답
✓ ④ 9가지
위 문제와 마찬가지로 자주 보기 어려운 문제이다. 하지만 출제될 가능성이 없지는 않기 때문에 한번 정도 알아둘 문제이다. (이 문제의 경우 외우는 것이 이해하는 것보다 더 현명하다고 생각한다. A_6, A_7 … 등 5번째 항을 넘는 항들은 절대 물어보지 않는다. 나온다면 A_4나 A_5만 나올 것이다. $A_4 = 9$, $A_5 = 44$이므로 (교란순열944)으로 암기.

33 정답 ⑤
STEP 1. 유형파악 경우의 수 문제
STEP 2. 문제풀이 지불 가능한 금액의 경우의 수를 구해보자.

1) 문제이해
10, 50, 100, 500 등 단위가 다른 동전을 활용하여 지불 가능한 금액을 만드는 문제
10원이 5개 있으면 50원짜리 1개의 가치와 같지만, 이런 식으로 단위가 작은 화폐로 단위가 큰 화폐를 대신할 수 없는 문제이다. (10원은 3개, 50원은 2개, 100원은 2개뿐이므로 바로 위 단위의 화폐를 대신할 수 없다.)

2) 경우의 수를 세어보자.
각각이 서로 독립이고(영향을 주지 않고), 동시에 일어날 수 있으므로(곱 법칙)를 고려하여 경우의 수를 센다.
10원짜리 3개의 경우, 모두 사용하지 않는 경우, 1개만 사용하는 경우, 2개를 사용하는 경우, 3개 다 사용하는 경우로 총 4가지 사용 방법이 있다. (→ n개의 경우 n+1가지의 사용 방법이 있다.)
따라서 50원은 2가지, 100원은 3가지, 500원은 2가지 사용 방법이 있다.
총 사용 방법의 수 : 4×2×3×2=48가지
모두 사용하지 않는 경우 0원으로 지불 가능한 경우가 아니므로 1가지를 제외해야 한다.
지불할 수 있는 금액의 경우의 수 : 48−1=47가지

STEP 3. 정답
✓ ⑤ 47가지

34 정답 ①
STEP 1. 유형파악 확률과 경우의 수를 모두 활용하는 문제

STEP 2. 문제풀이 각각이 일어날 확률과 각각이 일어나는 경우의 수를 구하여 계산한다.

1) 문제이해
남아 있는 5문제 중에서 찍어서 2문제 이상을 맞히면 합격하고, 그렇지 못하면 떨어지게 된다.
2문제 이상 맞히는 경우는 2문제, 3문제, 4문제, 5문제를 각각 맞히는 경우를 모두 생각해야 하므로 계산식이 길어진다. 따라서 여사건으로 생각하자. 불합격할 경우는 모두 틀리거나, 1문제만 맞힐 경우이다.

2) 각각이 일어날 확률을 구한다.
모두 틀릴 확률 : 한 문제를 틀릴 확률이 $\frac{3}{4}$이므로 이것의 거듭 제곱으로 나타난다. ∴ 모두 틀릴 확률 $= (\frac{3}{4})^5$

한 문제만 맞힐 확률 : 한 문제는 맞히고($\frac{1}{4}$), 나머지는 모두 틀린다
$(\frac{3}{4})$ ∴ $\frac{1}{4} \times (\frac{3}{4})^4$

3) 각각이 일어날 경우의 수를 구한다.
모든 문제를 틀리는 경우의 수 : 1가지
한 문제만 맞히는 경우의 수 : 5문제 중 하나를 고른다. $_5C_1 = 5$가지.

4) 여사건을 이용해 정답을 구하자.
합격할 확률 = 1 − 불합격할 확률
$= 1 - \{(\frac{3}{4})^5 + 5 \times \frac{1}{4} \times (\frac{3}{4})^4\} = 1 - \frac{81}{128} = \frac{47}{128}$

STEP 3. 정답
✓ ① $\frac{47}{128}$

35 정답 ⑤
STEP 1. 유형파악 같은 것이 중복되는 경우의 순열
STEP 2. 문제풀이 중복순열을 이용하여 계산한다.

1) 문제이해
8개의 문자를 배열하는데, B 4개와 C 3개가 중복된다. 그럴 경우 B끼리, C끼리 자리를 바꾸어도 같은 경우가 된다.

2) 우선 중복을 생각하지 않고 순열로 경우의 수를 구하자.
8개의 문자의 순서를 배열하는 경우의 수 : 8!

3) 중복되는 경우를 생각한다.
ACCBBCBB와 같은 예시에서 B 4개를 서로 자리를 바꾸거나, C 3개를 서로 자리를 바꾸어도 같은 문자이다. 즉 중복되는 경우.
하나의 예시에 중복되는 경우의 수 : 4!×3!

4) 중복되는 경우를 생각하여 전체 경우의 수를 계산하자.
중복 없이 배열할 수 있는 모든 경우의 수 : $\frac{8!}{4! \times 3!} = 280$가지

STEP 3. 정답
✓ ⑤ 280가지
이렇게 중복되는 것들을 일렬로 배열하는 것을 중복순열이라고 한다.

36 정답 ②

STEP 1. 유형파악 부등식의 풀이
STEP 2. 문제풀이 부등식을 만들어 적절한 해를 찾는다.

1) 20~40의 단체 할인과, 40명 단체 할인의 가격을 각각 식으로 만든다. (N명일 때의 입장권 가격을 구하자.)
20~40의 단체 가격(10% 할인) : $800 \times 0.9 \times N$
40명의 입장권을 사는 경우(20% 할인) : $800 \times 0.8 \times 40$

2) 부등식을 만든다. (40명의 입장권을 사는 것이 유리하다는 말은 40명의 입장권을 사는 것이 더 싸다는 말이다.)
$800 \times 0.9 \times N > 800 \times 0.8 \times 40$
$\rightarrow N > \dfrac{0.8 \times 40}{0.9} = \dfrac{320}{9} = 35.555\cdots$

3) N은 자연수임을 생각하여 정답을 찾는다.
$N > 35.555\cdots$
N이 자연수 이므로 N=36일 때부터 40명의 입장권을 사는 것이 유리하다.　∴ N=36

STEP 3. 정답
✓ ② 36명
이 문제와 같이 부등식을 세울 때, '유리하다', '불리하다'라는 표현이 자주 나온다. 이때 그 말이 의미하는 것이 무엇인지, 부등호의 방향을 정확하게 설정하고 풀어야 한다.

37 정답 ③

STEP 1. 유형파악 알코올의 농도 계산
STEP 2. 문제풀이 가중평균을 활용하여 계산한다.
※ 가중평균을 활용한 풀이가 훨씬 용이하므로 가중평균만 이용하여 풀어보겠다.

1) 문제에서 섞는 용액들을 정리하여 구조를 보자.
96%, 6L인 알코올 용액에서 일부(X만큼)를 덜어내고 그 만큼 물을 넣은 다음, 다시 덜어낸 용액을 섞었다.
96%, (6−X)L의 알코올 + X(L)의 물 + 96%, X(L)의 알코올 = 96%, 6L의 알코올 + X(L)의 물
이렇게 보면 단순히 물과 알코올을 섞은 문제가 된다.

2) 가중평균을 활용하여 X를 구하자.
※ 가중평균은 항상 A+B=C의 구조를 찾는 것에서 시작한다.
(96%, 6L의 알코올) + (0%, X의 순수한 물) = 72%의 알코올

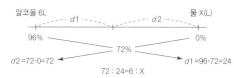

$\therefore X = 2$

STEP 3. 정답
✓ ③ 2L
덜어낸 만큼 물을 넣었으므로, 물의 양과 덜어낸 알코올 용액의 양은 같다.

38 정답 ②

STEP 1. 유형파악 확률를 구하는 문제
STEP 2. 문제풀이 각각이 일어날 확률을 구해 곱 법칙을 이용하여 정답을 찾는다.

1) 문제이해
각각이 비기고, 이기고, 질 확률은 모두 $\dfrac{1}{3}$으로 같다.
그리고 각각의 가위바위보 시행은 서로 독립이므로 곱 법칙을 활용한다.

2) 확률을 계산한다.
첫 판은 비기고, 두 번째는 A가, 세 번째는 B가 이길 확률 :
$\dfrac{1}{3} \times \dfrac{1}{3} \times \dfrac{1}{3} = \dfrac{1}{27}$

STEP 3. 정답
✓ ② $\dfrac{1}{27}$

39 정답 ②

STEP 1. 유형파악 평균점수에 대한 방정식 계산
STEP 2. 문제풀이 방정식 또는 가중평균을 활용하여 정답을 찾는다.

1) 방정식 풀이(불합격자 평균을 기준으로 다른 점수가 표현되고 있으므로 불합격한 사람의 평균을 X라 하자.)
합격자 평균 : 2X−30
전체 응시자 평균 : X+10
전체 응시자 총점 = 합격자 총점 + 불합격자 총점
$\rightarrow 30 \times (X+10) = 10 \times (2X-30) + 20X$
$\rightarrow 30X + 300 = 20X - 300 + 20X$
$\rightarrow -10X = -600$
$\rightarrow X = 60$
∴ 전체 응시자 평균 X+10 = 60 + 10 = 70

2) 가중평균을 활용하여 X를 구하자.
※ 가중평균은 항상 A+B=C의 구조를 찾는 것에서 시작한다.
(합격자) + (불합격자) = 전체 평균
합격자와 불합격자의 비율이 1:2 이므로, 전체 평균과 합격자, 불합격자 평균사이의 거리는 2:1이다.
합격자 평균 − 전체 평균 : 전체 평균 − 불합격자 평균 = ? : 10 (2:1 이므로)
? = 20
∴ 합격자 평균 = 전체 평균 + 20 = (X+10) + 20 = X+30
X+30 = 2X−30
X = 60
∴ 전체 응시자 평균 X+10 = 60 + 10 = 70

STEP 3. 정답
✓ ② 70점

40 정답 ②

STEP 1. 유형파악 거리 · 속력 · 시간 + 구간왕복
STEP 2. 문제풀이 기본 공식을 활용하여 계산한다.

1) 미지수를 설정하여 연립방정식을 만든다.
A의 속력 : X, B의 속력 : Y
• 같은 방향(두 사람의 이동거리의 차가 한 바퀴) : 3X－3Y＝30
• 다른 방향(두 사람의 이동거리의 합이 한 바퀴) : 0.5X＋0.5Y＝30

2) A의 속력 X를 구하므로 Y를 소거한다.
• 3X－3Y＝30
• 6×(0.5X＋0.5Y)＝6×30
→ 3X＋3Y＝180
→ 6X＝210
→ X＝35

3) 42km를 가는 데 걸리는 시간을 구한다.
$\frac{42}{35} = \frac{6}{5} = $ 1시간 12분

STEP 3. 정답
✓ ② 1시간 12분

Ⅱ. 자료해석

01	02	03	04	05
④	⑤	④	③	②
06	07	08	09	10
⑤	②	①	③	③
11	12	13	14	15
③	③	⑤	②	③
16	17	18	19	20
②	①	②	④	②
21	22	23	24	25
①	⑤	④	④	④
26	27	28	29	30
⑤	③	③	④	②
31	32	33	34	35
⑤	②	⑤	⑤	⑤
36	37	38	39	40
④	②	③	④	①
41	42	43	44	45
④	③	②	②	③

01 정답 ④
STEP 1. 유형파악 꺾은선 그래프와 표로 구성된 자료해석 문제
STEP 2. 문제풀이 자료의 구조를 파악한 후 선택지를 적절한 순서대로 확인한다.

1) 자료의 구성을 파악한다.
〈그림〉 연도별로 연도말 부채잔액, 연간 차입액이 나온 자료
〈표〉 연도별 지급이자, 통행료 수입, 도로 길이가 나온 자료
각주에 계산식이 있으므로 이를 활용한 내용이 나올 것이다.

2) 보기를 확인하기 쉬운 내용부터 체크 (※ 특별히 복잡한 선택지가
없다면 그냥 순서대로 확인한다.)
ㄱ. $\frac{통행료 \ 수입}{유료도로 \ 길이}$ 이 매년 증가하는지 비교 : (×)
필요한 자료가 〈표〉에서 아래와 같이 나와 있는데, 그대로 유료도로
길이를 분모로, 통행료 수입을 분자로 보자. 따로 식을 쓰지 않아도
된다. 증가량 비교법을 활용하기 위해 전년대비 증가량을 옆에 바로
적어 비교해보자. (근삿값으로 계산하였다.)

구분 \ 연도	1998		1999		2000		2001		2002
통행료 수입	1,264	180	1,443	240	1,687	140	1,826	375	2,200
유료도로 길이	1,893	5	1,898	8	1,996	45	2,041	560	2,600

파란색 부분과 그 왼쪽에 있는 숫자를 분수비교를 해보면,
1999~2001년은 파란색 부분이 훨씬 큰 것을 알 수 있다. 따라서
2001년까지는 명백히 증가했다. 2001년과 2002년을 비교하면 로
2001년도 값은 0.9보다 약간 작은 값이지만, 2002년은 0.7보다도 작

은 값이므로 2001년도 값이 더 크다. 따라서 2002년에는 유로도로 1km 당 통행료 수입이 감소하였다.

ㄴ. 분수비교, 증가율 비교법을 활용하자. : (○)

	2011	2012
지급이자	926	953
부채잔액	12430	14398

분모의 증가율 : $14398 - 12430 ≒ 2000$, $\frac{2000}{12430} ≒ 16\%$

분자의 증가율 : $953 - 926 = 27$, $\frac{27}{926} ≒ 3\%$

※ 3%를 구해도 좋지만, 16%보다 작다는 것은 계산을 직접 하지 않아도 알 수 있다. 따라서 분모의 증가율보다 분자의 증가율이 작으므로, 전체적으로 분수의 크기는 작아졌다고 할 수 있다.

ㄷ. 통행료 수입의 증가율 비교 : (×)
ㄱ에서 살펴본 표를 같이 보자. ㄱ을 보면서 통행료 수입의 증가량을 써두었기 때문에 바로 확인가능하다.

구분\연도	1998	1999	2000	2001	2002
통행료 수입	1,264	180	1,443	240	1,687	140	1,826	375	2,200

증가율을 대략 어림 계산 해보면 2002년 값이 $\frac{375}{1826} ≒ 20\%$인데, 다른 값들 중 20%에 가까운 값이 하나도 없기 때문에 2002년의 증가율이 가장 크다는 것을 알 수 있다.

ㄹ. 각주의 식을 활용하여 계산 : (○)
원금상환액 + 지급이자 = (전년도말 부채잔액 − 당해연도말 부채잔액 + 당해연도 연간차입액) + 지급이자.
$= 12430 - 14398 + 3847 + 953 ≒ -2000 + 4800 = 2800 > 2200$ (통행료 수입)

STEP 3. 정답
√④ ㄴ, ㄹ
이 문제에서는 분수비교법을 증가량 비교법과 증가율 비교법 모두 사용하였다. 해당 문제를 복습하면서 두 가지 비교법을 잘 숙지하자.

02 정답 ⑤
STEP 1. 유형파악 꺾은선 그래프로 구성된 자료해석 문제
STEP 2. 문제풀이 자료의 구조를 파악한 후 선택지를 적절한 순서대로 확인한다.

1) 자료의 구성을 파악한다.
〈그림〉 A~C사의 연도별 매출액
각주에서 매출액으로 시장규모와 점유율을 산정한다고 하였으므로 매출액이 클수록 시장규모와 점유율이 크다고 보면 된다.

2) 보기를 확인하기 쉬운 내용부터 체크 (※ 특별히 복잡한 선택지가 없다면 그냥 순서대로 확인한다.)
ㄱ. 시장규모 = 매출액으로 보아 '갑'제품의 전체 매출액이 증가하는지 파악 : (×)
꺾은선 그래프의 변화를 보고 전체 매출액이 증가하였는지 판단하는 내용이다. 2006년도에서 2007년도가 되면서 A사와 C사는 각각 증가, 감소하였는데 그 수치가 크게 차이가 나지 않는다. 그런데 같은

기간 B사의 매출액은 그보다 더 감소한 것을 알 수 있다. 따라서 전체적으로 매출액이 감소했다고 할 수 있다. 즉 시장규모가 작아졌다.
※ 꺾은선 그래프는 시간의 흐름에 따라 어떻게 바뀌었는지 추세를 잘 보여주는 자료이다. 그리고 자료의 값 또한 아주 세밀한 자료가 아니라 그래프로 대충 짐작해야 하므로 매출액 숫자를 가지고 계산하여 확인하는 것이 아니라 그래프의 그림을 가지고 적절히 추론해야 하는 문제이다.

ㄴ. B사의 시장 점유율 = $\frac{\text{B사의 매출액}}{\text{A, B, C사 전체의 매출액}} × 100\%$: (○)

ㄱ을 확인하면서 본 내용과 같이, 2004~2007년 동안 대체로 A, C사의 매출액은 증가했고, 2007년도 역시 C사의 매출액 감소량보다 A사의 매출액 증가량이 더 크므로, A, C사의 매출액의 합은 2004년부터 매년 증가하였다. 반면 같은 기간 B사의 매출액은 매년 감소하고 있다. B사의 시장 점유율을 아래와 같이 보면,

B사의 시장 점유율 = $\frac{\text{B사의 매출액}}{\text{B사의 매출액} + (\text{A, C사의 매출액 합})} × 100\%$

결국 전체(A, B, C사의 매출액의 합)에서 B사의 매출액이 차지하는 비중이 계속 줄어드는 것을 알 수 있으므로 B사의 시장점유율은 매년 하락하였다.

ㄷ. 2003년 A사의 점유율의 전년대비 증감여부 (○)
B, C사의 매출액은 2003년 각각 전년대비 감소하였고 오직 A사만 매출액이 증가하였다. 따라서 A사의 시장 점유율이 증가하였다.

※ A사의 시장 점유율 = $\frac{\text{A사의 매출액}}{\text{A사의 매출액} + (\text{B, C사의 매출액 합})} × 100\%$

ㄹ. C사의 점유율 증감 여부 (○)
마찬가지이다. 1999~2002년 사이에 A사와 B사의 변화와 비교하여 C사는 급격히 매출액이 증가하였다. 반면 2003년에는 C사가 눈에 띄게 매출액이 급감하였다. 따라서 C사의 점유율은 보기의 내용과 같이 1999~2002년에는 증가하고, 2003년에는 하락했다고 해석할 수 있다.

STEP 3. 정답
√⑤ ㄴ, ㄷ, ㄹ
문제를 같이 풀어보면 알겠지만, 정확한 계산을 통해서 점유율이나 시장규모를 확인하라는 문제가 아니다. 자료해석이라는 유형의 문제는 자료와 수치에 대한 감각과 해석능력을 보는 문제이지, 문제를 푸는 사람에게 기계처럼 산수를 하는지 묻는 문제 유형이 아니라는 것을 꼭 이해하자.

03 정답 ④
STEP 1. 유형파악 표로 구성된 자료해석 문제
STEP 2. 문제풀이 자료의 구조를 파악한 후 선택지를 적절한 순서대로 확인한다.

1) 자료의 구성을 파악한다.
〈표〉 학교급별, 학교 수, 학교당 학급 수, 학급당 시수, 학급당 학생 수, 학급당 교원 수, 교원당 학급수가 나온 자료이다. A당 B의 수로 된 항목이 많다. 따라서 이를 활용한 계산이 나올 가능성이 큰 문제이다.

2) 보기를 확인하기 쉬운 내용부터 체크 (※ 특별히 복잡한 선택지가 없다면 그냥 순서대로 확인한다.)
ㄱ. 학교급별 학생 수를 구해 그 차이를 비교 : (○)
총 학생 수 = 전체 학교 수 × 학교당 학급 수 × 학급당 학생 수

※ A당 B = $\frac{B}{A}$를 활용하여 식을 만들 수 있다.

학교급	전체 학교 수	학교당 학급 수	학급당 학생 수	학생 수	계산 값
초등학교	150	30	32	150×30×32	144000
중학교	70	36	35	70×36×35	88200
고등학교	60	33	32	60×33×32	63360

진한 파란색 부분의 숫자들은 각기 10~20%의 차이가 대동소이하지만, 연한 파란색으로 표시한 부분의 차이는 2배 이상이다. 따라서 초등학교와 중학교의 학생 수 차이가 중고등학교의 학생 수 차이보다 클 것이라는 것을 알 수 있다.

※ 계산 값을 써두었지만, 실제로 이런 계산을 모두 하면 제시간에 풀 수 없는 시험이고, 이런 계산을 정확하게 해야 할 필요도 없는 시험이다.

ㄴ. 학교급별 교원 수를 구해 초등학교의 교원 수와 중, 고교 교원 수의 합을 비교 : (×)

총 교원 수 = 전체 학교 수 × 학교당 학급 수 × 학급당 교원 수

학교급	전체 학교 수	학교당 학급 수	학급당 학생 수	학생 수	계산 값
초등학교	150	30	1.3	150×30×1.3	5850
중학교	70	36	1.8	70×36×1.8	4536
고등학교	60	33	2.1	60×33×2.1	4158

초등학교 교원 수 - (중학교 교원 수 + 고등학교 교원 수) = 150×30 ×1.3 - (70×36×1.8 + 60×33×2.1)
≒ 150×30×1.3 - (70×36×1.8 + 60×36×1.8) = 150×30×1.3 - 130×36×1.8 = 150×30×1.3 - 130×1.2×30×1.8
= 150×30×1.3 - 156×30×1.8 < 0 ∴ 초등학교 교원 수가 중고등 학교 교원 수보다 작다.

※ 진한 파란색 : 36×1.8과 33×2.1은 차이가 크지 않은 비슷한 값 이므로 33×2.1을 36×1.8로 치환하여 계산하였다. (36×1.8 < 33 ×2.1)

※ 그 뒤에 연한 파란 부분은 36을 1.2×30로 1.2를 130에 곱해주면 마지막 식이 된다. 그러면 두 항을 비교해 볼 때, 중고등학교 교 원 수를 나타내는 항이 곱셈을 구성하는 모든 숫자가 크기 때문 에 더 이상 계산하지 않아도 해당 식이 음수가 나오는 것을 알 수 있다.

ㄷ. 초, 중학교의 주간 수업시수 비교 : (○)

주간 수업시수 = 전체 학교 수 × 학교당 학급 수 × 학급 당 주간 수업 시수

∴ 초등학교 주간 수업시수, 학교 주간 수업시수 대소비교 :
150×30×28 70×36×34 → 15×30×28 7×36×34 → 15×30×4 36×34 → 60×30 > 36×34

※ 최대한 두 식을 간단하게 바꾸고, 쉽게 비교할 수 있는 상태에서 대소비교를 한다.

ㄹ. 교원 당 주간 수업 시수 = 학급당 주간 수업시수 ÷ 학급당 교원 수 : (○)

고등학교 교원 당 주간 수업 시수 = 35 ÷ 2.1 = 16.666… < 17

STEP 3. 정답
✓ ④ ㄱ, ㄷ, ㄹ
어떤 값을 구하는 식을 주지 않아도 자료의 값을 활용해 직접 찾아 야 하는 경우가 있으니 연습해두자.

04 정답 ③

STEP 1. 유형파악 표로 구성된 자료해석 문제
STEP 2. 문제풀이 자료의 구조를 파악한 후 선택지를 적절한 순서대

로 확인한다.

1) 자료의 구성을 파악한다.
〈표〉 산업부문과 가계부문의 온실가스 종류별 배출량의 연도별 자료

2) 선택지를 확인하기 쉬운 내용부터 체크 (※ 특별히 복잡한 선택지 가 없다면 그냥 순서대로 확인한다.)

① 2011년의 SF6 배출량에서 15%를 빼준 후 2014년도 값과 비교한 다. : (○)
→ 이론 파트의 특정 비율을 찾는 표를 참고하자. 15%는 10% + 10% ÷2를 활용해서 찾는다.
8928의 15% ≒ 893 + 893÷2 ≒ 893 + 447 = 1340
8928 - 1340 = 7588 < 7767
∴ 즉 2011년도 값이 15% 감소한 것보다 2012년도 값이 더 크므로, 2012년도의 감소율은 15% 이하이다.

② 2012년 가계부문의 CH4의 전년 대비 감소율을 보고, 그보다 더 감소율이 큰 것이 있는지 체크한다. : (○)

물질	2011	2012	감소량	감소율
CH4	435	373	435 - 373 = 82	19% ↓

→ 감소량이 82이고 435×0.2 = 87 이므로 감소율이 대략 19%보다 작다.

※ 비율을 계산할 때 적당히 어림 계산하는 연습을 꾸준히 하자.
20% 언저리로 감소한 다른 항목이 있는지 찾는다. 눈으로 훑어보면 20% 언저리로 감소한 항목이 없다는 것을 알 수 있으므로 맞는 선 택지이다.

※ 비율계산 연습을 꾸준히 해서 이렇게 눈으로만 보면서 어느 정도 의 차이는 비교할 수 있어야 한다. 이렇게 눈으로 체크하는 것이 어렵다면 자료해석에 나오는 모든 자료 값들의 10%, 20%, 30% 등의 자주 나오는 비율을 계산해보자. 모든 숫자를 다 계산해서 풀 수는 없다. 눈으로 어느 정도 비슷한 후보를 추릴 수 있어야 하고, 그 후보들은 조금 더 자세히 비교해본다는 생각으로 접근 하자.

③ 산업 부문 전체에서 CO2가 차지하는 비율을 비교한다. 증가량 비교법을 활용해보자. (근사치로 계산) : (×)

물질	2011	2012		2013	
산업 CO2	564,277	7000	571,155	10000	581,147
산업 합계	620,863	8300	629,149	10000	639,596

증가량을 근사치로 증가량 비교법을 해보면,

$\frac{571,155}{629,149} < \frac{10000}{10000}$ 이므로 2013년은 2012년도보다 증가한 것을 알 수 있다.

$\frac{564,277}{629,149} > \frac{7000}{8300} = \frac{56000}{66400}$ 이므로 2012년은 전년대비 감소한 것 을 알 수 있다.

④ 가계부문의 배출량 합계를 비교해보면, 매년 감소한 것을 알 수 있다. : (○)

⑤ 산업부문의 HFCs의 증감 추이를 정리하여 다른 항목과 비교한 다. : (○)
→ 아래와 같이 화살표로 정리하여 다른 항목 중 같은 것이 있는지 체크한다.

물질	2011	2012		2013	
산업 HFCs	7,907	↑	8,694	↓	8,095
산업 CH4	25,617	↑	25,731	↓	25,639

산업 부문의 CH4만 HFCs와 같은 증감 추이를 보이므로 맞는 내용이다.

STEP 3. 정답
✓ ③ 산업부문 전체 온실가스 배출량에서 CO2가 차지하는 비율은 매년 증가하였다.

05 정답 ②

STEP 1. 유형파악 표로 구성된 자료해석 문제
STEP 2. 문제풀이 자료의 구조를 파악한 후 선택지를 적절한 순서대로 확인한다.

1) 자료의 구성을 파악한다.
〈표〉 종사자 규모별, 연도별 기업 수와 교역액이 수출, 수입으로 구분되어 정리된 자료

2) 선택지를 확인하기 쉬운 내용부터 체크 (※ 특별히 복잡한 선택지가 없다면 그냥 순서대로 확인한다.)
① 전체 기업 수가 계로 나와 있으므로 쉽게 확인 가능한 선택지이다. : (○)
➡ 간단한 항목의 증감추세를 묻기 때문에 눈으로만 읽으며 확인한다.
② 종사자 250인 기업의 연도별 수출액 – 수입액을 확인한다. : (×)
➡ 수출액과 수입액 각각의 증감량을 체크한다.(근사치로 계산한다.)

| 유형 | 2014 | 2015 | | 2016 |
	교역액	변화량	교역액	변화량	교역액
수출	452,758	− 35000	417,517	− 30000	388,460
수입	373,793	− 90000	286,891	− 26000	260,924

2015년은 전년대비 수출액의 감소량보다 수입액의 감소량이 더 크므로 무역수지는 증가하였다.
2016년은 전년대비 수출액의 감소량보다 수입액의 감소량이 더 작으므로 무역수지가 감소하였다.
※ 적당히 어림 계산하는 연습을 꾸준히 하자.
③ 2014년 전체 수출 기업 수×0.6을 하여 1∼9인 규모 회사 수와 비교한다. (○)
➡ 실제 값이 아닌 목표 값을 찾아 비교한다.

계산 방법	계산	결과
실제 값 계산	$\frac{56,469}{89,938} \times 100(\%) = 62.78 \cdots \%$	$62.78 \cdots > 60$ ∴ 정오 : ○
목표 값 계산	$89,938 \times 0.6 ≒ 54000$	$56,469 > 54000$ ∴ 정오 : ○

④ 2014년 해당 규모의 기업 수출액의 90% 와 2016년도 수출액 비교 : (○)

계산 방법	계산	결과
실제 값 계산	$\frac{53,551}{58,902} \times 100(\%) = 90.91 \cdots \%$	감소율 $= 100 − 90.91$ $= 9.^{**} < 10$ ∴ 정오 : ○
목표 값 계산	$58,902 − 5890 ≒ 53000$	$53,551 > 53000,$ 감소율 10% 이하 ∴ 정오 : ○

⑤ 1∼9인 규모 기업의 교역액÷기업 수를 확인한다. (○)
➡ 교역액은 매년 감소하고, 기업 수는 매년 증가하여 기업체 1개 당

수입액은 꾸준히 감소하는 것을 알 수 있다.

STEP 3. 정답
✓ ② 종사자 규모가 250인 이상인 기업들의 무역수지는 해마다 증가하였다.

06 정답 ⑤

STEP 1. 유형파악 그래프와 표로 구성된 자료해석 문제
STEP 2. 문제풀이 자료의 구조를 파악한 후 선택지를 적절한 순서대로 확인한다.

1) 자료의 구성을 파악한다.
➡ 〈그림〉 1. 2015년 연령대별 1인 가구 수, 2. 연령대별 2005년 대비 2015년 1인 가구 증가량
〈표〉 남성/여성의 연령대별, 연도별 1인 가구 수와 구성비

2) 선택지를 확인하기 쉬운 내용부터 체크 (※ 특별히 복잡한 선택지가 없다면 그냥 순서대로 확인한다.)
① 추세를 확인하는 선택지이다. 항목의 수가 많아 확인해볼 내용이 많지만 쉽게 확인할 수 있다. (○)
➡ 모든 자료 값이 시간이 지남에 따라 증가하는 것을 알 수 있다.
② 2005년 대비 2015년에 연령별 1인 가구 증가량을 비교하는 내용 : (○)
➡ 2005년 대비 2015년 연령대별 1인 가구 증가량은 그림2에 있는 자료이다. 막대그래프의 두 막대의 합이 가장 큰 연령대를 찾아보면, 60세 이상이 가장 큰 것을 알 수 있다.
③ 2005년 대비 2015년 1인 가구 수의 증가율 비교 (○)
➡ 선택지의 내용인 50대의 증가율을 먼저 체크하고, 다른 연령대와 비교한다.

남성, 50대의 2005년 대비 2015년 증가율 $= \frac{478}{164} ≒ 3 \downarrow$

대략 3보다 약간 작은 값이 나오는 것을 알 수 있으므로 다른 값들이 3보다 큰 값이 있는지 체크한다.
모든 값을 비교해봤을 때 3과 비슷한 값이 나오는 항목이 어느 것도 없으므로 50대의 증가율이 가장 크다고 할 수 있다.
④ 증감량 비교법으로 확인한다.(근사치로 계산하였다.) (○)
➡ 증감량 비교법을 여러 번 사용하여 대소비교를 할 수 있다.

$$\frac{788}{1753} \quad \frac{1128}{2610} \rightarrow \frac{788}{1753} \quad \frac{340}{860} \rightarrow \frac{788}{1753} \quad \frac{680}{1720}$$
$$\rightarrow \frac{108}{33} > \frac{680}{1720}$$

⑤ 45% 이상인지 이하인지를 확인할 때는 목표 값을 50% − 5%로 찾는다. (×)
➡ 교역액은 매년 감소하고, 기업 수는 매년 증가하여 기업체 1개 당 수입액은 꾸준히 감소하는 것을 알 수 있다.

계산 방법	계산	결과
실제 값 계산	$\frac{509 + 381}{1924} \times 100(\%) = 46.25 \cdots \%$	$46.25 \cdots > 45$ ∴ 정오 : X
목표 값 계산	1924의 45% ≒ 962 − 96 = 866	$890 > 866$, 45% 이상이다. ∴ 정오 : X

STEP 3. 정답
✓ ⑤ 2010년 남성 1인 가구에서 30, 40대가 차지하는 비율은 45% 이하이다.

07 정답 ②

STEP 1. 유형파악 그래프로 구성된 자료해석 문제
STEP 2. 문제풀이 자료의 구조를 파악한 후 선택지를 적절한 순서대로 확인한다.

1) 자료의 구성을 파악한다.
〈그래프〉 6대 과제별 성과 점수, 추진 필요성 점수가 나와 있는 방사형 그래프

2) 보기를 확인하기 쉬운 내용부터 체크 (※ 특별히 복잡한 선택지가 없다면 그냥 순서대로 확인한다.)
ㄱ. 성과 점수가 있는 첫 번째 그림의 가장 높은 점수와 낮은 점수의 차를 구한다. (○)
➡ 가장 높은 점수 – 가장 낮은 점수 = 비용부담완화 5.12 – 보육인력 전문성 제고 3.84 〉1
※ 1보다 크다만 확인하면 되므로 눈으로 보인다면 굳이 계산하지 않아도 좋다.
ㄴ. 두 그래프의 점수 차가 가장 적은 항목을 찾는다. 눈으로 비교하여 찾자. (○)
➡ 보육인력 전문성 제고의 차이를 구한다. 3.84 – 3.70 = 0.14
차가 0.14보다 작은 것이 있는지 확인한다. (없다.)
ㄷ. 과제 추진 필요성 점수의 평균을 구한다. (×)
➡ 3.70을 가평균으로 잡고 계산한다.
평균 = 가평균 + Σ(자료값 – 가평균)/(자료 개수)
Σ(자료값 – 가평균)의 값이 양수이냐 음수이냐에 따라 가평균보다 평균이 큰지 작은지 알 수 있다.
Σ(자료값 – 가평균) = 0.45 – 0.34 – 0.06 + 0 – 0.28 – 0.21 〈 0
따라서 가평균보다 평균이 작다. 즉 3.70보다 작다.

STEP 3. 정답
✓② ㄱ, ㄴ

08 정답 ①

STEP 1. 유형파악 그래프로 구성된 자료해석 문제
STEP 2. 문제풀이 자료의 구조를 파악한 후 선택지를 적절한 순서대로 확인한다.

1) 자료의 구성을 파악한다.
〈그림〉 남녀 성별 1인 가구의 수와 그 구성비가 있는 자료

2) 선택지를 확인하기 쉬운 내용부터 체크 (※ 특별히 복잡한 선택지가 없다면 그냥 순서대로 확인한다.)
① 추세를 확인하는 선택지이다. (×)
➡ 항상 시간의 흐름에 따라 나오는 시계열 자료는 그 시간이 연속적으로 나온 자료인지 불연속으로 나온 자료인지 파악한다. 해당 자료는 5년 단위로 자료 값이 나온 불연속 자료이다.
불연속 자료는 매년, 전년이라는 표현은 틀린 표현이다. ①의 내용처럼 매년 증가했는지는 알 수 없는 자료이다.
※ 자주 실수하는 포인트이다. 불연속 자료를 연속된 자료처럼 해석하는 경우가 많다.
② 2010년 여성 가구 대비 남성 가구의 비율을 2005년과 비교 : (○)
➡ 수치를 이용하여 분수로 만들어 비교할 수도 있지만, 남녀 구성비가 나온 자료이므로, 이를 활용한다. 남성의 구성비가 증가하면 반대로 여성의 구성비가 그만큼 감소한다. 따라서 남성의 구성비가 증가하면 여성 가구 대비 남성 가구의 비율도 증가하는 것이다. 2005년 남성 가구의 구성비는 44.7이고 2010년은 46.5

이다. 남성 가구의 구성비가 증가했으므로 여성 가구 대비 남성 가구의 비율도 증가하였다.
③ 목표 값 비교를 한다. (○)
➡ 선택지의 내용인 50대의 증가율을 먼저 체크하고, 다른 연령대와 비교한다.

계산 방법	계산	결과
실제 값 계산	$\dfrac{1304}{932} \times 100(\%) = 139.91\cdots\%$	139.91··· ≒140 ∴ 정오 : ○
목표 값 계산	932에서 40% 증가한 값 932 + 932 × 0.4 ≒ 932 + 370 = 1300	1304 ≒ 1300 ∴ 정오 : ○

④ 구성비의 차이가 10%p인 때를 찾는다. (○)
➡ 1990, 1995, 2000, 2005에서 구성비의 차이가 10%p 이상이다.
⑤ 가구 수를 활용하여 계산한다. (○)
➡ 1인 가구 수이기 때문에 가구 수 = 인구수이다. 2015년 1인 가구 수 = 2610 + 2593 ≒ 5200
5200 천 가구 = 5200천 명 = 520만 명
∴ 500만 명 이상이다.

STEP 3. 정답
✓① 2000년 이후 1인 가구 중 남성 가구가 차지하는 비율은 매년 증가하였다.

09 정답 ③

STEP 1. 유형파악 그래프와 표로 구성된 자료해석 문제
STEP 2. 문제풀이 자료의 구조를 파악한 후 선택지를 적절한 순서대로 확인한다.

1) 자료의 구성을 파악한다.
➡ 〈자료1〉 2016년, 첫 직장 이직 사유에 대한 남녀 응답 결과
〈자료2〉 연도별, 첫 직장 이직 사유에 대한 응답 결과

2) 선택지를 확인하기 쉬운 내용부터 체크 (※ 특별히 복잡한 선택지가 없다면 그냥 순서대로 확인한다.)
① 특정 항목의 응답자 수가 가장 많은 연도를 찾는 선택지 (×)
➡ 연도별로 비교할 수 있는 자료는 자료2인데, 자료2에는 각 연도 전체 응답자 중 특정 항목에 응답한 사람의 비율이 나온 자료이다. 따라서 연도별 전체 응답자 수를 모르는 상황에서 다른 연도별로 비교할 수 없다. 불연속 자료는 매년, 전년이라는 표현은 틀린 표현이다. ①의 내용처럼 매년 증가했는지는 알 수 없는 자료이다.
※ 자주 실수하는 포인트이다. 비율에서 특히 주의하자.
② 특정 항목의 비율이 매년 증가했는지 물어보는 선택지 (×)
➡ 구체적인 응답자 수는 비교할 수 없지만, 이처럼 비율의 대소는 비교할 수 있다. 2011년에 2010년에 비해 0.2%p 감소하였으므로 매년 증가하지 않았다.
③ 여성과 남성에 대한 말이 나왔으므로 자료1을 활용하는 선택지이다. (○)
➡ 언뜻 보기에 알 수 없는 내용 같지만 자료1과 자료2를 활용하면 알 수 있다.

2016년	근로여건 불만족 비율
여성	47.2%
남성	50.4%
전체	48.6%

여성과 남성의 수가 같았다면 전체 비율이 $(47.2+50.4) \div 2 = 48.8\%$ 이어야 하지만, 실제 값은 더 낮은 48.6%가 나왔다는 것은 아무래도 근로여건 불만족에 응답한 사람의 비율이 낮은 여성이 남성보다 많다는 말이다.

※ 다른 항목으로 비교해 보아도 같은 결과가 나온다.

④ 각주의 내용을 확인해야 하는 선택지이다. (×)

➡ 각주 2)에 가족사업 참여에 해당하는 사유는 기타에 해당한다고 되어 있다. 따라서 잘못된 내용

⑤ 전체에서 기타를 제외할 경우 근로여건 불만족이 절반 이상인지 확인하는 선택지 (×)

➡ 2010년만 확인해 보자. 기타에 해당하는 비율이 11.4%이므로 나머지는 88.6%이다. 하지만 근로여건 불만족은 42.5%로 나머지의 절반이 안 되는 것을 알 수 있다.

STEP 3. 정답

✓ ③ 2016년 경제활동인구조사 부가조사에서 청년층 첫 직장 이직 사유에 대한 조사에 참여한 사람은 여성이 남성보다 많다.

10 정답 ③

STEP 1. 유형파악 그래프로 구성된 자료해석 문제
STEP 2. 문제풀이 자료의 구조를 파악한 후 선택지를 적절한 순서대로 확인한다.

1) 자료의 구성을 파악한다.

➡ 〈그림1〉 2008년도 각 회사별 스마트폰 점유율에 대한 자료
〈그림2〉 2008년도 각 회사별 스마트폰 판매대수의 전년대비 증가율

2) 선택지를 확인하기 쉬운 내용부터 체크 (※ 특별히 복잡한 선택지가 없다면 그냥 순서대로 확인한다.)

① 전년대비 증가율을 바탕으로 2007년도 판매대수를 추정해 확인한다. (○)

➡ A사의 점유율이 2008년도 가장 크다. 그런데 그림2를 보면 B~E사는 전년대비 판매대수가 모두 증가했지만, A사만 전년대비 감소한 것을 알 수 있다. 즉 07년도에는 A가의 판매대수가 08년도보다 많았고, 다른 회사는 08년도보다 더 적었으므로 07년도에서 A회사의 스마트폰 판매 대수가 가장 많았을 것이다.

② C사회 E사의 07년도 판매대수를 비교한다. (○)

➡ 판매대수를 기준으로 점유율을 산정했으므로 점유율을 그대로 08년도 판매대수로 보고 풀어도 된다.
C사는 140% 증가하여 10.80이 되었으므로 2007년도에 비해 2.4배가 된 것이다. 따라서 07년도에는 $\frac{10.4}{2.4} \fallingdotseq 4$.**

E사는 110% 증가하여 4.2가 되었으므로 2007년도에 비해 2.1배가 된 것이다. 따라서 07년도에는 $\frac{4.2}{2.1} = 2$

∴ 07년도 C사의 스마트폰 판매대수가 E사의 2배 이상인 것을 알 수 있다.

③ A사의 전년대비 판매대수 증가량을 찾아 비교한다. (×)

➡ E사의 전년대비 증가량은 08년 점유율 2.1에 해당하는 수치인 것을 ②에서 확인하였으므로 A사의 감소량만 확인해보자. A사는 20%가 감소하여 41.2가 된 것이다. 41.2는 나머지 80%에 해당하는 값이므로 4로 나누면 20%에 해당하는 값이 10.3 이라는 것을 알 수 있다. 즉 감소한 대수가 2.1보다 큰 것을 알 수 있다.

④ B사의 판매대수 증가량을 찾아보자. (○)

➡ B사는 80% 증가하여 19.60이 되었으므로 2007년도에 비해 1.8배가 된 것이다. 따라서 07년도에는 $\frac{19.6}{1.8} = 12$.

즉 증가량은 7.6에 해당하는 값이다. D사는 굳이 계산해보지 않아도 매우 적은 것을 알 수 있으므로 B사의 판매대수 증가량이 가장 크다는 것을 알 수 있다.

⑤ 07년도 판매대수 순위를 보자 (○)

➡ A사는 50이상, B사는 12, C사는 4,**, D사는 4대 이하, E사는 2이므로 순위가 그대로인 것을 알 수 있다.

STEP 3. 정답

✓ ③ 2008년 E사의 전년대비 판매대수 증가량은 2008년 A사의 전년대비 판매대수 감소량보다 많다.

08년도 점유율이 판매대수를 기준으로 산정되었으므로, 그대로 판매대수를 계산할 때 점유율을 가져다 비교하여도 된다.

11 정답 ③

STEP 1. 유형파악 표로 구성된 자료해석 문제
STEP 2. 문제풀이 자료의 구조를 파악한 후 선택지를 적절한 순서대로 확인한다.

1) 자료의 구성을 파악한다.

➡ 〈표〉 연도별로 각국 통화의 대 원화 환율에 대한 자료이다.

2) 선택지를 확인하기 쉬운 내용부터 체크 (※ 특별히 복잡한 선택지가 없다면 그냥 순서대로 확인한다.)

① 수치상의 증감 추세가 같은 통화를 찾는 내용 (○)

➡ 이렇게 추이를 묻는 내용은 화살표로 증감을 표시하여 비교한다. 다만 많은 항목을 비교해볼 때는 오래 걸린다면 나중에 확인해도 좋은 선택지이다. 확인만 하면 알 수 있는 선택지이므로 해설은 생략하겠다.

② 2010년도 캐나다 달러 환율에서 20% 감소한 값을 찾아 비교한다. (○)

➡ $1,103.77 \times 0.8 \fallingdotseq 883$

883달러 이하로 떨어진 해는 2015년이 처음이다.

③ 미국 200만 달러의 가치>180만 유로라는 말이므로 확인해보자. (×)

➡ 미국 200만 달러의 가치>180만 유로
미국 1달러>0.9 유로인지 체크
미국 1달러 : 1,069.50원
0.9 유로 : $1,196.93 \times 0.9 = 1196.93 - 119.69 \fallingdotseq 1076$원
∴ 미국 1달러<0.9 유로인 것을 알 수 있다.

④ 호주 달러에 비하여 가치가 캐나다 달러의 가치가 가장 높았던 때가 언제인지를 비교하는 내용 (○)

$\frac{캐나다 환율}{호주 환율}$ 의 비율이 가장 큰 해를 찾는 내용

➡ 2014년 이전에는 오직 2010년에만 1보다 크다. 따라서 맞는 내용

⑤ 2012년 5만 위안을 원화로 바꾼다. (○)

➡ $5만 \times 179.22원 = 896.1만 원 \fallingdotseq 900만 원$

STEP 3. 정답

✓ ③ 2015년 기준으로 200만 US달러를 유로화로 바꾸면 180만 유로 이상이다.

12 정답 ③

STEP 1. 유형파악 그래프로 구성된 자료해석 문제
STEP 2. 문제풀이 자료의 구조를 파악한 후 선택지를 적절한 순서대로 확인한다.

1) 자료의 구성을 파악한다.
→ 〈그림1〉 연도별 생활폐기물의 처리 유형별 처리량
〈그림2〉 연도별 사업장폐기물의 처리 유형별 처리량

2) 보기를 확인하기 쉬운 내용부터 체크 (※ 특별히 복잡한 선택지가
없다면 그냥 순서대로 확인한다.)
ㄱ. 꺾은선 그래프를 보고 추세를 파악해야 하는 보기 (×)
→ 사업장폐기물을 보면 쉽게 보기의 내용이 잘못된 것을 확인할 수
있다. 매립량을 보면 감소하다 증가하는 추세가 반복됨을 알 수
있다.
ㄴ. 꺾은선 그래프와 그 안의 수치를 확인해야 하는 보기 (×)
→ 그래프를 보면 대체로 재활용량이 증가하는 만큼 매립량은 감소
하고, 소각량은 꾸준히 증가하는 것을 볼 수 있다. 하지만 05년도
가 되면서 04년도에 비해 매립량이 급격히 감소하므로 04년도와
05년도의 전체 매립량을 비교해 볼 수 있겠다.
→ 근사치로 계산해보면, 재활용량은 2700 증가, 매립량은 4800 감
소, 소각량은 500증가이므로, 전체적으로 감소했다는 것을 알 수
있다. 따라서 ㄴ의 설명은 틀린 내용
※ 모든 해의 전체 처리량을 비교할 수는 없다. 특징적인 부분만 체
크하고, 그런 부분이 없다면 가장 마지막에 확인해야 할 보기이
다.
ㄷ. 2006년 매립률을 확인하는 문제. (○)
→ 매립량이 전체의 25% 이상이라면 나머지는 전체의 75% 이하이
다. 따라서 '매립량×3>나머지'일 것이고, 그렇지 않다면 '매립량
×3<나머지'일 것이다.

2006	생활	사업장
재활용	27922	61033
매립	12601	24646
소각	8321	10693
매립×3	38000	74000
나머지 합	36000	72000

파란색 계산은 근사치로 계산하였다. 근사치로 계산하여도 결과가
큰 차이가 나므로 결과에는 영향이 없다. 매립량×3이 나머지의 합
보다 많으므로 매립량이 전체의 25% 이상일 것이다.
ㄹ. ㄷ과 마찬가지로 구해보자. (×)
→ 40% 미만이라면 나머지가 60% 이상이므로 재활용량×1.5를 하
여 나머지보다 작은지 확인할 수 있다.
24088×1.5≒360000이다. 하지만 매립량만 보아도 467530이므로 재
활용률은 40% 미만이 맞다.
07년도는 전체 합계가 대략 11만 정도이고, 재활용량은 62000정도
이므로 60%이하이다.
※ 전체 : 110399. 따라서 60%는 66000 정도.
ㅁ. 07년 각각의 폐기물 전체처리량이 증가했는지 확인한다. (○)
→ 생활폐기물은 매립량이 감소했지만 나머지 처리량이 더 크게 증
가했다. 사업장폐기물은 소각량이 줄었지만 나머지가 매우 크게
증가하였으므로 전체적으로 증가하였다.

STEP 3. 정답
✓ ③ ㄷ, ㅁ

13 정답 ⑤
STEP 1. 유형파악 표로 구성된 자료해석 문제
STEP 2. 문제풀이 자료의 구조를 파악한 후 선택지를 적절한 순서대
로 확인한다.

1) 자료의 구성을 파악한다.
→ 〈표〉 A, B시의 민원 접수 처리 현황에 대한 자료이고, 빈칸이 있
고 계산식이 각주에 있음을 확인.

2) 선택지를 확인하기 쉬운 내용부터 체크 (※ 특별히 복잡한 선택지
가 없다면 그냥 순서대로 확인한다.)
① 시민 1인당 민원접수 건수는 각 시의 시민이 몇 명인지를 알아야
확인할 수 있는 내용이므로 틀린 설명 (×)
② 수용 건수와 수용비율을 비교해야 하는 선택지 (×)
→ 빈칸을 채우고, 각주 2)의 계산을 활용한다. (완료 = 수용 + 기각)
A시의 수용 건수 = 18135 − 3773 = 14362

A시 수용비율 = $\frac{14362}{18135}$ ≒ 0.8

A시의 수용비율이 80% 정도이므로 B시도 그 정도가 되는지만 확인
한다. 32049×0.8≒256000이고 B시의 수용 건수는 23637로 80%보
다 한참 떨어지므로 A시의 수용비율이 더 높은 것을 알 수 있다.
※ 이처럼 두 비율을 비교할 때 모든 값을 다 계산하는 것이 아니라.
하나의 비율을 계산했다면, 나머지 비율이 그 값보다 큰지 작은
지만 확인하면 된다.
③ 미완료 = 민원 접수 − 완료 (×)
→ A시 미완료 = 19699 − 18135 ≒ 1600
B시 미완료 = 40830 − 32049 ≒ 8800
∴ B시가 A시의 미완료 건수의 5배를 넘는다.
④ 민원접수 건수 대비 수용 건수의 비율을 계산 (×)
→ B시의 민원접수의 50% = 40830÷2 = 20415. 수용건수는 23637
로 더 크므로 50% 보다 크다.
⑤ 앞의 선택지가 모두 틀린 내용이므로 확인할 필요는 없는 선택지
(○)
→ A시는 1600÷19699, B시는 8800÷40830
A시는 10%도 안 되는 값이지만, B시는 20%보다 큰 값이므로 두 비
율의 차이는 10%p 이상 차이가 난다.

STEP 3. 정답
✓ ⑤ A시와 B시 각각의 '민원접수' 건수 대비 '미완료' 건수의 비율
은 10%p 이상 차이가 난다.

14 정답 ②
STEP 1. 유형파악 표로 구성된 자료해석 계산 문제
STEP 2. 문제풀이 자료의 구조를 파악한 후 필요한 계산을 한다.

1) 자료의 구성을 파악한다.
→ 〈표〉 1990년, 2015년의 34세 이하 노동자, 65세 이상 인구의 비율
이 국가별로 나온 자료

2) 계산에 필요한 자료 값을 찾아 계산한다.
→ 15년도 프랑스의 65세 이상 인구 비율 = 15.6%
15년도 프랑스의 34세 이하 노동자 비율 = 41.5%

3) 비례식을 활용하여 계산한다.
→ 15.6 : 41.5 = 1524 : X

X = 1524 × $\frac{41.5}{15.6}$ = 4054.23…

∴ 정답 : ② 40,542,307명

STEP 3. 정답
✓ ② 40,542,307명

비례식을 활용한 계산을 할 때, 이용할 수 있는 다른 방법을 보자.

	비율(%)	수(만 명)
65세 이상 인구	15.6	1524
34세 이하 노동자	41.5	X

65세 이상 인구의 비율 그 수를 알고 있기 때문에 그것을 이용하여 한 자릿수 곱셈과 뺄셈을 활용하여 41.5의 값을 찾아본다.

	비율(%)	수(만 명)
65세 이상 인구	15.6	1524
×3	15.6×3=46.8	1524×3=4572
−10%	46.8−4.68=42.12	4572−457=4115

42.12%에 해당하는 인구가 4115만 명이다. 따라서 41.5%에 해당하는 인구는 그보다 조금 적을 것이다. 따라서 ②을 정답으로 고를 수 있다.

15 정답 ③

STEP 1. 유형파악 표로 구성된 자료해석 문제
STEP 2. 문제풀이 자료의 구조를 파악한 후 선택지를 적절한 순서대로 확인한다.

1) 자료의 구성을 파악한다.
→〈표〉연도별 사업자 유형별 등록, 신규, 폐업자에 대한 자료
각주의 계산식을 활용할 수 있는 문제

2) 보기를 확인하기 쉬운 내용부터 체크 (※ 특별히 복잡한 선택지가 없다면 그냥 순서대로 확인한다.)
ㄱ. 전년대비 증가량으로 확인해본다. (○)
→ 전년대비 증가량이 매년 감소하고 있다. 전체 등록사업자수는 꾸준히 증가하고 있으므로 전년대비 증가율이 매년 감소한다는 설명은 옳은 설명이다.

연도	2007	2008	2009
전년대비 증가량	240	235	155

ㄴ. 해당 연도를 찾아 비교한다. (×)
→ 빈칸을 넣어야 확인할 수 있는 문제이다.
폐업신고자 수 = 직전년도 등록사업자 + 당해연도 신규등록자 − 당해연도 등록사업자
09년도 일반사업자 폐업신고 수 = 2405 + 450 − 2455 = 400
08년도 법인사업자 폐업신고 수 = 450 + 75 − 475 = 50
일반사업자 중 폐업신고자 수가 가장 많았던 연도 : 2007년
법인사업자 중 폐업신고자 수가 가장 많았던 연도 : 2009년
ㄷ. 전체 등록사업자 수의 50%에 해당하는 수를 구하고, 이를 간이 + 면세 사업자 수와 비교 (×)
→ 아래와 같이 모두 50% 이하이다.

연도	2006	2007	2008	2009
전체등록사업자	4840	5080	5315	5470
50%(÷2)	2420	2540	≒2660	2735
간이+면세	2220	2325	2435	2515

※ 08년도 간이사업자 수는 07년도에 비해 85증가하였으므로 1895이다.
ㄹ. ㄷ과 마찬가지로 구해보자. (○)

→ 면세사업자 수가 전체 등록사업자 수의 10% 이상이다.

연도	2006	2007	2008	2009
전체등록사업자	4840	5080	5315	5470
10%	484	508	531	547
면세	500	515	540	565

STEP 3. 정답
✓ ③ ㄱ, ㄹ

16 정답 ②

STEP 1. 유형파악 그래프로 구성된 자료해석 문제
STEP 2. 문제풀이 자료의 구조를 파악한 후 선택지를 적절한 순서대로 확인한다.

1) 자료의 구성을 파악한다.
→〈그림1〉 세계 인구 구성비에 대한 자료
〈그림2〉 OECD 국가별 인구 수

2) 보기를 확인하기 쉬운 내용부터 체크 (※ 특별히 복잡한 선택지가 없다면 그냥 순서대로 확인한다.)
ㄱ. 미국 인구를 기준으로 찾는다. (○)
→ 미국 인구 3억 명이 OECD국가의 25%이므로 OECD국가의 인구는 12억 명이다.
OECD국가의 인구는 전세계 인구의 16.7%이므로 전세계 인구는 약 72억 명이다.
※ $16.7\% ≒ \frac{1}{6}$이다. 따라서 $12×6 = 72$억 명이 전세계 인구다.
ㄴ. 10%씩 증가한 값을 계산한다. (×)
→ 2012년 1억 명에 아주 가까운 값이 나온다. 따라서 2013년에 1억 명이 넘을 것이다.

연도	2010	2011	2012
독일 인구	8200	8200 + 820 = 9020	9020 + 902 = 9922

ㄷ. OECD국가의 인구 12억 명을 ㄱ에서 확인했으므로 그것을 바탕으로 구한다. (○)
→ 12억×0.05 = 6000만 명 〈 7400만 (터키 인구)
5% 이상이다.
ㄹ. 남아공 인구를 구해보자. (×)
→ 전세계인구가 약 72억명이므로, 남아공 인구 ≒ 72억×0.007 ≒ 5000만 명
따라서 스페인 인구 4500만 명보다 많다.

STEP 3. 정답
✓ ② ㄱ, ㄷ

17 정답 ①

STEP 1. 유형파악 그래프로 구성된 자료해석 문제
STEP 2. 문제풀이 자료의 구조를 파악한 후 선택지를 적절한 순서대로 확인한다.

1) 자료의 구성을 파악한다.
→〈그림1〉 2010년 A~E의 매출액, 시장점유율, 이익률

〈그림2〉 2011년 A~E의 매출액, 시장점유율, 이익률
각주에 계산식

2) 보기를 확인하기 쉬운 내용부터 체크 (※ 특별히 복잡한 선택지가
   없다면 그냥 순서대로 확인한다.)
   ㄱ. 모든 항목이 증가한 품목이 있는지 체크 (○)
   → 버블이 우상향으로 이동하고 원의 크기(원 안의 숫자)가 증가한
     것이 있는지 확인한다. 없다.
   ㄴ. 이익 = 매출액×이익률 (○)
   → 아래와 같고 간단한 비교로 C, D, E가 2010년보다 2011년 이익이
     큰 품목이다.

제품	A	B	C	D	E
2010년 이익	100×5	20×10	30×15	40×8	50×14
2011년 이익	90×4	25×8	30×17	35×10	60×20

   ㄷ. 시장규모 = 매출액 ÷ 시장점유율 (×)
   → 2011년이 더 작다.

	시장규모
2010년	100÷30
2011년	90÷40

   ㄹ. 시장규모가 가장 큰 품목을 찾는다.(×)
   → D가 3.5로 가장 큰 값이다. 그리고 D의 이익은 전년보다 증가했
     다. (ㄱ에서 확인)

제품	A	B	C	D	E
2011, 시장규모	90÷40	25÷15	30÷40	35÷10	60÷30

STEP 3. 정답
✓ ① ㄱ, ㄴ

18 정답 ②

STEP 1. 유형파악 그래프로 구성된 자료해석 문제
STEP 2. 문제풀이 자료의 구조를 파악한 후 선택지를 적절한 순서대
로 확인한다.
1) 자료의 구성을 파악한다.
   → 〈그림〉 대학졸업자의 취업률과 경제활동인구 비중이 나와 있는
     자료
   각주에 계산식

2) 각주의 계산식을 활용하여 대학졸업자 중 취업자의 비율을 체크
   한다.
   → 대학졸업자 중 취업자 = 대학졸업자 취업률×대학졸업자의 경제
     활동인구 비중
   OECD평균 대학졸업자 중 취업자 = 50×40 = 2000

제품	C	F	G	E	B	H
대학졸업자중 취업자	80×30	70×35	68×60	50×50	45×65	50×80

※ 대학졸업자 취업률과 경제활동 인구 비중이 좋은 국가는 그래프
  에서 우측과 위쪽에 있다. 따라서 OECD 평균보다 위에 있거나
  오른쪽에 있는 후보 국가들을 보면 굳이 계산을 하지 않아도 대
  학졸업자 중 취업자의 수가 OECD보다 많다는 것을 알 수 있다.
  아래 그림과 같다.

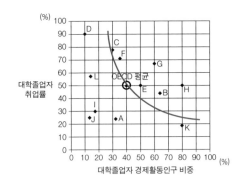

STEP 3. 정답
✓ ② B, C

19 정답 ④

STEP 1. 유형파악 그래프와 표로 구성된 자료해석 문제
STEP 2. 문제풀이 자료의 구조를 파악한 후 선택지를 적절한 순서대
로 확인한다.
1) 자료의 구성을 파악한다.
   → 〈그림〉 연도별 창업보육센터 수와 지원금액
   〈그림2〉 08~10, 창업보육센터당 입주업체 수, 매출액

2) 보기를 확인하기 쉬운 내용부터 체크 (※ 특별히 복잡한 선택지가
   없다면 그냥 순서대로 확인한다.)
   ㄱ. 2010년의 전년대비 지원금액 증가율과 센터 수 증가율을 비교한
     다. (○)
   → 지원금액 증가율을 약 15%보다 많다. 따라서 보육센터 수의 증가
     율이 3%보다 큰지 아닌지만 체크한다.

	2009	2010	2010년 전년대비 증가량	증가율
지원금액	306	353	47	$\frac{47}{306}$≒15%↑
보육센터 수	279	286	7	$\frac{7}{279}$≒3%↓

   → 3%가 안 되므로 5배 이상이다.
   ㄴ. 2009년, 2010년의 전체 입주업체 수를 비교한다. (×)
   → 전체 입주업체 수 = 창업보육센터 수×센터당 입주업체 수
   09년 입주업체 수 = 279×17.1
   10년 입주업체 수 = 286×16.8

   [증가량 비교법]
   279×17.1   286×16.8
   → 279×(168+3)   (279+7)×168
   → 279×3<168×7
   7은 3의 2배 이상이지만, 279는 168의 2배가 안되므로 오른쪽이 크
   다. 증가량 비교법은 이론에 써두었다.
   즉 2010년이 전년보다 많다.
   ㄷ. 지원금액 ÷ 창업보육센터 수를 비교 (○)
   → 2005년은 창업보육센터 수는 가장 많고, 지원금액이 가장 적으
     므로 창업보육센터당 지원금액이 가장 적다. 2010년은 숫자만 봤
     을 때, 창업보육센터보다 지원금액이 많은 해가 04년, 09년, 10년
     세 번 밖에 없다. 이들 중 10년이 그 비율이 가장 크다.

제품	04	09	10
지원금액 / 창업보육센터 수	$\frac{285}{275} \fallingdotseq 1.04 \uparrow$	$\frac{306}{279} \fallingdotseq 1.1$	$\frac{353}{286} \fallingdotseq 1.3$

ㄹ. 창업보육센터 수×센터당 입주업체 매출액 (×)

→ 08년에서 09년으로 가면서 창업보육센터 수와 센터당 매출액도 증가하였으므로 전체 매출액이 증가했다.

09년 전체 매출액 = 279×91

10년 전체 매출액 = 286×86.7

[증가량 비교법]

→ 279×91   286×86.7

→ 279×(86.7+4.3)   (279+7)×86.7

279×4.3 〉7×86.7

증가량 비교법으로 두 식을 비교하기 쉬운 다른 숫자로 바꾸어보면 쉽게 확인 가능하다. 왼쪽은 1000이 넘지만 오른쪽은 600 정도이다.

STEP 3. 정답

✓ ④ ㄴ, ㄹ

20 정답 ②

STEP 1. 유형파악 표로 구성된 자료해석 문제

STEP 2. 문제풀이 자료의 구조를 파악한 후 선택지를 적절한 순서대로 확인한다.

1) 자료의 구성을 파악한다.

→ 〈표〉 종류별, 지역별 친환경인증 농산물 현황

2) 선택지를 확인하기 쉬운 내용부터 체크 (※ 특별히 복잡한 선택지가 없다면 그냥 순서대로 확인한다.)

① 감소율이 아닌 감소량을 비교하는 것에 주의하자. (○)

→ 채소류, 과실류, 곡류, 특용작물, 서류 순이다.

구분	2012년	2011년	감소량(근삿값)
곡류	343,380	371,055	28000
과실류	341,054	457,794	116000
채소류	585,004	753,524	170000
서류	41,782	59,407	18000
특용작물	163,762	190,069	26000

② 서류와 곡류의 생산량에서 무농약이 차지하는 비중을 비교한다. (×)

증가량 비교법

$\frac{269280}{343380}$ $\frac{30157}{41782}$ → $\frac{269}{343}$ $\frac{301}{417}$ → $\frac{269}{343}$ > $\frac{32}{74}$

증가량 비교법으로 분수를 비교하기 쉬운 다른 분수로 바꾸어 확인한다. 는 0.5도 안 되는 값이므로 왼쪽이 더 크다. 즉 곡류가 더 크다.

③ 'A와 B의 교집합은 적어도 얼마이나.'라고 묻는 내용이다. A와 B의 교집합은 적어도 A + B − 전체값으로 구할 수 있다. (○)

→ 전라도 + 경상도 = 611468 + 467259 ≒ 1078000

채소류 = 585004

∴ (전라도 + 경상도) + 채소류 − 전체값

≒ 1078000 + 585000 − 1498235

≒ 1663000 − 150000 = 160000

※ 간단한 예시로 보자. 전체 10명 중 축구를 좋아하는 사람 8명과 농구를 좋아하는 사람 5명이 있다면, 축구와 농구를 동시에 좋아

하는 사람은 적어도 몇 명인가? 8 + 5 = 13으로 전체 10명을 초과하므로 초과되는 3명이 적어도 둘을 동시에 좋아하는 사람인 것이다. 이것과 같은 내용을 묻는 선택지이다.

④ 서울은 유기농, 무농약, 저농약 순으로 2, 1, 3의 순서로 인증형태별 순위를 매길 수 있다. (○)

→ 무농약은 모든 지역에서 압도적으로 많으므로, 유기농과 저농약만 확인하자. 유기농이 저농약보다 많은 지역은 인천, 강원도뿐이다.

⑤ 올해 2012년 생산량이 2011년 생산량×0.7보다 적은 지역을 찾는다. (○)

→ 부산과 전라도가 30%이상 감소한 지역이다.

부산 2011년 생산량×0.7≒4900 〉2012년 생산량 = 4040

전라도 2011년 생산량×0.7≒640000 〉2012년 생산량 = 611468

※ 암산으로 대강 비교한 후, 비슷한 값이 나오면 더 정확하게 계산하면 된다.

STEP 3. 정답

✓ ② 2012년 친환경인증 농산물의 종류별 생산량에서 무농약 농산물 생산량이 차지하는 비중은 서류가 곡류보다 크다.

21 정답 ①

STEP 1. 유형파악 표로 구성된 자료해석 문제

STEP 2. 문제풀이 자료의 구조를 파악한 후 선택지를 적절한 순서대로 확인한다.

1) 자료의 구성을 파악한다.

→ 〈표〉 성별, 연령별 문화행사 직접 관람 횟수의 비율

2) 선택지를 확인하기 쉬운 내용부터 체크 (※ 특별히 복잡한 선택지가 없다면 그냥 순서대로 확인한다.)

① 10대~40대의 응답자 중 경험 없음의 비율을 구한다. (○)

→ 10~40대 각각의 경험 없음 비율을 단순 평균으로 가평균 82를 이용해 확인해보자.

Σ(자료값 − 가평균)의 값이 양수이냐 음수이냐에 따라 가평균보다 평균이 큰지 작은지 알 수 있다.

Σ(자료값 − 가평균) = − 3.5 − 4.3 + 3.1 + 5.8〉0

∴ 따라서 단순 평균을 구해도 82보다 높다는 것을 알 수 있다. 게다가 사례 수는 경험 없음의 비율이 높은 30~40대가 더 많으므로 실제 평균은 이보다 더 높은 값이 나올 것이다. 즉 옳은 설명

② 경험 없음을 제외한 나머지에서 1회 이상이 차지하는 비율이 50% 이상인지 확인 (×)

→ 특정 분류를 묻는 게 아니므로 소계의 자료로 비교한다. 경험 없음을 제외한 비율은 100 − 85.4 = 14.6%이다

14.6÷2=7.3%, 즉 1회 관람비율이 7.3보다 커야 하는데, 7.2이므로 틀린 설명이다.

③ 50대의 경우 40대보다 직접 관람 경험이 1~3회인 사람의 비율이 더 많다. (×)

④ 20번의 ③번 선택지와 같은 맥락의 내용이다. (×)

→ 40대 이상 사례 수와 여성 사례 수를 더한 다음 전체 사례 수를 빼 확인할 수 있다.

1988 + 1969 + 1315 + 1313 + 5505 − 10716 = 1374

※ 덧셈을 많이 해야 하는 선택지이므로 후순위로 확인할 선택지이다.

⑤ 50대 응답자중 4회 이상 관람한 사람을 구한다. (○)

→ 1969×0.033≒196÷3 ≒ 65

33.33..% = $\frac{1}{3}$임을 이용하여 근삿값을 계산하였다. 따라서 60명 이하라는 설명은 틀린 설명이다.

STEP 3. 정답
✓ ① 찬솔 : 10대부터 40대 사이의 응답자중 82% 이상이 문화행사를 직접 관람한 경험이 없어.

22 정답 ⑤

STEP 1. 유형파악 그래프로 구성된 자료해석 문제
STEP 2. 문제풀이 자료의 구조를 파악한 후 선택지를 적절한 순서대로 확인한다.

1) 자료의 구성을 파악한다.
〈그림〉 A~D국의 항목별 웰빙지수(방사형 그래프)

2) 선택지를 확인하기 쉬운 내용부터 체크 (※ 특별히 복잡한 선택지가 없다면 그냥 순서대로 확인한다.)
① A국의 평균점수를 구한다. (○)
➡ A국은 소득 5.5점, 시민 참여 6.5점, 주거 6.5점으로 7점 이하의 점수를 받고 나머지 8개 항목은 7.5~9점을 받았다. 대부분의 점수가 7점을 상회하므로 평균 역시 7점을 넘을 것이라고 볼 수 있다.
※ 표를 자세히 보면 알겠지만, 항목 하나하나의 수치가 정확하지 않다. 주관적 만족도의 경우 8.8인지 8.9인지 정확한 수치가 있는 것이 아니기 때문이다. 즉 문제의 출제 의도 역시 숫자를 정확하게 계산해서 평균점수를 구하라는 것이 아니라 대략적인 점수 분포를 보라는 것이다.
② B국과 D국은 실선으로 표시되어 있으니 두 국가의 점수를 확인한다. (○)
➡ ①과 같은 맥락이다. 두 국가는 모든 항목에서 1점 이내의 차이를 보이고 B국이 점수가 높은 항목이 있고, D국이 점수가 높은 항목이 골고루 섞여 있다. 즉 두 국가의 평균점수는 1점 이내일 것을 추론할 수 있다.
③ 전체 항목이 11개이므로 D국이 B국보다 높은 점수를 받은 항목이 5개 이하인지 확인한다. (○)
➡ 노동시장, 교육, 시민참여, 주관적 만족도 4개 항목만 높으므로 옳은 설명이다.
④ A와 C 모두 소득 부문의 점수가 가장 낮은 것을 확인할 수 있다. (○)
⑤ A와 C, B와 D국의 선이 가까워지는 지점을 찾아 비교한다. (×)
➡ A와 C는 안전 항목이 점수 차가 가장 작은 항목이지만, B와 D는 교육, 건강 등 안전 항목보다 점수 차가 작아 보이는 항목이 여럿 존재한다.
STEP 3. 정답
✓ ⑤ A국과 C국의 웰빙지수 차이가 가장 작은 항목과 B국과 D국의 웰빙지수 차이가 가장 작은 항목은 동일하다.

23 정답 ④

STEP 1. 유형파악 표로 구성된 자료해석 문제
STEP 2. 문제풀이 자료의 구조를 파악한 후 선택지를 적절한 순서대로 확인한다.

1) 자료의 구성을 파악한다.
➡ 〈표〉 연도별, 1차 에너지 소비량
5년 단위로 나온 불연속 자료이다.

2) 보기를 확인하기 쉬운 내용부터 체크 (※ 특별히 복잡한 선택지가 없다면 그냥 순서대로 확인한다.)

ㄱ. 직접 비교할 수 없는 항목이다. (×)
➡ LPG와 유연탄은 소비량 측정 단위가 다르다. 따라서 소비량을 직접 비교할 수 없다.
ㄴ. 분류(1)의 석유에서 분류(2)의 소계와 에너지유를 비교한다. (○)
➡ 석유 전체 소비량은 각 년도마다 증가하지만 에너지유는 감소하고 있다. 따라서 전체 소비량에서 에너지유가 차지하는 비율은 감소하는 추세이다.
ㄷ. 매 5년 50% 이상 증가하였지만, 매년 증가하지는 않았다. (×)
➡ 자주 실수하는 포인트이니 잘 체크하자.
ㄹ. 항목별 증가율을 비교한다. (○)
➡ 유연탄이 가장 크다고 언급했으므로 유연탄을 먼저 체크하고, 그보다 증가율이 큰 항목이 있는지 체크한다.
유연탄은 60329에서 110926으로 거의 2배에 가깝게 증가하였다. 나머지 항목 중에서 그보다 크거나, 그와 비슷하게 증가한 항목이 있는지 체크하자. 가장 증가율이 큰 항목은 무연탄이지만 무연탄은 6196에서 10104로 유연탄보다는 증가율이 낮은 것이 계산을 하지 않아도 확실하므로, ㄹ은 옳은 설명이다.
ㅁ. 석탄은 유연탄과 무연탄으로만 구성된다. 따라서 반대로 무연탄이 차지하는 비율이 10% 이하인지를 체크하는 것이 더 쉽다. (×)
➡ 아래와 같이 2005년은 무연탄이 석탄 소비량의 10% 이상이므로 유연탄의 소비량이 90% 이하이다.

	2000	2005	2010	2015
석탄 소비량의 10% (석탄 소비량×0.1)	6652.5	8482.2	12102.9	13483.7
무연탄	6196	9034	10104	10657

STEP 3. 정답
✓ ④ ㄴ, ㄹ

24 정답 ④

STEP 1. 유형파악 표로 구성된 자료해석 문제
STEP 2. 문제풀이 자료의 구조를 파악한 후 선택지를 적절한 순서대로 확인한다.

1) 자료의 구성을 파악한다.
➡ 〈표〉 연도별 가구수, 주택보급률, 가구당, 1인당 주거공간이 나온 자료
각주에 3가지 계산식이 있으므로 이를 활용한 보기가 나올 것

2) 보기를 확인하기 쉬운 내용부터 체크 (※ 특별히 복잡한 선택지가 없다면 그냥 순서대로 확인한다.)
ㄱ. 주택수 = 주택보급률×가구수 (○)
➡ 아래와 같이 매년 가구수는 증가하고, 주택보급률도 증가하므로 전체 주택수 역시 매년 증가한다.

연도	가구수(천가구)	주택보급률(%)
2000	10,167	72.4
2001	11,133	86.0
2002	11,928	96.2
2003	12,491	105.9
2004	12,995	112.9
무연탄	10104	10657

ㄴ. 두 채 이상 소유한 가구수는 알 수 없다. (×)
➡ 한 가구가 몇 채의 가구를 소유했는지 확인할 수 있는 자료가 전

허 없다.

ㄷ. 1인당 주거공간의 전년대비 증가율을 비교한다. (○)

→ 전년대비 증가량을 보면 매년 감소하고 있다. 즉 전년대비 증가율을 계산하면 1인당 면적은 매년 늘어나고 있으므로 분모 값은 증가하고, 분자 값은 감소하고 있다. 따라서 1인당 주거공간의 전년대비 증가율은 매년 감소하고 있다. 따라서 2001년이 가장 크다.

연도	1인당(m²/인)	전년대비 증가량
2000	13.8	
2001	17.2	3.4
2002	20.2	3
2003	22.9	2.7
2004	24.9	2

※ 1인당 주거공간의 전년대비 증가율 = 전년대비 증가량 ÷ 전년도 1인당 주거공간 면적

ㄹ. 주거공간 총면적 = 가구수 × 가구당 주거공간 (×)

→ 각주 3)에서 인구수를 알 수 없으니 각주 2)를 활용한다. 00년 주거공간 총면적의 2배와 04년 주거공간 총면적을 비교하자.
00년 주거공간 총면적 × 2 = 10167 × 58.5 × 2
04년 주거공간 총면적 = 12995 × 94.2

[증가량 비교법]
10167 × 58.5 × 2   12995 × 94.2
→ 10167 × 117   12995 × 94.2
→ 10167 × (94.2 + 22.8)   (10167 + 2828) × 94.2
→ 10167 × 22.8   2828 × 94.2
≒ 23000 < ≒ 27000

증가량 비교법으로 두 식을 비교하기 쉬운 다른 숫자로 바꾸어보면 쉽게 확인 가능하다. 왼쪽은 23000정도이고 오른쪽은 27000정도이다. 따라서 2004년 주거공간 총면적이 2000년 총면적의 2배 이상이다.

STEP 3. 정답
✓ ④ ㄱ, ㄷ, ㄹ

25 정답 ④

STEP 1. 유형파악 표로 구성된 자료해석 문제
STEP 2. 문제풀이 자료의 구조를 파악한 후 선택지를 적절한 순서대로 확인한다.

1) 자료의 구성을 파악한다.
→ 〈표〉 국가, 연도, 성별 경제활동인구
〈표2〉 2016년 국가별 인구

2) 선택지를 확인하기 쉬운 내용부터 체크 (※ 특별히 복잡한 선택지가 없다면 그냥 순서대로 확인한다.)
① 모든 국가에서 여성, 남성 경제활동인구가 각각 매년 증가했으므로 맞는 선택지 (○)
→ 표의 모든 항목을 확인해야 하는 선택지이므로 시간이 오래 걸린다면 나중에 확인해야 할 선택지이다.
② 2016년 국가별 인구의 50%와 경제활동 인구를 비교 (○)
→ 아래와 같이 정리할 경우 프랑스, 영국, 미국이 50%가 되지 않는다. 영국을 제외한 모든 국가는 인구의 50%와 경제활동인구의 차이가 있어 근사치로 쉽게 찾을 수 있다. 영국은 차이가 작아 정

확하게 계산해보아야 한다.

국가	캐나다	덴마크	프랑스	독일	일본	대한민국	영국	미국
인구	36,954	5,754	65,233	82,293	127,185	51,784	66,574	326,767
인구의 50%	18477	2877	32617	41147	63593	25892	33287	163384
경제활동인구 (근사치)	19400	3000	29500	43000	66000	27000	33227	159000

※ 마찬가지로 확인할 것이 많은 선택지이다. 후순위로 보면 좋은 선택지
③ 대한민국의 여성과 남성의 경제활동인구가 매년 비슷하게 증가하고 있다. 따라서 비율상으로는 여성의 증가율이 더 크다. (○)
→ 2016년도는 여성보다 남성의 증가량이 더 많지만, 증가율은 전년도 경제활동인구 대비 증가량의 비율이므로 전년도 경제활동인구가 남성에 비해 크게 적은 여성의 증가율이 더 높다.

국가	2014		2015				2016			
	여성	남성	여성	증가량	남성	증가량	여성	증가량	남성	증가량
대한민국	11,149.4	15,386.5	11,370.1	220	15,542.5	160	11,529.4	160	15,717.8	170

④ 캐나다의 남녀비율을 먼저 확인한다. (×)
→ 캐나다는 여성 9052.7, 남성 10071.8로 여성 경제활동인구보다 남성 경제활동인구가 10%보다 약간 많다. 따라서 10%를 기준으로 10%보다 차이가 덜 나는 국가가 있는지 확인한다.
프랑스의 경우 여성 경제활동인구 14131에 10%를 더한 값은 14131 + 1413 = 15544로 남성 경제활동인구보다 많다. 즉 프랑스가 캐나다보다 여성과 남성의 경제활동인구가 더 비슷하다.
⑤ 대한민국이 가장 큰지 확인한다. (○)
→ 대한민국의 경우 여성 11370.1, 남성 15542.5로 남성이 여성보다 약 40% 정도 더 많다. 이와 비슷한 값인 국가가 일본이다. 따라서 일본과 대한민국의 여성 경제활동인구 대비 남성 경제활동인구를 분수 비교한다.
근삿값으로 비교한다. 아래와 같이 대한민국의 비율이 더 크다.

$$\frac{15542.5}{11370.1} \qquad \frac{37728.3}{28515.8}$$
$$\rightarrow \frac{156}{114} \qquad \frac{377}{285}$$
$$\rightarrow \frac{78}{57} \qquad \frac{377}{285}$$
$$\rightarrow \frac{390}{285} > \frac{377}{285}$$

STEP 3. 정답
✓ ⑤ 2014년 국가별 전체 경제활동인구에서 남녀의 비율이 가장 비슷한 국가는 캐나다이다.

26 정답 ⑤

STEP 1. 유형파악 표로 구성된 자료해석 문제
STEP 2. 문제풀이 자료의 구조를 파악한 후 선택지를 적절한 순서대로 확인한다.

1) 자료의 구성을 파악한다.
→ 〈표〉 발의 주체별, 연도별 발의 현황
빈칸이 있는 자료
※ 빈칸이 있는 자료는 빈칸을 먼저 넣는 것이 아니라, 선택지에 따라 꼭 넣어서 확인보아야 할 때만 확인한다.

2) 선택지를 확인하기 쉬운 내용부터 체크 (※ 특별히 복잡한 선택지가 없다면 그냥 순서대로 확인한다.)
① 합을 계산하지 않고, 단체장발의건수와 나머지의 발의건수를 바로 비교한다. (○)
➔ 단체장 : 751 〉 나머지 : 626 + 39
② 2013년 의원발의 건수는 804이다. 따라서 2011년 빈칸이 804보다 큰지 작은지를 확인한다. (○)
➔ 2011년 단체장발의 건수가 800건만 되어도 바로 오른쪽의 의원발의 건수를 더하면 1280건이 넘어간다. 전체 합이 1149건 이므로 단체장발의 건수는 800건이 안 된다는 것을 알 수 있다. 따라서 2013년 의원발의 건수가 더 많다.
③ 주민발의 건수는 빈칸을 계산해봐야 한다. (○)
➔ 905 + 865 + X = 1824
1770 + X = 1824
2014년 주민발의 건수는 54건으로, 주민발의 건수가 매년 증가한 것을 알 수 있다.
④ 2010년 의원발의 건수를 찾자. (○)
➔ 2010년 의원발의 건수 = 924 − (527 + 23) = 924 − 550 = 374건
2010년, 2011년 의원발의 건수 합 = 374 + 486 = 860
2014년 의원발의 건수보다 작음.
⑤ 2012년 조례발의 건수를 찾아본다. (×)
➔ 2014년 조례발의 건수가 1824건인데, 이것이 2012년 조례발의 건수의 1.5배 이상이려면 2012년 조례발의 건수는 대략 1200건보다 적어야 한다. 하지만 2012년 단체장, 의원발의 건수만 해도 1300건이 넘으므로, 1.5배 이상이 아니다.
※ 2012년 조례발의 건수 × 1.5 〈 1824
2012년 조례발의 건수 〈 1216

STEP 3. 정답
✓ ⑤　2014년 조례발의 건수는 2012년 조례발의 건수의 1.5배 이상이다.

27 정답 ③

STEP 1. 유형파악 표로 구성된 자료해석 문제
STEP 2. 문제풀이 자료의 구조를 파악한 후 선택지를 적절한 순서대로 확인한다.

1) 자료의 구성을 파악한다.
➔ 〈표〉 2013년 가~다 지역의 아파트실거래가격지수
※ 지수로 나와 있는 자료는, 기준이 되는 값을 알 수 없으면 기준이 다른 지수끼리는 비교할 수 없다는 것을 주의한다.

2) 선택지를 확인하기 쉬운 내용부터 체크한다. 특별히 복잡한 선택지가 없다면 그냥 순서대로 확인한다.
① 각 지역의 아파트실거래가격지수는 1월 값을 기준으로 산정된 것으로 1월 값이 없기 때문에 '가'지역과 '다'지역의 아파트 실거래 가격을 비교할 수 없다. (×)
② ①과 마찬가지로 비교할 수 없다. (×)
③ 같은 지역 내의 아파트가격을 묻기 때문에 확인할 수 있다. (○)
➔ 1월과 3월 아파트실거래가격지수가 100으로 같으므로 실거래 가격은 같다.
④ 7월 가 지역의 실거래 가격을 구해보자. (×)
➔ 7월 아파트 실거래 가격 = 7월 아파트실거래가격지수 × 1월 아파트 실거래 가격 ÷ 100 = 1.04 × 1억 = 1억 4백만 원
⑤ 아파트실거래가격지수가 해당기간 매월 상승했는지 확인한다.
(×)

➔ 다 지역의 12월 아파트실거래가격지수는 11월 103에서 102.6으로 감소했다.

STEP 3. 정답
✓ ③　'다' 지역의 1월 아파트 실거래 가격과 3월 아파트 실거래 가격은 같다.

28 정답 ③

STEP 1. 유형파악 표로 구성된 자료해석 문제
STEP 2. 문제풀이 자료의 구조를 파악한 후 선택지를 적절한 순서대로 확인한다.

1) 자료의 구성을 파악한다.
➔ 〈표〉 산업 종류별, 연도별 지적재산권 보유 개수

2) 선택지를 확인하기 쉬운 내용부터 체크 (※ 특별히 복잡한 선택지가 없다면 그냥 순서대로 확인한다.)
① 도매 및 소매업의 자료 값이 매년 증가하는지 확인. (○)
➔ 매년 증가하고 있다. 쉽게 확인 가능한 선택지
② 2012년과 2013년 도매 및 소매업의 지적재산권 보유 개수의 전체에서의 비중을 비교 (○)
➔ 2012년에서 2013이 되면서 도매 및 소매업의 지적재산권 보유 개수는 증가하였고, 전 산업 합계는 줄어들었으므로 옳은 설명이다. (분모 값은 감소하고, 분자 값은 증가하였으므로.)

	2012	2013
도매 및 소매업	28518	28,770
전 산업 합계	697497	655,000

③ 증가율이 다른 때보다 눈에 띄게 높은 2013년과 2014년을 비교한다. (×)
➔ 증가량 비교법을 활용한다. 2014년의 전년대비 증가율이 더 높다.

	2013	2014
전년대비 비율	$\dfrac{22063}{18955}$	$\dfrac{26159}{22063}$

$\dfrac{221}{190}$　$\dfrac{262}{221}$ → $\dfrac{221}{190}$　$\dfrac{221+41}{190+31}$ → $\dfrac{221}{190}$　$\dfrac{41}{31}$

→ $\dfrac{221}{190}$ < $\dfrac{246}{186}$

④ 산업 전체의 보유개수 변화 추이를 먼저 체크하자. (○)
➔ 증, 감, 증, 증과 같은 변화 추이인 산업을 찾자.

전 산업 합계	678783	↑	697497	↓	655,000	↑	698,356	↑	720,056	↑	744897

위에서 차례로 확인하면 제조업과 운수업이 일단 변화 추이가 같은 것이 확인되므로 옳은 설명이 된다.
⑤ 기타에 해당하는 산업이 몇 개 이상인지 확인하는 내용 (○)
➔ 2011년 사업시설관리 및 사업지원서비스업이 상위 7위 산업이다. 그렇다면 8위인 산업은 지적재산권 보유 개수가 1528개 이하이다. 8위부터 아래 순위로 10개 산업이 모두 1528개의 지적재산권을 가지고 있다고 하더라도 기타 전체의 양보다 적으므로, 기타에는 최소 10개 이상의 산업이 포함된다고 볼 수 있다. (1528 × 10 〈 15529)

STEP 3. 정답
✓ ③　전문 과학 및 기술 서비스업의 지적재산권 보유개수에서 전년대비 증가율이 가장 높았던 해는 2013년이다.

29 정답 ④

STEP 1. 유형파악 그래프와 표로 구성된 자료해석 문제
STEP 2. 문제풀이 자료의 구조를 파악한 후 선택지를 적절한 순서대로 확인한다.

1) 자료의 구성을 파악한다.
→ 〈표〉 국가별로 여러 항목이 나온 자료, 빈칸
〈그림〉 국가별 공채의존도
각주의 계산식을 활용하여 빈칸을 채우는 문제

구분 \ 국가	A	B	C	D	E
국민부담률	38.9	34.7	49.3	(52)	62.4
사회보장부담률	( )	8.6	10.8	22.9	24.6
조세부담률	23.0	26.1	(38.5)	29.1	37.8
재정적자 비율	8.8	9.9	6.7	1.1	5.1
잠재적부담률	47.7	( )	56.0	53.1	(6.75)

2) 보기를 확인하기 쉬운 내용부터 체크 (※ 특별히 복잡한 선택지가 없다면 그냥 순서대로 확인한다.)
ㄱ. 잠재적부담률이 가장 높은 국가와 조세부담률이 가장 높은 국가를 확인 (×)
→ 잠재적부담률은 E국이 가장 높고, 조세부담률은 C국이 가장 높다.
ㄴ. 공채의존도가 가장 낮은 국가는 D이다. D의 국민부담률이 두 번째로 높은지 확인. (○)
→ D의 국민 부담률은 두 번째로 높다.
ㄷ. 사회보장부담률이 가장 높은 국가는 E국이다. E국의 공채의존도는 세 번째이다. (×)
ㄹ. 잠재적부담률이 가장 낮은 국가를 찾자. (○)
→ B국은 34.7 + 9.9 = 44.6으로 다른 국가보다 잠재적부담률이 가장 낮은 것을 확인할 수 있다.

STEP 3. 정답
✓ ④ ㄴ, ㄹ

30 정답 ②

STEP 1. 유형파악 그래프와 표로 구성된 자료해석 문제
STEP 2. 문제풀이 자료의 구조를 파악한 후 선택지를 적절한 순서대로 확인한다.

1) 자료의 구성을 파악한다.
→ 〈표〉 지역별 센터, 복지관, 자원봉사자, 등록노인 수

2) 보기를 확인하기 쉬운 내용부터 체크 (※ 특별히 복잡한 선택지가 없다면 그냥 순서대로 확인한다.)
ㄱ. 'A지역 항목×4 〉 전국'인지 확인한다. (○)
→ 25% 이상이라면 ×4 값이 전체 값보다 클 것이고, 25% 이하라면 크지 않을 것이다.
자원봉사자 : 8252×4 ≒ 33000 〉 30171
노인복지관 : 1336×4 ≒ 5300 〉 4377
ㄴ. 복지센터 ×100 과 노인복지관의 수를 비교한다. (×)
→ A, B, I 지역이 복지센터×100가 노인복지관 보다 적다. 이 지역이 센터 1개소당 노인복지관 수가 100개소 이하이다.

지역 \ 구분	복지종합 지원센터	×100	노인복지관
A	20	2000	1,336
B	2	200	126
C	1	100	121
D	2	200	208
E	1	100	164
F	1	100	122
G	2	200	227
H	3	300	362
I	1	100	60

ㄷ. 센터 수 당 자원봉사자 수와 등록노인 수가 가장 많은 지역을 찾는다. (○)
→ 센터 수 당 자원봉사자 수가 가장 많은 지역 : E지역
센터 수 당 등록노인 수가 가장 많은 지역 : E지역
ㄹ. 두 지역의 노인복지관 1개소당 자원봉사자 수를 비교 (○)
→ C 지역이 더 많다.

	H	C
노인복지관 1개소당 자원봉사자 수	$\frac{2185}{362} ≒ 6$	$\frac{1188}{164} ≒ 7.**$

STEP 3. 정답
✓ ② ㄱ, ㄷ

31 정답 ⑤

STEP 1. 유형파악 표로 구성된 자료해석 문제
STEP 2. 문제풀이 자료의 구조를 파악한 후 선택지를 적절한 순서대로 확인한다.

1) 자료의 구성을 파악한다.
→ 〈표〉 연도별, 콘텐츠 유형별 매출액

2) 선택지를 확인하기 쉬운 내용부터 체크 (※ 특별히 복잡한 선택지가 없다면 그냥 순서대로 확인한다.)
① 증가추세를 확인한다. (○)
→ 게임은 06년, 음원은 08년, SNS는 07년 전년대비 감소하였다.
② 2012년 전년대비 매출액 증가율을 비교한다. (○)
→ SNS는 전년대비 매출액이 3배가 되었지만 다른 유형은 40% 이내로 증가하였다.
③ 전체 매출액 대비 영화 매출액을 비교한다. (○)
→ 매년 영화 매출액은 전체 매출액의 50% 내외를 기록하였다. 따라서 40% 이상이라는 설명은 옳은 설명이다.
※ 전체 매출액 ÷2 ≒ 영화 매출액
④ 유형별 매출액이 감소한 때를 체크하면 모든 연도에 감소한 콘텐츠 유형이 존재한다. (○)

연도 \ 콘텐츠 유형	게임	음원	영화	SNS	전체
2005	235	108	371	30	744
2006	144	175	355	45	719
2007	178	186	391	42	797
2008	269	184	508	59	1,020
2009	485	199	758	58	1,500
2010	470	302	1,031	308	2,111
2011	603	411	1,148	104	2,266
2012	689	419	1,510	341	2,959

⑤ 음원 매출액×2와 게임 매출액을 비교한다. (×)
➔ 오직 09년도에만 게임 매출액이 음원 매출액의 2배 이상이다.

연도	콘텐츠 유형	게임	음원	음원×2
2009		485	199	398
2010		470	302	604
2011		603	411	822
2012		689	419	838

STEP 3. 정답
✓ ⑤ 2009~2012년 동안 매년 게임 매출액은 음원 매출액의 2배 이상이다.

32 정답 ②

STEP 1. 유형파악 표로 구성된 자료해석 문제
STEP 2. 문제풀이 자료의 구조를 파악한 후 선택지를 적절한 순서대로 확인한다.

1) 자료의 구성을 파악한다.
➔ 〈표〉 연도별 사건처리현황
각주에 인용률 계산식이 있음

2) 보기를 확인하기 쉬운 내용부터 체크 (※ 특별히 복잡한 선택지가 없다면 그냥 순서대로 확인한다.)
ㄱ. 인용률을 비교한다. (○)
➔ 2011, 2012, 2014년은 전체 심리, 의결건수는 더 많고, 인용건수는 더 적으므로 인용률이 2013년도보다 낮은 것을 알 수 있다. 그리고 2010년과 비교하여도 2013년이 더 높다.

	2010	2013
인용률	$\frac{4990}{30742} \fallingdotseq \frac{1}{6}$ ↓	$\frac{4713}{24405} \fallingdotseq \frac{1}{6}$ ↑

ㄴ. 취하, 이송 건수는 2011년, 2013년 각각 전년보다 증가하였다. (×)
ㄷ. 2011년도와 2014년도의 각각 건수를 구한다. (○)
➔ 2011년 각하 건수 = 28923 − 23284 − 4640 = 999
2014년 각하 건수 = 25270 − 19164 − 4131 = 1975
ㄹ. 접수 건수와 심리, 의결 건수 증감을 비교한다. (×)
➔ 아래와 같이 다르다.

연도	구분	접수		취하 · 이송	
2010		31,473		30,472	
2011		29,986	↓	28,923	↓
2012		26,002	↓	24,987	↓
2013		26,255	↑	24,405	↓
2014		26,014	↓	25,270	↑

STEP 3. 정답
✓ ② ㄱ, ㄷ

33 정답 ⑤

STEP 1. 유형파악 그래프로 구성된 자료해석 문제
STEP 2. 문제풀이 자료의 구조를 파악한 후 선택지를 적절한 순서대로 확인한다.

1) 자료의 구성을 파악한다.
➔ 〈그림〉 제품유형별 수요예측치와 실제수요
수요예측치와 실제수요가 같은 보조선이 그어져 있다.

2) 선택지를 확인하기 쉬운 내용부터 체크 (※ 특별히 복잡한 선택지가 없다면 그냥 순서대로 확인한다.)
① 보조선으로부터 가장 가까운 제품유형이 예측 오차가 가장 작은 것이다. (×)
➔ G는 보조선으로부터 가장 멀리 떨어져 있다. 예측 오차가 가장 큰 것이다.
② 세로축으로 위에 있을수록 수요예측의 오차가 작은지 확인한다.
(×)
➔ 선택지의 내용과는 반대로 실제수요가 클수록(세로축 위에 있을수록) 오차가 큰 편이다.
③ 수요예측치가 가장 큰 제품은 J이지만 실제수요가 가장 큰 제품은 I이다. (×)
④ 실제수요 3000개에 보조선을 긋고 선 위에 있는 제품의 개수를 센다. (×)
➔ E, F, G, H, I, J로 6가지 제품이므로 60%이다.

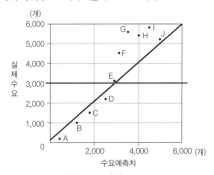

⑤ ④에서 그린 그림을 함께 본다. (○)
➔ 보조선 아래에 있는 제품 유형은 모두 대각선 오른쪽에 분포한다. 즉 수요예측치가 실제수요보다 크다.

STEP 3. 정답
✓ ⑤ 실제수요가 3,000개 이하인 제품유형은 각각 수요예측치가 실제수요보다 크다.

34 정답 ⑤

STEP 1. 유형파악 그래프와 표로 구성된 자료해석 문제
STEP 2. 문제풀이 자료의 구조를 파악한 후 선택지를 적절한 순서대로 확인한다.

1) 자료의 구성을 파악한다.
➔ 〈표〉 연도별 교통사고 발생건수
〈그림〉 2010년 교통사고 발생건수의 월별 구성비

2) 보기를 확인하기 쉬운 내용부터 체크 (※ 특별히 복잡한 선택지가 없다면 그냥 순서대로 확인한다.)
ㄱ. 연도별 교통사고 건수는 〈표〉에서 확인할 수 있다. (○)
➔ 아래와 같이 08년 이후 매년 감소했다.

구분	연도	2006	2007	2008	2009	2010
전체교통사고		231	240	220	214	213
음주교통사고		25	31	25	26	30

ㄴ. 06년 음주교통사고 발생건수에 30% 증가한 값과 2010년 값을 비교한다. (×)
➡ 25 + 25 × 0.3 = 32.5 〉 30
ㄷ. 전체교통사고건수 대비 음주사고건수의 비율을 비교한다. (○)
➡ 표를 그대로 활용하기 위해서 음주사고건수 대비 전체교통사고 건수의 비율이 가장 작은 연도를 찾는다.(보기의에서 묻는 내용의 역수)

연도 구분	2006	2007	2008	2009	2010
전체교통사고	231	240	220	214	213
음주교통사고	25	31	25	26	30
전체교통사고 음주교통사고	≒9	≒8	≒9	≒8	≒7

2010년이 가장 작으므로, 반대로 전체교통사고건수 대비 음주사고 건수의 비율은 가장 크다. 옳은 설명
ㄹ. 꺾은선 그래프를 보고 발생건수가 가장 많은 분기를 찾는다. (○)
➡ 대체로 1월에서 12월로 갈수록 발생건수가 늘어나고 있다. 따라서 3분기와 4분기 값만 비교해보면 되는데, 7월은 11월과 같고, 9월은 10월과 같지만, 8월이 12월보다 많기 때문에 3분기가 발생건수가 가장 많은 것을 알 수 있다.

STEP 3. 정답
✓ ⑤　ㄱ, ㄷ, ㄹ

35 정답 ⑤

STEP 1. 유형파악 표로 구성된 자료해석 문제
STEP 2. 문제풀이 자료의 구조를 파악한 후 선택지를 적절한 순서대로 확인한다.

1) 자료의 구성을 파악한다.
➡ 〈표〉 연도별 실업자, 재직자 훈련 인원과 훈련 지원금

2) 보기를 확인하기 쉬운 내용부터 체크 (※ 특별히 복잡한 선택지가 없다면 그냥 순서대로 확인한다.)
ㄱ. 연도별 교통사고 건수는 〈표〉에서 확인할 수 있다. (×)
➡ 2010년의 경우실업자 훈련인원은 증가했지만, 훈련 지원금은 감소했다.
ㄴ. 옳은 내용. 2009년 훈련지원금은 1조 256억 원을 기록했다. (○)
ㄷ. 실업자 훈련 인원의 증가율과 훈련지원금의 2006년 값 대비 2010년 값을 구해본다. (×)
➡ 훈련 지원금의 증가율이 30%보다 큰데, 훈련 인원의 증가율은 200%가 안 된다. 따라서 증가율은 7배 이하이다.

	실업자 훈련 인원	실업자 훈련지원금
2010년 값 2006년 값	304 102 ≒3↓	4362 3236 ≒1.3↑
증가율	200%↓	30%↑

ㄹ. 훈련 인원은 눈에 띄게 재직자가 실업자보다 많다. (○)
ㅁ. 1인당 훈련 지원금을 확인해보자. (○)
➡ 훈련지원금은 실업자와 재직자가 큰 차이를 보이지 않지만, 훈련 인원은 수십배 차이가 난다. 따라서 1인당 훈련지원금은 매년 실업자가 재직자보다 많다.

STEP 3. 정답
✓ ⑤　ㄴ, ㄹ, ㅁ

36 정답 ④

STEP 1. 유형파악 그래프로 구성된 자료해석 문제
STEP 2. 문제풀이 자료의 구조를 파악한 후 선택지를 적절한 순서대로 확인한다.

1) 자료의 구성을 파악한다.
➡ 〈그림1〉 A국 총 에너지소비 추이
〈그림2〉 A국의 총 에너지소비량 및 용도별 소비량

2) 보기를 확인하기 쉬운 내용부터 체크 (※ 특별히 복잡한 선택지가 없다면 그냥 순서대로 확인한다.)
ㄱ. 80년, 05년 각각 수입에너지 소비량을 확인한다. (○)
➡ 수입에너지 소비량＝총 에너지소비량×총 에너지소비량 중 수입에너지 비율
05년 수입에너지 소비량＝162.4×96.4%
80년 수입에너지 소비량＝37.2×73.5%
총 에너지소비량만 보아도 이미 05년도가 4배 이상이므로 수입에너지소비량 역시 05년도가 4배 이상이다.
ㄴ. 총 에너지소비량 중 중동산 원유의 비율＝총 에너지소비량 중 원유 비율×원유 중 중동산 원유 비율 (○)
(숫자만 계산) 2002년＝50×75＝3750
(숫자만 계산) 2005년＝45×80＝3600
∴ ㄴ의 보기는 옳은 내용이다.
ㄷ. 2002년 총 에너지소비량을 100으로 두자. 05년 총 에너지소비량은 그러면 110이다. (×)
➡ 2002년 원유 소비량＝100×0.5＝50
2005년 원유 소비량＝110×0.45＝49.5
2005년 원유 소비량이 감소하였다.
ㄹ. 분수비교를 하자. (○)
➡ 산업용 : 90년도 값이 50%에 아주 근접하므로, 05년도 값이 50%보다 큰지, 작은지만 확인하면 된다. 05년도 값은 50%보다는 확실히 크므로 굳이 계산을 자세히 하지 않는다.

	1990년	2005년
산업용 총 소비량	36.1 72.8 ≒0.5↓	93 162.4 ≒0.5↑

가정용 : 90년도는 약 30%, 05년도는 약 20%로 05년도가 가정용 비율이 감소하였다.

	1990년	2005년
가정용 총 소비량	22.0 72.8 ≒0.3↑	34.8 162.4 ≒0.2↑

STEP 3. 정답
✓ ④　ㄱ, ㄴ, ㄹ

37 정답 ②

STEP 1. 유형파악 표로 구성된 자료해석 문제
STEP 2. 문제풀이 자료의 구조를 파악한 후 선택지를 적절한 순서대로 확인한다.

1) 자료의 구성을 파악한다.
➡ 〈표1〉 연도별, 연령대별, 성별 연구책임자 수
〈표2〉 05년 전공별, 성별 연구책임자 수

2) 선택지를 확인하기 쉬운 내용부터 체크 (※ 특별히 복잡한 선택지

가 없다면 그냥 순서대로 확인한다.)

① 03년과 05년의 30대, 50대의 연구책임자 수 차이를 확인 (○)

→ 03년 : 50대 연구책임자 수 − 30대 연구책임자 수 = 4334 − 3708
≒ 630

05년 : 50대 연구책임자 수 − 30대 연구책임자 수 = 4958 − 4541 ≒
420

03년이 차이가 더 크다.

② 여자 41~60세 연구책임자 수 + 여자 이학 또는 인문사회 전공자
수 − 여자 연구책임자 수 (×)

→ (978 + 299) + (701 + 544) − 2339 = 183

∴ 193명이 아니라 적어도 183명이 이학 또는 인문사회 전공이다.

③ 전체 연구책임자 수는 기간 동안 꾸준히 증가하였다. (○)

2003년	2004년	2005년
19,633	21,227	21,473
(100.0)	(100.0)	(100.0)

④ 증가율이 아니라 증가량을 비교하는 것에 주의하자. (○)

→ 여자 : 251 − 90 = 161   남자 : 164 − 97 = 67

⑤ ②과 같은 유형, 41~50세 남자 수 + 공학 전공자 남자 수 − 전체
남자 연구책임자 수 (○)

→ 9813 + 11680 − 19134 = 2359

∴ 2359명 이상이다. 옳은 내용

STEP 3. 정답

✓ ② 2005년 41~60세의 여자 연구책임자 중 적어도 193명 이상
이 이학 또는 인문사회 전공이다.

38 정답 ③

STEP 1. 유형파악 그래프로 구성된 자료해석 문제
STEP 2. 문제풀이 자료의 구조를 파악한 후 선택지를 적절한 순서대
로 확인한다.

1) 자료의 구성을 파악한다.
→ 〈그림〉 약품 A~C의 투입량에 따른 오염물질 제거량

2) 보기를 확인하기 쉬운 내용부터 체크 (※ 특별히 복잡한 선택지가
없다면 그냥 순서대로 확인한다.)

ㄱ. 각 약품의 투입량이 30g일 때와 60g일 때의 차를 비교 (○)

→ A : 45 − 40 = 5

B : 44 − 30 = 14

C : 30 − 20 = 10

∴ A가 차이가 가장 작다.

ㄴ. 꺾은선 그래프의 차이가 줄어드는지 확인 (×)

→ 약품 투입량이 50에서 60이 될 때 그래프를 확인해보면 차이가
늘어나는 것을 알 수 있다.

ㄷ. 약품 투입량이 20g일 때의 제거량을 비교 (○)

→ A : 35

C : 15

∴ 2배 이상이 맞다.

ㄹ. B, C의 제거량 차이가 8g 미만인지 확인 (×)

→ B, C의 제거량 차이는 그래프를 보면 10g정도 차이가 나는 때가
여러번 있다.

STEP 3. 정답

✓ ③ ㄱ, ㄷ

39 정답 ④

STEP 1. 유형파악 그래프로 구성된 자료해석 문제
STEP 2. 문제풀이 자료의 구조를 파악한 후 선택지를 적절한 순서대
로 확인한다.

1) 자료의 구성을 파악한다.
→ 〈그림〉 각국의 GDP, 에너지사용량, 인구

2) 선택지를 확인하기 쉬운 내용부터 체크 (※ 특별히 복잡한 선택지
가 없다면 그냥 순서대로 확인한다.)

① 인구수는 원의 면적에 비례한다. 원의 면적은 원의 지름의 제곱
에 비례한다. (○)

→ D, E, F, G 4개국의 원의 지름은 B국의 절반도 안 된다. 따라서
각국의 원의 면적은 B국의 이 채 안되므로 4국의 인구 총합보다
B국의 인구가 많다.

② E국보다 B국의 GDP가 2.**배 정도 되지만, 인구수는 8~9배 정
도이므로, 1인당 GDP는 E국이 더 높다. (○)

③ GDP는 가로축 값이다. 가장 낮은 국가는 D국이고 가장 큰 국가
는 A국이다.

④ B국과 C국의 에너지사용량 차이보다 인구수 차이가 크기 때문에
1인당 에너지사용량은 B국이 더 적다. (×)

⑤ 에너지사용량 대비 GDP를 확인해본다. (○)

→ A국의 G에는 B국의 5배 이상이지만, 에너지사용량은 B국의 2배
가 안 된다. 따라서 에너지사용량 대비 GDP는 A국이 더 높다.

STEP 3. 정답

✓ ④ 1인당 에너지사용량은 B국이 C국보다 많다.

40 정답 ①

STEP 1. 유형파악 표로 구성된 자료해석 문제
STEP 2. 문제풀이 자료의 구조를 파악한 후 선택지를 적절한 순서대
로 확인한다.

1) 자료의 구성을 파악한다.
→ 〈표1〉 PC 기반 웹 브라우저의 이용률 현황
〈표2〉 스마트폰 기반 웹 브라우저의 이용률 현황

2) 선택지를 확인하기 쉬운 내용부터 체크 (※ 특별히 복잡한 선택지
가 없다면 그냥 순서대로 확인한다.)

① 인터넷 익스플로러가 1.30%로 상위 5번째 웹 브라우저이다. 상위
5종을 제외한 나머지는 5.41%인데, 상위6~9 4개 웹 브라우저가
모두 1.30%라고 하여도 1.3×4 = 5.2로 5.41%에 못 미친다. 따라
서 최소 한 종류의 웹 브라우저가 더 있어야 한다. 즉 전체 설문
조사 대상 스마트폰 기반 웹 브라우저는 10종 이상이다. (○)

② 14년 1월 이용률 상위 5개의 순위가 일치하는지 확인 (×)

→ 크롬이 3위로 같다.

③ PC 기반 웹 브라우저의 순위가 매월 같은지 확인 (×)

→ 크롬의 순위를 보면 12월에만 2위를 기록하였다. 즉 매월 순위가
같지는 않다.

④ 오페라 역시 6.91 − 4.51 = 2.5%p의 차이가 난다. (×)

⑤ 10월만 체크해도 아닌 것을 알 수 있다. (×)

→ 55.88 + 23.45 + 6.85 ≒ 85%

STEP 3. 정답

✓ ① 2013년 10월 전체 설문조사 대상 스마트폰 기반 웹 브라우저
는 10종 이상이다.

41 정답 ④

STEP 1. 유형파악 표로 구성된 자료해석 문제
STEP 2. 문제풀이 자료의 구조를 파악한 후 선택지를 적절한 순서대로 확인한다.

1) 자료의 구성을 파악한다.
→ 〈표〉 연도별 투자비용 현황

2) 선택지를 확인하기 쉬운 내용부터 체크 (※ 특별히 복잡한 선택지가 없다면 그냥 순서대로 확인한다.)
① 전체 연구비에서 임상연구비가 차지하는 비중이 클수록 연구개발비 대비 임상연구비의 비율이 크다. 따라서 연구개발비 대비 임상연구비의 비율을 확인하자. (○)
→ 증가량 비교법을 활용한다. 2015년이 더 크다.

	2012	2015
전년대비 비율	$\dfrac{1636}{3664}$	$\dfrac{1535}{3344}$

$\dfrac{1636}{3664} \quad \dfrac{1535}{3344} \rightarrow \dfrac{1535+101}{3344+320} \quad \dfrac{1535}{3344} \rightarrow \dfrac{101}{302} < \dfrac{1535}{3344}$

② 설비투자비와 임상연구비만 연도별 증감을 확인해본다. (○)
→ 일치한다. 쉽게 확인 가능하니 해설은 생략한다.
③ 설비투자비가 20% 이상이면 나머지는 80% 이하이다. 설비투자비×4와 나머지의 대소를 비교한다. (○)
→ 2013년 설비투자비 ×4 ≒ 5200
2013년 임상연구비와 연구개발비만 더해도 5200을 넘기므로 설비투자비가 전체의 20% 이하이다.
④ 연구개발비와 나머지의 합계를 비교한다. (×)
→ 2011년 : 2579 < 1382 + 932 + 361≒2600, 연구개발비가 더 적다. 50% 이하
⑤ 임상연구비의 전년대비 증가량을 비교한다. (○)
→ 증가율이 아니라 증가량을 비교하는 것이다. 2017년이 약 700으로 가장 많이 증가했다.

STEP 3. 정답
✓ ④ A 제약은 2011년 전체 투자비용의 절반이상을 연구개발비에 활용한다.

42 정답 ③

STEP 1. 유형파악 표로 구성된 자료해석 문제
STEP 2. 문제풀이 자료의 구조를 파악한 후 선택지를 적절한 순서대로 확인한다.

1) 자료의 구성을 파악한다.
→ 〈표〉 상품군별 온라인쇼핑 거래액
2) 선택지를 확인하기 쉬운 내용부터 체크 (※ 특별히 복잡한 선택지가 없다면 그냥 순서대로 확인한다.)
① 표에서 바로 확인 가능한 내용이다. 표의 오른쪽에 있는 전월비, 전년동월비에 있는 내용을 확인하자. (○)
② 2016년 모바일 거래액×2와 온라인 거래액을 비교한다. (○)
→ 모바일 거래액×2이 더 작은 상품군이 해당 상품군이다. 컴퓨터, 가전, 소프트웨어, 서적, 사무, 음반, 가구, 여행 등 8개 상품군이다.
③ 음식료품의 증가율을 구하고, 다른 항목을 확인한다. (×)
→ 음식료품은 6345에서 9098로 2700정도 증가했다. 즉 증가율이 45% 정도이다.

애완용품은 311에서 572로 약 90% 증가했다. 따라서 틀린 선지
④ 전월비로 가서 증감률이 음수인 항목의 개수를 체크한다. (○)
→ 가전, 소프트웨어, 의복, 신발, 스포츠, 생활, 가구, 애완용품 8개 항목이다.
⑤ 2017년 11월의 거래액이 가장 많은 상품군을 찾는다. (○)
→ 여행 및 예약서비스가 10271가 가장 크다.

STEP 3. 정답
✓ ③ 2016년 12월 대비 2017년 11월 온라인쇼핑 거래액의 증가율이 가장 큰 상품군은 음·식료품이다.

43 정답 ②

STEP 1. 유형파악 표로 구성된 자료해석 문제
STEP 2. 문제풀이 자료의 구조를 파악한 후 필요한 계산을 한다.

1) 자료의 구성을 파악한다.
→ 〈표〉 연도별, 월별 전력거래량
계산문제는 선택지를 본다. 선택지의 십의 자리 이하가 모두 다르다.

2) 5개년도의 5월 전력거래량 평균을 구한다.
→ 선택지의 십의 자리 이하가 모두 다르므로 이 부분만 계산한다. 평균은 5개 값의 평균이므로, 십의 자리 이하를 결정하는 것은 500으로 나누어떨어지지 않는 나머지 부분이다. 이 부분만 계산한다.
(59 + 279 + 450 + 374 + 242) ÷ 5 = 280.8

3) 선택지에서 정답을 찾는다.
→ 280.8이 나왔으므로 십의 자리 이하만 확인하면 80.8. 반올림하여 81이 나온다. 선택지에서 81로 끝나는 선택지는 ② 36,381GWh 이다.

STEP 3. 정답
✓ ② 36,381GWh
실제 값을 계산해보자.
(33559 + 35779 + 36450 + 37374 + 38742) ÷ 5 = 36380.8

44 정답 ②

STEP 1. 유형파악 표로 구성된 자료해석 문제
STEP 2. 문제풀이 자료의 구조를 파악한 후 필요한 계산을 한다.

1) 자료의 구성을 파악한다.
→ 〈표〉 연도별 인구, 인구성장률, 성비
계산문제는 선택지를 본다. 선택지의 십의 단위가 다르다.

2) 필요한 계산을 한다.

2015년 남성인구 $= 48692062 \times \dfrac{101.6}{101.6 + 100}$

$= 48692062 \times \dfrac{1016}{2016} = 48692062 \times \dfrac{(1008 + 8)}{2016}$

$= 48692062 \times \dfrac{1}{2} + 48692062 \times \dfrac{8}{2016}$

$= 24346031 + 48692062 \times \dfrac{8}{2016} ≒ 24346031 + 48692062 \times \dfrac{4}{1000}$

$≒ 24,346,031 + 200,000 ≒ 24,546,031$

3) 선택지에서 정답을 찾는다.
→ 근삿값으로 계산한 24546031은 실제 값보다 크게 계산했다. (파란색 부분) 따라서 실제 값은 24546031보다 작은 값일 것이다. ② 24,539,253명을 답으로 추론할 수 있다.

STEP 3. 정답
✓ ② 24,539,253명

실제 값을 계산해보자.

$$2015년 \ 남성인구 = 48692062 \times \frac{101.6}{101.6 + 100} = 24539253.46\cdots$$

45 정답 ③

STEP 1. 유형파악 그래프로 구성된 자료해석 문제
STEP 2. 문제풀이 자료의 구조를 파악한 후 선택지를 적절한 순서대로 확인한다.

1) 자료의 구성을 파악한다.
→ 〈그림〉 국가별 1인당 GDP, 1인당 의료비 지출액

2) 보기를 확인하기 쉬운 내용부터 체크 (※ 특별히 복잡한 선택지가 없다면 그냥 순서대로 확인한다.)
ㄱ. 1인당 의료비 지출액 순 상위 3개국(A, B, C)과 그 다음 3개국 (D, E, F)의 1인당 GDP를 비교하자. (×)
→ 점들의 가운데 값이 상위 3개국과 그 다음 3개국이 비슷하지만, (D, E, F)의 경우 1인당 GDP가 높은 쪽에 두 국가(E, F)가 있으므로 평균이 더 오른쪽에 위치하게 된다.
ㄴ. 1인당 GDP 대비 1인당 의료비 지출액의 비율은 원점으로 부터의 직선의 기울기로 확인할 수 있다. (○)

→ 원점과 A를 이은 직선 아래로 모든 점이 분포하므로, 1인당 GDP 대비 1인당 의료비 지출액은 A국이 가장 크다.

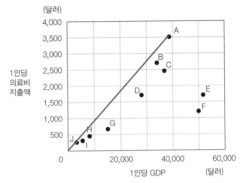

ㄷ. 1인당 GDP가 가장 높은 국가는 E, 가장 낮은 국가는 J이다. (×)
→ E국 1인당 의료비 지출액 : 약 1700
J국 1인당 의료비 지출액 : 약 300
∴ 2천 달러 이하로 차이가 난다.
ㄹ. 1인당 GDP 상위 5개 국가와 하위 5개 국가의 1인당 의료비 합을 비교한다. (×)
→ 상위 5개 국가(A, B, C, E, F) : 3500 + 2700 + 2500 + 1700 + 1200 = 10600
하위 5개 국가(D, G, H, I, J) : 1700 + 700 + 500 + 400 + 300 = 3600
근삿값으로 계산했지만 5배 이상은 절대 되지 않을 것이다.

STEP 3. 정답
✓ ③

PART 3 문제해결능력

I. 언어추리

01 논리

01	02	03	04	05
②	⑤	③	⑤	④
06	07	08	09	10
③	②	⑤	②	④
11	12	13	14	15
③	③	⑤	①	④
16	17	18	19	20
⑤	④	④	④	⑤
21	22	23	24	25
②	①	⑤	②	②

01 정답 ②

STEP 1. 유형파악 논리 ➜ 타당한 결론 찾기
STEP 2. 문제풀이 해당 유형은 명제를 화살표를 연결해 이어나가는
방식으로 푼다.

1) 편의를 위해 명제를 간단하게 바꾼다.
- 약자를 보호하는 국가는 경제적으로 공평하다. (약자 → 공평)
- 공정하지 못한 국가는 경제적으로 공평하지 못하다. (~공정 → ~
공평)
- 약자를 보호하는 국가는 민주주의의 가치를 존중한다. : (약자 →
민주)

2) 화살표를 이어나갈 수 있는 명제들을 연결시킨다.(※ 대우명제를
활용한다.)
- 약자 → 공평 → 공정
- 약자 → 민주

STEP 3. 정답
✓② B만 옳다.
위에 정리한 내용으로 A, B를 확인하면
약자 → 공평 → 공정
약자 → 공정
∴ A는 옳지 않다.
약자 → 민주
~민주 → ~약자
∴ B는 옳다.

02 정답 ⑤

STEP 1. 유형파악 논리 ➜ 정언명제. 도식화하여 푼다.

STEP 2. 문제풀이
도식화

1) 각 명제를 그림으로 표현하여 하나의 그림으로 표현한다.
- 공부만 하는 사람은 모두 체력이 좋지 않다.
- 체력이 좋지 않은 사람 중 홍삼을 챙겨먹는 사람이 있다.
- 홍삼을 챙겨먹지 않는 사람 중에는 체력이 좋은 사람이 있다.

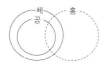

2) 그림의 각 영역에 사람이 반드시 존재하는 영역과 있을 수도, 없
을 수도 있는 영역을 잘 구분하는 것이 중요하다.

STEP 3. 정답
✓⑤ 알 수 없다.
위에 정리한 내용으로 A, B를 확인한다.
공부만 하는 사람 중에 홍삼을 챙겨 먹는 사람이 있을 수도, 없을 수
도 있어 A는 알 수 없다.
체력이 좋지 않은 사람이 전부 홍삼을 챙겨먹을 수도, 없을 수도 있
으므로 B는 알 수 없다.
가능성으로만 존재하는 것들은 모두 '알 수 없음'이다.

03 정답 ③

STEP 1. 유형파악 논리 ➜ 타당한 논증, 가언명제
STEP 2. 문제풀이 명제를 화살표를 연결해 이어나간다.

1) 편의를 위해 명제를 간단하게 바꾼다.
- B사원이 수업에 출석하면 K사원도 수업에 출석한다. ➜ B → K
- K사원이 수업에 출석하면 S사원도 수업에 출석한다. ➜ K → S
- B사원이 수업에 출석하지 않으면 S사원이 수업에 출석한다.
➜ ~B → S
- L사원이 수업에 결석하면 B사원이 수업에 결석하지 않는다.
➜ ~L → B

2) 화살표를 이어나갈 수 있는 명제들을 연결시킨다.(※ 대우명제를
활용한다.)
- B → K → S
- ~B → S
- ~B → L

STEP 3. 정답
✓③ S사원은 수업에 출석한다.
➜ B사원의 출석 여부에 따라 다른 사원들의 출석 여부는 바뀌지만,
B의 출석 여부에 상관없이 S사원은 출석함을 알 수 있다.

04 정답 ⑤

STEP 1. 유형파악 논리 ➜ 타당한 논증
STEP 2. 문제풀이 명제를 화살표를 연결해 이어나간다.

1) 편의를 위해 명제를 간단하게 바꾼다.
- 스포츠를 좋아하지 않는 사람은 운동을 하지 않는다.
  ➡ ~스포츠 → ~운동
- 스포츠를 좋아하지 않는 사람은 생활습관이 규칙적이지 않다.
  ➡ ~스포츠 → ~규칙
- 활동적인 사람은 부지런하다. ➡ 활동 → 부지런
- 부지런한 사람은 생활습관이 규칙적이다. ➡ 부지런 → 규칙

2) 화살표를 이어나갈 수 있는 명제들을 연결시킨다.(※ 대우명제를 활용한다.)
- ~스포츠 → ~운동
- ~스포츠 → ~규칙 → ~부지런 → ~활동

STEP 3. 정답
✓ ⑤ 부지런한 사람은 스포츠를 좋아한다.
➡ ~스포츠 → ~규칙 → ~부지런 → ~활동 ➡ ~스포츠 → ~부지런 ➡ 부지런 → 스포츠

05 정답 ④

STEP 1. 유형파악 논리 ➡ 타당한 논증, 가언명제
STEP 2. 문제풀이 명제를 화살표를 연결해 이어나간다.

1) 편의를 위해 명제를 간단하게 바꾼다.
- A 또는 D 둘 중 적어도 하나가 반대하면, C는 찬성하고 E는 반대한다.
~A or ~D → C and ~E
~A or ~D → C, ~A or ~D → ~E
~A → C, ~D → C, ~A → ~E, ~D → ~E
- B가 반대하면, A는 찬성하고 D는 반대한다.
~B → A and ~D
~B → A, ~B → ~D
- D가 반대하면 C도 반대한다. ➡ ~D → ~C
- E가 반대하면 B도 반대한다. ➡ ~E → ~B
※ A → B and C인 명제는 A → B, A → C로 나누어 쓸 수 있다.
※ A or B → C인 명제는 A → C, B → C로 나누어 쓸 수 있다.

2) 위의 내용을 정리해보자.(※ 대우명제를 활용한다.)
위의 명제를 보면 D가 반대할 경우 다음과 같은 결과가 나와 모순이다. ~D → ~C, ~D → C
따라서 D는 찬성.

STEP 3. 정답
✓ ④ C는 반대하고 D는 찬성한다.
D → B → E → A. 이므로 네 명 모두 찬성이고, 적어도 한명이 반대해야(조건 5) 하므로 C는 반대.

06 정답 ③

STEP 1. 유형파악 논리 ➡ 타당한 논증
STEP 2. 문제풀이 명제를 화살표를 연결해 이어나간다.

1) 명제를 간단하게 바꾼다.
- 목요일에 눈이 오는 지역은 금요일이나 토요일에 눈이 온다.
  ➡ 목 → 금 or 토
- 수요일에 눈이 오지 않는 지역은 토요일과 일요일에 눈이 온다.

➡ ~수 → 토 and 일 ➡ ~수 → 토, ~수 → 일
- 일요일에 눈이 오는 지역은 목요일에 눈이 온다. ➡ 일 → 목

2) 화살표를 이어나갈 수 있는 명제들을 연결시킨다.(※ 대우명제를 활용한다.)
- ~수 → 일 → 목 → 금 or 토
- ~수 → 토

STEP 3. 정답
✓ ③ A와 B 모두 옳다.
➡ ~수 → 일 → 목 ➡ ~수 → 목 ∴ A는 옳다.
일 → 목 → 금 or 토 ➡ 일 → 금 or 토 ➡ ~금 and ~토 → ~일
(∵ 대우, or를 부정하면 and)

07 정답 ②

STEP 1. 유형파악 논리 ➡ 타당한 논증
STEP 2. 문제풀이 명제를 화살표를 연결해 이어나간다.

1) 선언적인 명제를 가언명제의 형태로 간단히 바꾼다.
- A가 불량인 제품은 B, D, E도 불량이다.
→ A → B and D and E
A → B, A → D, A → E
- C와 D가 함께 불량인 제품은 없다. = C가 불량이면 D는 불량이 아니다.
→ C → ~D
- E가 불량이 아닌 제품은 B나 D도 불량이 아니다.
→ ~E → ~B and ~D
※ A나 B도 = A와 B 모두 = A and B

2) 화살표를 이어나갈 수 있는 명제들을 연결시킨다.(※ 대우명제를 활용한다.)
- C → ~D → ~A

STEP 3. 정답
✓ ② ㄴ
➡ 보기의 내용을 명제로 바꾸어 확인한다.
ㄱ. E가 불량인 제품은 C도 불량이다. ➡ E → C (×) ∵ E →로 시작하는 명제를 만들 수 없다.
ㄴ. C가 불량인 제품 중에 A도 불량인 제품은 없다. ➡ C → ~A (○)
  ∵ C → ~D → ~A
ㄷ. D는 불량이 아니면서 B가 불량인 제품은, C도 불량이다. ~D and B → C (×)
∵ ~D로 시작하는 명제를 만들 수 없고, 해당 내용은 확인할 수 없다.

08 정답 ⑤

STEP 1. 유형파악 논리 ➡ 정언명제, 도식화하여 푼다.
STEP 2. 문제풀이 도식화

1) 각 명제를 그림으로 표현하여 하나의 그림으로 표현한다.
- 변호사나 회계사는 모두 경영학 전공자이다.
- 경영학 전공자 중 남자는 모두 변호사이다.
- 경영학 전공자 중 여자는 아무도 회계사가 아니다. (A와 B에 아무도 없다.)

- 회계사이면서 변호사인 사람이 적어도 한 명 있다. (C에 해당하는 사람)

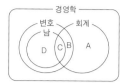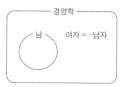

※ 여기서 중요한 것은 남자와 여자를 각각 따로 그리는 것이 아니라. 남녀처럼 ~남자 = 여자로 남자가 아니면 여자로 이분되는 관계라면 하나의 영역만 그리고, 그 밖의 영역이 나머지라고 생각한다.

2) 그림의 각 영역에 사람이 반드시 존재하는 영역과 있을 수도, 없을 수도 있는 영역을 잘 구분하는 것이 중요하다.
- 조건 3 : A와 B에 아무도 없다.
- 조건 4 : C에 적어도 한 명이 있다.

STEP 3. 정답
✓ ⑤ 경영학을 전공한 남자는 회계사이면서 변호사이다.
위 그림에서 D에 해당하는 부분이 있을 수 있으므로 ⑤의 내용은 반드시 옳다고 할 수 없다. 즉 경영학을 전공한 남자 중 변호사이면서 회계사는 아닌 사람이 있을 수 있다.

[오답 체크]
① 조건 3에 의해 A, B에는 아무도 없다.
② C에 적어도 한 명이 있으므로 맞다.
③ C에 해당하는 영역이다. 회계사는 모두 변호사 안에 포함된다.
④ 마찬가지로 C에 해당하는 영역이다.

09 정답 ②
STEP 1. 유형파악 논리 ➡ 전제&결론
STEP 2. 문제풀이 도식화

1) 각 명제를 그림으로 표현

전제 1	전제 2	결론
경영 ~통계 ✓	'~통계'과 '경제'의 관계	경영 경제 ✓

※ 비어 있는 전제에는 전제와 결론에 한 번씩만 나온 부분이어야 한다.

STEP 3. 정답
✓ ② 통계학을 수강하지 않는 사람은 경제학을 수강한다.
➡ 결론이 나오려면 '경제'가 전제 1의 '✓' 표시가 된 부분을 반드시 포함해야 한다.

10 정답 ④
STEP 1. 유형파악 논리 ➡ 타당한 논증, 가언명제
STEP 2. 문제풀이 명제를 화살표를 연결해 이어나간다.

1) 명제를 간단하게 바꾼다.
- 비서가 사무실을 비우면 행정처리가 늦어진다. ➡ ~비서 → ~행정

- 프로젝트 마감일이 지연되지 않으면 행정처리가 제때에 된다. ➡ ~지연 → 행정
- 비서가 사무실을 비우면 사장도 사무실에 없다. ➡ ~비서 → ~사장
- 프로젝트 마감일이 지연되면 계약지연 수수료를 낸다. ➡ 지연 → 수수료

2) 화살표를 이어나갈 수 있는 명제들을 연결시킨다.(※ 대우명제를 활용한다.)
- ~비서 → ~행정 → 지연 → 수수료
- ~비서 → ~사장

STEP 3. 정답
✓ ④ 계약지연 수수료를 내지 않는 것은 비서가 사무실에 있다는 것이다.
➡ ~비서 → ~행정 → 지연 → 수수료 ➡ ~비서 → 수수료 ➡~수수료 → 비서

11 정답 ③
STEP 1. 유형파악 논리 ➡ 전제&결론
STEP 2. 문제풀이

1) 명제를 간단하게 바꾼다.
- 전제 2 : A와 B가 자연수라면, A+B도 자연수이다. ➡ A and B 자연수 → A+B 자연수
- 결론 : A+B가 자연수가 아니면, A×B도 자연수가 아니다. ➡ ~(A+B 자연수) → ~(A×B 자연수)

2) 결론을 기준으로 명제들을 빈 칸에 넣는다.
- 결론 : ~(A+B 자연수) → ~(A×B 자연수)
- 논리 전개 : ~(A+B 자연수) → (a) → ~(A×B 자연수)
  (파란색이 전제 2, 밑줄 그은 부분이 전제 1이다.)
- 'A+B 자연수'가 전제 2와 결론에 중복되므로 'A+B 자연수'를 기준으로 a를 찾는다.
- 'A+B 자연수'의 형태를 일치시키기 위해 전제 2를 대우로 바꾼다.
  ~(A+B 자연수) → (a)=~(A+B 자연수) → ~(A and B 자연수)
  (전제2) ∴ a=~(A and B 자연수)

STEP 3. 정답
✓ ③ A×B가 자연수이면, A와 B는 자연수이다.
➡ 전제 1 : (a) → ~(A×B 자연수) = ~(A and B 자연수) → ~(A×B 자연수) (∵ ③은 전제 1의 대우명제이므로 정답.)

12 정답 ③
STEP 1. 유형파악 논리 ➡ 타당한 논증
STEP 2. 문제풀이 명제를 화살표를 연결해 이어나가 원하는 결론을 이끌어 내야 한다.

1) 명제를 간단하게 바꾼다.
- 정치학과 사회학을 둘 다 수강하는 학생은 모두 경제학도 수강한다. ➡ 정치 and 사회 → 경제
- 경영학과 회계학을 둘 다 수강하는 학생은 모두 경제학도 수강한다. ➡ 경영 and 회계 → 경제
- A과 학생은 누구든 논리학이나 역사학 수업 가운데 적어도 하나는 수강한다. ➡ A → 논리 or 역사

- 논리학을 수강하는 학생은 모두 정치학도 수강하고 있다. ➡ 논리 → 정치
- 역사학을 수강하는 학생은 모두 경영학도 수강하고 있다. ➡ 역사 → 경영

2) 결론을 기준으로 명제들을 빈 칸에 넣는다.
- 결론 : 민주 → 경제
- 논리 전개 : 민주 → ( ) → ( ) → ( ) → ( ) → 경제 (민주에서 경제까지 이어지는 길을 생각)

3) 자료의 내용을 이용 논리 전개 과정을 완성시킨다.
- 민주 → 로 시작하는 명제, → 경제로 끝나는 명제를 찾고, 같은 방식으로 이어나간다.
- 민주 → A → 논리 or 역사 → 정치 or 경영 → ( ) → 정치 & 사회 and 경영 & 회계 → 경제

STEP 3. 정답
✓ ③ 민주는 사회학과 회계학을 수강하고 있다.
➡ 해당부분을 연결할 수 있는 정보는 ③

13 정답 ⑤

STEP 1. 유형파악 논리 ➡ 타당한 논증, 정언명제
STEP 2. 문제풀이 도식화

1) 각 명제를 그림으로 표현하여 하나의 그림으로 표현한다.
- 공기업을 준비하는 사람은 모두 의사소통능력이 있다.
- 의사소통능력이 있는 사람 중 자격증이 있는 사람이 있다.
- 자격증이 있지 않은 사람 중에는 의사소통능력이 있지 않은 사람이 있다.

2) 그림의 각 영역에 사람이 반드시 존재하는 영역과 있을 수도, 없을 수도 있는 영역을 잘 구분하는 것이 중요하다.

STEP 3. 정답
✓ ⑤ 알 수 없다.
위에 정리한 내용으로 A, B를 확인한다.
공기업을 준비하는 사람 중 자격증이 있는 사람이 있을 수도, 없을 수도 있어 A는 알 수 없다. 의사소통능력이 있는 사람은 자격증이 있을 수도, 없을 수도 있으므로 B는 알 수 없다.

14 정답 ①

STEP 1. 유형파악 논리 ➡ 타당한 논증, 정언명제
STEP 2. 문제풀이 도식화

1) 각 명제를 그림으로 표현하여 하나의 그림으로 표현한다.
- 가치관이 뚜렷한 사람은 모두 사교적이다.
- 적응력이 뛰어난 사람은 이해력이 뛰어나다.
- 이해력이 뛰어난 사람은 사교적인 사람이다.
- 사교적이지 않으면서 이해력이 뛰어난 사람은 없다.
- 가치관이 뚜렷하지 않은 사람은 모두 사교적이지 않다.

- 사교적인 사람 중에는 적응력이 뛰어난 사람도 있다.

2) 여기서 파란색으로 표시한 명제는 가치관 → 사교, 사교 → 가치관이므로 가치관 = 사교임을 알 수 있다.

STEP 3. 정답
✓ ① A만 옳다.
➡ A는 a부분에 해당하므로 옳다.
B는 b부분에 해당하는 사람이 있을 수 있으므로 알 수 없다.
※ 그림의 각 영역에 사람이 반드시 존재하는 영역과 있을 수도, 없을 수도 있는 영역을 잘 구분하는 것이 중요하다.

15 정답 ④

STEP 1. 유형파악 명제 ⇒ '어떤' (×)
STEP 2. 문제풀이 명제를 화살표를 연결해 이어나간다.

1) 명제를 간단하게 바꾼다.
- 오이를 싫어하는 사람은 참외도 싫어한다. ➡ ~오이 → ~참외
- 수박을 좋아하는 사람은 딸기도 좋아하고 멜론도 좋아한다.
➡ 수박 → 딸기 and 멜론
➡ 수박 → 딸기
➡ 수박 → 멜론
- 바나나를 싫어하는 사람은 딸기를 좋아한다. ➡ ~바나나 → 딸기
- 멜론을 좋아하거나 바나나를 좋아하는 사람은 참외를 좋아한다.
➡ 멜론 or 바나나 → 참외
➡ 멜론 → 참외
➡ 바나나 → 참외
- 참외를 싫어하는 사람은 바나나를 싫어한다. ➡ ~참외 → ~바나나

2) 화살표를 이어나갈 수 있는 명제들을 연결시킨다.(※ 대우명제를 활용한다.)
- ~오이 → ~참외 → ~멜론 → ~수박
- ~오이 → ~참외 → ~바나나
- 수박 → 딸기

STEP 3. 정답
✓ ④ 참외를 싫어하면 수박을 싫어한다.
➡ ~오이 → ~참외 → ~멜론 → ~수박 ➡ ~참외 → ~수박

[오답 체크]
① 오이 → 로 시작하는 명제는 만들 수 없다.
② → 수박으로 끝나는 명제는 만들 수 없다.
③ ~수박 → 으로 시작하는 명제는 만들 수 없다.
⑤ → 수박으로 끝나는 명제는 만들 수 없다.

16 정답 ⑤

STEP 1. 유형파악 진위 문제 / 한 명만 거짓말을 했고, 진술에 조건이 들어간 경우.

STEP 2. 문제풀이 진술의 관계를 정리한다.

1) 모순 또는 반대관계인 진술을 찾는다.
C ↔ E

C : E가 대표로 출전했다.	→	E : B가 출전하지 않았다면 A가 출전했다.
=E가 거짓말 하고 있다.		–

※ C의 진술 : E가 대표로 출전했다. =E가 거짓말 하고 있다. 이므로 기본적인 형태의 모순관계와 같다. E의 진술 내용과 상관없다는 것을 기억.

2) 문제에서 언급한 참, 거짓인 진술의 개수를 체크하여 나머지 진술들의 진위를 판단한다.

거짓 진술 : 1개	C, E 중 1명이 거짓 (모순관계)
참인 진술 : 4개	A, B, D 세 명의 진술은 반드시 참 (출전하지 X)

STEP 3. 정답 알아낸 사실로 정답을 골라낸다. (①, ④ 중 하나가 답
∵ 모순관계)
✓⑤ E
➜ E : B가 출전하지 않았다면 A가 출전했다.
E의 진술에서 조건에 해당하는 부분이 성립하고, A는 확실히 출전하지 않았으므로 결론이 거짓이다.
∴ E의 진술은 거짓.

17 정답 ④

STEP 1. 유형파악 진위 문제 ⇒ 두 명이 거짓말을 한 경우
STEP 2. 문제풀이 진술의 관계를 정리한다.

1) 모순 또는 반대관계인 진술을 찾는다.
병 ↔ 정 ↔ 무 ↔ 병 (병, 정, 무는 서로에게 모두 모순관계이다.)

2) 문제에서 언급한 참, 거짓인 진술의 개수를 체크하여 나머지 진술들의 진위를 판단한다.
거짓인 진술 2개 ➜ 병, 정, 무 셋 중 둘이 거짓.
참인 진술 3개 ➜ 갑, 을은 반드시 참

STEP 3. 정답 알아낸 사실로 정답을 골라낸다.
✓④ 정
갑과 을의 진술이 참이므로 해당 내용을 정리한다. 갑은 A사 핸드폰을 사용하고 을의 진술에 따라 정이 L사 핸드폰을 사용함을 알 수 있다.

18 정답 ④

STEP 1. 유형파악 진위 문제 ⇒ 한 명만 참말, 진술에 조건, 특정인 (수상자)을 골라내는 유형
STEP 2. 문제풀이 진술의 관계를 정리한다.

1) 모순 또는 반대관계인 진술을 찾는다.
B ↔ E

B : 노벨상 수상자는 B이거나 C이다.	→	E : 노벨상 수상자는 A이거나 E이다.
B가 참이면 E는 거짓, E가 참이면 B는 참인 관계이다.		

※ B와 E는 모순관계가 아니라 반대관계이다. 거짓인 사람이 네 명이고, D가 수상할 경우 둘 다 거짓이 된다.

2) 문제에서 언급한 참, 거짓인 진술의 개수를 체크하여 나머지 진술들의 진위를 판단한다.

경우의 수	거짓 진술 : 4개 참인 진술 : 1개
I. B, E 중 한 명이 참일 때	A, C, D는 반드시 참.
II. B, E 가 모두 거짓일 때	D가 수상.

STEP 3. 정답 각각의 경우에 따라 정답을 찾는다.
✓④ D
• B, E 중 한 명이 참인 경우
• B가 참일 경우(B 또는 C가 수상자인 경우) C의 진술의 조건이 성립하여 진위 판단이 가능하고, C의 진술이 참이다. 따라서 참인 진술이 2개가 되어 모순이 된다. (참인 진술은 1개이므로)
• E가 참인 경우도 마찬가지로 A의 진술이 참이 되어 모순이 된다.
• B, E 둘 다 거짓인 경우 D가 수상함.

[다른 풀이 방법]

–	① A	② B	③ C	④ D	⑤ E	각각이 기침 소리를 내었을 때
진술 A	T	T	T	F	T	C가 수상자가 아니고, D가 수상자 일 때만 거짓
B	F	F	T	F	F	B와 C가 수상자 일 때만 참
C	T	T	T	F	T	A가 수상자가 아니고, D가 수상자 일 때만 거짓
D	T	T	F	T	F	C 또는 E가 노벨상 수장이면 거짓
E	T	F	F	F	T	A와 E가 수상자 일 때만 참

➜ 참 1, 거짓 4인 경우를 골라야 하므로 ④ D가 정답.

19 정답 ④

STEP 1. 유형파악 진위 문제 ⇒ 세 명이 거짓말을 했고, 특정인(식사)을 골라내는 유형
STEP 2. 문제풀이 위 상황과 진술에 대한 표를 만들어 정리한다.
하 사원 진술부터 차례로 각 상황에 진술이 참이면 T, 거짓이면 F를 넣는다. (T/F 중 하나는 생략가능)

–	①	②	③	④	각각이 박 차장과 식사를 한 경우
진술 하				T	유 부장의 진술을 먼저 체크한 후 똑같이 체크
유				T	노 사원이 들어간 경우에 참(T)
정과		T			노 사원의 진술에 길 인턴에 대한 이야기를 같이
정대					정 과장의 결과 + '정 과장은 아니다'를 추가
길			T	T	유부장이 없는 선지가 참
노		T	T		노 사원과, 하 사원이 없는 선지가 참

STEP 3. 정답 문제의 조건에 따라 정답을 골라낸다. 정답을 찾을 때는 표를 세로로 본다.
✓④ 노 사원, 길 인턴
파란색 박스를 보면 세 명의 진술이 참이고, 나머지 세 명의 진술이

거짓인 상황은 ④번뿐이다.
※ 1번 문제와 같이 모순관계를 찾아서 풀 수도 있다.

20 정답 ⑤

STEP 1. 유형파악 진위 문제 ⇒ 한 명이 거짓말을 했고, 특정인(참석)을 골라내는 유형.
STEP 2. 문제풀이 위 상황과 진술에 대한 표를 만들어 정리한다.

1) 참석자와 불참자의 조건을 먼저 정리한다.
참석 → 30대, 불참 → 기혼
∴ ~30대 → 불참, ~기혼 → 참석
박 차장 진술부터 각각의 상황에 진술이 참이면 T, 거짓이면 F를 넣는다. (T/F 중 하나는 생략 가능)

	-	①	②	③	④	⑤	각각이 박 차장과 식사를 한 경우
진술	박	F	F	T	T	T	~30대 → 불참 → 정대리만 참석
	정	F	F	T	F	T	
	길			T			~기혼 → 참석, 노사원은 불참
	노	T			T	T	나는 솔로야 = ~기혼 → 참석
	정				T	T	노 사원과 둘 다 참석하거나, 둘 다 불참
	노		T		T		노 사원과, 하 사원이 없는 선지가 참

STEP 3. 정답 문제의 조건에 따라 정답을 골라낸다. 정답을 찾을 때는 표를 세로로 본다.
✓ ⑤ 정 과장, 노 사원, 정 대리
→ 파란색 박스를 보면 네 명의 진술이 참이고, 나머지 한 명의 진술이 거짓인 상황은 ⑤번뿐이다.

21 정답 ②

STEP 1. 유형파악 진위 문제 → 한 명이 거짓말을 한 경우
STEP 2. 문제풀이 진술의 관계를 정리한다.

1) 모순 또는 반대관계인 진술을 찾는다.
B와 D가 반대관계

2) 문제에서 언급한 참, 거짓인 진술의 개수를 체크하여 나머지 진술들의 진위를 판단한다.
거짓인 진술 1개 → B, D 중 하나가 거짓.
참인 진술 4개 → A, C, E는 반드시 참

STEP 3. 정답 알아낸 사실을 정리하여 정답을 골라낸다.
✓ ② C가 특별 포상을 받게 되는 경우가 있다.
A, C, E의 진술이 참이므로 해당 내용을 정리한다.

순위	1	2	3	4	5
사람	E	B	(A, C, D), (A, D, C), (D, A, C)		

※ 1위인 사람은 A의 진술에 따르면, A, B, E가 가능한데, C와 E의 진술에 의해 E가 1위가 된다.
C는 4위 또는 5위이므로 ②의 내용이 옳지 않은 설명이다.

22 정답 ①

STEP 1. 유형파악 진위 문제 → 한 명이 거짓말을 한 경우
STEP 2. 문제풀이 진술의 관계를 정리한다.

1) 모순 또는 반대관계인 진술을 찾는다.
※ 지원자 4와 지원자 5가 공통으로 이야기한 부분 : 지원자 5 → D부서. 따라서 지원자 4가 거짓이면 지원자 5도 거짓이 되어 거짓말을 두 명이 하게 되므로, 지원자 4는 반드시 참.
지원자 5가 D부서에 선발되었다는 사실을 바탕으로 진술을 보면 다음과 같이 다르게 볼 수 있다.
→ 지원자 2의 진술 : 지원자 3은 A 또는 D부서에 선발되었다. → 지원자 3은 A부서에 선발되었다.
지원자 1 ↔ 지원자 2 (두 사람이 A부서에 선발된 사람에 대해 다른 이야기를 하므로 반대관계)

2) 문제에서 언급한 참, 거짓인 진술의 개수를 체크하여 나머지 진술들의 진위를 판단한다.
거짓인 진술 1개 → 지원자 1, 지원자 2 중 하나가 거짓. (둘 다 거짓인 경우 조건에 모순이므로)
참인 진술 4개 → 지원자 3, 지원자 4, 지원자 5는 반드시 참이다.

STEP 3. 정답 알아낸 사실을 정리하여 정답을 골라낸다.
✓ ① 지원자 4는 B 부서에 선발되었다.
A, C, E의 진술이 참이므로 해당 내용을 정리한다.

부서	A	B	C	D
사람	2 OR 3	지원자 4	A부서에 따라 결정	지원자 5

※ 지원자 1과 지원자 2 중 한 사람의 진술은 참이므로 A부서에는 지원자 2이면 지원자 3이 선발된다.
지원자 4가 B부서에 선발되므로 ①의 내용이 참이다.

23 정답 ⑤

STEP 1. 유형파악 진위 문제 → 두 명이 참말을 했고, 특정인(지방)을 골라내는 유형.
STEP 2. 문제풀이 위 상황과 진술에 대한 표를 만들어 정리한다.
A의 진술부터 각각의 상황에 진술이 참이면 T, 거짓이면 F를 넣는다. (T/F 중 하나는 생략 가능)

	-	①	②	③	④	⑤	각각이 박 차장과 식사를 한 경우
진술	A	F	T	F	T	F	①은 발령 받은 A가 거짓. 더 확인하지 않는다.
	B		F	F	T	F	④는 발령 받지 않은 B가 진실이므로 오답
	C		T	F		F	②는 발령 받지 않은 C가 진실이므로 오답
	D					T	③은 발령 받은 C가 거짓이므로 오답.
	E					T	

STEP 3. 정답 문제의 조건에 따라 정답을 골라낸다. 정답을 찾을 때는 표를 세로로 본다.
✓ ⑤ D, E
파란색 세로줄은 오답이 확실하여 더 이상 확인하지 않아도 되는 선지이다. 남아 있는 ⑤ D, E 가 정답이고, 마저 표를 채우더라도 정답이 되는 것을 확인할 수 있다.

24 정답 ②

STEP 1. 유형파악 진위 문제 → 두 명이 거짓말을 한 경우
STEP 2. 문제풀이 메모 내용의 관계를 정리한다.

1) 모순 또는 반대관계인 내용을 찾는다.
월요일 ↔ 목요일
➜ 시의원 E의 참석에 대해 서로 반대되는 내용
화요일 ↔ 수요일, 금요일
➜ 화요일의 내용이 참이면 수, 금요일이 거짓. 수요일 또는 금요일의 내용이 참이면 화요일은 거짓이다.

2) 문제에서 언급한 참, 거짓인 메모의 개수를 체크하여 나머지 메모의 진위를 판단한다.
거짓인 메모 2개 ➜ 월요일, 목요일 중 하나가 거짓
참인 메모 3개 ➜ 화요일의 메모가 참일 경우 거짓인 메모가 3개가 되므로 화요일 메모는 반드시 거짓이고, 수요일, 금요일 메모가 참이다.

STEP 3. 정답 알아낸 사실을 정리하여 정답을 골라낸다.
✓ ② 시의원 D는 박람회에 불참하였다.
화요일 거짓, 수요일 & 금요일 참인 내용으로 정리한다.
시의원 A, B, C는 참석. 시의원 D와 관련된 내용이 없고, E는 알 수 없다.

25 정답 ②

STEP 1. 유형파악 진위 문제 ➜ 참, 거짓 진술의 개수를 모르는 경우
STEP 2. 문제풀이 진술이 3개로 적으므로 가정하여 푼다.

1) A의 진술이 참일 때
A의 순위가 C보다 높아야 하므로 1위, C가 2위가 된다. 그러면 B의 진술이 참. 아래와 같이 정리

순위	1	2	3	4
사람	A	B	C	D

그러면 C의 진술이 거짓이 되어, D가 C보다 높은 순위이어야 하므로 모순. 따라서 A는 거짓이고 C가 A보다 순위가 높아진다.

2) B의 진술은 가정하여 풀면 여러 경우의 수가 나오므로 나중에 확인.
(참 : B는 1~2위, D는 3위, A는 4위. 거짓 : D는 1~2위, B는 D보다 후순위)

3) C의 진술이 참일 때
C의 순위가 D보다 높아야 하므로 1위가 되고, D가 2위가 되어, A가 거짓이라는 결과에 모순. 따라서 C의 진술은 거짓이고 D가 C보다 높은 순위에 있다.

STEP 3. 정답 알아낸 사실을 정리하여 정답을 골라낸다.
✓ ② B는 2위이다.
D가 A와 C보다 높은 순위이므로 최소 2위가 되므로 B는 거짓이 된다. 즉 D는 1위. C는 A의 진술이 거짓이므로 3~4위만 가능한데 A보다는 순위가 높으므로 3위, A는 4위. 나머지 B는 2위가 된다.

순위	1	2	3	4
사람	D	B	C	A

※ 참, 거짓을 가정하여 풀 때는 경우의 수가 적어지는 방향으로 가정한다.

02 퍼즐

01	02	03	04	05
④	④	①	⑤	③
06	07	08	09	10
③	③	②	⑤	③
11	12	13	14	15
③	②	④	⑤	②
16	17	18	19	20
⑤	③	①	③	④
21	22	23	24	25
⑤	④	②	④	④

01 정답 ④

STEP 1. 유형파악 퍼즐, 주중(5일)에 8팀을 A, B에 배치
STEP 2. 문제풀이 주어진 조건을 표에 정리한다.

1) 단적으로 알려주는 조건을 먼저 정리한다. (조건 3, 5, 2 순으로 확인)

	월	화	수	목	금
A		X		정	
B		갑	X		신

2) 하나의 퍼즐 조각으로 연결할 수 있는 조건을 연결하여 넣는다.
(조건 1 : 무, 경이 같은 날 회의)
※ 해당 조각이 들어갈 수 있는 자리가 월요일밖에 없으므로, 월요일에 넣는다. 무와 경의 위치는 서로 바뀔 수 있으므로 확정된 것이 아니다.

	월	화	수	목	금
A	무경	X		정	
B	무경	갑	X		신

3) 나머지 조건을 정리한다. (조건 4)

	월	화	수	목	금
A	무경	X	을	정	기
B	무경	갑	X	병	신

STEP 3. 정답
✓ ④ 경 팀은 갑 팀보다 먼저 회의실을 사용한다.
경 팀은 A, B 정해지지 않았지만, 월요일에 회의를 한다는 것은 정해졌으므로 갑 팀보다 먼저 사용한다.

[오답 체크]
③은 무의 위치가 정해지지 않았으므로 정답이 될 수 없다.

02 정답 ④

STEP 1. 유형파악 퍼즐, 주중(오전/오후)에 9명을 배치

STEP 2. 문제풀이 주어진 조건을 표에 정리한다.

1) 단적으로 알려주는 조건을 먼저 정리한다. (조건 3)

	월	화	수	목	금
오전	X				
오후					

2) 하나의 퍼즐 조각으로 연결할 수 있는 조건을 연결한다. (주임 : 주, 대리 : 대, 과장 : 과)

남 주
남 주

여 주	여 대	여 과

※ 조건 5, (2, 8) : 남자 주임들은 같은 날에 하니 세로로, 여자 직원은 직책별로 한 명씩 있고 오전에 하니 가로로.
※ 여자 직원들 사이에는 누가 들어갈 수도 있음.

3) 큰 퍼즐 조각을 먼저 넣는다. (조건 7 : 남주의 그룹이 여주보다 앞에 들어가야 한다.)

	월	화	수	목	금
오전	X	남 주 남 주	여 주	여 대	여 과
오후					

4) 나머지 조건을 정리한다. (조건 9, 4)

	월	화	수	목	금
오전	X	남 주 남 주	여 주	여 대	여 과
오후	김 대		박 대	남 과	

STEP 3. 정답 정리한 내용을 바탕으로 정답을 고른다.
✓ ④ 목요일 오후
남자 과장은 여자 과장과 같은 날 당직을 서지 않으므로(조건 4) 남자 과장은 목요일 오후에 당직을 선다.

03 정답 ①

STEP 1. 유형파악 진위 문제 ➡ 진위에 따라 두 조로 나누는 퍼즐문제와 조합된 유형
STEP 2. 문제풀이 진술의 관계를 정리한다.

1) 모순 또는 반대관계인 진술을 찾는다.
C ↔ F (∵ C : F는 법무실에 배정되었다. = F는 거짓말하고 있다.)

2) 서로 진위가 항상 일치하는 관계인 진술을 찾는다.
D와 E는 항상 같은 팀이다. (∵ D : E는 재무처에 배정되었다. = E의 말은 진실이다.)
A와 B도 같은 팀 (∵ 둘밖에 남지 않아 자동으로 둘은 같은 팀이다.)

3) 표로 정리한다.

재무처	법무실
c	F
A B	D E

4) 나머지 조건을 정리한다.
※ 조건 1, 2 : A, B는 D, E가 차장이라고 하고 있는데, 둘 다 차장일 수 없으므로 A, B는 둘 다 거짓말을 한 것이 된다. (∴ A, B가 아닌 재무처 사람이 차장이다.)
※ D, E가 참인 진술임을 알았으니, D, E의 진술을 중심으로 내용을 정리하자.
➡ E : 나와 C는 같은 직급이다. ∴ C는 법무실 소속, E와 같은 직급.
→ F가 재무처, 차장(참인 진술)

재무처	법무실
F	A
D	B
A	D

STEP 3. 정답 알아낸 사실로 정답을 찾는다. (필요에 따라 표로 정리한다.)
✓ ① A
∴ D와 B가 직급이 같고, E는 C와 직급이 같다. 따라서 남아 있는 A가 F와 같은 직급인 차장이다.
(∵ F : B와 D의 직급이 같다.)

04 정답 ④

STEP 1. 유형파악 본부를 규모 순으로 정렬, 받은 등급 정리
※ 이 문제처럼 선후관계와 받은 등급을 각각 정리해야 하는 문제는 선후관계를 중심으로 정리한다.
STEP 2. 문제풀이 주어진 조건들을 표에 정리한다.

1) 단적으로 알려주는 조건이 없을 때는, 많은 정보가 들어 있는 조건을 먼저 본다.

규모	1위		→5위
확정	혁신	기획	상생
유동		관리 (A)	영업

※ 조건 4의 내용을 정리. 선후 관계만 알고, 순위는 모르기 때문에 선후 관계만 표현한다.
※ 조건 3 : 관리본부가 상생발전본부보다 커서 앞에, 영업본부는 상생발전본부와 선후를 모르므로 같은 줄에 정리.
※ 선후 관계가 확실한 내용은 '확정'부분에 넣고, '유동'은 아직 불확실한 정보를 적는다. F는 G보다 선순위기 때문에 높은 순위 쪽에 썼고 E와의 관계는 몰라 같은 줄에 썼다.

2) 다른 조건을 차례로 정리한다.

규모	1위			→5위
확정	혁신(D)	기획	상생	영업(C)
유동		관리(A)		

※ 가장 규모가 작은 부서가 될 수 있는 후보가 상생본부와 영업본부였는데, 조건 2에서 상생본부가 아니라고 했으니 영업 본부가 가장 규모가 작고 C등급을 받았다.
※ 조건 4에서, 기술혁신본부는 영업본부보다 낮은 등급이므로 D등급이다.

3) 나머지 조건을 정리한다.

규모	1위				5위
확정		혁신(D)	기획	상생	영업(C)
유동			관리(A)		

※ 조건 1에서 두 부서만 같은 등급(C)을 받았다고 하였으므로, 기획본부와 상생발전본부는 각각 B, C등급을 받거나 C, B등급을 받아야만 한다.

STEP 3. 정답 정리한 내용을 토대로 정답을 찾는다.
✓ ④ 기획본부와 영업본부가 같은 평가 등급을 받았다면, 상생발전본부는 C등급을 받았다.
기획본부가 C등급을 받는다면 상생발전본부는 B등급을 받아야 한다.

[오답 체크]
① 관리본부의 규모는 정확히 알 수 없다.
② 기획본부는 B 또는 C등급을 받을 수 있다.
③ 관리본부는 상생본부보다 크다는 정보만 알 수 있다.
⑤ 기술혁신본부는 D등급을 받았다.
※ 여러 경우의 수가 나와 알 수 없는 것은 항상 거짓이라고 할 수 없음을 기억하자.

05 정답 ③

STEP 1. 유형파악 원탁에 8명을 배치하고, 각각의 직급도 배정
※ 이 문제는 8명을 배치하면서 동시에 직급도 정리해야 하기 때문에 난이도가 매우 높다.
STEP 2. 문제풀이 조건의 내용을 정리한다.
※ 중심이 되는 조건을 찾아야 한다. 중심이 되는 조건은 자주 등장하거나, 많은 정보를 담고 있는 조건이다.

1) 중심이 되는 조건을 먼저 넣는다. (조건 2와 조건 6을 활용하여 많은 정보를 한 번에 정리한다)

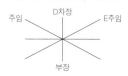

2) 이미 배치한 조건과 연계하여 넣을 수 있는 조건을 찾는다.
※ 조건3에 의해 조건 5의 C 양옆에 앉은 사람들은 주임이므로 C는 3시 방향과 9시 방향 두 가지가 가능
경우의 수가 너무 많아지면 다른 조건을 찾아야 한다. 두 가지 경우의 수만 있을 땐 빠르게 같은 그림을 하나 더 그려 둘 다 확인한다.

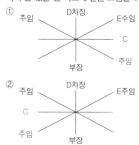

3) 자리가 많이 채워졌으므로, 나머지 조건을 정리한다.

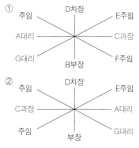

※ 조건 3에 의해 대리 둘은 함께 있어야 하므로 넣고, 남은 직책인 과장이 C이다. 조건 1에 의해 A와 F를 넣자.
조건 7에 의해 남은 대리가 G이다.
※ 조건 4에 의해 왼쪽에 대리가 않고, 오른쪽에 주임이 앉는 자리를 찾는다. 두 번째 그림의 경우 가능한 자리가 없으므로 두 번째 그림은 버린다. 첫 번째 그림의 부장이 B이다.

STEP 3. 정답 나머지 자리를 모두 정리하고 정답을 고른다.
✓ ⑤ H의 맞은편에는 F주임이 앉아 있다.
B와 H의 자리까지 정리하면 표가 완성.

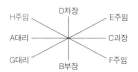

06 정답 ③

STEP 1. 유형파악 3가지 항목에 1, 2, 3순위 배분
STEP 2. 문제풀이 조건의 내용을 정리한다.

1) 표를 만들어 정리하자. (조건 5 정리)

	사전 준비	프로그램 진행	사후 관리	계
1순위		X		50
2순위				50
3순위				50
계	50	50	50	

※ 응답자는 1, 2, 3순위에 한 가지 항목만 선택할 수 있으므로, 각각의 순위 개수를 더하면 50개씩이다. 또한 각각의 항목의 개수를 모두 더해도 50개.

2) 조건을 차례로 보며 정리한다. (가능한 경우의 수를 따로 적어두면 쉽게 확인할 수 있다.)

	사전 준비	프로그램 진행	사후 관리	계
1순위		X	조건 3 : 29	50
2순위				50
3순위	조건 4 : 19		조건 2 : 8	50
계	50	50	50	

가능한 경우의 수			
1순위	사전	사전	사후	사후
2순위	사후	진행	사전	진행
3순위	진행	사후	진행	사전

※ 조건 2의 내용은 동순위가 없으므로 프로그램 진행을 사후 관리 보다 잘 됐다고 응답한 사람은 50 − 42명이라는 말이고, 그 경우 프로그램 진행은 1순위가 없으므로 사후 관리에 3순위를 선택한 사람이 8명이라는 말이다.

※ 조건 3에 해당하는 경우 중 사후 관리가 2순위인 경우는 없으므로 29가 저 칸에 들어간다.

3) 나머지 빈칸을 정리한다.

	사전 준비	프로그램 진행	사후 관리	계
1순위	21	X	29	50
2순위	10	27	13	50
3순위	19	23	8	50
계	50	50	50	

※ 표의 가로, 세로 합계를 알고 있으므로 빈칸을 쉽게 알 수 있다.

STEP 3. 정답 정리한 내용을 토대로 정답을 찾는다.
✓ ③ 10명
사전 준비에 2순위를 선택한 사람은 10명이다.

07 정답 ③

STEP 1. 유형파악 1, 2차 경연, A~D가 받은 표 정리
STEP 2. 문제풀이 조건의 내용을 정리한다.

1) 표를 만들어 정리하자. (조건 1, 2의 내용 정리)

	1위	2위	3위	4위
1차	A	B	C	D
표	30		25	
2차	C	B	A ↔ D	
표		30		15

2) 빈칸에 들어갈 수 있는 표의 범위를 넣는다. (2차 경연은 3~4등을 모르므로 A ↔ D로 표현)

	1위	2위	3위	4위
1차	A	B	C	D
표	30	26~29	25	19~16
2차	C	B	A ↔ D	
표	31~39	30	24~16	15

※ 1차 경연에서는 남아 있는 45표를 2위와 4위가 나눠 갖는데, 2위인 B는 1위와 3위 사이의 값으로 범위가 결정되고, 이에 따라 B가 받고 남은 표로 4위인 D가 받을 수 있는 표가 결정된다.
※ 2차 경연도 마찬가지이다. 55표를 1위와 3위가 나눠 갖는데, C는 1위이므로 최소 31표를 받고, 3위를 한 사람은 최소 16표를 받는다. 이에 따라 1위와 3위가 받을 수 있는 최대 표도 결정된다. (C가 최소 표를 받을 때, 3위는 남아 있는 24표를 받는 것이 최대로 많이 받게 된다.)

3) 각각 받을 수 있는 표의 범위를 확인한다.

	A	B	C	D
표	45~54	56~59	56~64	31~43

※ A와 D는 2차 경연 순위가 유동적인데, 이를 반영하였다.

(A가 최대로 받을 수 있는 표는 1차 30표, 2차 3위 24표, 최소는 1차 30표, 2차 15표)

STEP 3. 정답 정리한 내용을 토대로 정답을 찾는다.
✓ ③ ㄱ, ㄴ
ㄱ. D가 받을 수 있는 최대의 표를 받더라도 4위가 확정이므로 탈락한다.
ㄴ. A가 받을 수 있는 표의 최대, 최소를 확인하더라도 3위가 확정
ㄷ. 2차 경연에서 C는 39표까지 받을 수 있다. (×)

08 정답 ②

STEP 1. 유형파악 주중에 전시실(대, 소)과 전시 작품을 배치
STEP 2. 문제풀이 표를 만들어 조건의 내용을 정리한다.

1) 단적으로 알려주는 조건을 먼저 정리한다. (조건 2)

	월	화	수	목	금
전시실			대		대
작품					

※ 조건 1과 같이 'XX는 안 된다.'와 같은 형태의 제약조건은 표의 다른 부분이 충분히 채워졌을 때에 활용되는 조건이다. 이런 조건은 체크만 해두고 바로 넘어가자.

2) 하나의 퍼즐 조각으로 연결할 수 있는 조건을 연결한다.

※ 조건 2

	소형
조각	사진

※ 조건 4

	소형
기획	동양화

조건 4에서 대형 전시실에 전시할 수 있는 작품이 동양화 작품 밖에 없다. (나머지 세 개는 배치가 되었고, 남아 있는 동양화와 서양화 중 서양화 작품은 옆 전시실이라고 했으므로 가능한 작품은 동양화이다.)

3) 큰 퍼즐 조각을 먼저 넣는다. (조건 2가 들어갈 수 있는 자리가 한 자리뿐이므로 바로 넣자.)

	월	화	수	목	금
전시실			대	소	대
작품		조각		사진	

※ 조건 4의 경우 표의 공간상 월화수로 들어가거나, 수목금으로 들어갈 수밖에 없다. 여기에서 조건 1의 제약조건을 활용하면, 들어갈 수 있는 자리가 월화수라는 것을 알 수 있다.

	월	화	수	목	금
전시실			대	소	대
작품	기획	조각	동양화	사진	

4) 나머지 조건을 정리한다. (조건 9, 4)

	월	화	수	목	금
전시실	대 ↔ 소		대	소	대
작품	기획	조각	동양화	사진	서양화

STEP 3. 정답 정리한 내용을 토대로 정답을 찾는다.
　✓② ㄷ
　ㄱ. 서양화 작품은 금요일에 설치한다. (×)
　ㄴ. 조건 4의 대형 전시실 작품이 동양화이고, 이 전시실 옆에 서양
　　화가 전시된다. (×)
　ㄷ. 기획 전시가 소형 전시실이면(월요일), 조각 전시실(화요일)은 남
　　아 있는 대형 전시실이 된다.

09 정답 ⑤

STEP 1. 유형파악 직원 7명의 직급 관계를 정리
STEP 2. 문제풀이 표를 만들어 조건의 내용을 정리한다.

1) 단적으로 알려주는 조건을 먼저 정리한다. (조건 4)

직급	상	→	하
확정		B ― D	
유동			

2) 조건의 내용을 정리한다.
※ 직급의 상하관계를 직접적으로 알려주지 않으므로 내용 정리를
　먼저 한다.
조건 5 : 하급자인 D가 B에게 연락했으므로 조건 1에 의해 A가 B 바
로 위 상급자이다.
조건 6 : C가 B에게'만' 연락했으므로 가능한 경우는, ⓐ G가 C보다
상급자인데, C와 같은 직급이 B밖에 없는 경우, ⓑ B, C, G가 모두
같은 직급인 경우와 G가 C보다 상급자인데 C와 같은 직급이 B뿐일
경우, 그리고 ⓒ G가 C보다 하급자이고 B가 C보다 상급자인 경우.
조건 7 : F가 여러 명에게 연락했으므로(조건2), C는 F의 바로 위 상
급자이고 D, E, F는 모두 같은 직급이다

3) 정리된 내용을 표에 넣는다. (조건 7에 의해 B와 C는 같은 직급이
　다.)
※ 조건 5와 7을 정리

직급	상	→	하
확정		A ― B, C ― D, E, F	
유동			

4) 나머지 조건을 정리한다.
※ 조건 6의 세 가지 경우의 수에서 이제 ⓐ, ⓑ 두 가지만 가능하다.

직급	상	→	하
ⓐ		A, G ― B, C ― D, E, F	
ⓑ		A ― B, C, G ― D, E, F	

STEP 3. 정답 정리한 내용을 토대로 정답을 찾는다.
　✓⑤ C와 G가 다른 직급이고 D가 C에게 연락하면, C는 G에게만
연락할 수 있다.
C와 G가 다른 직급이라는 것은 ⓐ의 경우이다. D가 C에게 연락하면
C는 A와 C 중 한 명에게 연락할 수 있으므로 틀린 내용이다.

[오답 체크] ①, ②, ③ 은 ⓑ의 경우이고, ④는 ⓐ의 경우이다.

10 정답 ③

STEP 1. 유형파악 여섯 팀의 발표 순서를 정리

STEP 2. 문제풀이 표를 만들어 조건의 내용을 정리한다.

1) 단적으로 알려주는 조건을 먼저 정리한다. (조건 2, 조건 5)

순서	선	→		후
확정		인사 전산	영업	
유동				

2) 하나의 퍼즐 조각으로 연결할 수 있는 조건을 연결한다.

※ 조건 3 | 인사 | 　 | 재무 | 또는 | 재무 | 　 | 인사 |

※ 조건 6 | 홍보 | 기획 | 전산 | 또는 | 전산 | 　 | 홍보 | 기획 |

※ 조건 4에 의해 홍보팀 다음은 기획팀이다.

3) 큰 퍼즐 조각을 먼저 넣는다.
※ 조건 6의 두 가지 경우를 넣어본다.
두 번째 경우, 전산과 홍보 사이에 두 팀이 들어가야 하는데, 들어
갈 수 있는 팀은 재무팀밖에 없으므로 불가능하다.

순서	선	→					후
확정	인사	전산	○	○	홍보	기획	영업
유동			재무				

첫 번째는 아래와 같이 정리된다.

순서	선	→			후
확정		홍보	기획 ○ 전산		영업
유동			인사		

※ 항상 많은 정보를 확정 쪽에 정리한다.

4) 나머지 조건을 정리하면 다음과 같은 경우의 수만 남는다.

순서	선	→					후
확정	▲	홍보	기획	○		전산	영업
유동	○ : 인사 or 재무			▲ : ○가 결정된 후에 결정			

순서	선	→					후
확정	홍보	기획	○		전산	▲	영업
유동		다음과 같은 경우에는 ○에 인사만 가능하다.					

※ 최종적으로 가능한 경우의 수는 다음과 같다.

순서	선	→					후
ⓐ	인사	홍보	기획	재무	전산	영업	
ⓑ	재무	홍보	기획	인사	전산	영업	
ⓒ	홍보	기획	인사	전산	재무	영업	

STEP 3. 정답 정리한 내용을 토대로 정답을 찾는다.
　✓③ 홍보팀은 가장 먼저, 또는 두 번째로 발표를 했다.
모든 경우에 홍보팀은 1~2번째로 발표를 한다.

11 정답 ③

STEP 1. 유형파악 A~D 밭에 심을 꽃을 정리
STEP 2. 문제풀이 선택지의 내용 중 제약조건에 걸리는 것들을 지워
나간다.
※ 다양한 경우의 수가 나올 수 있으므로, 가능한 경우의 수를 다 체
　크하는 것보다는 불가능한 선택지를 지워나가는 방식으로 푼다.

1) 단적으로 알려주는 내용을 먼저 정리한다.

	A	B	C	D
1년차	장미	진달래	튤립	X
2년차			X	
3년차				

2) 제약조건을 통해 불가능한 선택지를 지워나간다.
※ 조건 8 : 각각의 밭은 4년에 한 번만 심지 않는다. ➡3년차에 C, D에 '심지 않음'이 들어갈 수 없다. ∴ ①, ⑤은 오답이다.
※ 조건 9 : 튤립은 2년에 한 번 심어야 한다. ➡1년차에 튤립을 심어 3년차에도 튤립을 심어야 한다.
∴ ②, ④는 오답이다.

STEP 3. 정답 정리한 내용을 토대로 정답을 찾는다.
✓③
오직 ③만 정답이 될 수 있다.

12 정답 ②

STEP 1. 유형파악 7개 봉사활동 순서 정하기
STEP 2. 문제풀이 표를 만들어 조건의 내용을 정리한다.

1) 단적으로 알려주는 조건을 먼저 정리한다. (조건 6)

순서	선 ────────────────→ 후
확정	연탄 .... 유기견
유동	

2) 자주 등장하는 항목을 중심으로 순서를 정리한다. (공원 청소)

순서	선 ────────────────→ 후
확정	연탄 .... (공원, 벽화) .... 유기견
유동	

※ 조건 5와 같이 순서가 연이어 이어지지만 선후관계는 모르는 것들은 위와 같이 괄호 안에 묶어둔다.

순서	선 ────────────────→ 후
확정	연탄 보육원 (공원, 벽화) ...... 유기견
유동	마라톤

※ 조건 3, 4에 따라 보육원과 마라톤이 (공원, 벽화)보다 앞에 있다.

순서	선 ────────────────→ 후
확정	연탄 보육원 공원 벽화 노숙자 유기견
유동	마라톤

※ 조건 7, 벽화와 노숙자가 공원보다 뒤에 있어야 한다. 벽화는 공원과 연이어 이어지므로 노숙자가 그 뒤로 들어간다.

STEP 3. 정답 정리한 내용을 토대로 정답을 찾는다.
✓② 공원 청소와 보육원 방문은 연이어 진행한다.
②의 경우 아래와 같이 순서가 결정된다.

순서	선 ────────────────→ 후
확정	연탄 마라톤 보육원 공원 벽화 노숙자 유기견

[오답 체크] 나머지 선택지는 모두 이미 알고 있는 사실이다.

13 정답 ④

STEP 1. 유형파악 12개의 방에 9명을 배치
STEP 2. 문제풀이 조건의 내용을 정리한다.
※ 전제와 같이 깔리는 조건은 체크만 해두자. 조건 1에 의해 각 층에 한 방씩은 비어 있다.

1) 단적으로 알려주는 내용이 없으므로 큰 퍼즐 조각을 만드는 과정을 바로 시작한다.

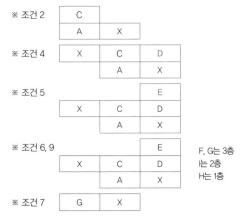

※ 조건 2

C	
A	X

※ 조건 4

X	C	D
	A	X

※ 조건 5

		E
X	C	D
	A	X

※ 조건 6, 9

		E
X	C	D
	A	X

F, G는 3층
I는 2층
H는 1층

※ 조건 7

G	X

※각 층에 한 방만 비게 되므로 G는 양쪽 끝만 가능하고, 오른쪽 끝은 퍼즐 조각의 조합상 불가능하다.

2) 큰 퍼즐 조각을 먼저 넣는다.
위 두 조각을 함께 넣을 수 있는 경우는 다음 두 가지이다.

ⓐ
G	X	E	F
X	C	D	
B	A	X	

ⓑ
G	X	F	E
	X	C	D
	B	A	x

3) 나머지 조건을 정리한다.
I와 H의 위치는 남은 자리로 결정된다.

ⓐ
G	X	E	F
X	C	D	I
B	A	X	H

ⓑ
G	X	F	E
I	X	C	D
H	B	A	x

STEP 3. 정답 정리한 내용을 토대로 정답을 찾는다.
✓④ G는 301호에 투숙해 있다.
④ 두 가지 경우에 상관없이 G는 301호에 투숙한다.

14 정답 ⑤

STEP 1. 유형파악 원탁 8자리에 6명을 배치하고
STEP 2. 문제풀이 조건의 내용을 정리한다.

※ 중심이 되는 조건을 찾아야 한다. 중심이 되는 조건은 자주 등장하거나, 많은 정보를 담고 있는 조건이다.

1) 중심이 되는 조건을 먼저 넣는다. (C가 이 문제의 중심이 된다.)

※ C의 좌우에 D와 F를 임의로 넣었다. 방향에 대한 조건은 어디에도 없어 대칭형태도 가능하다. (D와 F의 위치를 바꾸어 또 다른 경우도 가능하다는 말이다.) 하지만 선택지 ①에 방향이 들어가 있는데, 좌우 대칭인 이 문제에서 특정 방향을 언급하므로 틀린 내용일 것이다.

2) 이미 배치한 조건과 연계하여 넣을 수 있는 조건을 찾는다.
※ 조건 4에 의해 B가 들어갈 수 있는 자리는 3시 방향밖에 없다. 하나 더 그려 둘 다 확인한다.

3) 자리가 많이 채워졌으므로, 나머지 조건을 정리한다.
※ 조건 3에 A와 나머지 E의 위치도 결정된다.

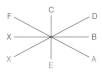

STEP 3. 정답 나머지 자리를 모두 정리하고 정답을 고른다.
✓ ⑤ A의 옆자리에 B가 앉는다.
마지막 결과와 선택지를 비교하여 정답을 찾으면 된다. 마지막 결과와 좌우 대칭인 경우도 가능함을 잊지 말자.

15 정답 ②

STEP 1. 유형파악 N, U, A 3개 회사에 A~D 네 명을 배치
STEP 2. 문제풀이 조건을 표로 정리한다.

1) 단적으로 알려주는 내용을 먼저 정리한다.
※ 조건 : D는 N사 운동복을 사용하고, 다른 한 명도 반드시 N사 운동복을 사용한다.

N사	U사	A사
D		
○		

2) 나머지 조건을 정리한다.
※ 조건 4의 내용은 B가 결국 U사나 A사 운동복 중 하나를 사용한다는 말이다. 조건 2와 내용이 같다.
따라서 ○에 들어갈 수 있는 사람은 C밖에 없다.

N사	U사	A사
D	← A →	
C	← B →	

STEP 3. 정답 정리한 내용을 토대로 정답을 찾는다.
✓ ② C는 U사 운동복을 사용한다.
A와 B의 자리가 유동적이므로 ①, ③, ④, ⑤는 참일 수도 거짓일 수도 있다. 하지만 ②는 C가 N사 운동복을 사용하므로 항상 거짓이다.

16 정답 ⑤

STEP 1. 유형파악 파견 조건에 맞는 세 명을 선택하는 문제
STEP 2. 문제풀이 선택지의 내용 중 제약조건에 걸리는 것들을 지워나간다.
※ 다양한 경우의 수가 나올 수 있으므로, 가능한 경우의 수를 다 체크하는 것보다는 불가능한 선택지를 지워나가는 방식으로 푼다.

1) 제약 조건을 확인한다.
조건4에 의해 근무 평정이 70점 아래인 직원은 불가능하다. 해당 직원 : A
소건 6에 의해 직전 인사 파견 시작 시점이 14년 3월 이후인 식원은 불가능하다. 해당 직원 : C

①	A	D	F
②	B	D	G
③	B	E	F
④	C	D	G
⑤	D	F	G

2) 꼭 들어가야 하는 사람이 있다면 체크
조건 3에서 과학기술과 직원이 꼭 들어가야 하므로, 남은 직원인 F가 꼭 들어가야 한다. (선지② 삭제)

STEP 3. 정답 정리한 내용을 토대로 정답을 찾는다.
✓ ⑤ D, F, G
남은 경우인 선택지 ③, ⑤만 체크해보자. ③은 어학능력이 '하'인 B 직원이 포함되지만 어학능력이 '상'인 직원이 아무도 없으므로 정답이 될 수 없다. (조건 5)

17 정답 ③

STEP 1. 유형파악 일곱 직원의 부서, 직급, 사용 핸드폰을 정리
STEP 2. 문제풀이 조건을 표로 정리한다.
※ 먼저 부서와 직급에 직원을 배치하고 직원별로 어떤 핸드폰을 사용하는지를 정리하자.

1) 단적으로 알려주는 내용을 먼저 정리한다. (직원 수를 적어두면 편하다.)
※ 조건 1, 2, 4의 내용으로 정리.

	홍보 - 3	재무 - 2	인사 - 2
과장 - 2		X	
대리 - 3			
주임 - 2			X

※ 조건 3과 조건 6

	홍보 - 3	재무 - 2	인사 - 2
과장 - 2	- 우	X	- 우
대리 - 3			
주임 - 2	B - 사	- 우	X

2) 나머지 조건을 정리한다.
※ 조건 8

	홍보 – 3	재무 – 2	인사 – 2
과장 – 2	D – 우	X	– 우
대리 – 3	A –		
주임 – 2	B – 사	– 우	X

※ 조건 9 (직급이 같은 두 사람이 들어갈 수 있는 자리가 대리 밖에 없다.)

	홍보 – 3	재무 – 2	인사 – 2
과장 – 2	D – 우	X	– 우
대리 – 3	A –	F – 사 ↔ G –	
주임 – 2	B – 사	– 우	X

※ 조건 5 (F보다 C의 직급이 높고, 같은 부이려면 두 사람은 인사부 소속이어야 한다.)

	홍보 – 3	재무 – 2	인사 – 2
과장 – 2	D – 우	X	C – 우
대리 – 3	A –	G –	F – 사
주임 – 2	B – 사	– 우	X

※ 조건 7 (E는 남은 자리인 재무부 주임이고, 이에 따라 나머지 내용을 정리)

	홍보 – 3	재무 – 2	인사 – 2
과장 – 2	D – 우	X	C – 우
대리 – 3	A – 사	G – 우	F – 사
주임 – 2	B – 사	E – 우	X

STEP 3. 정답 정리한 내용을 토대로 정답을 찾는다.
  ✓③ D와 같은 핸드폰을 사용하는 대리는 인사부이다.
  ➡ D와 같은 핸드폰을 대리는 재무부이다. 나머지 선택지는 모두 옳은 설명임을 알 수 있다.

18 정답 ①

STEP 1. 유형파악 각각 맞힌 문제에 대해 정리
STEP 2. 문제풀이 그림을 그려 정리한다. (집합과 같이 생각할 수 있다. 벤다이어그램활용)

1) 일반적인 세 그룹의 집합관계를 그린다.

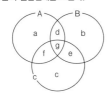

2) 주어진 정보를 정리한다.
A, B, C의 원소의 개수는 각각 25개. 아무도 정답을 맞히지 못한 문제는 없었으므로 위 그림의 집합 외에는 다른 원소는 없다.
그리고 편의를 위해 각 영역을 다음과 같이 지칭한다.
a + b + c = 어려운 문항(한 명만 정답을 맞힌 문항) = H
g = 쉬운 문항(세 명 모두 정답을 맞힌 문항) = E
d + e + f = 중간 문항(두 명만 정답을 맞힌 문항) = N

3) 관계식을 구한다. (각각의 알파벳을 각 영역에 포함된 원소의 개수라고 하자. 예시 : A = 25)
H + E + N = 전체 문제 = 35
A + B + C = H + 2N + 3E = 75

STEP 3. 정답 정리한 내용을 토대로 정답을 찾는다.
  ✓① ㄱ
3)의 두식을 연립하여 N을 없애면 E – H = 5가 된다. 즉 E = H + 5 따라서 쉬운 문항이 어려운 문항보다 5개 더 많다.
  ㄴ. 어려운 문항의 최대 개수는 N = 0일 때, 15개가 된다. 이때 쉬운 문항은 20개로 합쳐서 35개.
  ㄷ. 두 명만 정답을 맞힌 문항 = N 은 다른 조건이 전혀 없으므로 ㄴ에서와 같이 최소 0개이다.

19 정답 ③

STEP 1. 유형파악 A~D 네 명이 키우는 동물을 정리
STEP 2. 문제풀이 조건을 표로 정리한다.

1) 단적으로 알려주는 내용을 먼저 정리한다.
※ 조건 1을 정리

	A	B	C	D
개	○			
고양이			○	
닭				○
토끼				

2) 나머지 조건을 차례로 정리한다.
※ 조건 3을 대우로 바꾸면 'B가 키우지 않는 동물은 A도 키우지 않는다.'가 되므로 조건 2를 보면

	A	B	C	D
개	○			
고양이			○	
닭				○
토끼	X	X		

※ 조건 4를 정리하고, 조건 5와 같이 연계하여 보면 각자가 2종류 이상은 키워야 하므로

	A	B	C	D
개	○		X	
고양이	X		○	
닭	○		X	○
토끼	X	X		

※ 조건 3

	A	B	C	D
개	○	○	X	
고양이	X		○	
닭	○	○	X	○
토끼	X	X	○	

STEP 3. 정답 정리한 내용을 토대로 정답을 찾는다.
  ✓③ C는 키우지 않지만 D가 키우는 동물이 있다.
닭이 C는 키우지 않지만 D가 키우는 동물이다.

[오답 체크]
① B는 개를 키운다.
② B가 고양이를 키울 수도, 키우지 않을 수도 있으므로 확실하지 않다.
④ 닭은 A, B, D 세 명이 키운다.
⑤ B나 D가 세 종류의 동물을 키울 수도 있으므로 옳지 않은 추론.

20 정답 ④

STEP 1. 유형파악 단식을 한 날과 그때 먹은 끼니때를 찾는 문제
STEP 2. 문제풀이 조건을 표로 정리한다.

1) 단적으로 알려주는 내용을 먼저 정리한다.
※ 조건 1을 정리. 단식 전후로 최소 2일간은 정상적으로 식사를 하므로 단식하지 않는다.

	월	화	수	목	금	토	일
1주차							
2주차	단식						

2) 나머지 조건의 정보를 취합한다. 나머지 조건들은 제약조건으로 볼 수 있다.
※ 우선 위 내용에 따라 선택지 ⑤은 이미 정답이 될 수 없다.
조건 2 : 지난주에 먹은 아침식사 횟수와 저녁식사 횟수가 같다.
→ 정상적으로 식사를 하면 아침식사 횟수와 저녁식사 횟수가 함께 증가한다. 단식을 할 경우 아침과 저녁 중 한 끼를 먹는데, 조건 2와 함께 생각하면 한 번의 단식일은 아침을 먹고 다른 날은 저녁을 먹었다는 말이 된다. ①, ②는 답이 될 수 없다.
조건 3 : 금요일에는 아침을 먹었기 때문에 단식을 했다면 아침만 먹었다는 말이다.
→ ③은 답이 될 수 없다.
조건 4 : 목요일에는 점심식사를 했으므로 단식을 하지 못했다.
→ ①은 답이 될 수 없다.

STEP 3. 정답 정리한 내용을 토대로 정답을 찾는다.
✓ ④ 화요일(저녁), 금요일(아침)
위 조건에 의해 정답이 될 수 있는 것은 선택지 ④뿐이다.
※ 가능한 모든 경우의 수를 찾는 것보다는, 객관식 문제이므로 정답이 될 수 없는 것들을 지워나가는 것도 쉬운 방법이 될 수 있다.

21 정답 ⑤

STEP 1. 유형파악 세 가지 일정, 가능한 일자에 배치
STEP 2. 문제풀이 조건을 표로 정리한다.
※ 시험시간은 짧으므로 달력은 간단하게 만든다. 3가지 교육을 배치해야 하는데, 가능한 일자보다는 불가능한 일자를 먼저 정리하는 것이 좋다. (4월은 30일까지)

1) 단적으로 알려주는 조건을 먼저 정리한다.
※ 조건 4, 5 (4주차는 불가능하고, 토, 일요일은 모두 불가능하다.)

	월	화	수	목	금	토	일
1주차	1	2					
2주차	8	9					
3주차	15	16					
4주차	22	23					
2주차	29	30					

2) 일정이 긴 교육을 먼저 확인한다. (∵ 큰 퍼즐 조각을 만들어 넣는 것과 같은 이유)
※ 조건 1 : 금연교육은 화, 수, 목요일 중 하루를 정하여 주 1회 4주간 실시한다.
가능한 자리는 매주 화요일에 진행하는 것 밖에 없다.

	월	화	수	목	금	토	일
1주차	1	2 금연					
2주차	8	9 금연					
3주차	15	16 금연					
4주차	22	23					
2주차	29	30 금연					

※ 금연 교육 일정이 확정되었으므로 관련 선택지를 확인하면 선택지 ①, ⑤이 확인 가능. 정답 ⑤을 확인할 수 있다. 하지만 학습을 위해 이어서 풀도록 하자.

3) 금주교육은 조건 2에 의해서 월요일, 금요일이 불가능하고, 주 1회, 3주간 진행한다. (따라서 수, 목요일에 모두 가능하다.)

	월	화	수	목	금	토	일
1주차	1	2 금연	← 금주 →				
2주차	8	9 금연	← 금주 →				
3주차	15	16 금연	← 금주 →				
4주차	22	23					
2주차		30 금연					

4) 조건 3 : 성교육은 10일 이전, 같은 주에 이틀 연속으로 해야 하므로 가능한 일정은 첫 주에 하는 것이고 4월 3, 4, 5일에 이틀간 할 수 있으므로 금주 교육과 함께 보면 4월 4일, 5일 목, 금에 해야 하는 것을 알 수 있다. 모두 정리하면 아래와 같다.

	월	화	수	목	금	토	일
1주차	1	2 금연	금주	성	성		
2주차	8	9 금연	← 금주 →				
3주차	15	16 금연	← 금주 →				
4주차	22	23					
2주차	29	30 금연					

STEP 3. 정답 정리한 내용을 토대로 정답을 찾는다.
✓ ⑤ 4월 30일에도 교육이 있다.
세 가지 프로그램의 모든 일정을 다 정리하려면 시간이 많이 소요될 수 있다. 따라서 중간에 확정된 내용이 있으면, 해당 내용과 관련된 선택지만 먼저 확인하는 것도 시간을 단축할 수 있는 좋은 방법이 될 수 있다.

22 정답 ④

STEP 1. 유형파악 5회의 동창회에, A~E가 참가한 것을 정리
STEP 2. 문제풀이 조건을 표로 정리한다.
※ 동창회의 순서는 중요한 내용이 아니므로 임의로 나누자.

1) 단적으로 알려주는 내용을 먼저 정리한다.
※ 조건 4, B, C, D만 참가한 적이 있으므로 해당 내용을 정리.

	1회차	2회차	3회차	4회차	5회차	계
A	X					3
B	○	X	X	X	X	1
C	○	X	X	X	X	1
D	○					4
E	X					2

※ B와 C는 1번 참석했으므로 더 이상 참여할 수 없다.

2) 다음으로 확실히 알 수 있는 정보를 정리한다.
※ 조건 5에서, E와 함께 참석한 사람은 남아 있는 A와 D이므로, 해당 내용을 정리

	1회차	2회차	3회차	4회차	5회차	계
A	X	○	○			3
B	○	X	X	X	X	1
C	○	X	X	X	X	1
D	○					4
E	X		○	X	X	2

3) 나머지 조건을 정리한다.
조건 2, A와 D는 이미 두 번 함께 참석했고, 각각 한 번씩 더 참여해야 한다. 따라서 4회, 5회차에 각각 참석한다.

	1회차	2회차	3회차	4회차	5회차	계
A	X	○	○	○	X	3
B	○	X	X	X	X	1
C	○	X	X	X	X	1
D	○	○	○	X	○	4
E	X	○	○	X	X	2

STEP 3. 정답 정리한 내용을 토대로 정답을 찾는다.
√ ④ ㄴ, ㄷ, ㄹ
ㄱ. A는 C와 참석한 적이 없다.
ㄴ. A는 2회차, 3회차에 E와 참석했다.
ㄷ. D와 E 역시 2회 함께 참석했다.
ㄹ. A, D, E는 2회를 함께 참석했다.

23 정답 ②

STEP 1. 유형파악 갑~무 5사원의 출장지와 교통수단을 정리
STEP 2. 문제풀이 조건을 표로 정리한다.

1) 단적으로 알려주는 내용을 먼저 정리한다.
※ 조건 3, 7, 8을 넣는다.

	갑	을	병	정	무
출장지	인천	천안			
교통수단			지하철	승용차	

2) 큰 퍼즐 조각을 만들어, 해당 조각이 들어갈 수 있는 자리를 찾는다.
※ 조건 6 : 세로로 2칸이 비어 있는 자리는 무의 자리이므로 해당 자리에 넣는다.

청주
버스

	갑	을	병	정	무
출장지	인천	천안			청주
교통수단			지하철	승용차	버스

3) 나머지 조건을 정리한다.
※ 조건 4에 의해 병의 출장지는 수원이다. 그리고 남아 있는 출장지인 광주가 정의 출장지가 된다.

	갑	을	병	정	무
출장지	인천	천안	수원	광주	청주
교통수단			지하철	승용차	버스

※ 갑과 을의 교통수단은 기차와 택시 중 무엇인지 확정되지 않는다.

STEP 3. 정답 정리한 내용을 토대로 정답을 찾는다.
√ ② 정은 광주로 출장을 간다.
정의 출장지는 광주로 확정되었다.

[오답 체크]
① 을의 교통수단은 기차와 택시 중 하나로 정해지지 않았다.
③ 무는 버스를 이용한다.
④ 갑 역시 교통수단이 결정되지 않았다.
⑤ 무는 청주로 출장을 간다.

24 정답 ④

STEP 1. 유형파악 월~토 6일간 비번을 정리
STEP 2. 문제풀이 조건을 표로 정리한다.

1) 단적으로 알려주는 내용을 먼저 정리한다.
※ 조건 2, 금요일에는 D가 확정

	월	화	수	목	금	토
비번					D	

2) 큰 퍼즐 조각을 만든다.
※ 조건 3

※ 조건 4는 조건 3의 B가 나오므로 조건 3과 연계할 수 있는 것은 연계한다. C가 B 뒤에 이어질 때와 F 뒤에 이어질 경우.

①	A	B	C			

②	A	↔	B		F	C

두 가지 경우의 수가 가능하다.

3) 큰 조각을 넣고, 나머지 자리를 정리한다. 조건 5를 체크
※ 두 가지 경우의 수가 나오므로 각각 확인한다.

①	A	B	C	의 경우를 확인 (총 3가지)

	월	화	수	목	금	토
비번	A	B	C		D	

→ 이 경우 F, E 가 목, 토 둘 다 가능하다.

	월	화	수	목	금	토
비번	A ↔ B		F	C	D	E

	월	화	수	목	금	토
비번	F	C	A ↔ B		D	E

② | A | ↔ | B | | | F | C |

→ 이 두 조각은 월~목에 들어갈 수밖에 없다. (총 4가지)

	월	화	수	목	금	토
비번	A ↔ B		F	C	D	E

	월	화	수	목	금	토
비번	F	C	A ↔ B		D	E

STEP 3. 정답 정리한 내용을 토대로 정답을 찾는다.
✓ ④ 수요일에 C가 비번이면, 토요일엔 F가 비번이다.
수요일에 C가 비번이면, 목요일과 토요일에는 E와 F가 모두 가능
하다.

25 정답 ④

STEP 1. 유형파악 직원 7명을 일렬로 정리
STEP 2. 문제풀이 조건을 표로 정리한다.

1) 단적으로 알려주는 내용을 먼저 정리한다.
※ 조건 3

E	A

2) 큰 퍼즐 조각을 만든다.
※ 조건 1

①	E	A	○	○	○	○	C

②	C	○	○	○	E	A

※ 조건 2

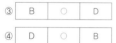

③	B	○	D

④	D	○	B

3) 큰 조각을 넣고, 나머지 자리를 정리한다. (각각의 경우의 수를 체크한다.)
※ 조건 1의 퍼즐이 크므로 먼저 넣고, 조건 2의 퍼즐을 넣을 때는 조건 4를 고려하여 정리한다.

①-③	E	A	G	B	F	D	C

①-④	E	A	D	G	B	F	C

②-③	G	C	B	F	D	E	A

②-④	C	D	G	B	E	A	F

※ 총 네 가지 경우의 수가 가능하다.

STEP 3. 정답 정리한 내용을 토대로 정답을 찾는다.
✓ ④ E의 자리는 앞에서 여섯 번째 자리이다.
위 네 가지 경우의 수 중에서 한 가지를 특정할 수 있는 정보는 ④가
다. E의 위치가 결정되면 위 경우의 수 중 ②-③만 가능하다. 나머
지 경우는 두 가지 이상의 경우의 수가 생긴다.

II. NCS 모듈

01	02	03	04	05
②	③	④	③	④
06	07	08	09	10
④	②	③	⑤	②
11	12	13	14	15
②	③	③	⑤	④
16	17	18	19	20
①	④	③	④	②
21	22	23	24	25
③	③	④	④	③

01 정답 ②

STEP 1. 유형파악 1단계 → 2단계 진행되는 공정 최적화문제
STEP 2. 문제풀이 유휴 시간이 짧은 작업 순서를 찾는다.
※ 예제에서 다뤄본 유형이다. 이해가 어렵다면 예제의 How to solve를 다시 학습하자.
※ 전체 공정은 제1공정이 시작하면서 시작되며 제2공정이 끝나면서 종료된다. 첫 번째 작업의 제1공정이 빠르게 끝나고, 동시에 제1공정보다 제2공정이 긴 작업을 선택하면 유휴시간을 줄일 수 있다.

1) 1단계보다 2단계 과정이 긴 작업 → 제품 C, D

2) 1)에 해당하는 작업 중 1단계 과정이 짧은 작업 → 제품 C
간단하게 제1공정보다 제2공정이 길면서, 되도록 제1공정 작업이 짧은 것을 먼저 진행하면 된다고 생각하자. 따라서 제품 C를 가장 먼저 진행해야 한다. 그 다음 작업은 D가 된다.
작업을 추가할 때도 기본적으로 1), 2) 조건을 그대로 따른다고 보면 된다. 1)에 해당하는 작업이 없다면 그나마 1단계와 2단계 과정의 시간차가 적은 작업을 먼저 넣자.
따라서 제품 C를 먼저 선택하고, 그 다음은 제품 D가 된다.(첫 번째 조건에 해당하는 제품이 D뿐이다.) 그 다음은 E, A, B 작업을 하면 되겠다.

STEP 3. 정답 정답 작업 시간을 구한다.
✓ ② 30분
C − D − E − A − B 순으로 작업을 진행할 경우 유휴 시간은 4분이고 나머지 작업시간을 더하면 된다.
총 작업시간 = 필수 작업시간(10 + 8 + 5 + 2 + 1 = 26분) + 유휴 시간(4분) = 30분

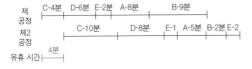

02 정답 ③

STEP 1. 유형파악 순차적으로 진행되는 공정의 최적화 (= 유휴시간 최소화)
STEP 2. 문제풀이 주어진 공정을 간트 차트로 정리하여 공정을 최적화할 방법을 찾는다.

1) 각 공정의 제품 하나가 생산되는 시간을 구한다.
공정 2는 시간당 7개를 생산하므로 대략 8.x분에 하나를 생산한다. (60분/7개 = 8.x분 당 1개)
공정 3은 시간당 6개를 생산하므로 10분에 하나를 생산한다.

2) 차트로 현재 작업을 정리해보자 (주임 : 주, 대리 : 대, 과장 : 과)

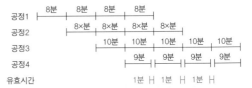

→ 현재 작업은 공정 3에서 공정 4로 넘어 가면서 제품당 1분의 유휴시간이 생기고 있다. 공정 3의 시간보다 공정 4의 시간이 1분 짧기 때문.
※ 유휴시간은 선 작업보다 후 작업의 시간이 짧으면 생긴다.

STEP 3. 정답 선택지를 보고 옳은 정답을 찾는다.
✓ ③ 공정 3의 시간당 제품 생산량을 7개로 만든다.
공정 3의 시간당 제품 생산량을 7개로 바꾸면 제품을 만드는 시간이 공정 2와 같이 8.x분이 된다. 따라서 공정 2와 3사이의 유휴시간이 생기지 않으면서, 공정 3이 공정 4보다 짧아지므로 공정 3과 4사이에서도 유휴시간이 없어지게 되므로 더 효율적인 공정이 된다. 이 경우 공정 4의 시간인 9분마다 제품이 생산된다.

[오답 체크]
① 공정 1을 바꾸어도 공정 4에서 생기는 유휴시간에는 변화가 없다. 여전히 10분에 한 개씩 제품이 생산된다.
② ①과 마찬가지로 여전히 10분에 한 개씩 생산된다.
④ 공정 4의 시간은 1분 줄였지만 유휴시간은 2분으로 늘어나 결국 10분에 한 개씩 생산하는 것은 변화가 없다.
⑤ 현재 상태는 10분에 한 개씩 생산하는 상태이다.

03 정답 ④

STEP 1. 유형파악 퍼트를 이용하여 행사 일정을 정리
STEP 2. 문제풀이 표의 내용을 보고 퍼트를 이용하여 확인한다.

1) 퍼트로 해당 일정을 정리한다.

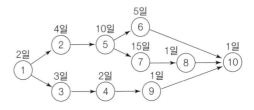

※ 직전활동과 소요시간을 고려하여 도표를 만든다.

2) 공청회 개최인 10번 활동까지 필요한 소요시간을 계산한다.

	루트	소요시간
활동 6 포함	1-2-5-6-10	2+4+10+5=21일
활동 8 포함	1-2-5-7-8-10	2+4+10+15+1=32일
활동 9 포함	1-3-4-9-10	2+3+2+1=8일

활동 10의 소요시간은 공청회를 진행하는 시간이고, 우리는 공청회 개최 전까지의 소요시간을 구하면 되므로 제외.

※ 10번 활동까지 가는 화살표는 1에서 출발하여 각각 6, 8, 9를 거치는 세 가지 길이 있다. 이들 중 가장 소요시간이 긴 것을 찾으면 된다. 이유는 직전활동인 활동 6, 8, 9가 모두 완료되어야 활동 10(공청회 개최)을 진행할 수 있기 때문이다.

STEP 3. 정답 알아낸 사실로 정답을 찾는다.
√ ④ 4월 2일
활동 8을 포함하는 루트가 소요시간이 가장 길다. 32일, 3월 1일부터 32일간 소요되므로 4월 1일에 활동 8이 마무리되고, 4월 2일에 공청회를 개최할 수 있다.

04 정답 ③

STEP 1. 유형파악 소요기간과 근로자 수까지 고려해야 하는 공정 최적화 문제
STEP 2. 문제풀이 간트 차트를 이용하여 보기나 선택지의 내용을 확인한다.

① 5개를 만들 수 있는 일정을 체크해보고, 6개를 다 만들 수는 없는지 체크한다.
→ 6개의 제품 중 최대 5개를 만들 수 있다면, 소요기간과 근로자가 가장 많은 F를 제외한 나머지를 만들 수 있을 것이고, 6개 제품을 모두 만들 수 있다면 F가 포함된 일정으로 확인하면 된다. (이 경우 가장 소요시간과 근로자가 많은 제품부터 넣는다.)

제품 F를 제외한 5개 제품을 만들 수 있는 일정- 100명, 30일
E-22일, 40명 | -5일, 20명
C-15일, 30명 | D-15일, 30명
B- 10일, 25명

※ 가장 규모가 큰 제품 E부터 넣고, 위와 같이 일정을 만들면 A~E 5개 제품을 모두 만들 수 있다.

제품 F가 포함된 일정- 가능 일정 30일
-26일, 50명 | ⓐ
E-22일, 40명 | A-5일, 20명

ⓐ F가 끝난 뒤에는 4일 밖에 남지 않으므로 F를 만드는데 사용된 근로자는 다른 F를 완성한 이후에도 다른 작업을 할 수 없다.

※ 위와 같이 가장 규모가 큰 F와 E를 먼저 넣어보면, E가 끝난 뒤 A 제품만 넣을 수 있고 다른 제품은 더 이상 만들 수 없다. 즉 A~F를 모두 만드는 일정은 만들 수 없다.

② 2주를 늘리고, F를 포함한 모든 제품을 만들 수 있는 일정을 만들어 본다. 아래와 같이 가능

제품 F가 포함된 일정- 가능 일정 100명, 44일
F-26일, 50명 | C-15일, 30명
E-22일, 40명 | D-15일, 30명
A-5일, 20명 B-10일, 25명

③ ①에서 살펴본 것과 같이 F를 제외한 다섯 제품을 모두 만드는 것이 최대 수익이다. (정답)
200 + 250 + 300 + 350 + 500 = 1,600만 원
※ 6개 제품의 수익의 합은 2,250만 원이다. 따라서 2,000만 원이 넘는 수익이 생기려면 A를 제외 한 모든 제품을 다 만들어야 하는데 그런 알아본 바와 같이 만들 수 없다.

STEP 3. 정답 정답
√ ③ ○○공장에서 벌어들일 수 있는 최대 수익은 2,000만원을 넘긴다.
정답이 나왔으므로 실제 시험에서는 선택지를 더 이상 확인하지 않는다.

[오답 체크]
④ 20명을 추가하며 만들어 본다. 아래와 같이 B를 제외한 일정만 만들 수 있다.

120일, 30일
F-26일, 50명
E-22일, 40명 | A-5일, 20명
C-15일, 30명 | D-15일, 30명

⑤ ①에서와 같이 한 번에 세 가지 제품을 동시에 생산할 수 있다.

05 정답 ④

STEP 1. 유형파악 각 지역 간의 시차를 고려하여 가능한 회의시간 구하기
STEP 2. 문제풀이 기준 지역을 정하여 기준에 맞는 시간으로 바꾼다.

1) 한국을 기준으로 시차를 정리한다. (해당 자료는 이미 한국을 기준으로 정리가 되어 있다.)

국가	시차	한국 시간
프랑스	-8:00	프랑스 시간+8:00
캄보디아	-2:00	캄보디아 시간+2:00

2) 각각의 업무시간을 한국 시간으로 바꾸어 서로 업무시간이 겹치는 시간을 찾는다.

국가	업무시간	한국 시간
프랑스	09：00~18：00	17：00~26：00
캄보디아	09：00~18：00	11：00~20：00
한국	–	09：00~21：30

→ 17：00~20：00의 시간이 겹친다.

STEP 3. 정답 정리된 내용으로 정답을 고른다.
√ ④ 오후 5시
회의 시간은 2시간 동안 진행되므로 회의는 17:00~18:00에는 시작해야 한다. 따라서 회의를 할 수 있는 가장 빠른 시각은 17:00. 오후 5시이다.

06 정답 ④

STEP 1. 유형파악 C배전소와 D~I 6개 구를 모두 연결하는 최소비용의 경로를 찾는 문제

※ B발전소와 C배전소는 무조건 연결해야 하므로 연결하고, C배전소와 나머지 지역구를 연결하는 경로를 찾자.
STEP 2. 문제풀이 크루스칼 알고리즘을 활용하여 찾아본다.

1) 가중치가 작은 연결선부터 체크한다.

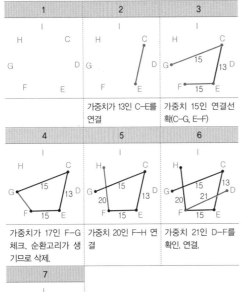

1	2	3
	가중치가 13인 C-E를 연결	가중치 15인 연결선 확인(C-G, E-F)
4	5	6
가중치가 17인 F-G 체크. 순환고리가 생기므로 삭제.	가중치 20인 F-H 연결	가중치 21인 D-F를 확인. 연결.

남아 있는 I와 연결할 수 있는 최소 비용의 연결선을 연결. G-I

2) 위에서 찾은 최소비용 연결선에 B발전소와 C배전소를 연결하는 경로 추가

STEP 3. 정답 정리한 내용을 토대로 정답을 찾는다.
✓ ④ 122억 원
$(13 + 15 + 15 + 20 + 21 + 21) + 17 = 122$억 원

07 정답 ②

STEP 1. 유형파악 주어진 자료를 바탕으로 물류비용을 계산하는 문제
STEP 2. 문제풀이 선택지와 자료를 보고 어떻게 접근할지 생각한다.

1) 선택지를 확인한다.
① 2,298,400원　　② 2,389,200원　　③ 2,456,500원
④ 2,498,700원　　⑤ 2,532,000원
➡ 선택지의 백 단위 숫자가 모두 다르기 때문에 해당 숫자만 정확하게 찾아도 정답을 찾을 수 있다.
※ 작은 단위부터 차례로 확인하여 정답을 고르기에 충분한 단위를 확인한다.
※ 반대로 큰 단위부터 볼 경우, 백만은 모두 같고, 십만 단위는 ③, ④가 같은 숫자. 만 단위는 ①, ④가 같은 숫자로 결국 몇 백 몇 십 몇 만까지만 정확하게 계산하면 되고, 천 단위 미만은 대강 어림 계산해도 된다는 것을 알 수 있다. 잘 판단하여 문제에 따라 정답을 찾기 편한 방법을 선택한다.

2) 자료를 보고 필요한 계산식을 찾는다.
총 물류비용 = Σ(필요한 차량 운송비),
특정 차량 운송비 = (왕복거리/연비) × 유류대(1,000원)
➡ 각 업체에 물품을 운송하는 물류비는 운송에 필요한 각 차량 운송비의 합이다. 특정 차량 운송비에 대해서 각주에 식이 나와 있으므로 활용한다.
※ 문제에 따라서 각주를 활용하여 계산식을 알려줄 때도, 알려주지 않을 때도 있다. 따라서 본인이 필요한 계산식을 직접 만들어야 하는 경우도 있으므로 충분한 연습이 필요하다. 이 과정이 연습이 안 되어 있으면 문제를 읽고 계산식을 찾는 데에만 1분 이상 걸릴 수도 있다. 그럴 거라면 풀지 않는 것이 오히려 좋은 선택이다.
※ 연비가 주어지는 자료는 자주 출제된다. 연비에 대해서는 꼭 정확하게 알아두자.

3) 위에 찾은 정보를 바탕으로 어떻게 계산할지 결정한다.
※ 1)에서 정답을 찾기 위해서는 백의 자리숫자만 정확하게 찾으면 된다는 것을 알았다. 그러면 2)의 식을 계산하면서 어느 부분이 백의 자리숫자를 결정하는지 생각해본다.
특정 차량 운송비 = (왕복거리/연비) × 유류대(1,000원)
운송비에는 마지막에 1,000이 곱해지므로 총 운송비는 S×1,000원으로 표현할 수 있다. 따라서 백 단위 이하의 자릿수는 S의 자연수가 아닌 부분이 결정한다.
$S = \dfrac{\text{차량 대수} \times \text{왕복 거리}}{\text{연비}}$
약분을 한 후 분모로 나누어떨어지지 않는 부분을 찾으면 된다.

STEP 3. 정답 필요한 계산만 하여 정답을 찾는다.
✓ ② 2,389,200원
$S = \left(\dfrac{190 \times 2}{8} + \dfrac{190 \times 6}{9}\right) + \left(\dfrac{280 \times 4}{5} + \dfrac{280 \times 7}{8}\right) + \left(\dfrac{360 \times 13}{4} + \dfrac{360 \times 8}{5}\right)$
에서 약분하여 나누어떨어지지 않는, 즉 자연수가 아닌 부분만 계산한다.

1) $\dfrac{190 \times 2}{8} = \dfrac{95}{2} = 47 + \dfrac{1}{2} \Rightarrow \dfrac{1}{2}$: 약분을 한 다음, 95를 2로 나누면 47의 자연수 부분과 $\dfrac{1}{2}$가 남는 것을 알 수 있다.

2) $\dfrac{190 \times 6}{8} = \dfrac{190 \times 2}{3} = \dfrac{380}{3} = 126 + \dfrac{2}{3} \Rightarrow \dfrac{2}{3}$: 같은 방법으로 $\dfrac{2}{3}$가 남는다.

3) 나머지 부분은 모두 분모가 약분되어 지워지므로 자연수로 나온다.

4) $\dfrac{1}{2} = \dfrac{2}{3} = \dfrac{7}{6} = 1 + \dfrac{1}{6}$: 자연수가 아닌 부분의 합은 $\dfrac{7}{6}$이고, 최종적으로 자연수가 아닌 부분은 $\dfrac{1}{6}$만 남는다.

5) $\dfrac{1}{6} \times 1,000 = 166.666\cdots$이므로 따라서 총 물류비용의 백의 자리 이하 수는 $166.66\cdots \fallingdotseq 200$이 된다.(십의 자리 반올림)

6) ∴ 선택지에서 백의 자리 숫자가 2인 ②번이 정답.
※ 처음에는 이렇게 풀어도 시간이 오래 걸린다. 연산과정 자체가 익숙하지 않아서이기도 하고, 이런 풀이 방법이 익숙하지 않아서이기도 할 것이다. 계산 문제는 꾸준히 연습해야 하는 것을 잊지 말자.

[다른 풀이법]

총 물류비용 = A업체 운송비 + B업체 운송비 + C업체 운송비

$$= \{(\frac{190 \times 6}{8} + \frac{190 \times 2}{8}) + (\frac{280 \times 4}{5} + \frac{280 \times 7}{8})$$
$$+ (\frac{360 \times 13}{4} + \frac{360 \times 8}{5})\} \times 1,000$$
$$= 2,389,166,666 \cdots = 2,389,200$$

∴ 정답 ② 2,389,200원

08 정답 ③

STEP 1. 유형파악 주어진 자료를 바탕으로 물류비용을 계산하는 문제

STEP 2. 문제풀이 선택지와 자료를 보고 어떻게 접근할지 생각한다.

1) 선택지를 확인한다.
① 700만 원   ② 810만 원   ③ 1,015만 원
④ 1,220만 원   ⑤ 1,425만 원
→ 선택지의 값들이 차이가 크므로, 적당한 어림 계산으로 답을 찾는 것이 좋다.

2) 자료를 보고 필요한 계산식을 찾는다.
총 배송비 = Σ(지역별 운송비)
특정 지역 배송비 = Σ(왕복거리 × 물품 개수 × 단가)

3) 위에 찾은 정보를 바탕으로 어떻게 계산할지 결정한다.
→ 1)을 보고 백만 단위만 적당히 어림 계산을 하여도 정답을 찾을 수 있다는 것을 알았고, 2)의 계산식을 보았을 때, ○○택배의 경우 거리와 배송물품, 단가 등을 종합적으로 보았을 때 C지역에 배송하는 물품의 비중이 가장 크다는 것을 알 수 있다. 따라서 C지역의 배송비부터 계산하자.

4) C지역의 배송비를 계산한다.
→ C지역 배송비 = 45 × 16 × 10 + 45 × 5 × 8 = 45 × 10 + 45 × 40 = 45 × 200 = 9000
※ 단가는 자릿수를 줄이기 위해 천원 단위로 계산

5) 나머지 지역의 배송비를 어림 계산한다.
A지역 배송비 = 18 × 2 × 5 + 18 × 5 × 2.5, B지역 배송비 = 1 2 × 4 × 8 + 12 × 6 × 5
※ A지역과 B지역의 배송비는 계산을 마무리하지 않아도, C지역 배송비에 비하면 매우 작은 것을 알 수 있다.
※ 곱셈식을 보고 그 크기를 비교하는 것은 숫자에 대한 감각이 필요하다. C지역이 A, B지역에 비하여 거리도, 배송 물품의 개수도, 물품의 단가도 전부 몇 배 크기 때문이다. 이런 감각은 꾸준한 연습을 통해 기를 수 있다.

STEP 3. 정답 정리한 내용을 토대로 정답을 찾는다.
✓ ③ 1,015만 원
C지역의 배송비가 900만 원이고, A, B지역의 배송비는 그에 비하면 작은 값일 것이므로 ③ 1,015만 원이 정답일 것이라고 판단할 수 있다.

[다른 풀이법]

총 배송비 = Σ(지역 별 운송비) = (18 × 2 × 5 + 18 × 5 × 2.5) + (12 × 4 × 8 + 12 × 6 × 5) + (45 × 16 × 10 + 45 × 5 × 8) = 10,149천 원 = 1,015만 원
∴ 정답 ③ 1,015만 원

09 정답 ④

※ 9번 문제는 쉽게 접근하여 풀어보겠다.

STEP 1. 유형파악 업체를 바꿀 경우 물류비용이 얼마가 감소하는지 계산

STEP 2. 문제풀이 선택지와 자료를 보고 어떻게 접근할지 생각한다.

1) 선택지를 확인한다.
① 200만 원   ② 300만 원   ③ 400만 원
④ 500만 원   ⑤ 600만 원
→ 선택지의 답들이 100만 원씩 차이가 난다. 매우 크게 차이가 나므로 역시 적당히 어림 계산하면 된다.

2) 자료를 보고 필요한 계산식을 찾는다.
→ 차이가 나는 부분만 계산해주면 된다. 두 업체는 오직 왕복 운송 거리만 다른 것을 알 수 있다.

3) 총 배송비를 어림짐작 해보자.
→ ××물류로 바꾸면 A, B지역의 운송거리는 대략 두 배로 늘고, C지역의 운송거리는 1/30이다. 이를 바탕으로 간단하게 계산하면 정답을 찾을 수 있다.

STEP 3. 정답 정리한 내용을 토대로 정답을 찾는다.
✓ ④ 500만 원
→ 이전 문제에서 ○○택배의 배송비는 A, B지역의 배송비는 115만원, C지역은 900만원 인 것을 알았으므로
XX물류 배송비 ≒ 115 × 2 + 900 ÷ 3 = 530만 원
두 업체의 배송비 차 = 1015만 − 530만 = 485만. 따라서 정답 ④ 500만 원

[다른 풀이법]

총 배송비 = Σ(지역 별 운송비) = (35 × 2 × 5 + 35 × 5 × 2.5) + (25 × 4 × 8 + 25 × 6 × 5) + (15 × 16 × 10 + 15 × 5 × 8) = 5,337.5천 원 = 534만 원
배송비 차 = 1015 − 534 = 481 ≒ 500
∴ 답 ④ 500만 원

10 정답 ②

STEP 1. 유형파악 회사에서 시작하여 모든 지점을 방문하는 최소 비용의 연결로 찾기

STEP 2. 문제풀이 문제풀이 연결도를 분석한다.

1) 비용이 유독 큰 경로는 과감하게 삭제하고 반대로 비용이 아주 적은 경로는 반드시 포함하자.

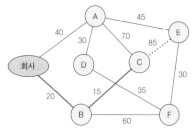

C − E의 경로는 거리가 85로, 바로 다음으로 거리가 먼 A − C와는 15의 차이가 있고, 나머지 다른 경로보다는 수배 차이가 난다. C − E 경로는 없다고 생각한다. 회사 − B와 B − C의 경로는 각각 20, 15로 다른 경로와 비교하면 아주 짧은 경로로 볼 수 있다. 이 경로를 반드시 포함한다고 생각한다.

※ 삭제하는 경로는 녹색으로, 반드시 포함하는 경로는 파란색으로 표시했다.

2) 반드시 포함해야 하는 경로를 생각한다.
C는 1)에서 C−E의 경로를 배제했으므로 가능한 경로가 C−A 밖에 없다. 이 경로는 반드시 포함된다.
3) 남은 경우의 수를 생각한다.

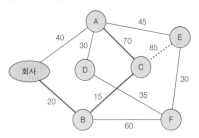

이렇게 반드시 포함하는 경로를 정해두면 나머지 경우의 수가 많이 줄어든다.
이 문제의 경우 다음 두 가지 경우의 수만 존재한다.
ⓐ 회사−B−C−A−D−F−E
ⓑ 회사−B−C−A−E−F−D

해07.jpg

STEP 3. 정답 정답 경로에 따른 비용을 계산한다.
✓② 200km
ⓐ 회사−B−C−A−D−F−E=20+15+70+30+35+30=200
ⓑ 회사−B−C−A−E−F−D=20+15+70+45+30+35=215
따라서 ⓐ경로가 최소 비용으로 모든 지점을 방문하는 경로이다.

11 정답 ②

STEP 1. 유형파악 요금제도에 따라 A씨 가구의 전기요금 계산
STEP 2. 문제풀이 선택지와 자료를 보고 어떻게 접근할지 생각한다.

1) 선택지를 확인한다.
① 49,189원   ② 54,299원   ③ 62,643원
④ 70,270원   ⑤ 77,570원
➡ 선택지들이 각각 10%이상 차이가 나므로 적당히 어림 계산해도 정답을 찾을 수 있다.

2) 자료를 보고 필요한 계산식을 찾는다.
➡ 사용량에 해당하는 기본요금을 적용하고, 사용량요금은 구간별로 요금을 따로 산정한다.
※ 전기요금, 세금 등의 계산은 자주 출제되는 내용이다. 계산 방법을 따로 알려주긴 하겠지만, 실제 방법과 다르지 않게 출제되므로 사전에 어느 정도 알고 있으면 좋다. 특히 구간에 따라 다른 요금, 세율이 적용되는 것은 평상시에 계산할 일이 거의 없어 생소할 수 있어 문제를 풀면서 익혀두자.

3) 전기요금을 어림 계산해보자.

전기요금 = 기본요금 + 사용량요금	
기본요금	사용량요금 (450kWh)
7300	200×93.3 + 200×187.9 + 50×280.6

사용량요금 = 200×93.3 + 200×187.9 + 50×280.6 ≒ 200×93 + 200×188 + 200×70 ≒ 200×(93 + 188 + 70) ≒ 200×350 = 70000
※ 파란색 부분은 계산을 쉽게 하고자 오른쪽 항에 곱해져있는 4를 왼쪽 항으로 옮긴 것이다.
※ 그리고 소수점 이하는 적당히 반올림을 하였고, 덧셈을 하면서도 작은 값은 무시하고 어림 계산하였다. 이렇게 계산하여도 정답을 찾는 데에는 지장이 없을 것이라고 판단하였기 때문이다. 적당히 어림 계산한다는 느낌은 문제에 따라 그때그때 달라지므로 많은 문제를 풀어보고 직접 판단하는 것이 좋다.

STEP 3. 정답 정리한 내용을 토대로 정답을 찾는다.
✓② 54,299원
3)의 어림계산을 마무리하자. (국가유공자 할인율 30%를 적용)
전기요금 = (7300 + 70000)×0.7 = 77300×0. ≒ 54000
∴ 가장 가까운 값을 정답으로 고르자.
정답 : ② 54,299원

[다른 풀이법]
전기요금 = (기본요금 + 사용량요금)×(1 − 할인률)
= (7300 + 200×93.3 + 200×187.9 + 50×280.6)×0.7
= 54,299

12 정답 ②

STEP 1. 유형파악 유형파악 SWOT분석
STEP 2. 문제풀이 문제풀이 분석결과에 맞는 전략을 찾는다.
※ 각 분석결과는 키워드로 체크해두자.

1) SO, ST, WO, WT 순으로 필요한 분석결과만 보고 차례로 체크한다.

2) 해당 전략에 필요한 두 가지 분석결과의 내용이 적절히 적용되었는지 확인하여 정답을 고른다.
① 계절 메뉴 개발은 약점의 매출의 계절적 변동폭이 크다는 것을 보완하는 전략이다.
② 약점인 딱딱한 기업 이미지를 극복하고, 기회인 소비자 수요 트렌드의 변화를 활용한 적절한 전략.
③ 소비자 수요 트렌드의 변화라는 기회를 활용한 전략이므로 ST전략이 아니다.
④ 고급화 전략은 주로 소비심리를 자극하는 전략이다. 약점과 연결해보면 소비자가 많이 줄어든 계절의 매출을 올리기 위해 활용할 수도 있겠다. 하지만 위협요소를 반영하지 못한 전략이다.
※ 고급화 전략 → 소비심리 자극 : 이렇게 연결되는 것은 해당 문제에 익숙하지 않은 사람이라면 쉽게 찾기 어렵다. 보통은 비슷한 단어를 찾는 방식으로 문제를 풀기 때문이다. 여러 예시가 들어있는 문제들을 풀어보면서 이런 관계들을 하나씩 정리하는 것이 좋다.

STEP 3. 정답
✓② 고객 소비패턴을 반영한 광고를 통한 이미지 쇄신

13 정답 ③

STEP 1. 유형파악 SWOT분석
STEP 2. 문제풀이 분석결과에 맞는 전략을 찾는다.
※ 각 분석결과는 키워드로 체크해두자.

1) SO, ST, WO, WT 순으로 필요한 분석결과만 보고 차례로 체크한다.

2) 해당 전략에 필요한 두 가지 분석결과의 내용이 적절히 적용되었는지 확인하여 정답을 고른다.
① 전기차 시장의 불확실성에 대한 내용이므로 위협 요소를 활용한 전략이다. SO전략으로 적절하지 않다.
② 소재가격 상승이라는 위협요소를 수익성 제고로 대응하는 전략으로 볼 수 있으나 WO전략은 아니다.
③ 연구개발 비용 확보라는 강점을 활용하고 선진업체의 시장 진입 시도라는 위협요소를 피하는 적절한 ST전략
④ 선진기업의 기술 지원으로 약점은 보완할 수 있으나 위협요소를 체크하지 못한 전략이다.

STEP 3. 정답
✓ ③ 소비 트렌드 변화를 반영한 시장 세분화 정책

14 정답 ⑤
STEP 1. 유형파악 '관계차별성'을 정확하게 이해하고 적용하는 문제
STEP 2. 문제풀이 정의와 그림을 보고 관계 차별성에 대해 정확하게 이해한다.
※ '관계차별성'이라는 생소한 용어와 그 정의가 나왔다. 해당 용어가 이 문제의 핵심이므로 정의와 예시를 보고 정확하게 이해하는 것이 가장 중요하다.

1) 관계 차별성이 무엇인지 파악
관계 차별성:두 개인이 공통적으로 직접적인 관계를 맺고 있는 사람(들)의 직급 종류 수
➔ 중요한 포인트를 체크했다. 어떤 두 사람의 공통 인맥의 직급 종류를 체크하는 문제다.

2) 그림을 보고 A, C와 B, D의 관계 차별성이 어떻게 결정되는지 확인한다.

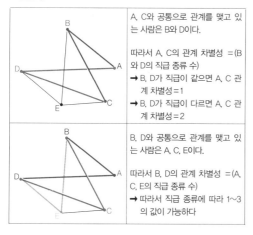

A, C와 공통으로 관계를 맺고 있는 사람은 B와 D이다.

따라서 A, C의 관계 차별성 =(B와 D의 직급 종류 수)
➔ B, D가 직급이 같으면 A, C 관계 차별성=1
➔ B, D가 직급이 다르면 A, C 관계 차별성=2

B, D와 공통으로 관계를 맺고 있는 사람은 A, C, E이다.

따라서 B, D의 관계 차별성 =(A, C, E의 직급 종류 수)
➔ 따라서 직급 종류에 따라 1~3의 값이 가능하다

3) 선택지에 각각의 경우가 나와 있으므로 이를 적용하여 관계 차별성을 구한다.
A, C의 관계 차별성은 직관적으로 바로 확인 할 수 있으므로 이를 먼저 확인하고, 나머지를 체크한다.
➔ A와 C의 관계 차별성의 B, D의 직급이 같은지 다른지에 따라 결정된다.

ⓐ B, D의 직급이 같으면 관계 차별성이 1. ∴ A, C, E의 직급이 모두 같아야 한다.
ⓑ B, D의 직급이 다르면 관계 차별성이 2. ∴ A, C, E의 직급이 두 종류여야 한다.

STEP 3. 정답 선택지를 확인하여 정답을 찾는다.
✓ ⑤ A:사원 B:과장 C:과장 D:차장 E:사원
B와 D의 직급이 다르므로, A, C, E의 직급이 두 종류이어야 한다. A, C, E의 직급 종류는 사원, 과장으로 두 종류 이므로 정답.

15 정답 ②
STEP 1. 유형파악 조건에 부합하는 이동경로와 교통수단 찾기
STEP 2. 문제풀이 조건을 먼저 보고, 각 교통수단의 특징을 보고 계산한다.

1) 조건을 먼저 체크한다.
➔ 조건1 : 비용이 32,000원 이하
조건2 : 소요시간이 2시간 20분 이하, 즉 140분 이하.
※ 비용과 소요시간이라는 두 가지 제약이 있다.

2) 각 교통수단의 특징을 정리한다.
※ 뻔한 이야기지만, 보통 교통수단이 빠를수록 비싸다.
➔ 표로 정리하였지만, 사실 직관적으로 알 수 있다.

비슷한 경로 이용	빠르고 비싼 교통수단	느리고 싼 교통수단
일반버스, 택시	택시	일반버스
KTX, 무궁화호, 고속버스	KTX	무궁화호, 고속버스

3) 각 선택지의 상황에 따라 계산결과 조건1, 2에 부합하는지 여부를 체크한다.
※ 선택지의 경우 각각의 시간, 비용을 모두 계산하면 빠르게 풀 수 없는 문제이다. 해당 문제는 PSAT 기출문제로 2분 30초 정도의 풀이시간이 있는 문제지만, 해당 문제보다 어렵고 복잡한 문제가 실제 NCS에서 출제되기도 한다. NCS에서는 1분 내외로 정답을 골라야 하므로 사실 그런 문제는 풀지 않는 것이 맞지만, 푼다면 다음과 같이 접근하여 푸는 것이 가장 좋을 것 같다.
①, ②는 서울 사무소에서 서울역까지 가는 경로만 택시를 타는지, 일반버스를 타는지만 다르다. 따라서 택시를 이용하는 ①은 비용이 초과되지 않는지 체크해보고, ②는 시간이 초과되지 않는지 체크해 보는 것이 맞다. 택시는 버스보다 빠르지만 비용이 비싸고, 버스는 택시보다 느리지만 비용은 싸기 때문이다. 또한 ②는 모든 경로에서 가장 싼 교통수단을 선택하였으므로 비용은 조건에 부합할 것이다.
※ 시간과 비용의 제약이 있는 문제에서 가장 시간이 많이 걸리는 이동수단만 선택한 경우는 무조건 시간이 초과된다고 생각하는 것이 합리적이다. 사실상 ②는 확인해볼 가치가 없는 선택지.
④, ⑤ 역시 서울 사무소에서 서울역까지 가는 경로만 다르다. 마찬가지로 ⑤은 비용이 초과되지 않는지 체크해보고, ④는 시간이 초과되지 않는지 체크해보는 것이 맞다.
③ 선택지는 유일하게 KTX를 사용하는 선택지이다. KTX는 가장 긴 경로에 사용되며 속도가 가장 빠르고 전체 비용에서 차지하는 비중이 가장 크다. 따라서 해당 선택지는 시간 조건은 충족할 것이고, 문제가 된다면 비용 조건에 문제가 생길 것이다.
➔ 따라서 ①, ③, ⑤는 비용만 체크 ④는 시간만 체크한다.
※ 위에서 정리한 내용은 텍스트로 읽으면 오래 걸리지만, 이러한 문제에 익숙한 수험생이라면 파악할 수 있는 내용이기도 하다.

STEP 3. 정답 정리한 내용을 토대로 정답을 찾는다.
✓ ④ 일반버스를 타고 강남고속버스터미널로 이동하여 고속버스를 타고 세종시 터미널로 이동 후 택시를 탄다.
④는 138분의 소요시간이 걸리고, 30,100원의 비용이 필요하므로 조건에 부합한다.

※ 시간과 비용의 조건이 있는 문제다. 어떤 경우는 시간이, 어떤 경우는 비용이 조건에 맞지 않을 것이다. 개인적으로는 시간이 가장 많이 걸리는 교통수단, 비용이 가장 비싼 교통수단이 포함된 선택지는 우선적으로 정답이 아닐 것으로 판단하고 정답을 찾는 편이다. 실제 이 문제는 무궁화호가 포함된 ①, ②과 KTX가 포함된 ③은 확인하지 않고, ④, ⑤은 위와 같이 비용과 시간을 하나씩만 체크하여 정답을 빠르게 찾았던 문제이다.

16 정답 ①
STEP 1. 유형파악 매출이익을 구하는 식을 활용하여 보기의 내용 확인하는 문제
STEP 2. 문제풀이 각주의 내용을 바탕으로 필요한 식을 간단하게 만들어 정답을 찾는다.

1) 필요한 계산식을 만든다.
※ 보기의 내용을 보면 매출이익이 무엇이 큰지, 작은지에 대한 내용이므로 매출이익에 대한 식을 정리하자.
매출이익 = 매출액 − 매출원가
= (판매단가×매출량) − (고정비 + 변동비×매출량)
= (판매단가 − 변동비)×매출량 − 고정비

투자안	매출이익 = (판매단가 − 변동비)×매출량 − 고정비
A	$(2-1.5)\times X - 20,000 = 0.5X - 20,000$
B	$(2-1)\times X - 60,000 = X - 60,000$

※ 매출량이 변수이므로 X로 두었다.

2) 보기의 내용을 확인하자.
ㄱ. (○) ∵ $X=60000$ 일 때, A는 10,000, B는 0이 나오므로 A가 더 매출이익이 크다.
ㄴ. (○) ∵ 기울기가 A는 0.5, B는 1이므로 B가 항상 크다.
※ 매출량 증가폭 대비 매출이익의 증가폭 : 매출량이 증가함에 따라 매출이익이 증가하는 정도를 말하는 것으로, 매출이익과 매출액에 대한 식에서 매출량에 곱해져있는 계수, 즉 기울기를 말하는 것이다.
ㄱ, ㄴ이 모두 맞는 내용이므로 정답은 ①이다. 더 이상 확인하지 않는다.

STEP 3. 정답 정리한 내용을 토대로 정답을 찾는다.
✓ ① ㄱ, ㄴ
실제 시험에서는 이렇게 정답이 나오면 주저하지 말고 넘어가야 한다. 학습과정에서는 모두 풀어보자.
ㄷ. (×) ∵ A는 40000개, B는 60000개를 팔아야 매출이익이 0이 된다. 따라서 B가 더 많다.
ㄹ. (×) ∵ 단순하게 ㄷ의 경우만 보아도 40000개를 팔았다면 A는 매출이익이 0원이고 B는 아직 이익이 생기지 않고 적자인 상태이다. 따라서 A가 B보다 매출이익이 더 크다.

17 정답 ④
STEP 1. 유형파악 요금산정 방식을 보고 두 요금제를 비교하는 문제

STEP 2. 문제풀이 표의 내용을 바탕으로 필요한 식을 간단하게 만들어 정답을 찾는다.

1) 필요한 계산식을 만든다.
➞ 요금 = 기본요금 + 연장요금(기본요금 시간 초과시)
※ 각주의 내용을 식으로 만들기는 불편하므로, 해당 내용은 나중에 적용하자. 가우스 기호를 활용하여 식을 만들 수는 있다.

요금제	요금 = 기본요금 + 연장요금(기본요금 시간 초과시)
A	$15000 + 1000\times2(T-1) = 2000T + 13000$, $T \geq 1$일 경우
B	$17000 + 1300\times2(T-3) = 2600T + 9200$, $T \geq 3$일 경우

※ 위와 같은 식을 만들 수 있지만, 그때그때 대입하여 풀어도 괜찮은 문제다. 식을 세우는 것 그 자체가 어려울 수 있기 때문.
※ 30분에 한번 요금이 적용되므로 시간당 두 번 적용. ∴ ×2가 들어간 것이다.

2) 보기의 내용을 확인하자.
ㄱ. (×) ∵ 4시간 사용 시, $B = 17000 + 2000\times2(T-3) = 4000T + 11000$으로 식이 바뀐다. $T=4$를 대입하면 $A = 21000$, $B = 19600$ 따라서 A요금제가 더 비싸다.
ㄴ. (○) ∵ 2시간 10분은 2.5시간에 해당하는 요금이 적용된다. 따라서 $A = 18000$, $B = 17000$. B는 기본요금이므로.
ㄷ. (×) ∵ $T = 3.5$, $A = 20000$, $B = 18300$, 따라서 B가 더 저렴하다.
ㄹ. (○) ∵ $T = 5$, $A = 23000$, $B = 22200$, B가 더 저렴하다.
ㅁ. (×) ∵ 6시간 초과는 6.5시간부터이므로 $T = 6.5$, $A = 26000$, $B = 26100$으로 A가 저렴하고, B의 시간당 가격이 더 비싸므로 6.5시간 이후로는 항상 B가 더 비싸다.

STEP 3. 정답 정리한 내용을 토대로 정답을 찾는다.
✓ ④ ㄱ, ㄷ, ㅁ
굳이 식으로 풀지 않아도, 30분 단위로 연장요금이 몇 번 적용되는지 찾아서 계산하는 방법도 있다.

18 정답 ③
STEP 1. 유형파악 선호도에 대한 조사 자료를 활용하여 비교, 분석하는 문제
STEP 2. 문제풀이 선보기의 내용을 하나씩 확인하여 정답을 찾는다.
※ 후보지 별 선호도 조사 결과와 해당 기준의 가중치 그리고 그 가중치가 반영된 종합점수가 모두 나와 있으므로 바로 보기를 보고 비교해보자.

1) 보기의 항목을 차례로 확인한다.
ㄱ. (×) ∵ 거리 측면에서 선호도 순위는 다음과 같다.
B(0.5)>C(0.3)>A(0.1)
ㄴ. (○) ∵ B와 C 는 운송비 선호도가 0.1로 일치하기 때문.
ㄷ. (×) ∵ A는 압도적으로 종합점수가 높으므로 종합 순위에는 영향이 없다. B와 C는 면적 기준이 없어져도, 거리 선호도가 B가 C보다 높고 나머지 항목들은 모두 점수가 같으므로 종합점수는 여전히 B가 C보다 점수가 높다.
즉 A>B>C이다.
ㄹ. (○) ∵ 우편물량의 가중치가 0.5로 여러 선정기준 중에 가장 중요한 요소이다.
ㅁ. (○) ∵ 각각의 후보지가 받은 점수를 볼 때, 가장 높은 점수를 받은 기준을 보면 ㅁ의 내용과 일치한다.
※ ㄷ : 면적과 인구 항목만 비교할 경우, 후보지 A는 면적 선호도보다 인구 선호도가 높으므로 종합점수가 올라가고, B는 인구 선호

도가 더 낮으므로 감소. C는 두 기준의 선호도가 일치하므로 그대로 유지된다. 이렇게 가중치의 변화로 각각의 종합점수가 어떻게 바뀔지 예측할 줄 알아야 한다.

후보지	변경 전(가중치×선호도)	변경 후(가중치×선호도)
A	0.2×0.6 + 0.1×0.5	0.3×0.6
B	0.2×0.2 + 0.1×0.3	0.3×0.2
C	0.2×0.2 + 0.1×0.2	0.3×0.2

STEP 3. 정답
✓ ③ ㄴ, ㄹ, ㅁ

19 정답 ④

STEP 1. 유형파악 평가기준에 따라 대안의 우선순위를 결정하는 문제.
STEP 2. 문제풀이 순위선정 방식을 정확하게 이해하고 점수계산을 한다.

1) 순위선정 방식을 정확하게 이해하자.
➡ 항목별 가중치가 없고, 동점일 때 우선순위 결정 방식이 따로 정해져 있다.
※ 동점 규칙(다음 순서로 우선순위를 정한다. 문제를 풀 때 간단하게 정리하거나, 해당 내용에 표시를 해두자.)
법적 실현성 > 효과성 > 행정 실현성 > 기술 실현성

2) 각 항목의 점수를 더하여 종합점수를 구한다.

평가기준 \ 대안	(ㄱ)	(ㄴ)	(ㄷ)	(ㄹ)	(ㅁ)
효과성	1	6	6	9	4
기술적 실현가능성	7	4	2	6	5
경제적 실현가능성	6	2	3	7	1
행정적 실현가능성	5	6	4	4	5
법적 실현가능성	4	5	5	5	5

※ ㄹ. 처벌강화의 경우 점수가 압도적으로 높으므로 덧셈을 마무리하지 않아도 1순위인 것을 알 수 있다.

3) 동점 규칙에 따라 우선순위를 정리한다.

우선순위	1	2	3	4	5
대안	ㄹ	ㄴ	ㄱ	ㄷ	ㅁ
점수	31	23	23	20	20
동점규칙	–	법적 실현가능성순		효과성 순	

STEP 3. 정답 정리한 내용을 토대로 정답을 찾는다.
✓ ④ 2순위 : ㄴ 4순위 : ㄷ
ㄱ, ㄴ이 23점으로 동점이므로 둘 중 하나가 2순위고 나머지는 3순위이다. 따라서 ①, ③은 정답이 될 수 없는 선택지다. ⑤ 역시 불가능한 선지. 따라서 ②, ④ 중에 정답이 있다는 것을 알 수 있으므로 굳이 4순위를 찾을 필요는 없던 문제이다.

20 정답 ②

STEP 1. 유형파악 가중치에 따라 평가점수를 계산하는 문제

STEP 2. 문제풀이 조건에 따라 최종적으로 채용되는 두 사람을 찾는다.

1) 조건 2에 따라 불합격하는 사람을 먼저 찾는다.
※ 계산하기 전에 이렇게 제약조건이 걸려있으면 해당 내용을 먼저 확인한다.
➡ 조직적합성의 평균이 75점 이하인지 여부. 단순 산술평균으로 75점이 안 되는 대상자는 탈락
75점을 가평균으로 두고 찾아도 되고, 눈으로 쉽게 찾을 수 있다. F가 70, 80, 70점으로 평균 75점이 되지 않는다.

2) 나머지 조건과 선택지를 보며 정답을 찾는다.
※ 객관식 문제는 항상 선택지를 참고해야 한다. F가 탈락하였으므로 ⑤ 선택지는 지운다. 그리고 나머지 선택지에서 B가 없으므로 B의 점수도 굳이 계산하지 않는다.
조건 3 : 나머지 사람 중 인성 점수가 90점 이상인 사람은 C뿐이다. C : +2가산
조건 4 : 80점 이상인 사람이 여러 명일 경우 점수에 상관없이 장래 비전이 높은 사람이 우선순위다.
➡ 80점 이상인 사람이 두 명 이상이기 때문에 있는 조건일 것이다. 즉 80점이 넘는 사람들이 채용될 것이다. 따라서 평균이 80점이 안 되는 A는 채용되지 않을 것이라 예상할 수 있다. (불확실한 것은 사실이다.).
※ A의 점수는 지원동기와 직무이해도 가중치가 같으므로 두 항목 평균은 80점이고 장래 비전을 제외한 모든 항목이 80점이고, 장래 비전이 80점 미만이므로 전체 평균은 80점이 안 될 것이다.

3) 남은 사람인 C, D, E를 비교하자.
➡ D는 80점을 넘기고, 장래 비전이 95점이므로 80점을 넘긴 사람 중 가장 높은 장래 비전 점수를 받아 무조건 채용된다. (전체 사람 중 장래 비전 점수가 가장 높다.)
※ D는 조직정합성이 모두 80점을 넘고, 인성과 기타 항목은 75점이지만 가중치가 가장 높은 직무적합이 90점으로 평균이 80점을 넘는다. (직무적합과 인성 + 기타의 가중치를 비교해보면 직무적합이 더 높다.)
C와 E가 남았는데 둘 다 80점을 넘긴다면 장래 비전점수가 높은 C가 채용된다. C의 점수가 80점을 넘기는지 여부를 체크하자.
C 평가점수 = 0.4×75 + 0.25×90 + 0.1×70 + 0.1×90 + 0.05×85 + 0.1×60 + 2 = 30 + 22.5 + 7 + 9 + 4.25 + 6 + 2 = 80.75
따라서 C는 80점을 넘기므로 E가 80점을 넘기는지 여부에 상관없이 채용될 것이다.(넘기지 못하면 C가 점수가 더 높은 것이고, 80점을 넘기더라도 장래 비전 점수가 C가 높다.)

STEP 3. 정답 정리한 내용을 토대로 정답을 찾는다.
✓ ③ C, E
가중치의 숫자가 복잡하지 않아 계산을 직접 하면서 찾을 수도 있는 문제였지만, 해설을 잘 따라오면서 '객관식 문제'의 특성을 이해하자.
※ 이유 없이 나온 조건은 없다. 반드시 해당 조건을 적용하여 문제를 풀어야 정답을 찾을 것이다.
조건 2 : 세 항목의 평균 점수가 75점 이하라서 불합격하는 사람이 있을 것이다. (F)
조건 3 : 인성 점수가 90점 이상인 사람이 가사 점수 때문에 순위에 영향을 줄 가능성이 있다. (C)
조건 4 : 최종점수가 80점 이상인 사람이 셋 이상 있을 것이다. 두 명뿐인 경우 당연히 점수가 높은 그 두 명이 합격하므로 조건 4가 필요 없다. 셋 이상이고 그들 중 장래 비전 점수에 따라 우선 채용되는 사람이 있을 것이다. (C, D, F)

21 정답 ③

STEP 1. 유형파악 각 상황에 맞는 보증료 계산
STEP 2. 문제풀이 보증료 계산식을 보고 보증료를 구하는데 필요한 항목을 체크

※ 문제를 보고 계산문제인 것을 파악했으면, 도표의 구성을 살펴본다. 계산문제는 특히 각주의 내용을 주의하자.

1) 보증료 계산식을 보고 필요한 항목을 정리한다.
→ 보증금액, 기간은 바로 식에 적용하는 항목이고 보증료율은 도표에 나온 기준에 따라 결정된다.

2) 보증금액과 기간을 정리한다.
→ 보증금액 = 100억, 보증기간 73일

$$보증료 계산 = 보증금액 \times 보증료율 \times \frac{보증기간}{365}$$

$$= 100억 \times 보증료율 \times \frac{73}{365}$$

3) 최종적용 보증료율을 구한다.
※ 최종 보증요율 = 심사등급 보증료 + 가산요율 − 차감요율 ± 조정요율

안녕하십니까?
지방에서 조그마한 회사를 운영하고 있는 자영업자입니다.
보증료 계산하는 것에 어려움이 있어 질문 남깁니다.
현재 저희 회사의 보증심사등급은 CCRS기준 K6등급입니다. 그리고 보증비율은 미충족상태이며 작년에 물가안정 모범업소로 지정되었습니다. 대기업은 아니고 다른 특이사항은 없습니다. 보증금액은 100억이고 보증기간은 73일로 요청드립니다.

CRSS K6등급 → 1.2%
보증비율 미충족 → 0.2%
물가안정 모범업소 → −0.2
최종적용 보증요율 = 1.2 + 0.2 − 0.2 = 1.2% (조정요율 적용대상이 아니다.)

STEP 3. 정답 정리한 내용을 보증료율을 계산한다.
√③ 2,400만원

$$보증료 계산 = 보증금액 \times 보증료율 \times \frac{보증기간}{365}$$

$$= 100억 \times 1.2\% \times \frac{73}{365}$$

$$= 0.24억 \; 원 = 2,400만 \; 원$$

22 정답 ③

STEP 1. 유형파악 보증료 계산하여 비교하는 문제
STEP 2. 문제풀이 보증료 계산식에 각 항목을 정리하여 계산.

1) 계산식에 적용되는 항목을 정리

$$보증료 계산 = 보증금액 \times 보증료율 \times \frac{보증기간}{365}$$

	대기업 여부	심사 등급	가산요율	특이사항	보증 금액	보증 기간
ㄱ	○	SB5	일부해지기준 미충족, 장기분할 해지 보증 미이행	전시대비 중점관리업체	300억	73일
	2.3% 상한	1.7%p	0.4 + 0.5 = 0.9%p	−0.1%p	−	1/5
ㄴ	○	K8	보증비율 미충족	장애인 기업	250억	219일
	2.3% 상한	1.4%p	0.2%p	−0.3%p	−	3/5
ㄷ	×	K6	일부해지기준 미충족	혁신형 중소기업	200억	146일
	2% 상한	1.2%p	0.4%p	−0.2%p	−	2/5

※ 문제에 나와 있는 표에 바로 정리하여도 된다. 그리고 ㄱ-ㄴ-ㄷ 순으로 정리하는 것이 아니라 항목별로 하나씩 한 번에 정리한다. 예를 들어 심사등급기준표를 보고 심사등급에 해당하는 보증요율을 ㄱ, ㄴ, ㄷ 모두 찾아 정리하자. 표의 같은 부분을 보기 때문에 동선을 생각했을 때 효율적이다.

2) 각각의 보증료를 계산하자.

	보증료	비고
ㄱ	300억 × 2.3% × 1/5 = 1,3800만 원	ㄱ은 적용 보증료율이 2.3%보다 크므로 상한선인 2.3%만 적용
ㄴ	250억 × (1.4 + 0.2 − 0.3)% × 3/5 = 1,9500만 원	
ㄷ	200억 × (1.2 + 0.4 − 0.2)% × 2/5 = 1,1200만 원	

STEP 3. 정답 계산 결과를 토대로 정답을 찾는다.
√③ ㄴ-ㄱ-ㄷ

[보충]
해설을 봐서 알겠지만, 특별한 방법이 있는 문제가 아니다. 해당 유형의 문제는 항목별로 적용되는 비율을 찾아 계산하는 문제로 표에서 필요한 내용을 빠르게 찾고, 단순 계산을 빠르고 정확하게 하는 것 밖에 없다. 계산연습은 별도로, 여러 차례 해당 유형의 문제를 풀어 표에서 필요한 내용을 찾아 바로 적용하는 연습을 해야 한다. 익숙해지는 수밖에 없다.

23 정답 ④

STEP 1. 유형파악 입찰가격 환산점수를 계산하여 비교
STEP 2. 문제풀이 업체별로 입찰가격 환산점수를 계산한다.

1) 업체별 입찰가격 환산점수를 계산한다.
※ 최저 입찰가격 = 12000만 원, 행사 예산 = 2억 원
→ A는 행사예산의 80% (16000만 원) 이상의 가격으로 입찰했으므로 첫 번째 식이 적용된다.
A = (12000/18000) × 20 = 13,333…점
B는 입찰가격에 따라 환산점수 계산식이 달라진다.
ⓐ 16000만 원 이상일 때 (행사 예산의 80%)
B = (12000/X) × 20
ⓑ 16000만 원 미만일 때
B = (12000/16000) × 20 + (16000 − X)/4000
C는 행사예산의 80% 미만이므로 두 번째 식이 적용.
C = (12000/16000) × 20 + (16000 − 12000)/4000 = 15 + 1 = 16점

2) 다른 항목 점수와 합산하여 계산한다.

A = 57 + 16 + 13.333··· = 86.333··· = 86점 (소수점 이하는 버리므로)
B = 52 + 17 + 환산점수 = 69 + 환산점수 (B의 입찰가격 환산점수는
아직 모른다.)
C = 49 + 18 + 16 = 83점

3) 보기의 내용을 확인한다.
ㄱ. (○) ∵ 2)에서 계산결과 A업체의 평가점수는 86점이다.
ㄴ. (×) ∵ 입찰가격이 낮을수록 높은 점수를 받는다. 따라서 B가 가
　　장 높은 점수를 받으려면 12000만 원에 가까운 입찰가격을 제안
　　해야 한다. C와 같은 12000만 원을 제안했다 하더라고 입찰가격
　　점수가 16점으로 총 합계점수는 69 + 16 = 85점이 된다. 따라서
　　B업체가 선정될 수는 없다.
ㄷ. (×) ∵ C업체의 제안서 점수가 1점 오른다 하더라도 합계점수가
　　84점으로 A 업체보다 점수가 낮다.

STEP 3. 정답 정리한 내용을 토대로 정답을 찾는다.
✓ ④　ㄴ, ㄷ

[보충]
환산점수를 계산하는 두 가지 계산식이 있다. 두 번째 식이 복잡해
보이지만 입찰가격이 낮을수록 높은 점수를 받는 것은 상식적으로
생각할 수 있다. 실제 입찰 업체 평가 기준과 유사하게 문제로 만들
기 때문에 입찰가격이 낮은데 더 낮은 점수를 받는 경우는 거의 없
다고 볼 수 있다.

24 정답 ④

STEP 1. 유형파악 네 가지 철도 노선의 소요시간을 비교
STEP 2. 문제풀이 A~I의 거리, 경유 역 개수 등 배송 시간을 계산하
는 데 필요한 항목을 정리

1) 배송 시간을 구하는 기본적인 식을 만든다.
➜ 배송 시간 = 정차 시간 + 운행 시간
　　　　　　 = 정차역 개수×10분 + 720km/노선 속력

2) 가장 빨리 도착하는 노선과 가장 늦게 도착하는 노선을 찾는다.
➜ 가장 빠른 노선 : 특급
가장 느린 노선 : 완행
※ 특급이 열차의 속력도 빠르고, 정차역도 가장 적다. 반대로 완행
　은 열차의 속력이 느리고 정차역도 가장 많다.

3) 각각의 배송 시간을 구한다.
➜ 특급 배송 시간 = 2×10분 + 720/360 = 2시간 20분
완행 배송 시간 = 7×10분 + 720/90 = 8시간 70분

STEP 3. 정답 배송 시간차를 구한다.
✓ ④　6시간 50분
8 : 70 − 2 : 20 = 6 : 50. 따라서 6시간 50분의 차이가 난다.
※ '60분 = 1시간'으로 단위를 바꾸는 것은 계산 과정의 가장 마지막
　에 한다.

25 정답 ③

STEP 1. 유형파악 G역까지의 배송시간과, 소요비용을 구하는 문제
STEP 2. 문제풀이 비교할 노선을 찾아 계산한다.

1) 정답이 될 수 없는 노선은 계산하지 않는다.
➜ 24번 문제에서 완행은 I역까지 가는 데에만 8시간이 넘게 걸리므
　로 정답이 될 수 없다. 그리고 쾌속은 G역에 정차하지 않으므로
　역시 답이 될 수 없다.

2) 필요한 계산을 찾아 확인한다.
➜ 급행 노선으로 배송할 경우 소요시간을 구한다.
※ 네 가지 노선은 속도가 느릴수록 가격이 싸다. 반대로 속도가 빠
　를수록 가격이 비싼데, 해당 문제에서는 8시간 이내에 도착하는
　가장 저렴한 노선을 찾는 문제이다. 남아 있는 급행과 특급을 비
　교하면 특급이 가장 빠르고 가장 비쌀 것이다. 따라서 급행이 8
　시간 이내에 배송할 수만 있다면 가격은 특급보다 쌀 것이므로
　급행 노선을 활용하는 것이 최적이다.

3) 소요시간을 계산한다.
※ I에서 G의 거리는 180km이다. 완행의 역간 거리가 90km이고
　I−G는 두 개역에 해당하는 거리이다.
배송 시간 = 정차 시간 + 운행 시간
　　　　　 = 정차역 개수×10분 + (720 + 180)/노선 속력
급행 배송 시간 = 4×10분 + 900/180 = 5시간 40분

STEP 3. 정답 정리한 내용을 토대로 정답을 찾는다.
✓ ③　급행
급행 노선이 8시간 이내에 배송할 수 있고, 특급 노선보다 저렴하기
때문에 급행 노선이 최적의 노선이다.